郑建邦　胡耀平　著

BIOGRAPHY OF
ZHENG DONGGUO

郑洞国传

团结出版社
UNITY PRESS

图书在版编目（ＣＩＰ）数据

郑洞国传 / 郑建邦，胡耀平著 . -- 北京：团结出
版社，2021.2（2022.5 重印）
ISBN 978-7-5126-8487-4

Ⅰ . ①郑… Ⅱ . ①郑… ②胡… Ⅲ . ①郑洞国（
1903-1991）- 传记 Ⅳ . ① K825.2

中国版本图书馆 CIP 数据核字 (2020) 第 235084 号

出　版：团结出版社
　　　　（北京市东城区东皇城根南街 84 号　邮编：100006）
电　话：（010）65228880　65244790（出版社）
　　　　（010）65238766　85113874　65133603（发行部）
　　　　（010）65133603（邮购）
网　址：http://www.tjpress.com
E-mail: zb65244790@vip.163.com
　　　　tjcbsfxb@163.com（发行部邮购）
经　销：全国新华书店
印　装：三河市东方印刷有限公司

开　本：170mm×240mm　16 开
印　张：41.25
字　数：590 千字
版　次：2021 年 2 月　第 1 版
印　次：2022 年 5 月　第 3 次印刷

书　号：978-7-5126-8487-4
定　价：128.00 元

序 言

郑建邦　胡耀平

　　我国抗日名将、著名爱国人士郑洞国将军的传记《郑洞国传》一书将由团结出版社付印出版，作为本书的作者，我们感到非常高兴。

　　本书的主人公郑洞国将军，在20世纪初的大革命时期毕业于黄埔军校第一期，参加过东征、北伐和抗日战争，也几度卷入国共内战，曾是国民党军队中声名赫赫的高级将领。1948年，他奉命率领十万国民党军队困守东北名城长春，最后兵败卸甲，退出内战。

　　中华人民共和国成立后，在中国共产党的帮助教育下，特别是在毛泽东主席、周恩来总理的直接关怀下，郑洞国将军的思想逐渐发生了根本性的变化，完成了从爱国主义者到社会主义者的转变，穷尽后半生的生命时光，积极投身于祖国的社会主义革命、建设和祖国统一大业。

　　以爱国始，以爱国终，是郑洞国将军一生的夙愿，也是他一生的写照。

　　郑洞国将军的前半生，生活在内忧外患的旧中国。

　　由于立志救国，郑洞国将军毅然放弃在长沙商专（今湖南大学前身——作者注）的学业，费尽周折赶到广州报考黄埔军校。由于军校报名期已过，他只好顶用湖南同乡黄鳌的名字通过考试，成为黄埔军校历史上唯一一名用冒名顶替方式考进去的学生。

虽然郑洞国将军在黄埔军校仅仅学习了七个月，却使他的思想得到深刻的革命洗礼，也接受到当时中国最先进的军事教育和训练。终其一生，"爱国、革命"的黄埔精神都深深地植根于他的灵魂深处。

在那个沸腾的革命时代，刚一走出军校的郑洞国将军就经历了战争的严酷考验，他先后参加了东征和北伐，在激烈的战斗中无数次与死神擦身而过，也得以在黄埔学生军中崭露头角。

期间最突出的一次，是第一次东征攻打淡水城时，郑洞国将军报名参加"奋勇队"，冒着敌人的枪林弹雨攀云梯而上，率先登城。北伐时他参加东路军作战，在永定、松口诸役中奋勇争先，战功卓著。由于思想进步，作战勇敢，郑洞国将军一出军校校门便先后担任连党代表、营党代表、营长、团长等军职，那时的他还不满 24 岁。

1933 年春，日本法西斯军队侵入热河，进犯长城各口。时任中央军第 17 军 2 师 4 旅旅长的郑洞国将军率部参加长城抗战，与装备、训练、兵力均占优势的日军血战两月余。在战斗最危急的时刻，他亲自率领身边的特务排冲锋，巩固住岌岌可危的阵地。

长城抗战一役，使郑洞国将军成为我国最早投身抗日战争的中国军队将领之一。

抗日战争全面爆发后，郑洞国将军南北征战，纵横驰骋，几乎无役不从，先后参加了津浦路北段的保定战役、漳河战役、徐州会战、豫西会战、武汉会战、广西昆仑关战役、鄂西会战、第二次长沙会战，并扼守长江防线两年多之久。1943 年春，他奉派去印度担任中国驻印军新 1 军军长、中国驻印军副总指挥，协助美国史迪威将军（后为美国索尔登将军——作者注），反攻缅北，重创日军，打通了滇缅公路。正是在艰苦卓绝、烽火连天的抗日战争中，身经百战的郑洞国将军才逐渐锤炼成一代抗日名将。

特别需要指出的是，郑洞国将军于抗战后期在印缅地区先后担任中国驻印军新 1 军军长、中国驻印军副总指挥，是他戎马生涯中十分特殊的一段经历。

由于蒋介石与中国战区参谋长、中国驻印军总指挥史迪威将军之间矛盾重重，郑洞国将军作为中国将领，自然受到史迪威等美军将领的猜忌和排挤，甚至被剥夺了军事指挥权。他既要处理好与美英盟军的关系，维护中美英盟国间共同对日作战的大局，又要勇于捍卫中国的国家尊严和民族利益，同时还要妥善维系中国驻印军内部的团结，任务无疑是极为艰难的。

据郑洞国将军当时的作战参谋、后来享誉世界的历史学家黄仁宇先生回忆，即便是性情温和、处事稳重的郑洞国将军也忍受不了美国人的霸凌，曾两度请调回国，都被蒋介石强令阻止了。他只得忍辱负重地工作下去，最终以自己的敦厚真诚和卓越军事才干赢得了史迪威将军的信任和孙立人、廖耀湘等部属们的拥戴。对中华传统文化十分熟悉的史迪威将军曾当面称赞郑洞国将军"是一位标准的中国军人"，晚年幽居台湾的抗日名将孙立人将军，则将郑洞国将军视为毕生敬爱的两位长官之一。

在围攻缅北重镇密支那的战斗中，由于美军将领指挥失误，导致战役旷日持久，部队伤亡惨重，史迪威将军接连撤换了三任美军指挥官也无济于事，最后派郑洞国将军到火线上统一指挥作战。他不惧危险，亲自到距敌人不到五十米的前沿阵地上侦察敌情，并与中国驻印军第50师师长潘裕昆等中国将领们反复研讨，最后决定采用陆空协同轰炸，地面掘进突击并举的战术，一举全歼了顽强固守、垂死挣扎的密支那日军。

中国驻印军在印缅地区与美英盟军并肩作战，取得了辉煌的胜利，这是中国抗日战争胜利的重要组成部分，也是世界反法西斯战争胜利的一部分，意义十分重大。这其中郑洞国将军在维系印缅反法西斯盟军之间的团结，以及中国驻印军内部的和睦方面所作出的贡献，应该是很重要的，可惜战后国内外史学界对此缺乏应有的关注和评价，老实讲这是很不公平的。

由于国共政治斗争，身为蒋介石亲信学生和将领的郑洞国将军也几度卷入国共内战，直到1948年秋在辽沈战役的关键时刻放下武器，走向光明。

从郑洞国将军的人生经历上看，他在二十世纪二十年代的大革命时期，思想是十分进步的，以至至今有些历史资料还认为他当时是共产党员。大革命失败后，郑洞国将军在痛苦和迷惘中与曾并肩作战的共产党人分道扬镳，自己也因与共产党人过于亲近而上了国民党的黑名单，在军队中多年得不到重用。

在国民党阵营中，尽管具有朴素爱国思想的郑洞国将军算是比较注重个人操守的人，对于发动骨肉相残的国共内战也并不热心，但基于他当时的政治立场，尤其是出于对蒋介石的愚忠和他看重的军人"职守"，一旦卷入其间，也就身不由己了。特别是在抗战胜利后的东北内战期间，他于1946年春和1947年夏指挥的两次四平街攻防战，以及1948年顽固地长期困守长春，都给当地人民带来沉重的痛苦和灾难，这些固然主要应由国民党统治集团负责，但郑洞国将军作为直接的责任者，后来对此还是很痛悔的。

放在中国当时的历史大背景上看，郑洞国将军或许是那时一个社会群体的缩影。作为具有朴素爱国思想的中国军人，他在探索救国救民的道路上经历了太多的曲折。他一生历经无数凶险战阵，与北洋军阀等新旧军阀血战过，与穷凶极恶的日本法西斯军队血战过，自己在国民党官场中努力洁身自好，并为维系摇摇欲坠的国民党政权竭尽忠诚，最终却一败涂地了。严酷的现实让他认识到，严重背离了孙中山先生遗教的国民党政权已经无可救药，自己的祖国只有在中国共产党领导下，走社会主义道路，才能实现当年孙中山先生的宏愿，完成中华民族伟大复兴的千秋伟业。

中华人民共和国成立后，郑洞国将军遵照毛泽东主席、周恩来总理的教诲，努力学习，认真改造世界观。

建国初期，周恩来总理和贺龙元帅、聂荣臻元帅，以及陈赓、肖劲光、肖华将军等亲自做郑洞国将军的工作，鼓励他放下思想包袱，积极转变政治立场，参加新中国的建设。

毛泽东主席也请郑洞国将军到自己家中吃饭，与他交流如何以人民为师，学习和实践马克思列宁主义的心得体会。

多少年后，郑洞国将军还记得在毛主席家中做客的一个细节：他来到毛主席家中，心里不免有些紧张。大家刚一坐定，毛主席就操着浓厚的湖南乡音诙谐地笑道："郑洞国，郑洞国，你的名字好响亮呦！"引得人们一片欢笑声。毛主席接着问他吸不吸烟，烟瘾很大的郑洞国将军虽然有些拘谨，还是顺手在茶几上的香烟罐里取了一支，毛主席十分敏捷地擦着一根火柴，欠起身帮他点燃了香烟。毛主席这样一个很不经意的动作，却让郑洞国将军大为感慨。他在国民党里搞了二十几年，达官贵人见得多了，真没有想到像毛主席这样一位被亿万中国人民敬仰和爱戴的领袖，却如此平易近人，毫无官架子，自己不亲身接触是不会知道的。

"共产党与国民党就是不同呀！"郑洞国将军从心底发出这样的感叹。

郑洞国将军的后半生，"择善而固执之"。尽管我们的国家在探索社会主义革命和建设的道路上也经历了不少曲折，但他始终坚定如一，全身心地跟着中国共产党，为祖国的现代化建设，以及祖国统一大业贡献心力，直到生命最后一息。

临终前，郑洞国将军对家人表示："我曾是个军人，对生死看得很淡。你们要好好生活，不要为我难过。我现在对国事家事均无所憾，只可惜没有看到国家统一。一旦国家实现了统一，国民革命就算彻底成功了！"

"专儒将名逾五十载"。郑洞国将军自幼深受中国传统文化熏陶，为人忠厚诚实，淡泊名利，无论在新旧社会都有良好口碑。黄仁宇先生在其回忆录《黄河青山》一书中曾这样形容自己昔日的老长官："他（指郑洞国将军——作者注）在中国将领之间以谦逊知名，他从不曾邀功，听任长官和同僚制定游戏规则。他对部下很是慷慨，放手让他们行事，总是替他们说话。"

抗战胜利后，郑洞国将军以中国驻印军在缅北对日作战的辉煌战绩，颇受蒋介石青睐，曾有意委任他为侍从室侍卫长。对这个国民党军队将领们趋之若鹜的职位，他却坚辞不受。原因很简单，他知道性情暴戾的蒋介石经常在盛怒之下辱骂甚至责打身边部属，注重自身尊严的他可不愿意为了飞黄腾达而受辱。此前在国民党"六大"上，郑洞国将军当选为中央候补执委，但他也从不涉足国民党的官场政治和派系倾轧。负责解放东北名城长春的解放军第四野战军第一兵团司令员肖劲光将军，晚年在回忆录中对他的评价是："郑洞国是一位正统的军人。"

据说辽沈战役期间，中共中央五大书记毛泽东、朱德、周恩来、刘少奇、任弼时讨论长春解放事宜时，一致决定力争和平解决。其中除了政治、军事等方面的考虑，还有一个原因就是"郑洞国为人老实，政治上不坏"。周恩来同志为此还以黄埔师生之谊，专门给他写信，劝其起义投诚。

中华人民共和国成立后，无论在什么工作岗位上，郑洞国将军都能团结同志，顾全大局，蔚然有长者之风，深受党内外同志的尊重和好评。特别是"文革"期间，他身处逆境，却能顶住压力，坚拒为贺龙元帅和海军副参谋长张学思等同志的所谓"专案组"作伪证。他经历的这类事例不胜枚举。

郑洞国将军有个非常朴素的想法，就是不管什么情况，也绝不诬陷好人。大凡经历过那段人妖颠倒岁月的人们都知道，好人被诬陷恰恰是十年"文革"的最突出悲剧！在国家政治生活严重失序的时期，要坚守住不诬陷好人这个做人的底线，的确不是每个人都能很容易做到的。郑洞国将军的为人，充分体现了一位正直的爱国人士的高尚品格。

郑洞国将军逝世后，党和政府给予他高度的评价和肯定。海峡对岸也为其举行了隆重的追悼会。在当时的两岸关系情势下，这在台湾岛内还是一件十分罕见的事情。

的确，郑洞国将军不仅是位具有强烈忧国忧民思想意识的爱国者，也是一位注重品格修身、讲求做人私德的仁者。在中国近现代星如云的黄埔军校师生中，他之所以赢得人们的持续关注和尊敬，除了其在国民党军队中曾有的显要地位和抗战中的赫赫战功，他个人良好的道德品质，恐怕也是一个重要的因素吧。

我们在本书中所努力做的，就是力图在 20 世纪中国波澜壮阔的历史背景下，全面、生动、客观地展示抗日名将郑洞国将军不平凡一生的各个方面，希望能为今人及后代带来一些思考和启迪。倘能如此，则是我们最大的期许了。

　　限于我们的水平、能力，本书的缺失、毛病肯定不少，恳请广大读者朋友们批评指正！同时，由于历史久远，本书中收录的一些图片效果有些模糊，但鉴于这些历史资料的珍贵性，我们还是不忍放弃，也敬请广大读者朋友给予谅解。

2019 年 7 月 21 日于河北怀来

中国抗日名将郑洞国

1924年春，一位从湘西大山中走出的热血青年，辗转数千里地，由湖南风尘仆仆地赶到广州，准备投考黄埔军校。因军校报名期已过，他只好顶用别人的名字考入黄埔军校第一期。谁能料到，当初这位看上去清秀、文弱的青年人，十余年后竟成为一代名将。他，便是在抗日战场上战功赫赫的郑洞国。

在第一次东征战役中，年轻的郑洞国先声夺人。他报名参加了"奋勇队"，冒着敌人的枪林弹雨率先爬上淡水城，挥枪大呼："党军登城了！党军登城了！"后继部队潮水般涌入，很快将淡水之敌消灭了。

北伐途中，参加北伐东路军作战的郑洞国，所部如出山猛虎，在永定、松口等地连战连捷，不到24岁便升任团长。

1933年初，日军悍然进犯长城各口，长城抗战爆发。任中央军第17军少将旅长的郑洞国，率部星夜赶往古北口前线，与装备精良的日军殊死鏖战两月余。一次激战中，我军阵地全线崩溃，郑洞国率部冒死反攻，他脱掉军衣、钢盔，提着手枪，带领身边仅有的特务排，朝着枪声最密集的地方，亲自冲锋。官兵们士气大振，拼死将敌人击退。

抗战全面爆发后，郑洞国率第52军2师死守保定。在友军相继撤退，与后方完全断绝联系的情况下，他仍率部与日军血战不退，城破后继续与敌展开激烈巷战，最后成功突围，全师而出。因音讯不通，后方许多报纸发表了"郑洞国壮烈殉国"的消息，让他的家人着实虚惊了一场。

保定失陷后，郑洞国率第2师深入敌后，在河南林县山区积极袭扰日军，给日军很大打击。

1938年春，日军精锐的第5、第10师团在津浦路北段快速向徐州推进。奉命参加与日军会战的郑洞国率第2师刚到达徐州，就惊悉滕县已失，日军主力正向运河北岸临庄一线席卷而来，他立即指挥所部星夜驰援前线。部队刚到达运河南岸利国驿，日军大部队已蜂拥而至，两军隔河激战。郑洞国指挥重榴弹炮营猛烈轰击敌阵，将日军打得狼奔豕突，溃不成军。日军渡河不成，只能主力东移，沿台枣支线转攻台儿庄。利国驿之战至关重要，倘运河不守，则徐州不保，也就没有后来的台儿庄之战了。

为策应我第2集团军防守台儿庄，郑洞国部一战枣庄、二战峄城，最后会同友军在杨楼、底阁一线，大败日军濑谷旅团和坂本旅团，获得台儿庄大捷。在攻打峄城的激战中，郑洞国曾被日军炮弹弹片击中胸部倒地，左右大惊，以为师长休矣，敌人炮击过后却奇异地发现，弹片仅将郑洞国偶然放在胸前口袋里的一枚银圆击弯，人却毫发无损。

日军在台儿庄失利后，仓皇退往峄城一线，凭险固守。郑洞国采用"精兵夜袭"的方式，派出一支几百人的精悍突击队，携带短枪和手榴弹，悄悄潜伏在日军阵地前沿，夜间突然发起攻击，一举夺占峄城城外险要高地九山，前线中国军队士气为之大振。

以后，日军调集重兵增援徐州战场，郑洞国部在邳县以北燕子河一线顽强阻击日军二十余日，阵地寸土未失，直至奉命撤出徐州战场。

1939年底，日军为切断我国西南国际交通线，以重兵在北部湾登陆，攻占我西南重镇南宁，并以号称"钢军"的第5师团所属第21旅团占领了距南宁东北八十余华里的昆仑关天险。

1939年12月18日，中国第一支机械化部队第5军向昆仑关之敌发起反攻，担任主攻的荣誉第1师与敌于迭克罗塘、同兴、仙女山、界首等要点血战兼旬，击毙敌旅团长中村正雄少将。在争夺昆仑关西南重要制高点 441 高地的激战中，荣誉第 1 师 1 团、2 团官兵，顶着日军飞机的狂轰滥炸，浴血搏杀多日，死战不退。日军最后丧心病狂地施放毒气，守军伤亡殆尽。在日军一波波的凶猛冲击下，郑洞国手下悍将汪波团长也有些沉不住气了，连连请求撤出阵地。郑洞国斩钉截铁地命令道："你必须死守到底，就是打到一个人，也要给我守下去。丢了阵地，我砍你的头！"随后，郑洞国将身边仅有的特务连和部分轻伤员集合起来，组成一支突击队，借着夜色掩护，突然在日军背后发起凌厉攻击，高地上守军也趁势夹击敌人，精疲力竭的日军猝不及防，被打得丢盔卸甲，犹如山崩般地溃退了。至此，我军将整个昆仑关天险稳固占领了。

是役，我军击毙日军旅团长中村正雄少将以下五千余人，缴获武器弹药无数，获得抗战以来我军正面攻坚战役的空前大捷，大振了军威、国威。

昆仑关战役后，郑洞国升任第 8 军军长，率部参加了枣宜会战。鄂西战略重镇宜昌失守后，第 8 军驻守宜昌以西、宜都以北沿长江一线两年多，与日军多次恶战，屡建战功，该军也在战火中锤炼成一支抗日劲旅。1941年 9 月第二次长沙会战期间，为支援第九战区，第六战区主力大举反攻宜昌。郑洞国奉命率第 8 军以偏师渡江，策应战区主力作战。他巧妙用兵，以一师兵力趁夜色偷渡长江，突然攻袭沙市，迫使日军龟缩城内固守。自己则亲率军主力大举渡江，迅速切断汉宜公路，并封锁了襄河水上交通，歼灭大批日军，使日军后方交通线彻底断绝了多日，有力地支援了战区主力的作战行动，此战受到上级明令嘉奖。

1943 年春，郑洞国受命赴印，就任中国驻印军新 1 军军长、副总指挥。他协助中国驻印军总指挥、盟军将领史迪威（后为索尔登），指挥驻印军反攻缅北，与卫立煌将军指挥的滇西中国远征军一道，经过一年多的浴血鏖战，重新打通了滇缅国际交通线，歼灭了日军精锐的第 18 师团、第 56师团，重创了第 2 师团、第 33 师团，还歼灭了第 49 师团、第 53 师团各一部，前后毙伤日军十余万人。中国驻印军所属新 1 军、新 6 军，后来成为号称国民党军队"五大主力"中的两支主力部队，郑洞国本人也成为一代中国抗日名将。

在攻击缅北战略重镇密支那的战役中，中美军队曾屡遭顿挫，伤亡很大。总指挥史迪威为此接连撤换了三个美军指挥官，最后决定由郑洞国全权指挥战斗。郑洞国亲到火线观察敌情，调整部署，加强火力协同，督导各部掘壕并进，最后一举夺占该处战略要地。

抗战胜利后，蒋介石看重郑洞国打通滇缅路的声誉，曾有意他为侍从室侍卫长。郑洞国却以不善内卫事务为由婉拒，不久出任国民党第三方面军副总司令兼京沪警备司令部副司令。

抗战胜利后，蒋介石发动内战。1946年春，郑洞国奉派到东北，就任东北保安司令长官部副司令长官、代司令长官职务，从此卷入东北内战。

1948年10月，在辽沈战役的关键时刻，郑洞国脱离国民党阵营，率部投诚，长春和平解放。

中华人民共和国成立后，郑洞国历任水利部参事、国防委员会委员、全国政协委员、全国政协常委、民革中央副主席、黄埔军校同学会副会长。1991年1月27日在北京病逝，享年88岁。

目录

CONTENTS

第一章
投奔黄埔

1903 年 1 月 13 日（农历壬寅虎年腊月十五日）凌晨，湖南省石门县南岳乡（今为磨市镇）的一个偏僻山村里，有位名叫陈英教的中年孕妇即将临盆。

窗外电闪雷鸣，大雨滂沱。孕妇于阵痛迷蒙中，梦见一条身披鳞甲的蛟龙从老宅屋后的水井中凌空而起，直冲云霄。少顷，一个男婴呱呱坠地，一时风停雨歇，鸡鸣声声。产妇的丈夫郑定琼，有感于妻子产时梦蛟，便将"蛟儿"的乳名，赐予这个刚刚出生的幼子。

陈英教是位体弱多病的中年产妇，于产前的阵痛迷蒙中产生一些幻觉，原在情理之中。室外暴雨雷鸣，也属自然巧合。但是在这个偏僻闭塞的山村中，这件事从此便披上了一层厚厚的神秘色彩。直到今天，这个神话般的传说还在石门一带乡间流传。之所以如此，在很大程度上是因为这个被唤作"蛟儿"的婴儿，后来成为一代叱咤风云的中国抗日名将。

他，就是我们的祖父郑洞国。

石门属常德府管辖，地处湘西北山区，与今天闻名中外的张家界风景区相邻，风景秀丽，物产丰富。

南岳乡位于美丽的商溪河畔，这条母亲河的河水清澈甘甜，远近闻名，素有"金仙阳，银渡水，有钱难买商溪水"之誉。（仙阳、渡水，皆为石门县境内的水系。——作者注）

商溪郑氏一族源远流长。

据《郑氏族系大典》记载，商溪始祖郑南琰公，"生于江西吉水大栗树郑门望族。宋末助文天祥起兵抗元，奉谕南来采木。及归，元兵入境，家乡陷落，遂怀南岳铜佛，携妻带子，卜居龙溪焉。（龙溪即今商溪——作者注）公乃湖南石门始祖。"

由于史料匮乏，以前我们对湖南石门商溪始祖郑南琰公并无更多了解，虽经多方探究，几无所获。近年来经江西吉安史志专家周小鹏先生等人深入考据，始知南琰公系唐代名士郑昂的后裔。

《永乐吉郑氏族谱》载云："郑昂，字勉叔，隐居不仕。值朱泚、李希烈相继僭乱，解宦归。于唐德宗贞元乙丑（公元 785 年），相率由侯官入

郑洞国将军的故乡——石门县磨市镇南岳寺村远景。

永泰，再迁莆田，居南湖十二丘祖坟侧，构湖山书堂讲学，闽化开焉。尊为南湖先生。莆田之有郑，始于此。"

郑昷公之后郑淑，鸿学五经，唐荐不仕，游学于豫章之鄱阳郡葛阳县火田市，居历数载，复徙居庐陵（今吉安——作者注）。郑淑公定居的梅坑梧茶树下，成为周边县乡郑姓的发源地，到北宋时期繁衍为永丰乐安吉水等地郑氏望族。

周小鹏先生等人考证，郑南琰公应系郑昷公第二十五世孙，郑淑公之后郑德宜公十五世孙，原籍地在吉水螺田塔坪上（原郑坪）。

周小鹏先生等人还通过大量实地走访、调研，进一步考据，南宋末年（应是公元1275年正月），元兵大举南侵，文天祥奉诏在家乡江西庐陵、赣州一带起兵抗元，郑南琰公作为吉水本地望族率众相随，成为丞相文天祥身边的将领，大概担任军器监一职，负责军队军需事宜。

后来，南琰公奉谕率部回家乡吉水采伐树木，中途闻南宋已亡，文丞相兵败被俘，随后家乡亦遭元军践踏。为躲避元兵追杀，南琰公只好遣散部众，安排家人逃亡到当时渺无人烟的湘西北山区商溪南岳。自己则因是南宋将领身份，为躲避元兵四处通缉，不得不隐姓埋名，在家乡吉水的龙泉禅寺剃度，穿上僧衣，怀揣佛像，手持寺院的"通关文牒"，一路辗转到商溪河上游芦竹湾一带，与家人会合并定居下来。

由此推断，南琰公的名字，也是他逃亡到商溪前后改的。这也就印证了为何至今在江西吉水的郑氏族谱上找不到他本人的踪迹，而南琰公定居商溪后，郑氏族谱虽注明源自江西吉水油榨滩大栗树，却语焉不详，南琰公以下几代人的生平也极简略，入明后家谱中家族记载方渐详尽。个中原因当是逃避当时元朝政权对南方汉人极其残酷的血腥镇压，保护家族的生存安全。

从南琰公定居商溪以来，经过七百余年的生息繁衍，商溪郑氏一族枝繁叶茂，至今拥有五万余众，主要分布在湖南石门、桑植、慈利、临澧、常德县，和湖北监利、公安、松滋、荆门、五峰、恩施、巴东等地。

商溪郑氏历代先祖多有军功。明初，四世祖郑仁权公被朝廷敕封为"武略将军""诏信校卫"，六世祖郑礼英公殉国沙场，以军功被敕封为"世袭武略将军""龙溪隘百户长"。入清后，郑氏先祖更有多人被敕封为"千总""百户长"，直至民初乃止。有清一代，商溪郑氏族人崇文尚武，尤重诗书礼乐，先后有进士三人，其中郑协吾公以科举入仕，官至省按察使。

商溪郑氏对中华文化的传承，也体现在族人名讳的派行上。其派行属于昭穆系，可以前后交替使用。按族谱规定，派行版本是：南北思仁，义礼智信；元亨利贞，天道之常；文韬武略，定国安邦；家敦孝友，朝显忠良；书声丕振，世德允昌；圣明继美，作述贻芳；太和衍庆，万代发祥；瑞麟钟秀，彩凤炳章；承恩锡命，扬烈观光；纶音金玉，华治馨香；先献式焕，嗣祚延长；云蒸霞蔚，姬宗周梁；俊杰在位，序联君堂；政有条

4

理，端肃纪纲；服畴缵绪，士宦农商；淳熙谨厚，富寿宁康。

我们的曾祖郑定琼公，是定字辈，属于南琰公以来的第二十一代，祖父郑洞国公则是国字辈。

晚清末年，由于环境闭塞，再加上官府盘剥，百姓生活十分贫苦。祖父出生的时候，家中除了父母之外，还有一位兄长、三位姐姐。一家七口，仅有三十余亩薄田，即使年景好时，也仅得温饱而已。

据说，曾祖母生下祖父时，年纪已四十余岁，身体病弱，根本没有奶水，是靠米糊将祖父喂大的。及祖父稍长，因曾祖母多病，家境每况愈下，全家老小，终日靠食用番薯丝和糙米混合的杂和饭度日。祖父直到晚年，还清晰地记得他小时候，曾祖父每逢除夕晚饭时的"经典"祝词："有朝一日时运转，朝朝暮暮像过年。"

我们的曾祖父郑定琼公粗通文墨，在当时算是一位很有见识的农民。尽管生活非常拮据，他还是千方百计地送祖父的长兄郑潼国出去读书。伯祖父后来考取了清政府的"留学预备科"专科学校，不久赴日留学。清王朝垮台后，由于失去经济来源，他只好返回故里，曾担任石门中学校长，当时也算是县里的名流了。祖父六岁时，曾祖父亲自为自己的幼子启蒙，稍后又送他去乡间的私塾就读。祖父在私塾读了两年，先后读了《四书》《诗经》《左传》等儒学著作。

祖父晚年曾回忆说，幼年时接受的这些中国传统儒家思想教育，对他一生产生了深刻的影响。

1917年春，在伯祖父的一再动员下，曾祖父决定将祖父送到县城的石门中学附属小学读书。三年后，祖父升入石门中学就读。在石门县城读书的这几年，祖父饱受寒窗之苦。由于家中实在无力供养，祖父在学校里经常忍饥受冻，依靠着在外谋事的伯祖父和亲友们断断续续的接济，才勉强完成学业。据说某年初冬，在外谋事的堂侄郑康侯回乡省亲，特意跑到学校看望祖父，见瘦弱的祖父仍着一身单衣，在寒风中瑟瑟打抖，心中老大不忍，急忙拿出二十块光洋接济他。

这件事让祖父几乎感念了一生，他对这位比自己年长许多的堂侄，以

郑洞国将军祖居老宅原址上已改建成一座美丽的乡村学校——洞国学校，图为洞国学校一景。

及堂侄的后代们，始终非常关爱。

但是，生活的困境却磨砺出祖父的顽强意志，他奋发读书，最终以优异的成绩从石门中学毕业。

1919年春，伟大的"五四"运动爆发了！正在石门中学读书的祖父和同学们立即起而响应，纷纷走上街头，又是宣传鼓动，又是游行示威，还组织清查队，清查焚毁日货，把寂静的石门县城，搅动得天翻地覆。

"五四"运动，是祖父人生的第一次革命洗礼。从这时起，祖父痛切地感到，中国外有列强环伺，内有军阀混战，国家残破，民生凋敝，欲要救国救民，必须打倒列强和军阀，由此萌生了弃学从军的强烈愿望。

过了两年，湖南督军赵恒惕要在长沙举办湖南陆军讲武堂，祖父闻讯

传说中郑洞国将军的母亲梦中飞出蛟龙的水井。该井虽然后来被百姓们赋予了许多神秘色彩，但由于当地政府为村民们建设了自来水设施，就早已闲置不用了。据一些上了年纪的人回忆，这口水井的井水色清味甜，泉旺如注，纵是大旱之年，井水亦盈溢如昔，泽及四方百姓，故而当年远近驰名。

喜出望外，迫不及待地参加了考试。

考试的题目是《论语》中子路的一段话："夫千乘之国，由也为之，比及三年，可使有勇，且知方也。"祖父的国学基础不错，这篇文章几乎是一挥而就，很快就被录取了。

他高兴得顾不上与家人告别，就跑到长沙报到去了。谁知赵恒惕这时正与湖北督军王占元混战，湘军大败，湖南全省糜烂，讲武堂之事，也就无从提起。祖父的第一次从军之梦，由此破灭了。

祖父从石门中学毕业后，为了今后生计，于1923年夏，再次前往长

1924 年，黄埔军校第一期毕业的郑洞国（来自黄埔军校第一期同学录）。

沙，考取了长沙商业专门学校（今湖南大学前身——作者注）。由于学习刻苦努力，入学第一个学期，祖父的各项成绩就都名列前茅，深得校长任恺南先生的喜爱。

寒假到了，祖父正准备回家乡过年，忽闻孙中山先生在广州创办军官学校，正派人到湖南秘密招收学生。祖父少年时，便从伯祖父口中了解到不少孙中山先生的革命业绩，对他崇敬得不得了，现在有此机会，岂肯放过？他马上去找正在长沙工业专科学校读书的石门中学同学王尔琢商议此事。岂料王尔琢早已偷偷动身到广州报考军校去了。

王尔琢一走，祖父再也坐不住了，立即设法从正担任安乡厘金局局长的伯祖父那里，要了一些盘缠，约上几位同伴，匆匆前往广州去了。任恺南校长闻讯，一再劝阻祖父。

任恺南校长早年曾与伯祖父郑潼国在长沙岳麓山"留学专科学校"同学，无论公情私谊，都舍不得放祖父走，但见祖父从军救国之意甚坚，最后也唯有替祖父保留着学籍，并叮嘱再三，挥泪道别了。听家中长辈说，抗战时期，祖父已成为声名赫赫的国民党高级将领，却一直挂念着自己的这位恩师，多次拜望他老人家。

祖父一行人，先到武昌，再乘船去上海，然后坐海轮经香港去广州。路上，为了省钱，祖父等乘坐的是轮船底舱，舱里塞满了人，拥挤污浊不堪。船一开动，不少人呕吐不止，气味更加难闻，四五天的航程，让祖父等人真是度日如年，好容易熬到了广州。

一到广州，一行人住进了一个由湖南人经营的叫"华宁里"的小旅馆。在这里，祖父意外地见到了王尔琢和另一位石门中学同学贺声洋，与他们在一起的，还有一位来自湖南醴陵的青年人，名叫黄鳌。大家都为投军而来，又是湖南同乡、同学，他乡遇故知，彼此高兴之情自不待言。但交谈之下，祖父一行人立刻垂头丧气起来。原来，军校第一期的报名时间已经截止了，黄鳌到得早，已被军校录取。王尔琢和贺声洋则刚刚赶上最后的报名时间。祖父和几位同来的伙伴千辛万苦来到广州，没有想到竟是这样一个结果，心里十分难过。

这时，一直默坐在一旁的黄鳌慢吞吞地说："洞国兄不要着急，我倒有个主张，不知可否试试？"

"什么主张？请黄兄快讲！"祖父急切地问。

原来，黄鳌初到广州，担心一次考不中，先后报了两次名。现在他已被录取，却还空着一个名额，建议祖父顶着他的名字去考试。祖父左思右想，也觉得只有大胆冒名一试了。

数日后，祖父与王尔琢、贺声洋二人一同去应试。考试的科目只有语文、数学两科，祖父的国文和数学功底都不错，很轻松地答完了卷子。唯王尔琢数学基础较差，考场上急得满头是汗。好在当时来赶考的，都是准备为国家、民族流血拼命的革命青年，监考教官并不多难为考生。祖父见状，悄悄地塞过几张纸条，帮助王尔琢过了关。

不久，军校张榜公布录取名单，祖父和王尔琢、贺声洋三人都名列其中，大家禁不住高兴地留下喜悦的热泪。与祖父同来的几位同伴，只好失望地返回故里。以后，其中一位叫陈聪模的青年人，再次到广州，考入黄埔军校第三期。

黄埔军校第一期，最初共有学员470人，分为四队（后来黄埔军校将程潜将军所办的湖南讲武堂的部分学生百余人并入第一期——作者注）。黄鳌与祖父恰恰分在同一队。这样一来，每日出操，便出现了颇为滑稽的场面：每次教官点名，祖父与黄鳌同时应声而答，引得同学们大笑。

这件事使祖父的思想压力很大，以后他鼓足勇气，向上级说明了事情原委。学校没有难为祖父。很快，郑洞国这个名字，就出现在黄埔军校第一期学生的名录里。

可以说，在黄埔军校的历史上，祖父是唯一一个冒名顶替考进来的学生。第一期学生中还有一个后来名气很大的胡宗南，当时因个子太小，几次前来报考被拒，只得倒地打滚耍赖，幸得军校党代表廖仲恺先生说情，才获得考试资格。若非这些偶然机缘，胡宗南与祖父恐怕就与黄埔军校失之交臂了。

20 世纪 20 年代的黄埔军校远景。

孙中山先生在苏俄和中国共产党人帮助下创办的这所军校，名为"陆军军官学校"，因校址在广州郊区约四十华里的黄埔长洲岛，故简称"黄埔军校"。

黄埔军校作为 20 世纪 20 年代中国大革命的产物和国共合作的结晶，造就了中国近代以来第一支真正意义上的反帝、反封建的革命军队，爱国、革命成为许多黄埔军人不可动摇的思想宗旨和精神追求。祖父晚年，还清晰地记得军校大门前的一副对联："升官发财请往他处，贪生畏死勿入斯门。"

在黄埔军校，祖父亲耳聆听了孙中山先生的谆谆教诲；学习了许多先进的革命理论，也接受了当时中国最先进的军事教育。祖父虽然在军校仅仅学习了七个多月就毕业了，但这一段宝贵的时光在他一生中发挥着极其重要的影响。在后来漫长的岁月里，尽管祖父在他的政治、军事生涯中经历了种种曲折和坎坷，但朴素的爱国主义思想始终牢牢地植根于他的心灵

1924年6月16日，孙中山先生在黄埔军校开学典礼上。前排左起：欧阳格、蒋介石、孙中山、胡汉民、邹鲁。（此图片由台湾秦风先生提供）

深处。

在黄埔军校学习期间，有几位军校中的师长给祖父留下了深刻印象。

其中军校党代表廖仲恺先生是最受学生们欢迎的人物。廖党代表每到军校来，即被学生们团团围住，大家争相问长问短，亲热异常，廖仲恺也笑眯眯地一一回应，将学生们视同子侄。祖父对我们说，他们那时见到廖党代表，总有一种与父母亲在一起的感觉。直到晚年，祖父还清晰地记得廖仲恺先生讲话时的神情。

其次当属学生总队总队长邓演达了。邓身材高大，军容严整，不苟言笑，祖父最初以为他是不易接近的人，但相处久了，才发现他虽然对军事训练和管理要求严格，但为人却十分善良细心，对学生们关怀备至。邓演达作为国民党著名左派人物，始终在军校师生中享有极高声誉，大革命失

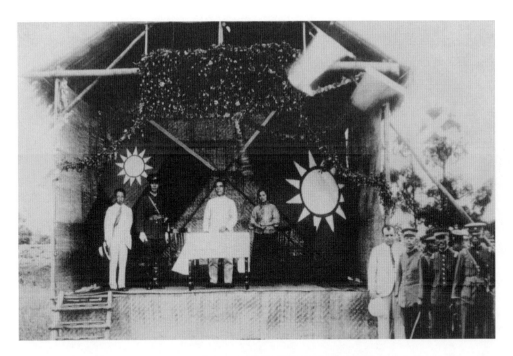

孙中山先生在黄埔军校开学典礼上发表演说。

黄埔军校一期学生聆听孙中山先生演讲。

黄埔军校第一期毕业生合影。

败后，邓坚持孙中山先生"联俄、联共、扶助农工"的三大政策，与谭平山等创建第三党，反对蒋介石的独裁统治，尝试建立农工平民政权，后不幸因叛徒出卖被捕。蒋介石很忌惮邓在黄埔系军队中的重大影响力，不顾宋庆龄等社会各界人士的积极营救，将其残忍杀害了。

周恩来同志作为黄埔军校的政治教官、政治部主任，到军校时间较晚，但一进入第一期学生的视野，便受到大家的欢迎。周恩来同志当时只有 26 岁，已经是一位极具政治魅力的著名共产党领袖人物了。他英俊潇洒，双目炯炯有神，讲话铿锵有力，尤其是讲授的革命理论生动活泼，贴近实际，很容易被大家接受。

周恩来同志到军校后仅一个多月，祖父他们就提前毕业了，以后在东征途中，祖父作为党军连、营党代表，直接归属东征军政治部主任周恩来同志领导，彼此就非常熟悉了。后来他们之间的师生情谊整整持续了半个世纪。

黄埔军校学生正在操练。

　　蒋介石一生的政治和军事生涯，都是靠黄埔军校起家的。作为黄埔军校校长，他格外注重对学生们的政治掌控。不过，他为人严肃刻板，让人很难亲近。平时祖父他们在校内见到身着笔挺军装、足蹬长筒马靴、手戴白手套的蒋介石，都要远远立正敬礼，待他走过后方可行动。蒋在军校办公之余，也常找学生们谈话，了解情况。一次蒋介石把祖父叫到办公室谈话，这是祖父第一次与蒋近距离接触，心情本就忐忑不安。由于蒋的宁波话尖细难懂，就更让祖父紧张了。虽然谈话内容无非是了解一下祖父的家庭情况，以及为何报考黄埔军校等简单的问题，但从蒋的办公室出来时，祖父周身都被汗水湿透了。

　　尽管如此，在祖父的心目中，蒋介石是他的校长，也是国民党"正统"的领袖，他自觉不自觉地崇拜、服从他，一度在长达二十余年的时间里，把自己的命运与蒋介石联系在一起。

　　与祖父一同考进黄埔军校的王尔琢、黄鳌、贺声洋等人，当时都是共

孙中山先生与苏联顾问鲍罗廷（前右）视察黄埔军校。

产党员，他们与祖父既是同学，又是同乡，在军校里朝夕相处，彼此亲如手足，对祖父思想熏陶很多。或许是受他们的影响，祖父经常参加由共产党员蒋先云同学发起的"中国青年军人联合会"的活动。国民党于1927年"清共"以后，在相当一个时期内认为祖父有"共党"嫌疑，不予重用。无独有偶，后来有些中共党史材料，也误认为祖父是中共党员，可见

黄埔军校学生寝室一角　　　　　　　　　　　　黄埔军校学生食堂

祖父在当时的黄埔军校学生中，确实是思想很进步的。

可惜的是，祖父的这三位好友都去世很早。

大革命失败后，王尔琢参加了南昌起义，后随朱德总司令上了井冈山，与毛泽东率领的队伍会师，担任红四军参谋长兼主力第28团团长，是红军早期的优秀高级指挥员，不幸于1928年为叛徒袁崇全所害。王尔琢的牺牲，使井冈山红军损失了一员大将，朱德军长抚尸痛哭，党代表毛泽东也痛悼不已，亲自撰写挽联祭奠：一哭尔琢，二哭尔琢，尔琢今已矣，留却责任难承受；生为阶级，死为阶级，阶级念如何，天下太平方始休。

黄鳌也于大革命失败后，在贺龙元帅领导的湘鄂西革命根据地坚持斗争，曾任湘鄂西红三军参谋长，不幸于1928年在湘西的一次战斗中英勇牺牲。

贺声洋在黄埔军校毕业后，曾去苏联留学，后因犯立三路线错误受到处分，不久又患上肺病，于1930年初因病去世。贺声洋遗有一子，名贺文龙，中华人民共和国成立后，曾在石门县文化局工作。20世纪80年代，贺文龙曾来京看望过祖父。

祖父晚年常常深情地忆起这几位黄埔军校挚友，痛惜之情溢于言表。

特别是王尔琢，他与祖父不仅是石门中学的同学，还是亲戚。在石门家乡，郑氏家族与王姓、覃姓、陈姓、唐姓、伍姓等几大家族世代通婚，我们原本并不清楚祖父与王尔琢到底是什么亲属关系，祖父在世时也未明言。不久前，我们查阅家谱和相关资料，才了解到，祖父是把自己的堂姐郑凤翠介绍给了王尔琢。

据说祖父的这位堂姐不仅人生得漂亮，而且十分贤淑。两人结合后虽然极为恩爱，还是聚少离多。郑氏怀孕后，曾赶到武汉见王，王尔琢却因战事正紧而赶往前线，郑氏怏怏而返。以后郑凤翠产下一女。由于大革命已经失败，王尔琢奔走革命，直至牺牲也无缘与妻女见面。不幸的是，烈士的女儿十八岁时，被一场大病夺去生命。以后郑凤翠又从王氏亲族中过继来一个儿子。这个孩子不幸又在抗美援朝战争中壮烈牺牲，剩下郑凤翠一人过着孤苦的生活。

中华人民共和国成立后，当地政府念及她是烈士遗孀，曾给予一些生活救济，直至 1988 年去世，享年 86 岁。郑氏生前，一直珍藏着一个首饰盒。她病故后，人们清点遗物，发现盒内存放着 60 粒杏仁，原来这正是对王尔琢烈士牺牲 60 周年的纪念啊！

上述这些事情，祖父生前并不了解。不过他对王尔琢的牺牲，一直十分难过，也曾多次向我们谈及与王尔琢有关的往事。作为后辈，我们对王尔琢烈士怀有无限的怀念和崇高的敬意。

一部中国革命史，似王尔琢这样的事例又何止千千万！今天我们拥有的一切，是无数先烈们用生命和家庭幸福换取的，他们永远活在我们的心底。

第二章
东征北伐

参加第一次东征的党军教导第 1 团部分官兵合影。

1924 年 11 月，广东革命政府在黄埔岛上正式成立了党军教导第 1 团、教导第 2 团，黄埔军校第一期的学生也提前毕业，大部分被派往党军中担任连排级干部。祖父因在军校表现出色，被派到教导第 1 团 2 营 4 连，任连党代表。

1925 年 1 月，盘踞在广东东江潮汕地区的陈炯明，趁孙中山先生北上，调兵遣将，准备分路反扑广州。为先发制敌，消灭陈炯明反动势力，广东革命政府决定组成联军，分三路军东征讨陈，是为第一次东征战役。

2 月初，黄埔学生军（辖党军教导第 1 团、第 2 团、黄埔军校第二、三期学生）和粤军第 2 师张民达部、粤军第 7 旅许济部共万余人为右翼军，经淡水、海陆丰向潮汕地区进攻，连下东莞、新圩、平湖、深圳等镇。2 月 14 日，担任整个右翼军前卫部队的教导一团二营 4 连，在淡水城西南

1925 年，参加东征的黄埔学生军在行军途中就餐。

的一片丘陵地带又与敌接触，祖父亲自率领前卫排迅猛冲锋，很快将敌人击垮，并与后续部队一起穷追不舍，将敌人一直撵进淡水城。

这是祖父平生第一次参加战斗。在军校学习时，祖父曾参加过镇压广州商团叛乱的军事行动，但他所在的一小队学生军，担任广东革命政府的警卫任务，并没有参加实际战斗。这次初上战场，祖父居然没有一点紧张、恐惧的感觉。用他自己的话说，仿佛是一次登山越野比赛。

次日拂晓，东征军开始猛攻淡水城。

充满革命激情的祖父，报名参加了由 10 名军官和 100 名士兵组成的奋勇队。

东征军的大炮刚一停止轰击，祖父便与奋勇队的官兵们一道，扛着云梯，在我军轻重火力的掩护下直扑城下。敌人依城固守，一时弹如雨下。

激战中，祖父他们架设的云梯，几次被敌人用铁叉叉倒，看到身边不断有战友中弹倒下，祖父一时有些慌乱，但随即想到自己身为革命军军官，绝不能贪生怕死，马上镇定下来。

他指挥士兵们就地卧倒，举枪向城头上的敌人火力点射击。趁敌人火力稍减，祖父又与士兵们跃上云梯，一边挥舞驳壳枪频频向城上敌人射击，一边敏捷地向上攀登。很快，他们攀上城头，大呼："党军登城了！党军登城了！"迅猛地向城上敌人扑去。这时，后续部队相继登城，痛击敌人，三千余守军大部被歼，少数残敌仓皇出北门落荒而逃。

在第一次东征战役中，党军教导团官兵在棉湖战地休息。

淡水战役后，祖父调升为党军教导第2团3营党代表，接替了在淡水战役中牺牲的蔡光举同志的职务。该营营长是当时军校中知名的共产党员金佛庄同志。

此后，东征军接连攻占海陆丰、揭阳、潮州和汕头，陈炯明部将洪兆麟只好望风而逃。

不料，这时战场形势却发生突变。原来，担任东征军左翼军的滇桂联军，暗中与陈炯明勾结，使陈炯明手下悍将林虎调集两万余精兵，由兴宁、五华分路快速南下奔袭，企图一举将东征军右翼军歼灭于潮汕地区。获此敌情后，军校校长蒋介石、政治部主任周恩来亲率党军教导第1团、教导第2团和粤军第7旅许济部迎击敌人。

3月13日晨，敌我在普宁附近的棉湖地区遭遇。担任战役迂回任务的粤军第7旅，竟在关键时刻迷失了道路，林虎遂集中万余精兵猛攻教导第1团。该团以区区千余兵力，与敌殊死战斗。战斗最危急时，团长何应钦亲率卫兵及勤杂人员与敌近距离搏战，彼此伤亡惨重。

这时，在教导第1团左翼向前运动的教导第2团，因团长钱大钧迟疑不决，未能及时往援。时至正午，战况更加紧急，早就按捺不住的教导第2团2营营长刘尧辰，主动向敌出击。钱大钧这才命令第3营占领左侧高地。不久，第2营与敌人的战斗打响。

军事经验丰富的第3营营长金佛庄判断敌人亦有可能抢占这个高地，立命该营9连快速向山上运动。果然，连长陈铁率第9连刚一登顶，敌军已黑压压地涌至，双方立即展开激战。金营长和祖父率后续两连赶到后，马上投入战斗。可是敌人愈来愈多，金营长和祖父往还于各阵地之间，指挥官兵们沉着地将敌人放至四五十米距离内，以排枪突然射击，打得敌人人仰马翻，死伤惨重。但敌人在军官驱赶下，还是不顾死活地冲上我军阵地。第3营的官兵们毫不退缩，跃出阵地，与敌展开白刃战。

激战中，祖父亲率两排兵力，从敌侧背杀入阵中，左突右冲，敌军顿时大乱，乱糟糟地溃退下去。战至黄昏，第3营发起全线反击，又是一场激烈的肉搏战后，敌人终于丢下遍地的伤兵和武器，纷纷狼狈地逃下山

参加东征的粤军部分官兵。

去。此时，粤军第 7 旅终于赶至，东征军士气大振，全面发动猛烈冲锋。林虎的部队再也抵挡不住，犹如山崩般地溃败了！这就是第一次东征战役中著名的"棉湖大战"。

棉湖战后，东征军连夜袭占五华，随后强攻兴宁。祖父所在的第 3 营和第 2 营刘尧辰部率先破城，守敌大部被歼，林虎仅率少数亲随逃往江西。与此同时，粤军张民达部也由潮汕沿韩江北上，连克黄岗、饶平、梅县、大埔、蕉岭等地，洪兆麟只身逃往上海，残部溃往福建境内。第一次东征战役胜利结束。

东征途中，祖父与金佛庄相处无间，结为挚友。万分遗憾的是，1926年12月2日，时任北伐军总司令部警卫团长的金佛庄，在一次执行任务时，不幸在南京下关被反动军阀孙传芳逮捕杀害。

第一次东征刚刚取得胜利，滇军、桂军头目杨希闵、刘震寰便在广州发动了叛乱。东征军迅速回师广州，讨伐杨、刘。

6月11日，党军第1旅（辖教导第1、2团）、粤军第1旅陈铭枢部猛攻广州东郊龙眼洞、观音山、瘦狗岭、白云山一线阵地，广东革命政府所属各个部队也纷纷投入战斗，双方仅激战一天多，盘踞广州两年之久，号称拥有四五万之众的滇桂联军便土崩瓦解了，杨希闵、刘震寰仓皇逃往沙面英租界。

战斗刚刚结束，祖父和他的战友们又经历了一次惊险。

6月15日上午9时许，党军在广州的宿营地附近突然枪声大作，正在营房内读书的祖父马上提枪冲出房外，率领闻声赶至的三十余位官兵迎着枪声奔去。其他各营连官兵，在事先毫无准备、无人统一指挥的情况下，几十人一股，甚至有人单枪匹马，自动向敌人逆袭，双方在营房附近的山脚下混战一团。敌人原想偷袭，没有想到遭到党军激烈抵抗，只好落荒而逃。这时党军增援部队陆续赶到，迅速将敌人全部追歼。事后查明，这股敌人是滇军胡思舜部，约三四千人，企图乘党军不备偷袭广州，不想自己却被全部消灭了。

金佛庄，1926 年 12 月 2 日在南京被军阀孙传芳部杀害。

平定杨希闵、刘震寰叛乱后，广东革命政府正式改组为中华民国国民政府，国民革命军也再次整编，祖父调任第1军1师4团1营党代表。

由于离家日久，思亲心切，祖父趁广州局势平静，于1925年8月中旬，请假回湖南石门家乡省亲。一年多前，祖父不辞而别，投奔黄埔，家人闻讯焦虑万分。现在祖父平安归来，一家人真是欢天喜地。转眼到了中秋，祖父辗转得知广东国民政府再次兴师东征，不由得心急如焚，马上辞别家人，踏上了归程。家乡有几位年轻人，也随着祖父前往广州，分别考入黄埔军校第四、五期。

祖父一回广州，立即去晋见广东国民政府主席、黄埔军校党代表汪精卫，直截了当地要求上前线作战。汪却说祖父在原部队的职务已被人顶替，建议他去黄埔军校医院任党代表。祖父为了上前线打仗才火速赶回，如何肯留在广州后方？汪见祖父执意要上前线，只好让他自行寻找机会返回部队。

祖父在广州苦苦等待了两个月的时间。10月中旬，东征军攻克惠州重镇，接着又占领了蓝塘、紫金、河源、老隆及海陆丰等广大地区，并于10月底在华阳再度击溃了林虎残部。捷报频繁传至广州，祖父更加坐卧不安，心里真是后悔当初请假回乡省亲之举。11月初，祖父千方百计地搭乘

蒋先云，于 1927 年在北伐战争中英勇牺牲。

到一艘小火轮前往汕头。

在船上，祖父巧遇黄埔军校一期同学蒋先云，彼此相见十分高兴。从蒋口中，祖父了解到东征军攻打惠州的惨烈战况，以及第 2 师 4 团团长刘尧辰等许多同志在攻城战中壮烈牺牲时的情景。

那时祖父尚年轻，突然听到这么多几个月前还朝夕相处的教官和同学，特别是他素来敬仰的老师刘尧辰等都牺牲了，不禁掩面失声痛哭，蒋先云也难过地流下眼泪。少顷，蒋先云语气深沉地说道："洞国，国民革命的成功，需要用无数革命志士的生命去换取，为主义献身是光荣的！"两年以后，蒋先云也在北伐战争中英勇捐躯了，但他的这番话，却长久地留在祖父心间。

第二次东征战役中，被东征军攻克后的惠州城残破景象。

在攻打惠州城的战斗中，党军教导团官兵前仆后继，牺牲惨重。图为倒卧在战场上的烈士遗骸。

1925 年第一次东征战役结束后，东征军总指挥蒋介石、政治部主任周恩
来率黄埔师生举行孙中山先生逝世追悼大会。

船到汕头，祖父径直去找东征军总政治部主任周恩来同志。

在军校学习和第一次东征战役期间，周恩来与祖父已很熟识，现在见到祖父大为高兴，握着祖父的双手嘘寒问暖。祖父歉疚地说："周主任，我回来晚了，你看仗都打完了。"周恩来爽朗地笑道："不晚，不晚，这里很多事情需要人手，你回来得还是时候！"他与周围工作人员简单商议后，便派祖父去潮州野战医院任党代表。祖父一听心中就凉了半截，若还是在医院工作，当初就不如留在广州了。周恩来了解到事情经过，还是劝慰祖父说："医院的工作也很重要嘛，你先去工作一段时期，我再设法找人替换你。"祖父不便再讨价还价，只得怏怏地前往潮州赴任去了。

一到潮州野战医院，祖父发现这里的情况很糟糕，不仅医疗、生活用品匮乏，医院管理也很松懈，伤病员们怨声载道。几天后，东征军总司令蒋介石前来视察，睹此状况勃然大怒，劈面打了院长几记耳光，当场将他撤了职，却对祖父勉励了一番，让他负起医院的全部领导责任。蒋介石走后，祖父不敢懈怠，悉力整顿医院秩序，申请增加物资供应，努力安抚伤病员，很快扭转了医院局面。

这时旧历春节到了，刚刚摆脱了军阀蹂躏和战乱之苦的潮汕地区的百姓们欢天喜地，共庆佳节。一连多日，潮州城内人山人海，一片繁荣景象。许多民众担着猪羊酒菜，敲锣打鼓，络绎不绝地前来劳军，与军队官兵彻夜联欢，充满鱼水之情。这是祖父大革命时期在广东度过的最热闹的一个春节。

1926年春，随着潮州野战医院里的伤病员们陆续痊愈归队，祖父再也闲不住了，便又跑到汕头去找周恩来主任。这次他来得很是时候，国民革命军当时都在整训、扩编，亟需军事干部。周恩来对祖父在潮州野战医院的表现很满意，亲自向蒋介石总司令举荐。不久，祖父被任命为第1军3师8团1营营长。

第3师先驻海澄，后移驻梅县。这支部队的前身是原粤军第7旅，官兵的政治教育和军事素质较差，战斗力不强。第二次东征战役时，该部曾在华阳地区被林虎部击溃，差点让前来督战的蒋介石遭受不测。这次有大批军事和政治干部被充实到这支部队，经过努力整顿、训练，很快改变了面貌，后来成为北伐军中的一支劲旅。

广东国民政府统一两广后，积极准备在全国范围内完成国民革命。1926年7月9日，国民革命军在广州誓师，掀开了北伐战争的序幕。

10万北伐大军分西、中、东三路先后出师北伐，其中西路军兵锋直

1926年6月，广州市民在中山大学举行大会，欢送北伐军出征。

1926 年 7 月 9 日，国民革命军总司令蒋介石在广州东校场举行的北伐誓师典礼上发表演讲。（此图片由台湾秦风先生提供）

指两湖地区，攻打北洋吴佩孚集团，此为主战场；中路军以消灭盘踞在江西、安徽、江苏等地的孙传芳势力为目标；祖父所在的第 1 军 3 师和 14 师组成北伐东路军，由广东潮梅地区向福建出击，通过打击孙传芳的福建督办周荫人军队，拱卫广东革命根据地的后方安全。

9月下旬，东路军进入闽境。

某日下午，在永定城外高地上，担任前卫部队的第8团1营与大批敌人遭遇，发生激战。经侦察，发现周荫人亲率主力驻守永定城。东路军指挥部决定迅速夺取该城。

次日拂晓，第8团团长徐庭瑶命令第2营在城南发动佯攻，另要祖父率第1营及配属的团机枪连主攻永定城东险要高地。敌军仗着人多势众，又据有险要阵地，不断以密集火力倾泻在我军阵地上，战斗一开始便陷于胶着状态。

祖父很镇定，他一面集中机枪连火力压制敌人火力，并组织十余位优秀射手，用步枪专打敌人的指挥官和机枪手；一面派出一连兵力从右翼秘密迂回。不久，迂回部队突入敌人主阵地，双方展开肉搏战，祖父率部和前来增援的第3营官兵趁势冲锋，一举夺下了这个险要高地。

为不使敌人有喘息之机，祖父立即命令机枪连抢占城东高地，向永定城垣猛烈射击，并亲率部队直扑永定东门。敌人顿时大乱，纷纷由北门溃逃。我军一路穷追猛打，将残敌大部歼灭。追击途中，祖父缴获了一件漂亮的大衣，当时衣内尚有余温，经俘虏指认，方知此衣为周荫人本人之物，可见周荫人逃命时的狼狈情景。

永定一战，东路军取得北伐的首场胜利。对祖父来说，这也是他担任军事主官后第一次独立指挥作战，其优秀的军事指挥才能，为后来的军事生涯奠定了坚实的基础。

东路军攻克永定后，未及休整，立即回师广东松口，围歼进攻松口的另一部周荫人主力。

在松口镇北附近，敌我相遇，依然担任前卫的第8团主力与敌展开激战。双方恶战良久，敌人因人数众多，开始向我军两翼压迫。率部担任团预备队的祖父不断目视徐庭瑶团长，意在请求出击。徐却专注地用望远镜观察敌情，毫不理会祖父的表示。

约1小时后，松口镇东方向爆发猛烈枪炮声，原来是后续的东路军主力第14师和第3师7团，已经赶到并投入战斗，沿梅江南岸据守的第3

北伐军开赴前线途中。

师9团也对敌发起攻击。徐团长这时才将手一挥，命令祖父出击。祖父举枪大呼："弟兄们，冲啊！"伏在阵地上观战多时的第1营官兵，犹如出笼的猛虎，立刻向敌人扑去。

敌军三面应敌，只有招架之功。两三小时鏖战之后，敌人全线崩溃，四散逃命，我军各部奋勇追击，将敌主力大部歼灭。

黄昏前，战斗全部结束。这一仗，不仅彻底解除了敌人对广东革命根据地的威胁，也将周荫人的主力消灭了。祖父的第1营，在战斗中缴获的人枪逾千，列全团之榜首，再次受到嘉奖。

10月中旬，东路军再次进入福建，浩浩荡荡地向闽南重镇漳州进发。

进军漳州途中，祖父出了一次"洋相"。

某日黄昏，部队刚刚宿营，团部传令兵匆匆送来徐庭瑶团长的一纸便条。祖父展开一看，仅寥寥一行字：

"郑营长，晚上请到团部便餐，因有红烧牛肉故也。此致。徐庭瑶
即日。"

祖父快马加鞭，赶到团部一看，满桌菜肴之中，果然有热气腾腾的红烧牛肉。徐庭瑶热情地招呼大家入席。祖父还在诧异其他各营官长为何均

北伐战争中的工人运输队。

未到席，徐团长已与众人干起杯来。

北伐以来，部队连战连捷，大家心情愉快，加上有丰盛酒菜助兴，人人开怀畅饮。祖父酒量不大，不多时便酩酊大醉。夜半醒来，发现自己睡在团部，床上、地上呕吐得一塌糊涂，真是狼狈至极。

次日早饭后，徐团长将祖父唤去，郑重通知：他将调升他职，由祖父继任第8团团长。祖父这才明白，昨晚的酒席，是为欢送徐庭瑶和庆贺他升任团长预备的。

从此，还不满24岁的祖父，便担负起指挥一个团队的重任了。

经永定、松口两役后，福建境内的敌人已如惊弓之鸟。东路军一到漳州，敌守军师长张毅便主动出降。12月上旬，东路军未经大的战斗，又占领福建省会福州，福建全省平定。

1927年初，东路军经古田、建瓯向浙江进军。大军进抵建瓯时，趁着夜幕掩护，不费一枪一弹，将驻扎在这里的孙传芳部一个师包围缴械。次日就是除夕，官兵们用缴获敌人的物资，度过了一个丰盛的旧历春节。

1926 年 10 月 10 日，北伐军攻克武昌后，武汉军民举行联欢大会。

由于北伐军纪律严明，又注重政治宣传工作，深得民众拥护。东路军进入浙江境内，正值早春，一路雨雪交加，道路泥泞，官兵们身着单衣，冒着寒冷的雨雪艰难行军，一时减员很多。沿途百姓自发地组织起来，有的为部队挑土铺路，有的扶老携幼，捧着茶水、食物，冒着雨雪候在路旁劳军，还有的百姓沿途设立许多收容站，热情地收容、照顾伤病员。这种军民鱼水之情，使官兵们深受感动，部队上下始终保持着高昂的士气。

祖父自北伐出征以来，身上的军衣经过数月征战，再加上风吹日晒，早已破烂不堪，尤其是军裤，自膝盖以下，均已碎成布条，无奈只好从百姓家中买了一条便裤穿在身上。团长如此，其他官兵的服饰更不消说了。部队行军时，犹如一条五颜六色的巨龙，蜿蜒起伏，滚滚向前。

多少年后，祖父都怀念着北伐时期的这些难忘经历。军队士气昂扬，军民关系鱼水交融，都是祖父后来在国民党军队中所不多见的。

1927年3月，东路军经江山、衢州、龙游、兰溪、桐庐进占杭州，稍事休整，又经泗安、广德、溧阳，一路向南京挺进。在句容附近，东路军与奉军一部交战，敌人一触即溃。3月下旬，东路军兵临南京城下，与城内刚刚抵达不久的第6军程潜部胜利会师！

北伐军占领南京，引起列强的极度恐慌。东路军抵达南京的当晚，云集在下关江面上的英、日、美、法军舰，借口其侨民受到伤害，突然向南京下关和栖霞山地区猛烈炮击，打死打伤我军民两千余人，击毁民房无数，酿成震惊中外的"下关惨案"。

当时，祖父正率部据守栖霞山阵地，官兵们目睹下关一带火光冲天，百姓奔走哭号的惨状，无不怒火中烧，不待上级命令，便自动进入阵地向列强兵舰开火。可惜当时北伐军没有多少重武器，无法给敌人致命打击。

通过此事，祖父更清醒地认识到，列强是中国国民革命最凶恶的敌人，不将帝国主义势力驱逐出中国，国民革命断无成功之理。

蒋介石反动政治集团实施"清共"后，被屠杀的共产党人。

就在北伐战争取得重大胜利之际，革命阵营内部却发生了重大分裂。以国民革命军总司令蒋介石为代表的国民党右派，于1927年4月12日在上海公然"清党"，大肆捕杀共产党人。不久，又在南京另行成立国民政府，并开始对在南京军队中的共产党员和同情武汉国民政府分子实行"非常紧急处置"。一时间，祖父在军中的许多朋友、熟人，不是被杀，便是失踪了，南京城内一片肃杀之气。祖父因平日与共产党员们往来密切，也做好了遭撤职或捕杀的准备。数年后，祖父的军校一期同学黄雍，担任黄埔军校同学会的负责人，发现祖父的名字还赫然出现在该会的黑名单上，急忙抹去了。由于政治上的嫌疑，祖父在团长任上足足干了几年，直到中原大战以后，才以战功升任旅长。

蒋介石在南京实行"清党"，使年轻的祖父陷入有生以来最大的痛苦和迷惘之中。作为一个思想单纯的军人，他虽然有着朴素的爱国思想，却对中国革命的性质、道路缺乏深刻的认识。

尽管祖父对共产党人当时的遭遇充满同情，对蒋介石的"清党"之举颇有抵触，但在心目中，仍把蒋介石作为已故孙中山总理的正统继承者，是中国当然的政治领袖和军事统帅。经过痛苦的精神煎熬和激烈的思想斗争，他做出了继续跟蒋介石走的政治抉择。直到1948年长春和平解放，才结束了这长达二十余年的曲折历程。

第三章

宁汉对立和二期北伐

1927年4月18日，国民革命军总司令蒋介石在南京另组国民政府，推举胡汉民为国民政府主席，同时成立中央政治会议和军事委员会，蒋介石自任主席。

这样，在中国的长江中下游流域，形成了两个彼此对立的国民党政权：一为当时尚在中共和国民党"左派"影响下的武汉国民政府；一为由国民党右派掌权的南京国民政府。先已在迁都问题上争执不下的宁汉双方由此更是势如水火，剑拔弩张，大有一触即发之势。

就在宁汉双方对峙之际，败退至苏北的孙传芳残部和盘踞在山东的直鲁联军主力于4月中旬趁机大举向南京反扑。敌人兵分两路：一路由淮河南下围攻合肥；一路沿津浦路南下，直抵浦口，并以大炮隔江轰击南京。同时，张学良率奉军精锐自京汉路南下至驻马店，威逼武汉。

鉴于大敌当前，宁汉双方只能暂时罢兵息争，分头继续北伐。

南京方面的军事委员会将所属军队分成三路：西路以李宗仁将军为总指挥，辖第7军夏威部、第15军2师、第44军叶开鑫部、第27军王普部、第10军王天培部、第33军柏文蔚部。该路军渡江西进，直趋合肥，由皖北攻截津浦路；中路军由蒋介石自任总指挥（白崇禧将军代理），辖第1军1、3两师、第6军杨杰部、第37军陈调元部、第40军贺耀祖部。该路军渡江北上，以攻略徐州为第一期作战目标。以上两路，是南京方面北伐的主力；东路军以何应钦将军为总指挥，辖第1军一部、第26军周风岐部、第14军赖世璜部、第17军曹万顺部，沿长江下游陈兵于镇江与常熟之间，俟西、中两路军进攻得手后，再渡江北上，"清剿"苏北之敌。

5月初，祖父所在的中路军由南京西南的马鞍山附近渡江北上。这时敌人主力多集中在津浦线上及合肥周围，故北伐中路军正面仅发生小规模战斗，很快将敌人击溃，一路经全椒、滁州、盱眙向北挺进，进展神速，于5月20日左右即接近陇海铁路附近。在此前后，西路军也在柘皋、梁园大败直路联军精锐马济部，乘胜攻克津浦线上的战略重镇蚌埠。西、中、东三路大军遥相呼应，全线向陇海线进逼。6月2日，南京国民政府北伐大军攻占扼陇海、津浦两路枢纽要津的战略重镇徐州，各路军队会师于陇海路。

在南京方面攻占徐州的前一天，即 6 月 1 日，武汉国民政府所属的北伐大军也在重创奉军主力之后占领郑州，与冯玉祥将军率领的国民军会师，随后又进占开封，奉军被迫仓皇北撤。

在北伐战争取得节节胜利的过程中，原倾向革命的武汉国民政府也开始向右转。

1927 年 6 月 10 日，武汉国民政府首脑汪精卫、谭延闿、孙科等赴郑州会晤冯玉祥将军，史称"郑州会议"。会后，武汉方面将已占领的河南地盘交给冯玉祥的国民军，把北伐大军全部撤回武汉地区，一面积极筹划在内部"清共"，一面准备进攻南京。这就是后来汪精卫鼓吹的"在夹攻中奋斗"。

郑州会议后，冯玉祥将军又于 6 月 19 日在徐州与南京国民政府首脑胡汉民、蒋介石、李宗仁、吴稚晖、张静江等会晤，史称"徐州会议"。会议除商定蒋、冯共同对奉军作战外，还力促汪精卫"反共"，实现宁汉合流。当时南京方面决策层中，多数人主张继续北伐，不愿对武汉用兵。

这期间，南京方面的北伐战事仍在进行之中。6 月中旬以后，祖父所在的北伐中路军在白崇禧将军指挥下向鲁南临沂攻击前进。

在郯城以南地区，北伐军与孙传芳部遭遇，双方爆发激烈战斗。起初敌人很顽强，与北伐军激战竟日，毫不示弱。担任正面主攻的北伐军第 1 军 1、3 两师在友军配合下不断发起猛攻，才迫使孙部节节后退。下午 4 时许，贺耀祖等部从左翼向敌包抄，导致孙传芳的军队全线崩溃。

这一仗将孙传芳军队打得失魂落魄，再也无法组织有效的抵抗，纷纷龟缩到临沂城内。北伐军长驱直入，直扑临沂城下。这时李宗仁将军指挥的北伐西路军相继占领了峄县、临城，进迫至邹县、济宁一带，其中叶开鑫部已近抵临沂以西地区，积极配合北伐中路军攻打临沂。

临沂城防十分坚固，且孙传芳的部队拼死防守，所以攻城战打得极为艰苦。第一天，北伐军从晨至晚接连发动十余次攻击，均未奏效，且有较大伤亡。次日，北伐军由东、南、西三面同时攻城，枪炮厮杀声震耳欲聋。激战中，孙传芳的白俄铁甲车突然杀出，以炽烈炮火发动逆袭，一度给北伐军造成相当伤亡。北伐军很快集中各种火炮向敌铁甲车轰击，迫使其狼狈地缩回城内。战至下午，孙传芳部渐呈不支之势，北伐军则士气大振，攻势愈加猛烈。

谁知就在临沂旦夕可下之际，上面突然传下命令，要各攻城部队星夜解围后撤。祖父他们正打得兴起，听说要把部队撤下来，心里很不情愿。后来才听说武汉方面已命令第2方面军张发奎部集中于江西九江，准备顺江东下，东征讨蒋。南京方面不得不将徐海前线主力迅速撤回，准备抵御张发奎的军队。

祖父所在的第1军3师连夜从前线撤下后，一路经江苏淮阴、扬州开至上海。

祖父心中非常纳闷：既然宁汉双方要打仗，第1军为何不开往南京，而要跑到上海来呢？原来南京国民政府内部也闹矛盾了，蒋介石被桂系逼宫，已暗中酝酿下野之事，所以将他视为嫡系的第1军部队置于远离前线的后方，作为日后东山再起的资本。当时在军中担任中下级军官的祖父，哪里晓得其中的奥妙呢？

部队在上海驻扎了半月之久，祖父忽然生病了，周身发热无力，精神怠倦，且时有昏厥现象，实在无法主持军务，只得向上级打了请调报告。不久，何应钦将军将他调到自己身边做参议。

这期间，汪精卫已在武汉大举"清共"，在中共影响下的第2方面军贺龙、叶挺两部毅然发动南昌起义，打响了中共武装反抗国民党统治的第一枪，宁汉双方的紧张矛盾由此稍有缓和。但南京方面却因徐海兵力空虚，徐州复失。以后蒋介石亲自指挥反攻，不料却遭惨败，孙传芳部趁机卷土重来，陈兵江北，虎视南京。祖父来到南京时，蒋介石已被迫于8月13日通电下野，东渡日本考察。

这时南京方面的情形已经非常紧张了，武汉唐生智的军队正顺江而下，进抵安庆、芜湖一线；江北孙传芳的军队自浦口日日以大炮轰击南京城，并有发动大规模进攻模样。南京军委会急将大部分军队沿长江南岸部署，采取防御态势。

8月下旬，孙传芳军队乘南京方面部分沿江军队换防，于夜间突然渡江偷袭乌龙山、栖霞山阵地，一度攻占栖霞山主阵地和乌龙山阵地的几座炮台，双方爆发惨烈的争夺战。经过三天激烈战斗，南京方面才将渡江之敌歼灭，恢复了原有阵地。谁知孙传芳军队又在镇江、龙潭之间大举南渡，很快攻陷龙潭。南京方面第1军14师卫立煌部、第2师刘峙部曾就近反攻，一度将敌人逐出龙潭，但孙传芳部主力源源渡江，很快发动了大规模攻势。

孙传芳本人像输红了眼的赌徒，拼出全部血本，不仅自己亲自渡江督战，还命令数万大军只携带数日军粮，渡江后把船只悉数调往江北，以示破釜沉舟之意。孙扬言要在上海度中秋节，气焰嚣张极了。

南京方面只有第14师、第2师两个师部队，众寡难敌，只能节节抵抗后撤，不久栖霞山阵地再度失守，孙传芳前锋军队一直打到南京近郊，南京城内人心惶惶，不少市民开始逃出城外。

为了挽救危局，南京军委会迅速檄调驻扎在南京和沪杭路的主力部队准备反攻，何应钦将军等亲赴前线指挥督战，人心由此稍安。

8月29日晚，南京方面 第1军第1师王俊部、第3师顾祝同部、第21师陈诚部陆续赶至龙潭附近，遂会同第7军、第19军和第1军2师、14师等部队，于次日拂晓由东、西、南三路向敌人发动反攻。双方十余万军队在龙潭周围方圆几十里的区域内殊死拼杀，枪炮声、呐喊声震耳欲聋，一时杀得天昏地暗、血流成河。其战斗之惨烈、规模之宏大，为北伐战争以来所罕见。

龙潭战役期间，祖父一直跟随何应钦将军左右，时常奉命到前线了解军情、传达命令，虽然没有亲身参加战斗，却目睹了当时这场战役的残酷景象。祖父晚年回忆说，一次他奉命去前线一个独立团传达何应钦将军的作战命令，途中发现在一大片稻田中密密麻麻地布满了敌我双方士兵的尸体，约有五六百具，有的尸体已经泡肿发臭，血把稻田里的水都染成了红色，显然这里发生过一场极为激烈的混战。直到战役结束后，祖父请假去苏州养病，火车经过栖霞山、龙潭地区时，那一带依然尸臭熏天，令人窒息，可知在这次战役中死的人是极多的。

龙潭激战持续了近两昼夜，孙传芳军队力渐不支，期间虽数度做困兽之斗，发起多次凶猛反扑，却均被粉碎，最后全部人马被包围在江岸附近，除孙传芳率少数亲随登舟逃往江北外，其余数万人马悉数被缴械。

是役，南京方面军队毙敌万余人，俘敌数万人，缴获枪炮不计其数。孙传芳苦心经营多年的本钱，几乎彻底赔光了，从此一蹶不振。

龙潭大捷后，南京军委会下令所属军队乘胜渡江追击，孙传芳残部已成惊弓之鸟，望风向苏北逃窜，南京方面军队重新克复浦口、扬州等重镇，南京局势转危为安。

仗虽然打胜了，祖父的身体状况却愈来愈差。本来他的身体已感不适，龙潭战役期间又冒着酷暑和炮火终日往来于前线与总指挥部之间，病情就更加严重了，只是因战况紧急而勉强支撑下来。战役结束后，祖父不得不向何应钦将军请假去治病。当时苏州有一家更生医院，医生都是外国人，据说医术非常好，所以祖父决定到那里去。

在乘火车去苏州途中经过栖霞山、龙潭一带时，经沿途刺鼻的尸臭一熏，祖父更高烧、呕吐不止，一到苏州更生医院病情就急剧恶化了，持续高烧达摄氏 38 至 40 度，医生诊断是瘟症。此后一连一个多月，高烧始终不退，茶饭难进，只是头脑却出奇地清醒。

这时祖父已瘦得皮包骨，身体虚弱到极点，连医院的钟声和人在地板上走路的声音都让他的心脏承受不了。隔壁病房里的病人，几乎隔两三天就有人死去，祖父料定也很难从这里活着出去了。想到即将抛下家中的父兄和妻小，以及所熟悉的军旅生活，独自漂流到另一个世界去，他的心头难免掠上一股遗憾和眷恋之情。以后祖父的身体不断衰弱，连这些也无力胡思乱想，只能听其自然了。

一天，一位蓄着浓密大胡子的外国医生在几位护士的簇拥下来到祖父的病房，先查看了一下他的病情，随后示意其中一位护士询问祖父家中都有什么人、如何与家人通讯等等。祖父心知病已不治，便坦然问道："大夫，怎么样，是不是我要完蛋了？"

"你，不要紧，没关系的。"大胡子洋大夫摇摇头，用生硬的中国话劝慰道。

"请大夫告诉我实情吧，我是军人，对生死无所谓的。"祖父又问了一句。

大胡子洋大夫依旧摇头说没关系，要祖父好好养病，然后便率众人离去了。

说来也怪，又过了几天，祖父的高烧居然慢慢地退去了，人也开始有了些精神。后来医生在暗室里将祖父双眼蒙上，用一种紫光灯对他全身进行照射治疗，这样经过几个疗程，祖父周身脱了一层皮，身体却好转起来了。

医院里的医生、护士，还有一些病友们，原都以为祖父必死无疑，现在看到他终于从死亡线上熬了过来，十分高兴，纷纷向祖父祝贺。特别是医院里的护士们，都是中国人，知道祖父是国民革命军军官，都对他格外关爱。其中有位姓张的小护士，照顾祖父更是体贴入微，让他在孤独和病痛中感到亲人般的温馨。据说抗战胜利后，这位张姓护士还在上海看望过祖父。

祖父在苏州更生医院前后住了三个多月，直到12月下旬才病愈出院。在返回南京之前，祖父去上海逗留了几天，正赶上蒋介石与宋美龄结婚，便出席了他们夫妇的结婚仪式。待他回到南京时，已经是1928年元旦了。

这一时期，国民党内的明争暗斗一直十分激烈。自蒋介石下野及龙潭战役后，国民党内宁、汉、沪（即西山会议派——作者注）一致决定成立特别委员会（简称特委会——作者注），代行中央委员会职权，进而实现了宁汉合流，国民党形式上达成统一。但好景不长，原想乘蒋介石下野而独坐江山的汪精卫，不满桂系和西山会议派把持特委会大权，愤而重返武汉，另组武汉政治分会，打算依恃唐生智的武力反对桂系，遂使宁汉再度对立。与此同时，张发奎率第2方面军由江西开回广州，打出"拥汪护党"的旗号，反对特委会。不久，汪精卫又赶到广州，积极从事倒桂活动。

国民党内政治上的分裂导致军事上的冲突。

1927 年 10 月中旬，唐桂战争爆发。唐生智的军队很快被打败，桂系军队占领武汉，野心勃勃的唐生智只好通电去职，逃亡到日本。隔了一个月，张发奎亦因中共在广州发动起义事件而通电去职，其部随后在五华、岐岭地区为桂系军队所败。桂系势力由此深入广东，并控制了两湖及安徽等省，一跃而成为国民党内空前强大的派系。

面对桂系专权的局面，以往成见很深的汪精卫和蒋介石只得暂时捐弃前嫌，重新合作。蒋介石于 1927 年 11 月上旬由日本回国后，汪精卫即赶往上海与之晤谈多次，共同规划制桂之计。

祖父回南京之后，对国民党内部的派系之争虽有所闻，但限于当时地位，也难知究竟，况且他作为一名职业军人，对政治上这些争权夺利的事情原本就不感兴趣，一心只想上前线带兵打仗，早日完成北伐大业。这时，何应钦将军正率北伐军在津浦线上与直鲁联军激战，并已重占徐州。祖父向总指挥部提出要去徐海前线，很快获准，随即上路了。

那时正值战乱之际，后方交通十分混乱、拥挤。祖父渡江到了浦口，等了几天也买不到去徐州的车票，后来费尽周折通过关系才搭上一列向前线运送军需物资的铁皮闷罐列车。同祖父一起去前线的军人不少，大家紧紧挤在几节黑洞洞、气味难闻的车厢里，动都不能动一下。这列火车开得很慢，走走停停，用了差不多两三天时间才到达蚌埠，此后便不再前行了，大家只好在蚌埠住了下来。两天后，祖父又设法搭上往徐州运送军粮的敞篷卡车，继续赶路。

当时正值严冬，寒风凛冽。祖父大病初愈，身体尚很虚弱，更是格外怕冷。由于卡车上堆满一包包粮食，人坐在上面毫无遮掩，车子行驶起来，寒风扑面而来，刮在身上、脸上犹如刀割一般，冻得他瑟瑟打抖，苦不堪言，一路勉强熬到了徐州。

祖父赶到徐州时，前方战事暂时沉寂下来了，敌我都在加紧调整部署，准备大战。他一报到，便被委任为徐州警备司令部参谋长。

徐州警备司令是第 13 军军长夏斗寅。此人是地方实力派人物，生得粗壮肥胖，貌似一粗莽大汉，内中却颇有心机。平时他不大过问军务，所有事情都由部下一位姓张的师长打理。祖父去后，夏斗寅表面十分客气，但不让他插手军中事务。祖父虽然年轻，又是第一次在杂色部队中做事，却知道情形复杂，言行十分谨慎，所以与夏斗寅等人相处倒也相安无事。

1928年2月上旬，国民党在南京召开二届四中全会。会议改组了国民党中央委员会、国民政府和军事委员会，谭延闿担任国民政府主席，蒋介石复就国民革命军总司令一职，并兼任国民党中央政治会议主席和军事委员会主席。蒋在这次会议上集党、政、军权于一身，打破了一个时期以来桂系专权的局面。作为蒋的学生，祖父起初很为他们校长的东山再起而高兴，以为国民党内由此会出现一个崭新的政治格局。

后来的事实表明，这是一个空洞的幻想。

国民党二届四中全会开过不久，蒋介石亲到徐州视察。祖父原来的老上级、第9军军长顾祝同正准备成立新兵教导团，当面向蒋介石请求调祖父担任教导团团长，蒋当即允准。祖父在夏斗寅那里正百般无聊，对于这项新的任命特别高兴，此后便专心在徐州以北的九里山地区训练新兵。

功夫不负有心人，经过几个月的强化训练，这支新兵队伍进步很快。后来蒋介石到九里山地区检阅部队，发现第9军教导团动作迅速，部伍严整，大为赞许，特地对祖父进行了口头嘉奖。

1928年4月初，国民政府命令所属四个集团军分路进攻奉系军队、张宗昌的直鲁联军和孙传芳残部，以期一举完成北伐。作战部署大致是：蒋介石指挥第1集团军（何应钦将军代理）沿津浦路北上，经泰安、济南、沧州直捣天津；冯玉祥将军指挥第2集团军（原国民军）在京汉路以东、津浦路以西地区攻击前进，配合友军会攻京津；阎锡山将军指挥第3集团军出师太原，循正太路，出娘子关，攻截京汉路，再北上与友军会攻北京；李宗仁将军、白崇禧将军指挥第4集团军沿京汉路经郑州、新乡、正定，北上直取保定、北京。

4月中旬，各路北伐大军相继出击，一路势如破竹。第1集团军4月19日于鲁西巨野一战，全歼孙传芳残部，于5月1日乘胜占领济南。北

在"济南惨案"中被日军残杀的中国军民。

伐军的胜利，引起暗中支持奉系军队的日本帝国主义的仇视和恐慌，日本驻屯军突然围攻济南，屠杀中国军民数千人，连奉命与日方交涉的国民政府山东特派交涉员蔡公时等17位外交人员都惨遭杀害，造成震惊中外的"济南惨案"，日军的残暴兽行，引起北伐军全军将士的无比愤怒，中日军队紧张对峙。蒋介石不愿扩大事态，命令撤出驻济南的中国军队，绕道北上。

但是，不管外国列强如何干涉，张作霖、张宗昌、孙传芳之流的败局已定。5月底，北伐军第4集团军占领保定，直扑北京。北伐军第1集团军稍后也占领了沧州、德州。北伐军第2、第3集团军进展顺利，正分别向河北怀来、固安、河间挺进。

孙传芳自知大势已去，于6月3日通电下野。次日，张作霖也乘火车仓皇出关。火车行至其老巢奉天（今沈阳——作者注）郊区皇姑屯时，被

1928 年 7 月，北伐完成，南北统一。北伐军攻占北平后，北伐军总司令蒋介石在北平举行新闻界招待会。（此图片由台湾秦风先生提供）

日军预埋的地雷炸翻，张作霖伤重而死。张作霖死后，其子张学良率奉军陆续撤出关外，北伐军第 3、第 4 集团军于 6 月 11 日同时进占北京城。不久，张宗昌的直鲁联军残部数万人在滦东地区被北伐军包围缴械。这些在中国近代史上风云一时、作恶多端的反动军阀，终于被一一消灭掉了。

至此，国民政府在形式上统一了除东北外的中国大陆所有地区，东北的张学良将军不久也派人与国民政府磋商东北易帜问题。6 月 15 日，国民政府正式宣布北伐成功，"统一告成"。

1928 年 7 月 6 日，国民党领袖在北平西山碧云寺孙中山陵寝安置处举行祭祀典礼，以北伐完成告慰孙中山先生在天之灵。蒋介石、吴稚晖、阎锡山、白崇禧、陈立夫等参加了祭祀活动。根据蒋介石秘书陈立夫事后回

蒋介石率领国民党上层在碧云寺祭祀孙中山。前排右至左为：张作宝、陈调元、蒋介石、吴稚晖、阎锡山、马福祥、马思达、白崇禧。（此图片由台湾秦风先生提供）

忆："站在陵寝前，我们隔着玻璃棺，可以看见孙先生的遗容，他安然地睡着，就像活着时一样。记得当时，蒋先生一见到总理遗体就泣不成声，这是我第一次亲眼看见他哭泣。"

　　祖父因奉命留在后方训练新兵教导团，未能参加北伐战争的最后一役。当北伐成功的喜讯传到后方时，大家无不欢呼雀跃，兴奋万分。祖父他们并不知道，由于国民党改变了性质，北伐成功并未使中国从此走上和平、富强的道路。相反，无数北伐将士的生命和鲜血，换来的仅是旧政权的更替，中国的现状依旧是换汤不换药。此后，由于新的统治集团内部矛盾和争斗的加剧，带给人民的是更加深重而频繁地战火和灾难。

第四章

讨桂、讨冯、讨唐战争

北伐战争结束后，国民党于 1928 年 8 月上旬召开二届五中全会。这次全会除了推选蒋介石、谭延闿分任国民政府主席和行政院长外，还有一项重大举措就是成立编遣委员会，目标是裁减全国军队。

会后不久，军队便开始整编了，祖父的教导团被列在裁减之列。不过，部队名为裁减，实际上是把队伍编散，将士兵补充到其他部队去。这种裁军，不过是仅仅裁减部队番号而已，完全是掩人耳目的手法。

教导团编散后，祖父赋闲无事了，想想自从军以来，仅在第一次东征战役后短暂地回乡探亲一次，始终与家人疏于联系，不免思亲心切，便派人将在湖南石门家乡的老父和妻儿接到蚌埠团聚。一家人久别重逢，十分欢快。

转眼到了冬季，祖父又接到新的任命，担任第 2 师 5 旅 10 团团长。

第 2 师系这次部队整编后的新番号，是由原第 1 军 3 师和 14 师合编而成的部队，名为一个师，实为两个师的规模。祖父指挥的第 10 团，就是原来担任团长的第 3 师 8 团，等于自己转了一圈，又回到老部队了。

第 2 师师部设在蚌埠，第 10 团则驻扎在蚌埠西北二百华里外的宿县，后来又易驻蒙城、阜阳等地。祖父将家眷安置在蚌埠，自己则专心训练部队，并协助当地政府剿匪。

不久军中发生了一件事情：第 2 师 4 旅和 5 旅在一次对抗演习中发生了实弹射击事件。蒋介石闻讯大为震怒，立即撤换了两个旅的旅长，另外换上黄埔军校毕业的楼景越和黄杰。事后有人悄悄议论，说蒋不过是借题发挥，趁这个机会将非黄埔嫡系出身的将领排挤下去。

东北张学良将军正式宣布易帜、服从中央后，国内局势表面上似乎平稳下来了，但围绕着军队编遣问题，国民党政权内部各派系军事力量之间的矛盾和冲突却愈演愈烈。蒋介石为了巩固和加强自己的地位，以中央政府名义要求其他各集团军"奉还大政"，"归属中央"。冯玉祥、李宗仁等则千方百计地予以抵制，致使 1929 年元月召开的军队编遣会议不欢而散，未能解决任何问题。随着矛盾的不断尖锐，终于导致蒋桂战争首先爆发。

蒋介石与李宗仁、白崇禧等桂系首领的芥蒂由来已久，蒋尤其对 1927

年8月受桂系排挤被迫下野一事，更是耿耿于怀。这一时期，李宗仁任武汉政治分会主席，桂系另一首领黄绍竑留守广西，一向与桂系关系密切的李济深（李济深系广西苍梧人——作者注）为广州政治分会主席，白崇禧则以第4集团军前敌总指挥的名义，屯兵唐山。桂系势力迅速扩张，其力量和影响一时远超于阎锡山、冯玉祥、张学良等地方实力派之上，成为蒋系势力的唯一劲敌。

为了制桂，蒋介石暗中运送军火接济湖南省主席鲁涤平所部第2军，意在蒋桂战争一旦爆发，使鲁涤平部切断武汉与两广之间的联系。桂系也早有牢固控制湖南，使两湖与两广连成一片的企图，所以在获悉此事后，即于1929年2月径以武汉政治分会的名义，越权免去鲁涤平的湖南省主席职务，另委倾向桂系的何键为省主席，并出兵进攻长沙。

湖南问题发生后，蒋介石一面加紧准备讨桂战争，一面假借请李济深从中调处名义，将其诱至南京，软禁于汤山。同时秘密派早已下野的唐生智去唐山策动其被桂系西征时改编的旧部驱白，迫使白崇禧只身辗转逃回广西。

这些措施完成后，南京国民政府即于3月25日正式下令讨桂，蒋介石亲自乘兵舰指挥中央军沿长江两岸浩浩荡荡地向武汉攻击前进。

祖父所在的第2师和第1师等中央军部队在刘峙指挥下（实际指挥的是顾祝同——作者注），由蚌埠等地出发，沿长江北岸向西经太湖、宿松、蕲春直捣武汉；在长江南岸的中央军则由南京出发，经芜湖进入江西境内。

中央军江北部队进抵蕲春时，桂系师长李明瑞、杨腾辉等相继临阵倒戈，驻守武汉的桂系高级将领夏威、胡宗铎、陶钧等猝不及防，慌作一团，被迫放弃武汉，率军仓皇向荆州、沙市、宜昌一带退却。中央军兵不血刃地进占武汉三镇后，不给桂系喘息之机，立即展开追击，包围了逃往鄂西的桂军，将其全部缴械。6月初，桂系首领李宗仁、白崇禧、黄绍竑等通电下野，蒋桂战争以桂系的迅速失败告终。

战事结束后，祖父的第10团等部先后驻于平汉路上的广水、花园等

1925 年 5 月，蒋桂战争中，陆军第十一师开往鄂北襄樊等战略要地驻防
（来源《石叟资料·陈诚照片集》）。

手兵防先先锋团十一师四川湖北理本立驻屯团亚
指挥线十六师先锋先锋锋桥梧更端君

廣西梧州白雲山之形势及戰塔鐵網之設備

The White Clouds Mountains, one in Kwangsi Province (above) and one in Kwangtung Province (below),
bearing the same name, had been important military posts during civil warfare.

  1929 年蒋桂战争中，陆军第十一军（十九路军前身）六十一师十四团攻占广西梧州城附近
高地（来源《良友》杂志 1930 年 2 月号）。

地，师部设在汉口。不久，祖父又将家眷从蚌埠接到武昌居住。

蒋桂战争的硝烟尚未散尽，蒋冯战争又迫在眉睫。冯玉祥所部第2集团军，当时占有山东、河南、陕西、甘肃、宁夏、青海等省，区域虽然广大，但多为贫瘠地区。一向认为在对奉系作战中出力最大的冯玉祥对此已不满足，北伐战争结束后，南京国民政府又将河北和平津两市划归第3集团军总司令阎锡山治理，更引起了他的极度不满。在1929年的军队编遣会议上，蒋冯二人针锋相对，矛盾已经不可调和了。所以，桂系失败后，冯玉祥积极调动军队，并命令部下将领通电讨蒋，战争一触即发。

崇尚"三分军事，七分政治"的蒋介石，仍然以惯用的从内部瓦解对手的老办法，暗中收买了冯玉祥将军手下大将韩复榘、石友三等人。1929年5月，正当冯玉祥整军备战之际，韩、石二人突然叛冯，通电服从"中央"。这两个人都在冯系军中手握重兵，他们的叛变给冯玉祥将军打击沉重，只好含恨下野。

转眼到了10月，冯玉祥将军在阎锡山的支持下重树反蒋旗号，命其部下将领宋哲元等通电反蒋，随即兵出潼关，攻入河南。南京方面也急调大军迎战，蒋冯战争终于爆发。

第2师这时已经移驻蚌埠，接到作战命令后，星夜由蚌埠陆续开抵郑州西南的登封地区。祖父的第10团作为第2师的预备队，驻扎在登封以东八十华里的师部所在地密县，同时担负着师部的警戒任务。

这时，中央军方鼎英部和第2师一部正在临汝城下与冯军激战。不久，师部命令第10团火速向前方增援，祖父即率部以强行军的速度向临汝进发。这一路都是山地，道路崎岖，但祖父的部队擅长山地行军作战，很快按上级要求抵达了前线。

祖父率部赶到临汝时，黄杰副师长等正指挥部队与冯军打得热火朝天，祖父他们未及休息，立即奉命投入战斗。

双方又激战了数日，冯军突然弃城而走，紧接着在郑州方面的大批冯军部队也纷纷向陕西方向溃退。原来，冯玉祥起事之初，在山西的阎锡山曾许诺联合出兵反蒋。岂知仗一打起来，处事圆滑、工于心计的阎锡山居然按兵不动作壁上观，企图坐收渔人之利。这样一来，冯军孤军作战，士气大受影响，再加上冯部将领间意见不合，指挥混乱，在中央军打击下全线溃败，于11月间陆续缩回潼关以西，讨冯战争才告结束。

讨冯战争结束后，第2师重新开到武汉。在武汉刚刚驻扎了一个多月，又传来唐生智在郑州举兵反蒋的消息。部队奉命乘火车经平汉路开入河南作战。此时连日天降大雪，铁路交通时断时通，部队走走停停，行动很慢。等祖父的第10团到达河南信阳时，前线各路中央军已在驻马店、漯河一线将唐生智部击溃。祖父率部队只好中途折返平汉路南段的广水、花园一带驻扎，临近元旦时再移驻武汉。

谁知祖父他们在武汉席不暇暖，石友三又在安徽发动反蒋战争，一直进逼到浦口，南京震动。第2师奉命紧急调往南京御敌。待祖父他们赶到南京时，石友三的军队已被击退，第2师会同友军循津浦路展开追击，一直到蚌埠才停下来。

在讨唐战争和击退石友三部的同时，于蒋桂战争中被蒋介石重新起用为师长的张发奎与驻广西的桂军联合，打着"护党救国军"的旗号，进攻驻广东的陈铭枢、陈济棠等部粤军。南京国民政府派何应钦将军率军援粤，在广州花县一带大败张桂联军。这就是近现代史上的第二次蒋桂战争（也称为粤桂战争——作者注）。

自1929年初起，直到这年年底，中国国内政局动荡，战乱迭起，相继发生了蒋桂战争、蒋冯战争、蒋唐战争和粤桂战争。祖父随部队东征西讨，鞍马劳顿，备尝军旅之艰辛。但他没有想到，中央军在这些战争中虽然接连获得胜利，但国民党内部和各派军事势力之间的尖锐矛盾并没有消除。相反，一场更大规模、给人民带来更多痛苦的战争正在迅速酝酿爆发。

第五章

中原大战

在1929年发生的国民党内各军事集团间的多次混战中，桂系、西北军（冯玉祥部军队长期驻扎西北，故亦称西北军——作者注）、唐生智部或元气大伤，或全军覆没，相继失败。善于在南京"中央"与桂系、冯玉祥等之间纵横捭阖的阎锡山，势力和地盘却一天天扩张起来，一时成为各派反蒋势力所瞩目的人物。

绰号"水晶球"的阎锡山为人老奸巨猾，他看到桂系和西北军等军事势力均被分化、击败，自知他必定是南京"中央"下一轮打击的目标，于是一改往日倚墙观望、首鼠两端的圆滑态度，俨然以反蒋势力的总首领自居，联合冯玉祥等反蒋势力共同倒蒋。

为了表示诚意，阎锡山释放了一度为其软禁了的冯玉祥，再三表示愿意与他真诚合作，共同反蒋，同时与穷蹙于广西一隅的桂系军队及川、黔、湘、豫等省的各派军阀暗中联络，以作呼应。政治方面则积极拉拢早已失意的汪精卫和穷途潦倒的西山会议派、改组派等力量，一时还真结成了一个颇具声势的军事、政治上的反蒋大联盟。

1930年3月中旬，冯、阎、桂三个军事集团的五十余位将领，由鹿钟麟将军领衔发出反蒋通电，要蒋介石"以党政还之国人"。4月1日，阎锡山在太原宣誓就任"中华民国陆海空军总司令"，冯玉祥、李宗仁、张学良分任副总司令。

在这场政治军事的大博弈中，张学良领导的几十万东北军举足轻重，成为蒋系势力和反蒋势力争相拉拢的重要力量。年轻的东北军少帅张学良表现得十分持重，对于阎锡山委任的这个"副总司令"，态度并不积极，始终没有就任。阎锡山和冯玉祥还分别在石家庄、潼关设立总、副司令部，积极筹划军事。

阎锡山、冯玉祥这次举兵起事，志在一举推翻蒋介石在国民党中央和南京国民政府中的领导地位，所以都不惜动员出各自的全部兵力，拼出所有的资本，积极准备投入战争。南京方面为了应对反蒋联军的空前挑战，也迅速进行了大规模的战争动员和部署，整个中原地区战云密布，一场猛烈残酷的大战爆发在即。

反蒋联军总的战略部署和作战序列是：以攻略徐州、武汉为第一期作战目标，分由津浦、陇海、平汉三路进攻。编阎锡山的晋军为第3方面军，担任津浦、陇海两线的进攻主力；编冯玉祥的西北军为第2集团军，主力集中于平汉路作战；编桂系军队为第1集团军，由李宗仁指挥，出兵湖南，进取武汉；编原驻扎在河南新乡地区的石友三部为第4集团军，由鲁西南的济宁，配合晋军进攻济南。此外，还内定了张学良、刘文辉、何键、樊钟秀等为第5、6、7、8方面军总司令。反蒋联军总兵力达六十余万，号称百万，一时声势夺人。

中央军的部署则是：以韩复榘为第1军团总指挥，率部驻守黄河南岸，阻击沿津浦路南下的晋军主力；刘峙为第2军团总指挥，所部分由徐州、砀山、宿县沿陇海线向西进攻；何成濬为第3军团总指挥，驻守平汉线以南许昌地区；陈调元为预备军团总指挥，在马鸿逵部配合下布防于鲁西济宁、曹州一带，监视石友三部行动。此外，另以杨虎城、范石生等部分守南阳、襄樊一带。中央军总兵力亦在六十万上下。

由于陇海路位置在全局的的中央，津浦、平汉是其两翼，在战略上居于举足轻重的地位，所以双方都将陇海路作为争夺的重点。中央军在这一区域先后投入了顾祝同、蒋鼎文、熊式辉、陈诚、卫立煌、张治中、叶开鑫等十余个师的精锐部队。晋军也将战斗力较强的孙楚、杨效欧、关福安三个军和大量炮兵使用在陇海路方面，西北军劲旅孙良诚、宋哲元、孙连仲、吉鸿昌等部及郑大章的骑兵集团军也加入了这一方面的作战。

5月11日，南京国民政府下达总攻击令。祖父所在的第2师顾祝同部奉命由蚌埠紧急开往徐州，到达徐州后部队未及休息即会同各路友军沿陇海路及以北地区向西快速推进。部队进抵砀山以西地区时，与沿陇海路向东攻击前进的晋军先头部队遭遇，双方爆发激战，由此拉开了中原大战的序幕。

战争初期，中央军士气旺盛，加上有空军配合作战，对正面晋军部队连续发动猛攻。经几日激战，晋军难以招架，节节后退，中央军一举攻占陇海线上的战略重镇归德（今商丘——作者注）。这时，原依附阎、冯作战的刘茂恩部突然倒戈，使晋军整个右翼战线发生很大混乱，中央军趁势相继攻占了宁陵、睢县、民权等地，并一直将晋军追击至兰封（今兰考——作者注）附近。

看到中央军初战得胜，蒋介石大为高兴，亲自赶到兰封指挥督战，准备将晋军一举打垮。但晋军防守能力很强，很快调整了部署，并增加了一个军的兵力，凭借事先构筑好的坚固野战工事，在陇海路上的兰封南北一线顽强固守，中央军几度猛攻不克，双方演成阵地战。

祖父的第10团与晋军相持于陇海路以北的大、小毛姑寨一带。祖父的部队占据了大毛姑寨，与对面晋军占据的村寨同在黄河故道上，彼此相距很近，祖父的团部距对方的指挥部也不过近千米而已，晋军士兵的步枪都能打到祖父的团部，祖父部下官兵经常遭到晋军的冷枪袭击。有一次祖父派传令兵传达命令，刚一出门便被敌人的枪弹击伤。

起初，祖父曾打算趁晋军立足未稳，迅速击破当面之敌，命令部队发动猛烈进攻。但晋军的工事相当强固，还有炮兵的火力支援，使祖父的部队进攻接连受挫。激战不到两日，第1营营长钟文璋、第3营营长何章相继阵亡，部队损失了百余人。祖父见攻击一时难以奏效，只好将部队撤了下来。

晋军向以擅长防御作战著称，部队行军到一地，哪怕只宿营一晚，也要认真构筑工事。中央军则以野战见长，缺乏打阵地战的经验。祖父的部队据守大毛姑寨时，官兵们最初只是在阵地上挖了一些浅浅的交通壕便算是工事了，更谈不上什么纵深防御，与对手修筑的坚固工事相比，差距甚远，所以在敌人的强大火力袭击下伤亡较大。

战争本身就是最好的教科书。见部队吃了不少亏，祖父久久地仔细观察晋军的阵地，让部队学着敌人的样子认真修筑工事，以后情况才有所改观。另外，中央军也不惯于夜战，晋军经常夜间派小分队过来偷袭，往中央军的阵地上扔手榴弹，放冷枪，官兵们一听到敌人的动静就惊慌起来，盲目地还击，有时机关枪整夜响个不停，弹药消耗很大。祖父很生气，严令各营夜间不准随便打枪，以免自相惊扰，同时控制弹药消耗。

祖父率第 10 团在大毛姑寨与晋军相持了大约一个星期之久，以后奉命换防，驻守位于大毛姑寨东南仅半华里的堤头村。这个村寨坐落在旧黄河故道的堤坝上，故而得名。

在堤头村，祖父率部队又与晋军对峙了很久，期间双方互有攻守，但一时谁也难以占据上风。整个陇海路方面的战事，也都处在这样的胶着状态中。

这时中原地区已进入夏季，天气开始炎热起来。部队连日鏖战，祖父和官兵们身上的汗水与泥土混在一起，浑身痒得难熬。一天晚上，祖父见战事稍平静些，便命传令兵烧了些热水，痛痛快快地擦了个澡。洗毕周身舒适得很，不知不觉地在团部浑然睡去。

大约次日凌晨两三点钟，阵地上突然枪声大作，而且愈来愈近。祖父大惊而起，顾不上穿上外衣便提枪奔出门外，团部特务排的士兵们也都闻声围拢过来，祖父立刻带上这三十多个士兵迎着枪声最密集的方向扑去。向前跑了不远，发现部队已经垮了下来。祖父一眼看见第 2 营营长李天成混杂在溃兵中慌慌张张地向后撤退。

"李营长，你怎么也往后跑？赶快把队伍给我带回去！"祖父厉声喝道。

李天成猛地听到祖父的声音，不由一怔，脚步停了下来。他见祖父态度严厉，也很镇静，立即转身收拢部队发动反击。

祖父率特务排抢占了前方一块高地。借着微弱的晨曦登高一望，顿时心中一沉，只见大批敌人呐喊着冲杀过来，左右两翼友军阵地上也响起了急骤的枪炮声。他意识到这是敌人发动的全线夜袭，部队一旦溃散，势必危及全局。紧要关头，祖父顾不上迎面飞来的密集枪弹，站在高地上指挥部队猛烈抵抗敌人。

"团长，你太危险，快卧倒，快卧倒啊！"特务排的士兵们见祖父整个身躯都暴露在敌人的火力下，纷纷急得大喊。

见祖父不动，有几位士兵扑过来要拉他下去，都被祖父严厉制止了。敌我混战了许久，周围的官兵们见团长临危不惧，亲冒敌人的炮火，站在高地上指挥作战，军心渐渐稳定下来，经过几次凶猛的反冲击，终于将正面的敌人全部击退了。

祖父刚把自己的阵地稳定下来，发现接替第10团防守大毛姑寨的本旅第11团官兵们也乱糟糟地溃退下来，急命特务排士兵一字排开，将溃兵们堵截住。过了一会儿，该团团长王仲廉才衣冠不整、满头大汗地赶来了。

"王团长，你的队伍都在这儿，赶快带回去吧！"祖父迎上去说。

王仲廉朝祖父挥挥手，也顾不上道谢，马上组织部队反攻，重新将大毛姑寨夺了回来。

由于敌人将电话线切断了，天明时顾祝同师长派作战参谋找祖父了解战况，见阵地无恙，才放心而去。在这天夜间的战斗中，驻守陇海铁路以南地区的第2师4旅阵地也一度溃败，幸被及时恢复，全师阵地总算稳定下来了。

蒋介石为了打破陇海路方面两军长期胶着的局面，特抽调中央军精锐的第11师陈诚部由陇海路南侧疾进，突击阎冯联军右侧背，给敌人很大杀伤。阎、冯见势不妙，一面命令西北军孙良诚部就近抵抗，一面急派吉鸿昌部从杞县方面加入攻击。陈诚的第11师众寡难敌，几度为西北军包围，经十余日血战，才突围而出，被迫一路后退。陇海路方面的阎冯军队乘势发动猛攻，中央军全线动摇，被迫撤至定陶、曹县、民权、河阳集一线。

在撤退途中，祖父的部队在一个叫做野鸡岗的地方，又遭到敌人的一次夜袭。那天也是在黎明时分，官兵们身体劳顿，都在熟睡中，忽被密集的枪声和喊杀声惊醒，大家不约而同地一跃而起，迅速拿起武器迎敌。

这时敌人已经穿过紧靠祖父部队宿营地的黄河故道堤坝，正密密麻麻地扑过来，压迫第10团的警戒部队节节后退。有了上次的经验，这回官兵们都很镇静，没有人再惊慌了。祖父先指挥迫击炮连和重机关枪连抢占有利地形，集中火力压制敌人，接着命令各营向敌人实施逆袭。不到一个小时光景，就将敌人击退了，还俘获了一批敌人仓皇撤退时遗下的伤兵和枪支弹药。事后得知，与第10团相邻的一支友军，不知何故于夜间被悄悄调走，敌人得以乘虚穿越其防地，向第10团发动了袭击。

中央军撤至新的预定防线后，第2师负责防守民权南北之线。祖父的第10团奉命固守民权县城以北的一段阵地。这一带属于平原，地势开阔，不易防守，顾祝同师长预先命令师工兵营修筑了强固的堡垒式工事。

中央军刚刚进入新阵地不久，尾随而至的晋军即向第2师等部队发动猛烈进攻，民权县城一度为敌袭占，虽然第2师很快又将县城夺回，但还是给全线阵地造成很大混乱。蒋介石闻讯大为震怒，下令枪毙了驻守县城的第2师8团团长，并将祖父的副团长陈应龙调升该团团长。

在陇海线激战之际，蒋介石为牵制西北军增援陇海线，命令部署在平汉线上的第3军团发动进攻。该军团以一部包围临颖，并向许昌进逼，坚守许昌的敌第8方面军总司令樊钟秀被击毙，许昌岌岌可危。阎、冯急调孙连仲、赵承绶、高树勋、葛云隆等部驰援，冯玉祥也亲到许昌视察，安定军心。

在中央军作战序列中的第3军团多为杂牌军队，各部彼此观望，各图保存实力，并不肯全力作战。这时，桂系军队已大举攻入湖南，相继占领长沙、岳阳，武汉震动。阎冯联军趁机在平汉路发动全线反攻，第3军团抵敌不住，全线溃败，退至漯河一线与敌对峙。蒋介石急调陈铭枢的第19路军由广东攻入湖南，占领衡阳，威胁桂军后路，并重创桂军，迫其全师退回广西，平汉线上的第3军团才免于腹背受敌。

中央军在陇海、平汉两线作战失利之际，津浦线上的战况也不乐观。晋军傅作义部六个军配属大批炮兵，在晋军张荫梧部两个军和炮兵两团的支援下，在山东境内全力向韩复榘的第1军团进攻，压迫韩部不断向胶济线方面后退，很快占领济南，并控制了济南至大汶口铁路沿线。这时，韩复榘部主力退至高密县一带与敌相持，马鸿逵、夏斗寅等部则坚守曲阜、兖州等城，形势万分危殆。

从当时的战局上分析，津浦线方面的战况是关系交战双方胜败的关键所在。如反蒋联军在津浦线得手，则可乘势夺取处于陇海、津浦两线枢纽的战略重镇徐州，截断陇海线上所有中央军的后路，一举致对方于死地。蒋介石无疑也看到了这种危险，他不得不下决心继续收缩陇海路方面的阵地，尽量缩小阵地正面，得以抽调出陈诚的第11师等部紧急向津浦线增援，努力确保后方安全。远在广东、战斗力强悍的第19路军陈铭枢部，也奉调北上增援津浦线作战。

津浦线上的中央军得到这些生力军的增援，士气大振，先将围攻曲阜、兖州的晋军击退，随后于7月底在刘峙指挥下发动全线反攻。经过十余日激战，晋军全线崩溃，各部争相狼狈北逃，中央军于8月中旬收复济南。

反蒋联军为了挽救津浦线方面的失败，曾于8月上旬以西北军为主力，在陇海路方面发动了大规模攻势，即当时有名的"八月攻势"。

反蒋联军的战略企图是攻占徐州，打通陇海、津浦两路，与津浦路方面的晋军会师，迫使中央军在长江以北无法立足。为此，冯玉祥将军集中西北军精锐孙连仲、孙良诚、吉鸿昌、宋哲元等主力部队，以及郑大章部骑兵，向中央军全线猛攻，旨在必胜。

西北军的攻势最初急如暴风骤雨，很快在中央军的防线上打开几个缺口，威迫陇海路以南的中央军纷纷后撤，退守鹿邑、太和、阜阳、涡阳、蒙城、永城、夏邑、亳县（该城原为孙殿英部占据，孙部突围后，由中央军控制——作者注）等城。

可是天公不作美，这时中原一带连日暴雨，河水泛滥，西北军补给跟不上，攻坚作战也很困难，加上晋军行动迟缓，配合不力，不得不将攻势停顿下来了。

在陇海线以南战事吃紧时，祖父奉命将阵地移交给中央教导师汤恩伯旅驻守，率领部队调往商丘以南巩固阵地。经过三个多月的浴血厮杀，祖父这一团人伤亡很大，除了一个迫击炮连还算基本完整，其他各营都只剩下百余人了。

祖父率部刚刚到达新阵地，尚未立足稳固，便与恰好路过此地的西北军孙连仲的部队遭遇，双方激战一夜，天明时祖父奉命匆匆撤出战斗，乘火车改往津浦线方面增援。

火车开到兖州就停住不动了，祖父他们只得在兖州下车，马不停蹄地连夜急行军赶往前线，人还未到，即闻津浦线方面的晋军已经大溃败，部队又奉命调回陇海路方面作战。

反蒋联军在陇海路方面的"八月攻势"顿挫之后，已成强弩之末，战局由此发生了根本性的变化。这期间津浦线方面的晋军在中央军的追击下溃不成军，伤亡惨重，仓皇撤至黄河北岸。蒋介石遂将津浦线方面的中央军精锐主力转移至平汉、陇海两线作战。出于战略上的考虑，蒋介石决定将进攻的重点放在平汉线方面。

这是一招非常聪明的先手棋。如果中央军在平汉线方面的进攻得手，便可直接威胁陇海路反蒋联军的后方，并能袭扰陇海路西段，进而截断西北军主力的退路。

为此，蒋介石下令中央军在平汉线以西分路向登封、洛阳挺进，力图斩断西北军退回陕西的通道。同时，中央军第11师陈诚部和夏斗寅部奉命编为一个攻击纵队，由西华、鄢陵和临颍、许昌的中间地带向北一路迅猛突进，直插平汉线上西北军主力张维玺部侧背。

西北军猝不及防，阵地立即发生了动摇。蒋介石及时扩大了战果，迅速抽调第2师顾祝同部、蒋鼎文师和第19路军由陇海路以南，经宁陵、睢县、通许、尉氏绕至长葛，一举切断了平汉路。

祖父所在的第2师进抵长葛时，西北军张维玺部因腹背受敌，已被迫从许昌越过长葛向北退却。第2师立即会同各路友军展开猛烈追击，将张部几万大军包围在新郑一带。

西北军主帅冯玉祥是一位意志十分顽强的军事将领。在反蒋联军方面战局急剧恶化之际，他迅速调整作战部署，仅留少数兵力防守郑州至洛阳、潼关的交通线，而将西北军主力集中于郑州外围地区，准备在晋军配合下与中央军背城决战，一决雌雄，力图挽回败局。

然而，时局的变化没有给冯玉祥将军留下胜利的机会。9月18日，在东北静观风向半年之久的张学良将军终于发出拥蒋通电，并命令东北军主力分路入关。这一举措在反蒋联盟阵营内部马上引起极大震动和恐慌，刚刚在北平由西山会议派、改组派和阎、冯势力拼凑起来的"国民政府"匆匆迁往太原，不久也就销声匿迹了。老奸巨猾的"水晶球"阎锡山早已对这场战争失去信心，为图自保，他置西北军于不顾，命令自己的军队拼命逃回山西。晋军在撤退途中，一部被中央军追歼，一部为东北军收编，残部丢盔卸甲地退入山西境内。

晋军一撤，西北军顿成孤军。这时中央军由平汉路方面发起的攻势锐不可当，一直打到洛阳附近地区，西北军在这一区域兵力空虚，几无还手之力。很快，远在郑州地区的西北军主力的退路被切断了。西北军官兵见大势已去，军心更加涣散，被中央军第2师等部包围的张维玺部率先缴械投降，随后在郑州附近的西北军主力亦纷纷退往豫北。10月6日，中央军进占郑州，27日占领西安，西北军全部崩溃，大部向中央军投降，一部被东北军收编。至此，中原大战以南京国民政府取得完全胜利而结束。

历时七个多月的中原大战，双方共投入一百多万军队，在一千多华里的广阔战线上反复厮杀，其时间之长，规模之大，战争之残酷，为民国以来所罕见。战争的结果是，阎锡山率残部龟缩山西，桂军遭受重创后退回广西，而冯玉祥将军苦心经营多年的西北军则全军覆没，从此都失去了问鼎中原的资本。

"春秋无义战"。祖父作为中原大战的亲身经历者，晚年回首这一段往事，深感这场战争纯属国民党统治集团内部争权夺利的不义之战，战争没有给国家带来任何益处，徒使广大人民蒙受了极其惨重的灾难和牺牲。他曾亲眼看到，大战过后，"白骨露于野，千里无鸡鸣"，中原地区赤地千里，满目疮痍，成千上万的灾民流离失所，饥寒号泣，惨不忍睹。

第六章
平定石友三叛乱及宁粤对立

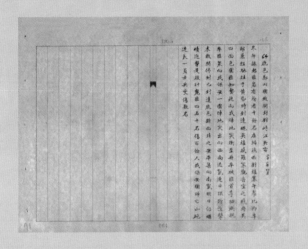

中原大战，中央军炮兵（《良友》杂志 1930 年 1 月号）。

中原大战结束后，南京国民政府将华北军政悉委东北军统帅张学良负责，所有晋军、西北军及石友三的军队都归张学良节制整编。

中原大战期间，西北军全军覆没，晋军大部被消灭，唯有石友三部未受大的损失。当战争进行到最后紧要关头时，这个以"倒戈将军"著称的无耻军阀见形势对反蒋联军日渐不利，遂又故技重演，与中央军暗通款曲，率部由开封以东的贯台渡口北渡黄河，退至新乡、彰德、顺德之线，早早脱离了战场。

大战过后，石友三占据了河南省北部和河北省南部三十余县的地盘，大肆招兵买马，就地筹饷，雄踞一方。

过了不久，石友三就头脑膨胀了。他自恃手握重兵，不甘久处顺德等一隅之地，企图北上进取平津，称王华北。为此，他暗中与土匪出身的孙殿英、刘桂堂两部和晋军残部勾结，又与山东的韩复榘联络（后为韩复榘拒绝——作者注），密谋起事。

1931 年 7 月 19 日，石友三经过一番准备，发出讨伐张学良通电，挥军沿平汉路北上大举进攻平津。

对于石友三军事集团的不轨图谋，南京国民政府已有察觉，所以石友三发动叛乱仅数日，即正式下达讨伐令，命令刘峙将军指挥祖父所在的第 2 师顾祝同部，以及刘镇华、王均等部沿平汉路北进，一路追蹑石部，准备与东北军南北夹攻，包围歼灭之。

战事之初，东北军于平汉路各点节节后撤，石友三部经内邱、元氏，未经大的抵抗即于 7 月 23 日占领了石家庄。这一来石友三更加踌躇满志，愈加轻视东北军，以为平津指日可下，所以毫无顾忌地指挥其主力渡过滹沱河，继续沿平汉路向北推进。28 日，石友三军队与早已在望都、保定之线严阵以待的东北军主力于学忠部相遇，双方爆发激战。石友三过去是西北军有名的悍将，所部战斗力强悍，一度突破东北军中央阵地，打到距保定仅 25 华里的地区。但东北军人多势众，很快调集援军堵住了阵地缺口，双方相持于大冉一线。

战事一旦陷入胶着，形势立即就对石友三军事集团不利了。这时，中央军各部沿平汉路快速向北推进，沿途消灭了石友三的后方部队，并越过石家庄、正定，对其展开战略大包围。东北军另一部主力王树常部也由沧州向河间、肃宁挺进，攻击石友三部右翼。

更让石友三做梦也想不到的是，他起事之后，非但韩复榘不肯响应，就连有约在先的孙殿英和晋军孙楚部也龟缩不出。石友三一支孤军在中央军、东北军优势兵力合围下，四面楚歌，粮弹断绝，势难再战，不得不放弃原来的作战计划，仓促间决定将全军撤过滹沱河，经束鹿、衡水、枣强向山东德州突围。是时河北连降大雨，滹沱河水深丈余，石友三部官兵争相渡河，秩序大乱，所有重武器和汽车辎重都被遗弃了，人马也淹死不少，几乎溃不成军。

中央军和先后尾随而至的东北军各部于 8 月 2 日将石友三部主力包围

在滹沱河以南、深泽所属地区，未经激烈战斗就将其全部缴械。石友三仅率残众数千人逃往山东，依附韩复榘去了。

南京国民政府讨伐石友三之役，前后不及半月，全歼石友三部六万余人，战果不小。但因石友三之变，东北军主力相继调入关内，致使东北三省防务空虚，遂给日寇发动"九一八"事变造成了可乘之机，却是当时国人始料不及的了。

讨伐石友三的战事刚刚结束，部队还没有来得及休整，即传来广东实力派人物陈济棠联合桂军，准备进攻湖南的消息。第2师奉命星夜出发乘火车开至湖南醴陵，积极作战争准备。

这次宁粤对立缘于国民党元老胡汉民先生被软禁一事。

中原战争结束后，国民政府主席蒋介石与立法院院长胡汉民在召开国民会议、制订训政时期约法等问题上发生尖锐的意见冲突。蒋介石为排除党内反对意见，竟于1931年2月28日将胡汉民幽禁于南京汤山，随即强行在南京召开国民会议，并通过了《训政时期约法》。

胡汉民先生是孙中山先生生前的亲近助手，在国民党内素有声望。他被软禁后，举国哗然，国民党内的各种矛盾也愈加激化起来。一向在政治上比较接近胡汉民先生又有个人政治野心的陈济棠，觉得有机可乘，于是公开打出反蒋旗号。在南京的一些反蒋人士纷纷南下广州，联合桂系李宗仁和汪精卫的改组派，组成了第二次反蒋联盟，国民党陷入了新的分裂之中。5月28日，反蒋联盟在广州另立中央，成立了以汪精卫为首的国民政府，策动两广军队分三路进攻衡阳，与部署在湖南的中央军形成武力对峙状态。

就在国民党内各派势力忙于内争之际，日本帝国主义军队悍然于1931年9月18日夜发动事变，以武力很快侵占了我东北三省。在全国人民"停止内战、一致抗日"的强烈呼声下，宁粤双方不得不放弃武力手段，同意以和平谈判解决争端。

此后，宁粤双方在上海召开和平会议，并分别召开了国民党四全大会。汪精卫召集一部分从广东分裂出来的反蒋人士，也在上海召开了汪记四全大会。12 月 15 日，蒋介石迫于反蒋势力的强大压力，第二次通电下野。不久，南京国民政府进行了改组，选举林森为国民政府主席，孙科任行政院长。但孙科在国民党内并无雄厚基础，他的内阁困于财政和外交危机，维持不足一月便夭折了。次年元月，蒋汪再度合作，由汪精卫出任行政院长，蒋介石则出任军事委员会委员长。

蒋介石军权在握，重新控制了国民党中央和国民政府的实际权力。

宁粤息兵之后，第 2 师奉命经平汉路运赴河南信阳以东地区"剿共"。这时该师师长已经由楼景越将军接任。此公为人刻薄，与部属关系多很紧张，祖父也不太愿意在此人手下做事，开始有了离开第 2 师的想法，但最终让他下决心离开这支服役多年的老部队的原因，主要还是身体的因素。北伐后的连年征战，让祖父患上严重的肠胃病，浑身骨瘦如柴，几次在军中操典时昏厥，也实在无法承受军旅征战了。于是，他向上级请了假，没有随第 2 师开拔，转由武汉去了南京，打算在那里谋个闲职，一边治病，一边休息一下。

祖父一到南京，就见到了刚刚升任首都警卫军军长的老长官顾祝同。顾祝同一向赏识祖父，见他来到南京特别高兴，马上委任祖父为警卫军第 1 师 2 旅 4 团团长。

当时全国上下抗日救亡爱国运动风起云涌，大批来自北平、上海等地的大专院校的学生们纷纷到南京请愿、示威。蒋介石却认为爱国青年们的这些行为，破坏了南京国民政府准备发动国内"剿共"战争的部署，大为恼怒，下令首都警卫部队强力弹压。

祖父是学生出身的军人，也经历过"五四"运动，内心里对学生们的爱国行为非常同情。虽然军令难违，但他还是不准自己部队的官兵对学生们动粗。执行任务时，祖父将士兵们排成几道人墙，尽量用双手推挡学生游行的队伍，可这如何抵挡得住迎面而来的汹涌人潮？官兵们很快就被群情激昂的学生们冲散了。上级很不满意，立即将祖父这一团人换下来，另派一批部队上去，很快用皮带和棍棒将学生们驱散了。

祖父在首都警卫军干了不到两个月，楼景越便改任第 88 师师长，所遗之缺由汤恩伯接任。顾祝同以该师老师长的身份，特地向蒋介石保举祖父担任第 2 师独立旅旅长。

祖父在第 2 师征战多年，对自己的老部队还是感情深厚的，更兼感谢老上级顾祝同的一番美意，所以不等身体完全康复，便抱病赴任去了。

祖父指挥的这个独立旅，并不是第 2 师的老班底，所辖三个团，除了一个补充团外，其余两团一为黔军部队，一为陕军部队，内部成分很复杂。这时第 2 师正在河南与红军作战，祖父到任后无暇对部队进行训练整顿，只是维持局面而已。

第七章
进攻鄂豫皖苏区

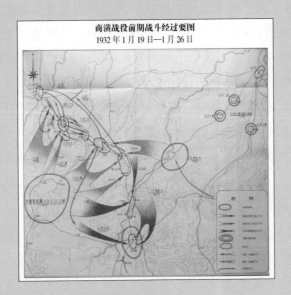

商潢战役前期战斗经过要图
1932 年 1 月 19 日—1 月 26 日

"九一八"事变后，国难日深，但南京国民政府不顾全国各界民众"停止内战，团结御侮"的强烈要求，顽固坚持"攘外必先安内"的方针，对日采取不抵抗主义，企图通过国联以外交手段调处中日冲突，同时却调集大批军队进攻中国共产党领导下的苏维埃根据地。

自第一次国共合作分裂之后，共产党人并未屈服于国民党的血腥屠杀，于1927年先后发动了南昌起义、秋收起义、广州起义等规模较大的起义，以后虽累遭挫折，却相继开创了赣南闽西苏区（即中央苏区——作者注）、湘鄂赣苏区、鄂豫皖苏区等十余块革命根据地。1928年至1930年期间，国民党统治集团忙于二期北伐和内部争斗，无暇他顾，中共遂在南方各省活动区域深入开展土地革命，革命根据地日益扩大，红军武装力量也不断壮大起来。南京国民政府对中共苏区的快速发展深以为患，中原大战结束以后，就把"围剿"各个苏区的红军视为当务之急，调动各路大军进行"剿共"战争。

鄂豫皖苏区是当时中共较大的革命根据地之一，地理位置也极为重要。自1930年冬至1931年夏，驻鄂、豫、皖三省的国民党地方军队曾两次"会剿"当地红军，但都失败了，而且损失惨重。1931年9月，蒋介石亲自坐镇武汉，调动十五个师的兵力，发动了对鄂豫皖苏区红四方面军的"围剿"。

国民党军队仍旧采取以往实施的分进合击战术，分由东、南、西三个方面进攻鄂豫皖苏区，企图将红军一举聚而歼之。

国民党军队的兵力部署大致是：第2师汤恩伯部、第12师曾万钟部、第58师陈耀汉部、第45师戴民权部和独立第33旅共四师一旅兵力，由鄂东南地区推进，沿商（城）、潢（川）和商（城）、固（始）之线，并经商城以南的亲区、麻城东北区至麻城一线布防，将鄂豫皖苏区一分为二，切断鄂豫边与皖西红军之间的联系；第30师彭振山部、第31师张印湘部、第33师葛云龙部、第69师赵冠英部、第44师萧之楚部、第48师徐源泉部和新编第13师夏斗寅部共七师之众于鄂东地区向东出击，拟与驻商、潢、固地区的国民党军队合击鄂豫边红军主力；第46师岳盛瑄部、第55师阮肇昌部、第57师李松山部、第7师厉式鼎部共四个师兵力进攻皖西红军。此外，第4师徐庭瑶部、南京警卫师俞济时部等分由河南、南京调至武汉，张钫的第20路军也由向河南信阳集结，作为战略预备队。

面对国民党军队的几面"围剿"，红四方面军采用了独特的打法：瞅准南线的国民党军队番号虽多，却多为杂牌部队，号令不统一、战斗力较弱等弱点，乘"剿共"大军云集，尚未合围之际，仅留少数兵力在豫东南和皖西地区游击，主力则大胆跳到外线，突然包围了南线国民党军队最突出的重要据点黄安（今红安——作者注）。

驻守黄安县城的是第69师赵冠英部。该部是杂牌军，战斗力很差，一被包围即惊慌求援。红四方面军却采用"围点打援"战术，一面加紧围困黄安，一面以有力部队先后歼灭了前来增援的国民党第30师一部、第33师大部，吓得其余援军再不敢轻进，红军得以从容攻克黄安县城，全歼国民党第69师，俘师长赵冠英以下五千余人。此役不仅使红四方面军在黄安、麻城、黄陂、孝感的根据地连成一片，也迫使南线国民党军队失去进攻势头，暂时解除了这一方面对其的威胁。

红四方面军在南线得手之后，很快将主力转到北线，并调活动于皖西的红军一部西进，会攻商城，意在使鄂豫边和皖西根据地联为一体。

祖父就是在这前后由南京回到第2师担任独立旅旅长的。他一到任，就听说红四方面军已控制了商潢公路，并切断了固始与商城之间的联系，固守商城的国民党第58师连连告急。

1932年元月下旬，祖父所在的国民党第2师奉命由潢川沿商潢公路出击，以解商城之围。适逢天降大雪，军队行军相当困难，第2师前进到豆腐店地区即遭到红四方面军一部的顽强阻击，激战一日无大进展。当日黄昏，祖父他们正准备在阵地上宿营，师部忽然传下命令，要各旅调换阵地。祖父心里有些奇怪，按军旅常识，天黑以后，部队在阵前频繁调动，很容易发生混乱，尤其是对手擅长夜战，万一发动突袭，后果就难预料了。无奈军令难违，也只能遵令执行。

部队正调动间，红军果不出祖父所料乘机发动猛烈攻击，该师各部立足不稳，相互又联络不上，一时大乱，很快全线崩溃，大部仓皇逃回潢川。红军穷追不舍，几乎脚跟脚地撵着国民党军队的屁股打，一直打到潢川，趁势发动攻城。

第2师到底是国民党军队中久经征战的部队，各部从最初的慌乱中镇定下来后，立即组织兵力、火力据城死守，经彻夜拼命抵抗，才勉强守住潢川。天明后，第2师在国民党第12师策应下发动反攻，总算击退红军，并将前一晚来不及撤退而困守于几处小高地的汤恩伯和少数部队接应回来了。这时，困守商城的国民党第58师见增援无望，便慌慌张张地丢下所

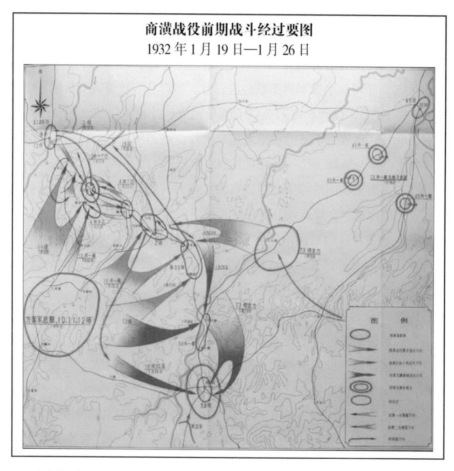

鄂豫皖苏区第三次反"围剿"示意图（Ⅰ）

有辎重和重武器，连夜弃城突围，逃往麻城去了。

这一仗因汤恩伯指挥失误，使北线的国民党军队遭到严重挫折，连号称中央军精锐的第2师也损兵折将，几乎溃不成军。蒋介石闻讯大为震怒，下令将汤恩伯改调他职，任命黄杰接任第2师师长，同时将第2师重新整顿，独立旅被编散，祖父改任该师第5旅旅长，辖第9、10两团。

行文至此，我们不能不说说汤恩伯其人。作为蒋介石的亲信爱将，汤始终在国民党军队中扮演着非常重要的角色。特别是抗战中后期，汤恩伯成了坐拥几十万大军的"中原王"，与同样手握几十万重兵的"西北王"胡宗南遥相呼应。汤部虽然与日军打过一些硬仗，但在1944年的豫湘桂战役中一战即溃，失地千里，一度使正面战场极度危殆。尤其是汤恩伯的一些部队，战绩不佳，扰民却有余，河南人民深恨之，曾有"旱涝蝗汤"四害之"誉"。

祖父在国民党军队中服役二十余年，曾几度在汤恩伯手下做事，对其算是比较了解的。若论私人交情，汤待祖父也算是比较器重的。但祖父私下对汤的评价似乎并不高。20世纪80年代，我们为祖父整理回忆录，谈及在汤恩伯麾下的往事，祖父对其评价是军事指挥才能平平，人事私心较重，绝非大将之才。

但蒋介石用人历来有自己的尺度和标准，汤恩伯和与其军事本领不相上下的一些高级将领们，诸如陈诚、刘峙、胡宗南之辈，或因是蒋的同乡，或因出身黄埔而又对蒋极表忠诚而屡受恩宠，得以在国民党军队中平步青云，后来都成为手握重兵、位居方面的封疆大吏，这也许正是导致国民党政权失败的悲哀吧！

我们再把话题拉回到鄂豫皖战场上来。

1932年3月下旬，红四方面军乘战胜余威，主力东出皖西，于苏家埠、韩摆渡一带又接连歼灭国民党军队三万余人，连皖西"剿共"总指挥厉式鼎也被生俘。这样一来，国民党当局对鄂豫皖苏区的第三次"围剿"就彻底失败了。

祖父在回忆录中忆及这段往事，认为国民党军队对鄂豫皖苏区这次大

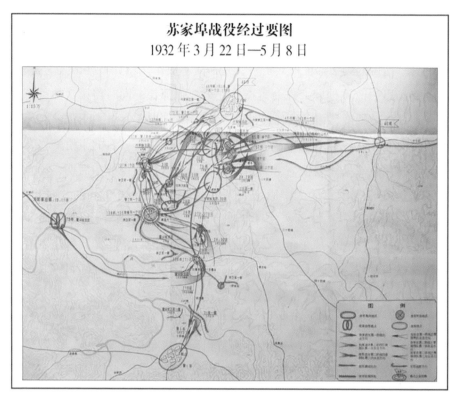

苏家埠战役经过要图
1932年3月22日—5月8日

鄂豫皖苏区第三次反"围剿"示意图（Ⅱ）

规模"围剿"的失败，大体上有三个方面的原因：

其一，中共在苏区实行土地革命，获得广大贫苦农民的衷心拥护，有着深厚的群众基础。在鄂豫皖苏区作战，红军处处有老百姓的支援，不仅能及时获取情报，并随时得到充足的给养和兵员补充，好似鱼游大海，活动从容自如。而国民党政权维护的是占农村人口极少数的地主阶级的利益，力图保持中国农村传统的封建统治，要把苏区广大农民刚刚在中共领导的土地革命中获得的土地重新剥夺回去，这就必然遭到贫苦农民的坚决反对。尤其是一些反动地主武装，横行不法，无恶不作。国民党正规军每攻取一地，他们便随之大肆烧杀，反攻倒算，更激起了农民群众对国民党政权的刻骨仇恨。所以，国民党军队一进入苏区，各地百姓纷纷"跑反"，坚壁清野，封锁消息。国民党军队在苏区转来转去，既找不到红军的踪迹，又得不到粮食，还常常遭到游击队和农民赤卫队的骚扰，犹如瞎子、聋子一样乱撞，最后被红军各个击破。

其二，国民党军队士气低落，官兵普遍厌战，也是军事失败的主要原因之一。像祖父所在的第2师，自北伐以来久经征战，在国民党军队中属于一支劲旅，但与红四方面军作战，居然一战即溃，固然是汤恩伯指挥无能造成的，但与官兵士气不足也不无关系。当时举国上下，一致要求停止内战，共同抗日。当祖父他们在鄂豫皖苏区参加"剿共"时，蒋光鼐、蔡廷锴将军指挥的第19路军和张治中将军指挥第5军，正在淞沪地区英勇抵抗日本军队的疯狂进攻，受到全国人民的热烈支持和称赞。两相对照，连祖父他们心中都感到十分惭愧，至于部队下级官兵受到的心理冲击就更大了。尤其是他们亲眼目睹了苏区群众对国民党军队的强烈反感，并遭受到红军沉重打击之后，情绪更为沮丧、低沉。这种情况在当时参加"剿共"的国民党军队中普遍存在，因而严重削弱了部队的战斗力。

其三，国民党军队在"围剿"鄂豫皖苏区的过程中，采用"分进合击"的战术，暴露出很多弱点。由于主要部队大多分守一些点线，力量过于分散，机动兵力不足，加上各作战区域之间、各部队间指挥不统一，行动不协调，因而形成了被动挨打的局面。譬如，红四方面军主力在鄂东黄安"围点打援"，前后达四十余日。这时留在鄂豫边和皖西的红军很少，但这两个区域的国民党军队却按兵不动，没有采取积极行动策应南线作战，坐失战机。等到红四方面军主力解决了南线战事掉头北上时，北线、东线的国民党军队只有招架之功了。这是这次"剿共"战争失利的直接原因。

此外，红四方面军作战的勇猛，战术运用的灵活，也是国民党将领们始料不及的。国民党军队习惯于正规作战，面对红军采取的"飘忽战略"简直束手无策。红四方面军主力忽而东，忽而西，神出鬼没，国民党大军来时，红军早已走得无影无踪。等到国民党军队兵力分散展开搜索时，红军会突然集中兵力吃掉他一股或几股，让国民党军队防不胜防。汤恩伯离开第2师时，曾私下与祖父谈及"天下最困难的事情是与共军作战，实在

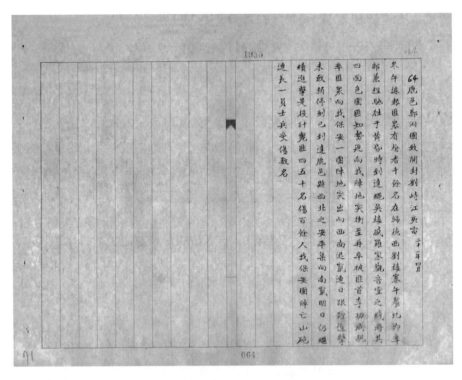

1932 年 4 月，郑洞国向河南省政府主席刘峙将军报告清剿土匪情况。

令人头疼"。

　　让祖父印象尤为深刻的是，红四方面军官兵作战极其勇猛。红军部队虽然装备低劣，火炮更少，但打起仗来犹如拼命三郎，不仅防御顽强，攻击更是凶猛，冲锋时就像山洪暴发，势不可挡。国民党军队中一些战斗力差的杂牌部队，往往在野战中被红军一冲即垮。祖父那时在第 2 师多年，也打过一些硬仗，但像红四方面军这样勇猛的强劲对手却很罕见。所以国民党军队虽然在人数、武器装备上占有优势，但在战略战术、作战意志和战斗作风方面远逊于红军，这也是失败的原因。

　　这次进攻鄂豫皖苏区失败之后，祖父的第 5 旅被派往河南归德地区清剿土匪。当时河南历经战乱，许多贫苦农民丧失家园，流离失所，一些人趁机啸聚山林，打家劫舍，导致不少地区匪患猖獗，社会不宁。祖父率部费了九牛二虎之力才剪除了几股大的土匪武装，但河南的匪患，直到 1949

年新中国成立之前，始终无法根除。

南京国民政府不甘心于对鄂豫皖苏区第三次"围剿"的惨败，1932年5月，蒋介石在庐山召开"剿匪"军事会议，积极策划新的、更大规模的"剿共"战争。6月，蒋介石亲任鄂豫皖三省"剿匪"总司令，指挥四十余万大军分左、中、右三路进攻苏区。

国民党军队对苏区的第四次"围剿"的基本战略是：利用中共各根据地彼此隔绝，联络不易，配合较差的弱点，逐次转移进攻重点，以实现各个击破的军事目的。首先集中兵力"进剿"湘鄂西、鄂豫皖两个苏区，对江西中央苏区暂取守势，待肃清湘鄂西和鄂豫皖苏区后再图之。同时，按着蒋介石确定的"三分军事，七分政治"方针，强化国民党地方政权，整顿民团，编组保甲，打算用政治手段瓦解苏区。

国民党军队除以左路军专门对付湘鄂西红军外，调动中、右两路军共三十六个师又五个旅约三十余万兵力，另附部分空军，分成多路纵队，全力进攻鄂豫皖苏区。其中以陈继承的第2纵队（辖第2、第3、第80、第58、第88等师及骑兵第13、15旅）出广水向宣化店、七里坪出击；以卫立煌的第6纵队（辖第10、第83、第89等师）由花园向河口出击。以上是国民党军队进攻鄂豫皖苏区的主力。此外，马鸿逵的第3纵队、徐庭瑶纵队、张钫的第1纵队等部分由平汉路以东、皖西和豫南进攻。

国民党军队对鄂豫皖苏区的这次"围剿"，吸取了上次分兵"进剿"、互不协调而被各个击破的教训，转而采取"纵深配备，并列推进，步步为营，边进边剿"的新战术，一面进攻，一面巩固，力求以优势兵力合围红四方面军主力，将其击破后再并进直追，四面堵截。国民党军队的作战计划大致是：由东西北三面进攻，占领鄂豫皖苏区中心区域黄安、七里坪、新集、商城等地，使红四方面军主力无法立足，迫其由东南方向退往长江北岸而歼灭之。

7月初前后，各路国民党军队开始向鄂豫皖苏区发动进攻。

这时，红四方面军主力第10、第11、第12、第73师及独立第1师正围攻麻城，与守军张印湘部激战，相持难下，所以国民党军队在东线、北

商潢战役前期战斗要图
1932 年 8 月 10 日前

鄂豫皖苏区第四次反"围剿"示意图

线和西线的进攻很顺利。8月6日，第2纵队第80师在宣化店、大胜阁、杨桥一带遭到一支约数千人的红军部队顽强阻击，经整日激战，红军主动向东南方向撤退，该师于当晚占领了宣化店。国民党第2纵队主力随即快速向七里坪、黄安推进。这时卫立煌指挥的第6纵队也进抵河口，正由西向东疾进，直指黄安。在这种情况下，红四方面军主力被迫撤去麻城之围，匆匆调往黄安以西，迎击卫立煌部。

8月11日至13日，卫立煌指挥该纵队第10师、第89师在黄安以西冯秀驿、东岳庙一带山地及高桥河一线与红四方面军展开激烈战斗，双方伤亡惨重。这时国民党第2纵队正不断排除红四方面军阻击部队的顽强抵抗，节节向前推进。祖父率第2师5旅于13日下午突破了红军在笔架山、灯龙山一带阵地，率先进抵白马斯河一线。

红四方面军为避免后路被抄袭，迅速将主力转到七里坪，积极迎战陈继承的第2纵队。卫立煌的第6纵队乘虚占领了黄安。

红四方面军主力抵达七里坪后，沿倒水河布防，其第10、第73师居中防守悟仙山；第11、12师控制酒醉山一带；独立第1师和少共国际团在悟仙山南麓，控制古风岭。红四方面军的作战意图非常明确：打算凭借七里坪一带有利地形，坚守阵地并伺机发动凌厉反击，力求彻底打垮正面之敌陈继承部，解除后顾之忧后，再掉头收拾卫立煌部。

这是国民党精锐部队与红四方面军主力的一次大对决，双方都孤注一掷，志在必得。

8月15日拂晓，国民党第2师率先向红军阵地发动了进攻，祖父的第5旅奉命担任主攻，由周田渡过倒水河，正面攻击红四方面军的悟仙山阵地；第6旅在第5旅右翼经小明家、双河口渡河向古风岭进攻；第3师9旅向悟仙山北麓进攻，从左翼配合祖父的第5旅正面进攻；第2师4旅为预备队。

战斗一打响，瞬间便进入白热化状态。祖父指挥该部第10团和第9团一部在炮兵掩护下，向悟仙山一线红军阵地发动猛烈攻击。红军虽然装备低劣，但战斗意志旺盛，打得极为顽强，几乎是寸土必争。两军在悟仙山东侧展开了一次次剧烈的冲击与反冲击。有几次祖父的攻击部队已经接近山顶，很快就被红军以惨烈的肉搏战反击下来，双方都是伤亡累累。激战不到半日，祖父的第9团副团长刘启雄负伤，所属两个团的营连长阵亡多人，连祖父平素很器重的一个迫击炮连连长也被打死了。

双方恶战到午后，祖父已将手中的预备队全部投入攻击，但战斗仍处于胶着状态。红四方面军看出国民党军队的攻势已经疲惫了，下午4时许，突然集中第10、第11、第12、第73师及独立第1师五个主力师向祖父的第5旅发起强大反击。只见红军大部队漫山遍野地向该旅两翼冲杀过来。祖父的部队经过大半日苦战，已经精疲力竭、伤亡惨重，根本无法抵御红军强大兵力的冲击，只得且战且退。

见此状况，祖父不得不向师长黄杰紧急请求增援。黄杰处置得也很迅速，立即命令第6旅11团加强倒水河西线阵地，并派第4旅8团跑步增援祖父的第5旅。同时协调第3师9旅17团也积极向南延伸，策应第2师5旅的战斗。

尽管国民党军队调整了部署，但红军的攻势凶猛如故。一个小时后，第5旅阵地正面已经动摇了，不少溃兵退到了倒水河边。祖父见情况相当危机，即命令刚刚增援上来的第8团团长杨少初率部迅速投入战斗。

奇怪的是，祖父的命令下达后，半天不见该团行动，连团长杨少初也不见了踪迹。正焦急间，部下们向祖父报告，第8团已经溃散了，杨少初去向不明。原来这个杨少初刚到任不久，与该团一些军官们不和，所以在战斗的紧要关头，部下们不肯服从指挥，几个营长擅自率部撤退了。杨少初见情况不妙，竟也跟着逃命去了。

祖父大吃了一惊，他征战多年，这种情况还真是第一次遇到，简直气昏了。这时第5旅前面的部队已经完全瓦解了，官兵们在红军的猛烈追击下乱糟糟地溃退下来。起初祖父还想竭力组织溃散官兵们就地"抵抗"，无奈兵败如山倒，溃兵们只顾逃命，根本无法掌握。不多久，红军就逼近了祖父的旅部，喊杀声震耳欲聋。几名传令兵见大势已去，不由分说地挟祖父上马，与旅部人员一起随着部队向后溃逃。祖父他们刚一离开，红军战士们就冲进了旅部驻地，"缴枪，缴枪！"的呐喊声不绝于耳。倘若再迟一步，祖父就成了红军的俘虏了。

这恐怕是祖父军旅生涯中最狼狈的一次经历了。

到了晚七时，在倒水河西线的第11团也被红军击溃，团长周良阵亡。红军趁势越过倒水河，全线向国民党军队纵深追击八九华里，直抵白马斯河一线。危急间，国民党第2师师长黄杰亲率第4旅7团及特务连、工兵营等直属部队占领白马斯河东北高地固守。这时天色已暗，双方在暮色里混战一团。红军敢死队不顾国民党军队的猛烈火力压制，冒死冲锋，几次突入到黄杰的指挥部附近，双方肉搏厮杀，迫使黄杰连同身边的卫兵们都投入了战斗。

经过一番拼死抵抗，黄杰总算勉强顶住了红军几轮凶猛进攻。不久，陈继承率第3师主力增援上来，与红军激战终宵，才将阵地彻底稳定下来。天亮前，红四方面军见一时难以取胜，就主动撤退了。

这一仗下来，作为国民党中央军精锐的第2师损兵折将，再次领教了红四方面军作战的凶猛和强悍。红四方面军也觉察到对手不是往昔一击即溃的国民党地方杂牌部队，实现原来一举击溃当面之敌的作战意图，看来困难是增大了。

此后，国民党军队与红四方面军在倒水河两岸继续对峙了两三日。这期间，国民党第2师奉命重新进行了整顿，第8团因作战不力被编散，该团团长杨少初以临阵脱逃罪被宣布枪决。不过，枪决杨少初的命令虽然下达了，据说黄杰念及私情，还是悄悄把他放走了。祖父的第5旅番号撤销，改为第4旅，所辖第9、10两团的番号改为第7、8团。原第4旅7团改为师直属团。

经过一番整顿，国民党军队第2纵队各师于8月18日继续向红四方面军扼守的悟仙山一线阵地发动进攻。经过一番激战，国民党第80师、第3师分别于当日占领悟仙山、酒醉山。这时，国民党军队北路的第1纵队张钫部正向红四方面军总部所在地新集挺进，第6纵队卫立煌部也由南路向七里坪迫近，红四方面军主力面临被合击的危险。

红四方面军总部权衡利弊，果断将主力迅速向新集西北的胡山寨转移，准备消灭北路战斗力较弱的张钫部。发现红四方面军主力新的动向后，"进剿"鄂豫皖苏区的国民党军队急忙调整了部署：中路军副总指挥刘峙亲自指挥第1纵队主力扼守潢川一线，堵击红四方面军北进；另以第6纵队一部向红四方面军左翼包抄，并调第1师胡宗南部、第13师万耀煌部分别在豫南罗山和鄂东黄安集结；第2纵队则转进全宣化店集结，向红四方面军右翼攻击。

红四方面军主力在胡山寨及附近地区与各路国民党军队激战数日，处于四面围攻之中，战局日渐不利，不得不于9月中旬前后相继放弃新集、商城，撤离豫东南地区，向皖西转移。

红四方面军主力刚刚在皖西金家寨与红25军会合，国民党第6纵队卫立煌部即追踪而至。红四方面军主动放弃金家寨，继续向霍山、六安方向转移，中途遭到徐庭瑶纵队阻击，又掉头南下，攻打莫山，未克，遂分路东进，向黄麻地区转进。

蒋介石发现红四方面军转来转去，又回到鄂东，又气又急，急令西线的第1师、第88师、第13师分由平汉线经河口、华家河向黄安、麻城方向阻截；催促第2纵队、第6纵队继续尾追红四方面军之后，穷追不舍。

红四方面军进入河口以东及冯寿二地区后，很快与西线国民党军队遭遇，经过一番激战，红四方面军向黄柴畈转移。这时，国民党第2纵队先头第2师已经赶到，祖父的第4旅作为前卫部队率先与红四方面军交上了火。不久，第2师直属团也抢占了第4旅右翼的高地。双方交战了数小时后，红四方面军主力突然集中强大兵力凶猛反击，两军短兵相接，反复厮杀，战况极为激烈。

祖父与红四方面军几度交过手，知道对方的厉害，也掌握了对方的作战特点。每当红军发起猛攻，他就发挥国民党军队的装备优势，在正面阵地只配置少数兵力强力阻击，而侧重组织迫击炮和重机关枪火力拦阻其后继冲锋队形，待对方进攻锋线后援不济，双方胶着于阵地前沿时，便集中有力部队从两翼反击冲杀。红四方面军作战极其顽强，尽管伤亡重大，仍死战不退，每次冲锋与反冲锋，双方都要反复肉搏混战，阵地上遍布尸体和哀号的伤兵。

激烈的攻防战打了半晌，祖父这里总算勉强守住了阵地，但师直属团方面的阵地却几度危急，红四方面军冲上该团几处前沿阵地，该团官兵畏于军法，死守不退，有的士兵惊慌得将手榴弹没有拉弦就抛了出去。黄杰闻讯急率后续部队赶到第一线阵地增援，才将阵地稳定下来。

这时各路国民党军队已经对红四方面军迫近合围，战场形势对红四方面军极为不利了。为避免部队遭到合击，红四方面军主力被迫于10月10日左右向西经四姑墩、夏店突围，随即在广水以南越过平汉线向西转移。以后红四方面军主力屡经浴血征战，终于摆脱了几十万国民党军队的围追堵截，另在川陕建立了新的革命根据地。

祖父所在的第2师因长期作战，屡遭红四方面军打击，部队损失很大。红四方面军主力转移后，奉命调赴潼关、洛阳一带休整，祖父的第4旅驻于洛阳。

从国民党军队大举发动对苏区的第四次"围剿"战争，到红四方面军主力退出鄂豫皖苏区，前后历时三月余。其间红四方面军虽在一些局部战役中迭获胜利，但始终未能摆脱被动局面，最后不得不撤离这块老革命根据地。

祖父晚年对这次"剿共"战争也做了一些具体分析。他认为，国民党方面鉴于鄂豫皖区域的战略重要性，对进行这次"剿共"战争做了精心准备。蒋介石先后调集了四十余万军队，其中许多是中央军嫡系部队，如用于"围剿"鄂豫皖苏区的第1、第2、第3、第4、第9、第10、第80、第83、第88、第89师等部，都是国民党军队精锐主力师。与红四方面军相比，国民党军队无论在兵力和火力上，都占绝对优势，这与国民党军队在前三次"围剿"中主要使用杂牌部队和地方武装，有很大不同。

同时，国民党军队汲取了以往失败教训，在战略战术上做了较大调整，再加上蒋介石亲自指挥，号令统一，各部行动比较协调，作战也比以前更为积极，使部队不易像以往那样被红四方面军各个击破。

从红四方面军方面看，当时在鄂豫皖苏区的中共领导人张国焘搞"肃反"扩大化，根据地内部不很稳定，红四方面军实力受到削弱。在军事上，红四方面军也未能充分发挥其独特的"大胆实施外线进攻，集中兵力，各个击破敌人"的灵活战术，致使自己在兵力、装备占绝对优势的国民党军队四面围追堵截下穷于应对，无法掌握战役的主动权。祖父特别提到，在国民党军队对鄂豫皖苏区发动第四次"围剿"之初，红四方面军主力南下围攻麻城属于下策。红四方面军主力在麻城及附近地区前后逗留月余，忙于"围点打援"，国民党军队乘虚由东、西、北三面深入苏区中心区域。待红四方面军总部察觉情况严重，匆忙调主力北上迎敌时，国民党军队合围之势已成，红四方面军已很难有合适的战机和充足的时间来打垮或消灭某一路敌人，也难寻找缝隙从容突围。特别是红四方面军主力北上之后，又企图用打硬仗的方式，首先消灭国民党军队一部主力，一举粉碎国民党军队的"围剿"，这固然为情势所迫，但现实中很难实现预期战果。因为当时各个主要作战区域的国民党军队相距都很近，可以随时相互策应，而以红四方面军当时的兵力和火力，又很难一举吃掉国民党军队几个精锐主力师。正因为如此，红四方面军虽然一再变更打击目标，并在七里坪等地取得局部性胜利，却因力量有限，无法取得预期战果，自己反而受到严重消耗。这些也许是红四方面军这次反"围剿"战争失利的原因吧。

第八章

长城抗战

第 17 军 2 师师长黄杰、副师长惠济、参谋邵平凡、第 4 旅旅长郑洞国（从左到右）与该师将士们集结在长城古北口阵地上（此图片由台湾秦风先生提供）。

　　日本帝国主义自 1931 年"九一八"事变抢占我东三省后，即谋进一步侵占华北，不断向南进逼。

　　1933 年元月 1 日，日本关东军向山海关发动进攻，东北军何柱国部奋勇抵抗，长城抗战由此开始。

　　日军出动的兵力大约有三个师团左右，分四路向热河进攻：由绥中沿北宁路向山海关正面进攻；由朝阳、凌源、平泉之线进攻；由开鲁向赤峰进攻；由林西向多伦进攻。

　　元月 3 日，山海关守军安德馨营全部壮烈殉国，山海关沦陷，日军随即又占领九门口、石门寨。鉴于何柱国部在山海关方面的激烈抵抗，日军决定改道直趋热河，于 2 月下旬先后占领了开鲁、凌南以东各地，继续向

1933 年长城抗战期间，郑洞国将军在古北口南天门阵地留影。

赤峰、建平、凌源等地进攻。驻守这些地区的东北军没有组织有效的抵抗
即纷纷撤退，连平泉以东的战略要地黄土梁子阵地也不战而自动放弃了。
热河省主席、东北军高级将领汤玉麟听到前方败讯，竟用汽车满载他的财
产，仓皇退逃到滦平，致使日军仅以百余轻骑占领了热河首府承德。

　　1933 年 3 月初，日军攻陷热河后进逼长城各口。这时，南京国民政府
此时正调动大军，准备在南方各省发动第五次"剿共"战争。迫于日本帝
国主义的步步进逼和全国人民强烈要求抗日的舆论压力，国民政府决定对
日采取一面抵抗、一面交涉的方针，仅派拥有三师之众的中央军第 17 军
（辖第 2 师、第 25 师、第 83 师）匆匆驰援华北前线，受命防御古北口一
线阵地。

1933 年 3 月，第 17 军向古北口开进。

1933 年 3 月，第 17 军在古北口长城上开进。

第 17 军战士在古北口阵地上。

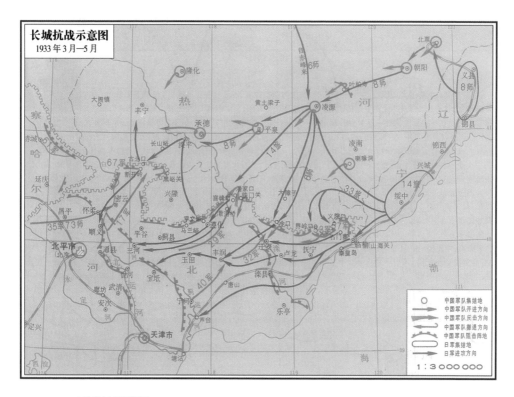

长城抗战示意图

南京国民政府的企图是，命令前线各军凭借两千多年前遗留下来的万里长城及其周围险峻的地势，死守独石口、古北口、喜峰口、冷口等长城各口，阻止日军继续深入，争取时间进行国际交涉。

根据这一意图，南京国民政府命令第 59 军傅作义部驻守独石口，中央军第 17 军徐庭瑶部驻守古北口，由原西北军旧部改编的第 29 军宋哲元部驻守喜峰口，第 32 军商震部驻守冷口。从长城一线溃败下来的东北军整理后调北宁线天津以东及冷口以东地区担任防御，同时孙殿英部奉命坚守多伦以东地区，威胁日军侧后。

从上述军事部署中，可以清楚地看出，南京国民政府根本没有向日军发动进攻收复热河等失陷国土的决心，军事上完全是消极抵抗、被动挨打的架势。这种错误的政治、军事举措，加上中国军队装备低劣，各部战斗力参差不一，以及内部派系复杂、缺乏有力地统一指挥等等因素，导致了后来长城抗战的失败。

祖父所在的第 2 师于 2 月下旬接到命令：全师火速集中洛阳，28 日开赴华北前线，限 3 月 8 日前抵达通县待命。驻徐州、蚌埠的第 25 师奉命提前两日，于 2 月 26 日开始输送前线，限 3 月 5 日前在通县集中完毕。驻扎在湖北花园、孝感的第 83 师，也于 2 月下旬集中武汉。为了迷惑日军，该师绕道洛阳，3 月 20 日开抵北平附近，3 月 25 日集中密云。此外，独立炮兵第 4 团、炮兵第 7 团、骑兵第 7 旅、重迫击炮第 1 营等直属部队，也在 3 月下旬至 4 月上旬间，先后开到密云，统归第 17 军军长徐庭瑶指挥。

尽管南京国民政府对日作战态度消极，但在全国人民抗日救亡运动的鼓舞下，祖父所在的北上抗日部队倒是士气十分高昂，官兵们摩拳擦掌，纷纷准备与日军决一死战。那些年祖父他们几乎天天忙于打内战，同胞之间彼此残杀，大家都有了厌倦心理。现在总算可以为国家效命疆场，尽军人的守土之责，心情不由得为之振奋。祖父自己就不用说了，连他的老长官徐庭瑶，本来已奉命去江西上饶担任赣东北"剿共"总指挥，却主动请求北上抗日，可见那时国民党军队中，要求抗日的呼声已经愈来愈强烈了。

第17军官兵向日军高地冲杀。此照片引自华文出版社出版的《中国抗日战争简明图志》。

　　第17军先头第25师开抵古北口前线时，长城战事正酣。

　　日军占领承德后，以一个旅团兵力南下喜峰口，另以主力一个半师团进攻古北口。原退集喜峰口的东北军万福麟部，一经与敌接触即直溃口内，日军于3月9日占领了喜峰口。这时奉命驻守喜峰口的第29军主力刚刚抵达遵化，只有其先头第37师冯治安部于当日黄昏到达喜峰口。冯部趁日军不备，由赵登禹旅长亲率大刀队发动夜袭，毙伤大批日军，予敌重创，重新夺回了喜峰口。第29军大刀队由此威名远扬，令日军胆寒。

　　此后日军一再进攻喜峰口及附近地区，遭到第29军各师奋勇抵抗，一时形成对峙状态。

　　古北口方面，东北军王以哲部抵挡不住日军攻击，节节败退，企图固守关口，等待中央军增援。第17军25师于3月9日夜抵达古北口，但防守关口的王以哲部张廷枢师军心浮动，竟于3月11日将古北口险峻阵地

　　长城抗战期间，华北妇女界代表来到喜峰口前线慰问英勇抗日的第 29 军官兵。图为四名妇女手持第 29 军战士的大刀合影。该军赵登禹部，曾以大刀队夜袭日军，令日军闻风丧胆。(此照片由台湾秦风先生提供)

　　轻易丢失了。为了夺回关口，中央军第 17 军 25 师随即发动反攻，与日军拉锯激战，虽给予敌人很大打击，自己也蒙受了重大伤亡，部队不得不退守南天门阵地。此后中日两军在南天门一线阵地反复鏖战，第 25 师伤亡更巨。

　　3 月 12 日，第 2 师由河南洛阳千里迢迢赶到前线。担任前卫第 4 旅旅长的祖父，在距古北口以南三十余华里的军部所在地石匣镇匆匆领受了作战任务，听说战事紧急，未及休息就率领部队以急行军速度赶往第一线南天门阵地。

广东女子师范的师生们，自费购买了大批钢盔、腰带和大刀，慰问第29军的将士们。（此照片由台湾秦风先生提供）

凌晨4时前，祖父率部赶到了南天门，与第25师副师长杜聿明交接了阵地防务。

南天门阵地右自潮河岸的黄土梁起，左至长城上的八道楼子止，正面宽约十华里的中段以四二一高地为据点。祖父的第4旅奉命担任第一线防务，第6旅一部负责守备八道楼子阵地，该旅主力为师预备队。

这时，第25师已与兵力、火力均占优势的日军第8师团及骑兵第3旅团恶战三昼夜，毙伤日军两千余人，自己也付出了伤亡四千余人的惨重代价，该师第149团团长王润波阵亡，连师长关麟征也在近战中负重伤，部队亟待休整。

特别要提及的是，3月12日第25师145团向南天门阵地转移时，前沿阵地有一个班的七名士兵因远离主力，未及撤退。这七名士兵携带一挺机关枪，顽强据守着日军必经的一个山头，自动担负起掩护大部队的任务。这七位勇敢的士兵阻击了日军几个小时，前后毙伤百余名敌人，为主力转移赢得了宝贵时间。日军强攻不成，不由恼羞成怒，出动飞机大炮对这个山头反复轰炸，七名壮士英勇殉国。日军也为这七位中国军人坚强不屈的精神所折服，特地将他们的遗骸埋葬在一起，并题"支那七勇士之墓"。

在此之前，日军一直以为与之对阵的是东北军，在遭到第17军猛烈反冲击后，方察觉中央军已抵达前线，知道遇到强劲对手，不敢再轻敌冒进了。此后一段时间，日军因在喜峰口方面始终受到第29军猛烈抵抗，无隙可乘，遂移兵古北口，企图集中优势兵力一举击破中央军，迫使南京国民政府屈服，实现逐步控制华北的战略目的。

为此，自4月15日起，日军将滦东兵力逐次向古北口方面转移，除原来的第8师团等部以外，又相继增加了第6师团主力、第33旅团，并附有空军、炮兵和战车部队。由于日军忙于增派援军，调整部署，古北口方面除了双方不时发生的小规模交火，战场相对沉寂下来。

鉴于古北口战场敌我兵力相差悬殊，徐庭瑶军长十分焦急，一再向南京国民政府和北平军分会请求增调援兵，都没有得到积极回应。上级要求第17军等部以现有兵力竭力抵抗，不要再指望增加援军了。徐庭瑶没有办法，只好下决心以手中的这点兵力硬撑下去。

第2师一接管第25师阵地，黄杰师长便督率官兵整修工事，准备大战。当时古北口地区尚为冰雪覆盖，加之阵地上多半是岩石，工具又匮乏，构筑工事极为困难，事实上部队也只能凭借祖先留下来的古老长城，以血肉之躯来抵御装备精良的日寇进攻。

尽管当时祖父没有与日军作战的经历，但认真研究了第25师前几日对日作战的经验，督促官兵们克复重重困难，努力将阵地编成以抵抗巢为核心的纵深配备，并在阵地内修筑了一些交通壕，以利炮兵活动。军、师工兵部队还在南天门阵地后方构筑了六道预备阵地。

我军在古北口并没有消极地坐待日军进攻。为了扰乱日军部署，第2师和稍后抵达前线的第83师不断组织别动队，迂回敌后袭击日军，给敌人造成较大损失和恐慌。4月5日，第2师别动队在色树沟以短枪、手榴弹伏击日军，毙敌骑兵第8联队军官一名，士兵数十名、炸毁军车数辆。特别是祖父的第4旅，以诱敌之计将日军一支号为"骷髅队"的精锐特战队一举歼灭。第83师别动队也突袭了古北口北关，消灭了一批日军。4月11日，第2师、第83师别动队又猛烈袭击了日军左右两翼阵地，并将偏桥至承德的公路破坏，使日军后方补给断绝了多次。祖父的第4旅因处于阵地前沿，更是几乎夜夜都有小部队渗透到敌人后方，袭击日军阵地，破坏敌人补给线，令日军大为头痛。

4月16日至18日，日军出动大批飞机轰炸了第2师师部驻地石匣镇和第17军军部驻地密云县城。祖父判断这是日军发动大规模进攻的前兆，立即命令部队日夜加强戒备，准备大战。

谁知就在这个当口，我军南天门阵地左翼险要制高点八道楼子却被日军偷袭失守了。

八道楼子位于我军防线西段大拐弯处，是一个光山秃岭的制高点，地势极为险要，为我军南天门阵地左翼重要支撑点。而且由于八道楼子高出群峰，凭楼俯瞰长城外的古北口镇了如指掌，哪一方控制了八道楼子，哪一方就可以用火力控制古北口全镇，为兵家必争之地。徐庭瑶军长原来命令第2师以一营兵力防守八道楼子，但黄杰师长大意了，认为这处阵地十分险要，不需要过多兵力，所以只派了第6旅11团的一个连防守，而这个连的官兵也因阵地险要而放松了戒备。4月20日夜间，日军以一个大队兵力，由古北口一个姓李的汉奸带路偷袭过来。一夜之间，这八座碉楼就全部失守了。

徐庭瑶军长闻讯极为震怒，责令黄杰师长立即将阵地抢夺回来。但第2师6旅组织多次反攻无效。次日，黄杰师长只好命令祖父指挥第4旅8

团和第 6 旅 11 团继续反攻。

在八道楼子以东五百米外光秃秃的山坳上，祖父指挥部队强攻整日。由于既无地形隐蔽，又缺乏炮火支持，从天明到日落，一批批勇敢的官兵们冲上去，又都相继倒在敌人密集的枪弹下，祖父五内俱焚。他考虑到这样硬攻牺牲太大，经请示上级，只好忍痛将部队撤了下来。

4 月 23 日晨 7 时，日军利用八道楼子瞰射之利，向第 4 旅驻守的南天门阵地中央之重要据点四二一高地发动大规模猛攻。敌人的飞机、大炮、战车一起出动，先以密集炮火覆盖我军阵地，继以步兵群一波接一波地向我阵地冲锋。

我军官兵虽然缺乏对日作战经验，却都久经战阵，官兵们镇定地伏在工事中不动，待敌人接近我阵地前沿三四十米处，突然集中轻重火力猛扫，打得敌人人仰马翻，死伤枕藉。日军士兵受武士道精神毒害，且训练有素，作战顽强，一批被打倒了，另一批又号叫着涌上来，几度冲上我军阵地，双方展开激烈肉搏。祖父果断命令预备队出击，才将敌人击退。

这样从早到晚，我军一共击退了日军四次大规模的进攻，阵地前横七竖八地躺着不少敌人溃退时来不及拖走的尸体。我军也伤亡了三百余官兵。

激战中，我军因火炮少，性能亦差，常常发射三发炮弹才能命中目标。但这里一发炮弹刚刚出膛，马上招来敌人排炮轰击，只好频频更换火炮位置，不敢集中放列射击。更可恨的是敌人的飞机，从早到晚在我军头上轰炸，造成很大伤亡。一些士兵愤极，就用肩膀扛着轻机枪向俯冲扫射的敌机射击。

4 月 24 日晨 6 时，日军再度发动全线猛攻，敌我鏖战竟日。第 6 旅阵地于当日下午一度被突破，黄杰师长急命师补充团增援，才将阵地稳定下来。25 日，日军以猛烈炮火向我军实施报复性轰击，从晨至晚，终日不绝。

经连日血战，第 2 师各部伤亡重大，部队疲惫不堪，遂奉命撤下休整，阵地由第 17 军 83 师接防。

4 月 26 日，第 83 师刚刚接防阵地，日军集中炮火猛轰四二一高地，将我防御阵地工事全部击毁，即以大批步兵猛扑上来，该师第 497 团顽强抵抗，激战至下午，我军因伤亡过重，被迫放弃了这处重要阵地。

4 月 28 日晨 5 时，日军再次集中火力向南天门附近的三七二高地和四二五高地猛烈轰击，随后出动三路步兵向我正面阵地冲锋，同时以战车掩护骑兵威胁我军左右两翼。第 83 师 497 团及补充团的一个营与敌激战整日，有三位营长重伤，部队伤亡惨重，阵地工事也被敌人击毁，不得不再次变换阵地，占领南天门以南六百公尺的预备阵地。

自 4 月 20 日至 28 日，中日双方在古北口南天门一线血战了八昼夜。中国军队以劣势装备和兵力顽强抗击装备精良且人数数倍于我的日本军队，予敌重大杀伤，粉碎了日军"一星期内攻下南天门华军阵地"的预言，使战线始终胶着于南天门附近，这是"九一八"事变以来少有的，大出敌人预料之外。但我军也付出了相当惨重的代价。

这时，日军已攻占冷口及以东各口，多伦又告失守，战局对中国军队日渐不利。

5 月 10 日晨，日军再次猛攻第 83 师阵地。次日天还未亮，日军孤注一掷，出动五六千兵力在战车掩护下发动大规模夜袭，敌我混战一团。天明后，日军更以飞机、大炮助战，增派兵力持续猛攻。第 83 师伤亡惨重，全线崩溃，师长刘戡愤而自戕未遂。

这时第 2 师正奉命开往后方整补。10 日夜间，祖父率第 4 旅已行至密云，忽接十万火急命令，要第 2 师火速回援。已在北平休整的第 25 师也接到增援命令。

祖父立即率领部队掉头跑步向南天门方向疾进。次日上午，第 4 旅刚刚到达前线，喘息未定，日军就出动四五千兵力，在飞机、大炮、战车的掩护下发动猛攻。放眼望去，满山遍野都是穿着土黄色军服的鬼子，一波波地向我军阵地涌来，阵地上瞬时枪炮声大作，火光四溅。

祖父身边只有不到两千疲惫不堪的官兵们，且未及构筑工事，在日军疯狂进攻下，各处阵地频频告急。他意识到战斗已到生死关头，唯有与敌人拼命才能稳住局面，于是脱去外衣，只穿着白衬衫，提着手枪，带着身边仅有的一个特务排，亲自赶往枪炮声最密集的阵地上，往复指挥督战。战士们见旅长亲自上阵，士气大振，纷纷跃出工事，呐喊着向日军反冲锋，双方展开激烈肉搏。血战至黄昏，后续部队赶到，阵地才稳定下来。

此后敌我全线一连恶战三天，第 17 军各师伤亡巨大，于 5 月 15 日奉命撤下休整，由第 26 军担任九松山预备阵地防御。

古北口一役，第 17 军与日军鏖战两月余，毙伤敌五千余人，自己也付出了伤亡八九千人的沉重代价，是当时长城抗战作战时间最长、战事最激烈的地方。祖父也由此成为最早参加抵抗日本侵略军的国民党军队将领之一。

北平妇女界代表冒着严寒来到前线，慰问参加长城抗战的将士。（此照片由台湾秦风先生提供）

长城抗战期间，清华大学抗日救国会组织修路队，赶到前线支援工兵部队作业。（此照片由台湾秦风先生提供）

1987年夏，郑洞国将军（右）与当年参加长城抗战的老战友覃异之凭吊古北口战役阵亡将士公墓。

第17军撤退后，当地百姓冒着生命危险，偷偷将我军阵亡官兵的遗骸掩埋在长城脚下。最集中的一处，在古北口镇西南，当地百姓称为"肉丘坟"，那里埋葬着五百余位壮烈殉国的抗日官兵。

1987年夏，祖父与原第17军25师75旅149团团长覃异之再次来到古北口旧战地，凭吊了这座已被当地人民政府修缮了的抗日烈士合葬墓，追忆往事，思念战友，两位老人感慨万端！现在，这座抗日烈士墓，已被北京市人民政府列为北京重点文物保护项目和爱国主义教育基地，不仅受到精心保护，每年都有成千上万的人们前来祭拜，抗日英烈们可以含笑九泉了。

第17军撤守古北口后，日寇步步进逼，战局急转直下。5月31日，国民政府与日本签订了丧权辱国的《塘沽协定》，事实上承认了日本帝国主义占有我东北三省和热河，并划绥东、察北、冀东为日军自由活动区，进一步便利了日本控制、吞并华北的企图，使我国面临着更加深重的民族危机。而长城抗战中无数中国军人的牺牲，也被这一纸协定断送了。

第九章
江西"剿共"和西安事变

中央革命根据地第五次反"围剿"作战经过要图（一）
（1933.9～11）

长城抗战结束后，从古北口撤下来的第 17 军集中在北平及附近地区整理补充，祖父的第 4 旅驻扎在北平城外的黄寺。

当年秋冬之交，祖父奉命进入南京中央军校高等教育班第一期学习。

这一期学员中不少是国民党军队中师旅级将领，不过高教班开设的课程却是大多数中下级军官必须掌握的营连排指挥，以及军事战术等项。祖父后来回忆说，他们在黄埔军校前后只匆匆学习了七个月，经过几年军事实践，现在回过头来重新学习这些军事理论，感受确有不同。

在高教班里，祖父与杜聿明将军再度相逢。古北口战场上的初次相识，虽然只是匆匆一见，但杜待同学的热情真诚，以及做事的精明练达，都给祖父留下了深刻印象。这次两人再度成为同学，很快结为无话不谈的挚友。后来他们又几度共事，渐成莫逆之交。祖父为人温仁旷达，一生人缘都很好，但若论在国民党军队中最为知己者，除了杜聿明，恐怕无出其右者。

祖父在高教班受训前后有三四个月时间。这时，南京国民政府正调动大批军队对中共苏区发动空前规模的第五次"围剿"。1934 年初春，祖父接到命令，要其即刻返部，率第 4 旅和第 25 师 75 旅一道，去江西参加"剿共"战争。祖父只好提前结业，匆匆回到北平，不久即率部南下。

很快，第 17 军的这两旅官兵抵达了军委会委员长行营所在地——江西省省会南昌。蒋介石很高兴，还特地亲自检阅了这两个旅的官兵。这两支部队经过长城抗战的洗礼，再加上近一年的整理补充，战斗力不仅得到了恢复，还有较大加强。受检时部伍严整，军容甚盛，蒋介石观后连声称好。高兴之余，又专门向官兵们训了话，其内容无非又是"攘外必先安内""'剿共'关系到革命军和国家成败生死"那一套。

作为军人，祖父以服从命令为天职。但对蒋介石的训话，包括参加这次"剿共"战争，他还是有着自己的看法的。"九一八"事变后，日寇侵占了东三省，又夺取了热河，现在正蚕食华北，其狼子野心路人皆知。按常理，我们应当举国一致，共同对付日本人才是上策。如果无休止地打内战，消耗中国自己的国防力量，不是自毁长城吗？但长城抗战之役，南京中枢只派了区区三师中央军，现在打共产党，却不惜动用百万大军，难道

中央革命根据地第五次反“围剿”作战经过要图（一）
（1933.9～11）

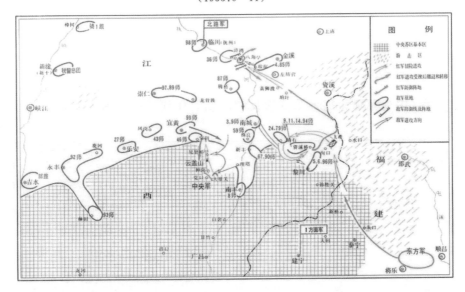

中央苏区第五次反“围剿”示意图（Ⅰ）

中央革命根据地第五次反“围剿”作战经过要图（二）
（1933.11～1934.6）

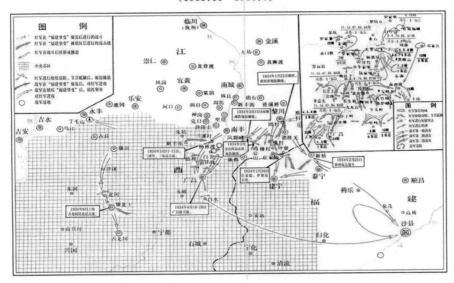

中央苏区第五次反“围剿”示意图（Ⅱ）

中央革命根据地第五次反"围剿"作战经过要图（三）

（1934.7～9）

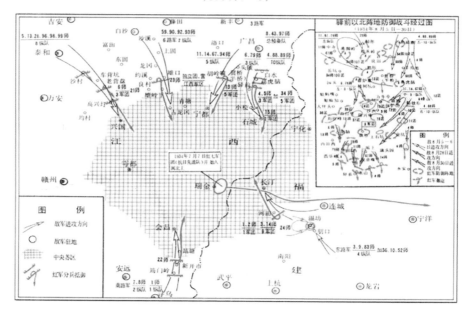

中央苏区第五次反"围剿"示意图（Ⅲ）

共产党比日本人更可怕吗？这些道理，祖父当时是怎么也想不通的。而且，在国民党军队中，与祖父想法类似的人，也不是个别的了。

祖父他们在南昌仅驻扎了很短时间，便奉命开往前线。南京国民政府对这次"剿共"战争几乎下了全部赌注，蒋介石亲任"剿共"总司令，先后调集了一百万军队、二百架飞机，仅对江西中央苏区就投入了五十万军队。这在当时，应当是国民党政权的全部家当了。

为了彻底击败并消灭红军，国民党军队汲取过去"剿共"屡屡失利的教训，在军事上转而采取"战略攻势、战术守势""步步为营、节节推进"的战略，即在中央苏区四周修筑碉堡，慢慢向前推进，依托堡垒逐步前移，压缩红军根据地，先消耗红军实力，再搜寻红军主力决战。同时，为了困死红军，国民党军队还对苏区实行了严格的经济封锁，禁止食盐、火油、药材、电器等物资输入苏区。

当时中国共产党内正是王明"左"倾路线统治时期，面对国民党军队强大兵力的四面"围剿"，中共"左"倾领导人放弃了红军以往行之有效的"诱敌深入，各个击破敌人"的机动灵活战术，反而采取"御敌于国门之外"的错误军事方针，硬是命令中央红军"以碉堡对碉堡"做消极阵地防御，与装备和兵力均占优势的国民党军队死打硬拼，因而陷入十分被动的境地。

祖父的第4旅和第75旅开抵前线后，被编入顾祝同指挥的北路军作战序列，在吉水、吉安一带守备第二线碉堡。

这时战争已经打得非常激烈了，猛烈的枪炮声从早至晚终日不绝。双方为争夺一处阵地常常投入大量兵力往复厮杀，彼此伤亡惨重，每天都有大量伤员源源不断地从前线运下来。

到了5、6月间，江西的气候炎热起来了。由于战场上众多阵亡者的尸体掩埋不深，加上卫生条件太差，医药匮乏，很快军中疫病流行起来。祖父的第4旅和第75旅虽然没有直接参战，但部队不少兵员是从北方补充的，由于水土不服，许多官兵开始发烧、呕吐、打摆子。开始人们以为是一般疾病，还不太留意，不久就有人死去了，而且病倒的人愈来愈多，疫

1935 年，蒋介石命令屠杀中央苏区人民的电令。

情蔓延得很快。短短几个月里，祖父这一旅官兵，就有上百人染病不起。最后，连从北方带来的一些拖炮、驮辎重的骡马也都死得干干净净了。祖父一度也打起摆子，幸亏天天服用奎宁，才算平安度过一劫。

1934 年秋天，中央红军经过整整一年的艰苦作战，损失惨重，兵日少而地日蹙，无法打破国民党军队的"围剿"，主力被迫撤出江西苏区，向湖南、贵州方向突围转移，开始了闻名世界的二万五千里长征。

中央红军主力突围后，祖父所在部队奉命追击。当时部队减员很大，官兵体力也弱，士气萎靡不振。祖父率领部队冒着连绵的秋雨，走走停停，停停走走，与其说是追击红军，还不如说是护送。记得 20 世纪 80 年代的一天，同住一栋公寓的覃异之过来与祖父谈天，两人不知怎么聊起这段往事。

"老覃，那时连日冒雨行军，你那个团里一个连队前面一个掌旗兵，后面稀稀拉拉跟着三四十号人。我的队伍可比你们整齐多了嘛。"也许是与覃异之私交深厚，一向不揭人短的祖父不禁打趣说。

"哎呀，桂公，我的部队走路可走不赢你们。当时那个雨天天下个不停，江西的路实在不好走呦！"当时担任第 75 旅 149 团团长的覃异之苦笑道。

就这样，这两支经过长城抗战洗礼、兵强马壮的国民党军队，在这次"剿共"战争中一枪没放，却被拖得元气大伤。祖父他们从江西到湖南，又横贯湖南全省，一路"护送"中央红军走到芷江。经反复电请，蒋介石才准许他们返回北平归还建制。命令下来时，大家都有一种被解脱的感觉。

回到北平，祖父的部队奉命驻扎在南苑。这时中日关系非常紧张，日军屡屡挑衅，企图在华北制造事端。祖父他们意识到中日之间随时可能爆发冲突，因此抓紧补充兵员，整训部队。

1935 年 6 月，南京国民政府屈从日方压力，与日本再次签署了《何梅协定》。据此，中国政府被迫取消在华北的党政机关，撤退在华北的中央军和东北军，冀察两省和平津两市交由第 29 军宋哲元部驻防。更有甚者，南京国民政府还要承诺撤换日方认定的中国军政人员，并禁止一切抗日活动等等。这个协定比起两年前签订的《塘沽协定》，更严重地损害了中国主权，使中国人民蒙受了更大的屈辱。

根据《何梅协定》，国民党中央军各部队必须撤出北平，由于日本人痛恨第 17 军，祖父所在的第 17 军番号也被迫取消了，以后番号改为第 52 军。

撤军命令下达后，祖父他们心情抑郁极了。军人守土有责，现在却要不战而退出这座历史古都，心中实在愧对华北和全国父老！

撤离北平的前几天，第 2 师师长黄杰请各旅、团部队长到他的住处吃饭。席间，黄举杯沉痛地说："今天请各位来吃杯告别酒。此番离开北平，也不知何时才能故地重游啊！"言未毕，眼中已涌出热泪，再也说不下去了。祖父他们的心情都很伤感，大家默坐着吃酒，彼此相对无语。撤军那天，不少官兵在操场上失声痛哭，最后依依不舍地离开了北平。

第 2 师撤离北平后，开赴徐州、蚌埠一带驻防。1936 年秋，黄杰调任

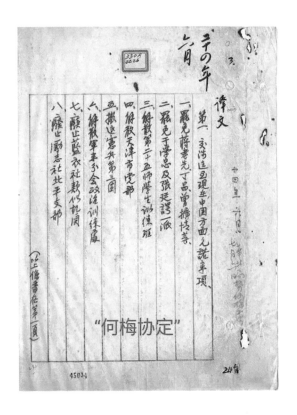

1935 年 6 月，日本方面向南京国民政府提出的谈判条件

税警总团团长，祖父接任了第 2 师师长。这期间，第 2 师在徐蚌地区驻扎年余，除了修筑国防工事，便是整训部队，度过了一段少有的太平日子。

1936 年底，国内发生了一件震惊中外的大事件：东北军统帅张学良将军和第 17 路军总指挥杨虎城将军于 12 月 12 日凌晨在西安发动兵谏，扣留了正在那里部署"剿共"军事的军事委员会委员长蒋介石，并通电全国提出八项政治主张，要求停止内战，一致抗日，是为著名的"西安事变"。

事变发生后，国内反映强烈，也引起了世界各国的普遍关注。由于南京国民政府严密封锁消息，人们无法全面了解事变真相，一时各种议论纷起，情况极为混乱。国际国内各方面的政治势力和政客们，出于不同的政治动机，都在四处活动。日本方面也乘机兴风作浪，对国民政府威逼利

一件洛阳郑洞国致运城杨恩伯有电一钟松两团旅日向新乡开始输送四团归途况附（军电）

电未知由

1936年3月27日，郑洞国致电第13军军长汤恩伯，报告第2师独立旅钟松部向河南新乡开赴情况。

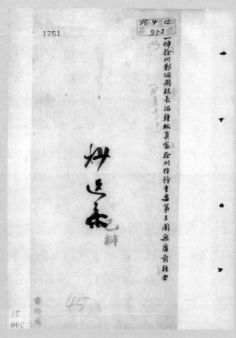

一件徐州郑洞国致长钟松寅宥徐州控令重垒第三团无虑前经由

（四月十九）

1936年4月12日，郑洞国电复第2师独立旅旅长钟松请示事宜。

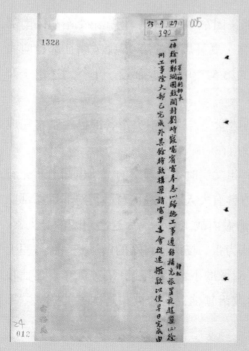

一件徐州郑洞国致阎封刘峙寅宥宥各志一届施工事遄钖摄克旅军夜赵第小径

州工事陸大都乙宪成外具余将就摄翠请寅垂垒会班速搭就江便早日宪成由

1936年9月27日，第2师副师长郑洞国致电河南省政府主席刘峙将军，请求拨付修筑徐州国防工事的经费。

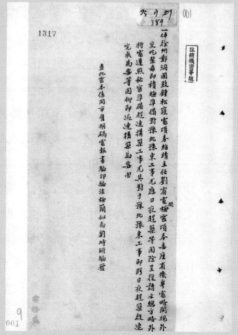

一件徐州郑洞国致钟松宥寅项务给靖主任刘宥寅极密项宥垂座有微旱电时间现外交电紧希即速事备对豫北豫东工事无虑日夜趕築等因陰王復请示總方略外将寅遄照密非届趕速摄翠工事先具对于豫北豫东工事即昐日夜趕築径速宪成为要等因仰卽遄速摄翠為由

查此当本件同首畧明码寅敬书輪印輪法極简似爲刘峙所輪發

1936年9月27日，郑洞国致电第2师独立旅旅长钟松，令其加快修筑豫北国防工事。

诱，施加压力，企图挑拨中国再次内战，从中渔利。中国政局在这一突发事件震撼下，更为错综复杂，动荡不安。

这期间，国民党中央决策层围绕如何解决西安事变问题，发生了严重的意见分歧。军政部长何应钦和部分有影响的国民党元老主张武力讨伐；蒋介石夫人宋美龄、行政院副院长孔祥熙、财政部长宋子文等则主张与西安方面谈判，和平解决争端。但讨伐派一度占了上风，南京国民政府于12月中旬对张、杨发布了讨伐令，委任何应钦担任"讨逆军"总司令，组织东西两路集团军，积极准备进攻西安，还出动空军轰炸了西安附近地区。

国民党军队进攻西安的军事部署大致如下：

东路：刘峙任"讨逆军东路集团军"总指挥，指挥第78师董钊部、第36师宋希濂部、第57师阮肇昌部、第79师樊崧甫部、桂永清的教导总队及炮兵第1团、第5团和工兵1团，沿陇海铁路西侧进攻西安；另以第10师李默庵部、第83师刘戡部由潼关进攻洛南、蓝田，威胁西安侧翼安全；祖父的第2师和第23师李必蕃部为东路集团军总预备队，集结于潼关附近地区。

西路：顾祝同任"讨逆军西路集团军"总司令，指挥第1军胡宗南部由甘肃天水向宝鸡、凤翔进攻；驻宁夏吴忠堡的第25师关麟征部也向固原、平凉地区挺进；另以驻汉中的第51师王耀武部经子午谷，进出于西安以南地区。

12月16日，祖父率第2师到达潼关，这时中央军各部已经基本完成对西安的包围态势，一场新的内战迫在眉睫。

对于张、杨扣蒋兵谏的行动，祖父当时是不理解的。他也知道蒋介石顽固坚持的"攘外必先安内"的方针有失人心，加上蒋一贯对非嫡系部队采取的歧视和排斥态度，利用他们做内战工具，成为这次事变的导火索。但出于封建正统观念，祖父还是认为张、杨两位将军的做法是一种"犯上作乱"的行为，是作为部下所不应做的事情。那时祖父对蒋介石迷信很深，认为他是唯一能领导全国的政治领袖，他的被扣是国家的一大"不幸"。

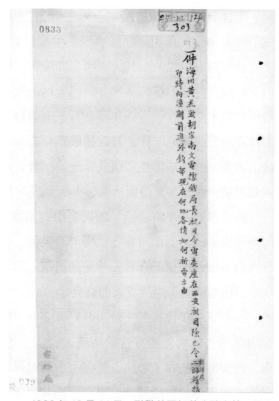

1936 年 12 月 14 日，税警总团长黄杰致电第 1 军军长胡宗南，通报第 2 师郑洞国部向潼关进发，并询西安事变后情况。

不过，祖父对于军事讨伐张、杨的行动倒是态度有所保留，他既担心蒋介石的安全，也担心引发新的内战，使日本人有机可乘。类似祖父这种想法的人，在国民党军队黄埔系将领中比较普遍，所以南京国民政府讨伐令下达后，许多国民党军队将领并未真正准备大战一场，而是希望以大军压境的态势，给西安方面造成压力，迫使张、杨释蒋。

当国民党中央军与东北军、第 17 路军在西安城外剑拔弩张之际，南京的蒋夫人宋美龄和孔祥熙、宋子文等，也在为营救蒋介石、和平解决西安事变而积极奔走。他们一面在国民党中央和南京国民政府内力陈和议，一面派澳大利亚籍顾问端纳飞赴西安调解。

在这个关键的历史关头，中国共产党为谋求西安事变的和平解决，发挥了极为重要的作用。西安事变发生仅数日，由周恩来、博古、叶剑英、李克农等同志组成的中共代表团，即应张、杨两位将军之邀飞抵西安。他们不计国共内战旧怨，从抗日救国大局出发，积极宣传中共停止内战、团结抗日的主张，在张、杨和蒋介石、宋美龄、宋子文等之间大力斡旋，做了许多卓有成效的工作，最终说服蒋介石基本接受了西安方面提出的八项政治主张，并承诺停止"剿共"政策，联合红军一道抗日。不久，蒋介石回到南京，西安事变得到和平解决。

西安事变和平解决后，国民党中央军各部奉命撤回原防，祖父率第2师离开潼关，回到徐州驻扎。撤离潼关前，祖父专门置备了几桌酒席，与部属们痛饮，庆贺蒋介石安然回到南京。祖父他们既为蒋介石平安脱险而庆幸，也为消弭了内战战火而高兴。

但在那个年代，祖父对于西安事变和平解决的重要意义，认识还是十分表象的。他晚年回首这段历史，曾深有感触地说：后来的历史进程证明，西安事变的和平解决，是那时中国时局转换的枢纽，国家从此基本结束了连绵多年的内战烽烟，奠定了国共两党重新合作的政治基础，为后来我国抗日民族统一战线的形成，提供了可靠的保证。当时张学良将军还健在台湾，祖父在报刊上读到他接受日本记者采访时对包括西安事变在内的往事回顾，深为他的爱国心迹而感动。

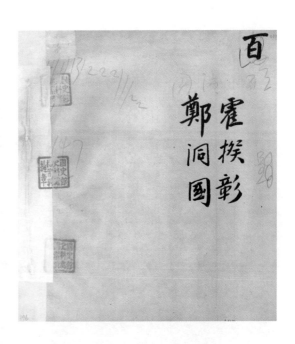

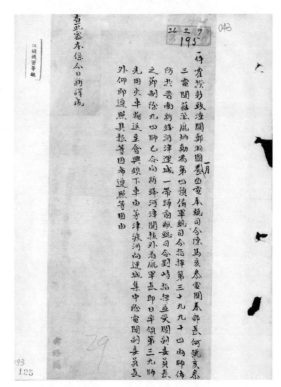

1937年2月9日，第14师师长霍揆彰向郑洞国通报庞炳勋部在鲁南地区布防情况。

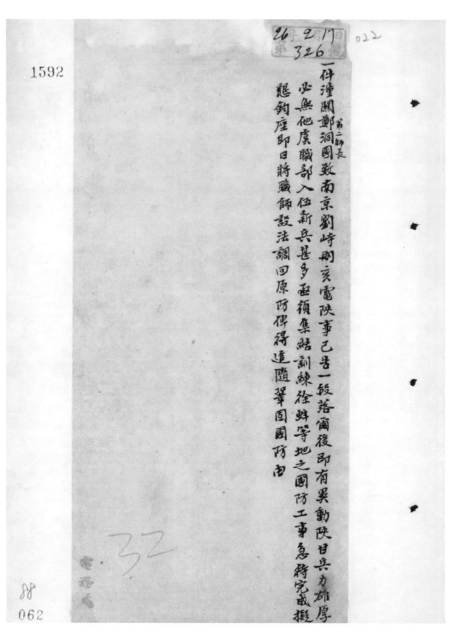

一件潼關鄭洞國致南京劉峙哿亥電陝事已告一段落嗣後即有異動陝甘兵力雄厚必無他虞職部入伍新兵甚多亟須集結訓練徐蚌等地之國防工事急待完成擬懇鈞座即日將職師設法調回原防俾得遵隨鞏固國防由

1937年2月17日，郑洞国致电"讨逆军"东路集团军总司令刘峙，请求将第2师由陕西潼关撤回原驻防地徐州。

第十章
浴血保定城

1936 年，蒋介石在南京会见各界要求抗日的民众。

长城抗战后，日本法西斯军队不断紧逼，继续蚕食华北，随着丧权辱国的《塘沽协定》《何梅协定》相继签订，我国冀、察两省实际上已在日本帝国主义的控制下，华北局势日益险恶。日本方面并未以南京国民政府的不断妥协退让为满足，反而加紧策划对华北的"分离"阴谋，企图使华北脱离南京国民政府，建立一个由日本直接控制、与"满洲国"有密切联系的特殊区域。1935 年 10 月，日本策动汉奸进行所谓"华北五省自治运动"，在冀东 22 县"非战区"，成立了以汉奸殷汝耕为头目的伪"冀东防共自治政府"，接着又在内蒙古策动蒙古贵族德王成立所谓"内蒙自治政府"。同年 12 月，南京国民政府再次屈从日方压力，在北平

1937 年 7 月 17 日，蒋介石在庐山发表著名的抗战演说。

成立了以宋哲元为首的"冀察政务委员会"，进一步满足了日本方面关于"华北政权特殊化"的无理要求。

日本帝国主义在对华问题上屡屡得逞，使其侵华野心不断膨胀。1936年8月，日本内阁五相会议（指首相、陆相、海相、外相、藏相——作者注），通过所谓《国策基准》，企图压迫中国正式承认"满洲国"，并决定以军事手段占领中国华北地区，使其与东北、内蒙古连成一片，作为日军在华的后方战略基地，进而继续蚕食华中，最终达到吞并整个中国的目的。为此，日本帝国主义穷兵黩武，大举增兵华北，愈加频繁地在华北地区进行军事挑衅活动，加紧策划扩大侵华战争。日本关东军头目还狂妄叫嚣要在三个月内解决中国问题，中日战争一触即发。

1937年7月7日，日本帝国主义在北平宛平悍然挑起"卢沟桥事变"，

第 29 军战士守卫在卢沟桥边。

中国抗日战争由此全面爆发。

1937 年 7 月 17 日，蒋介石在江西庐山发表著名的抗战演说，号召全国军民"地无分南北，人无分老幼，皆有守土抗战之责任"。

祖父此时任第 52 军 2 师师长，正在庐山军官训练团受训。全面抗战一爆发，祖父即奉命匆匆返回第 2 师，率领部队开往平汉线北段满城、保定、安新镇一线赶筑防线。

这时平津已失陷，日军正调集重兵从北平、天津分三路发动攻势：一路沿平绥路西出南口，进攻山西、绥远；一路沿津浦路向南攻打沧县、德州，进攻山东；一路沿平汉路南犯，进攻涿县、保定、石家庄。与此同时，日军还以重兵在华东淞沪地区发动进攻，企图南北夹击，速战速决，"三个月内灭亡中国"。

在平汉路方面，中国军队的作战主力为第一战区第 2 集团军，辖第 26 路军孙连仲部、第 53 军万福麟部、第 52 军关麟征等部，第 20 集团军商

平绥铁路沿线作战要图

1937 年，平汉线上的中国军队掘壕据守。

震部、独立第 46 旅也配属在这一区域作战。第 2 集团军总司令刘峙驻节保定指挥。

中国军队沿平汉路多线设防，步步为营，节节抵抗，力图实现"以空间换取时间"的战略。为此，以第 26 路军、第 53 军为第一线防御部队，据守房山、周口店、琉璃河、码头镇、固安、永清一线，保卫保定前哨涿州；以第 52 军为第二线防御部队，防守安新、漕河、满城一线，拱卫保定城；以第 20 集团军和独立第 46 旅为第三线防御部队，固守石家庄以北之正定。

9 月 14 日，日本华北方面军第 1 军第 6 师团、第 14 师团避开涿州正面中国军队的猛烈抵抗，分由固安、永清强渡永定河，侧击涿州，遭到中国守军强力阻击。次日，日军增调兵力，在战车、重炮掩护下，强渡拒马河，至9月18日，日军击破孙连仲、裴昌会等部的顽强抵抗，攻占涿县，随即沿平汉路两侧向保定扑来。

涿县一失，保定就失去屏障了。更糟的是，前线各路中国军队在日军打击下溃不成军，已经没有办法节制。刘峙急得如热锅上的蚂蚁，迭电告急，但中国军队数十万主力正在华东淞沪地区与日军鏖战，南京国民政府同样焦头烂额，只能指示刘峙"应就现有兵力，努力支撑，与敌持久"，并要求第2集团军"在保定附近与敌决战"。

可是驻守保定的只有第52军两个师，以及刚刚增援上来的陕军冯钦哉部第17师。以后滇军第3军曾万钟部曾奉命驰援保定，但该部还没到前线，就借口与刘峙失去联系，匆匆退往安国去了。这样一来，与日军在保定地区决战的部署算是落空了，刘峙只能以现有这点兵力死守保定。

中国军队在保定的作战部署是：第52军2师居中担任保定城防及平汉路正面防御。第52军25师在左翼防守满城至保定一线阵地。陕军第17师在右翼防守保定至高阳一线阵地。

9月20日，日军突破徐水、遂城之线，向我满城、漕河、安新防线席卷而来。祖父派往徐水方向担任警戒任务的一营部队，与敌发生前哨战后，主动撤回漕河一线阵地。

22日晨，日军在飞机、大炮掩护下，向我满城、漕河一线阵地发动猛攻，我军顽强抵抗，打退了敌人多次进攻，战斗极为激烈。

战至午后，日军后续部队源源而至，攻势更加猛烈。日军飞机不停地向我军阵地轰炸扫射，并以重炮隔河集中轰击，将我漕河南岸阵地几乎全部摧毁，随后出动大批步兵，在十余辆战车的掩护下涉河向我军轮番冲击。

祖父的部队经历过长城抗战的洗礼，对日军作战有了一定经验。日军炮火轰击时，官兵们匍匐在工事里不动，俟敌半渡，就集中轻重火力猛烈射击。日军步兵在齐腰深的河水中，成了我军的移动枪靶，一片片地被打倒，漕河中泛起团团血污。只是我军缺乏战防炮，对付敌人战车一时没有办法，致使其几度冲上我军阵地，给我军造成相当伤亡。后来我军一些士

1937 年平津失守后，中国军队在沿平汉线阵地上组织防空射击。

兵冒死爬上敌战车，用炸药和集束手榴弹挂在车上，将其炸毁了几辆，其余的见势不妙，才仓皇遁回北岸。

黄昏以后，战斗态势稍稍减弱。担任漕河南岸防御的第 2 师 6 旅伤亡很大，祖父一面从城内派出一部援兵，一面命令该旅旅长邓士富抓紧抢修工事，准备迎接明天的血战。

次日黎明，日军突破了第 25 师在满城的防线，与该师各团发生混战。祖父见状急忙命令第 6 旅 11 团就近增援该师作战，日军却乘虚涉过漕河，几乎将第 11 团包围，该团苦战良久才摆脱了敌人。祖父见漕河已不能守，只能命第 6 旅放弃沿河阵地，退守保定城垣工事。

上午 10 时，日军在飞机和地面炮火的掩护下，直扑保定城下，敌战车也向保定北门冲击，很快突入，敌步兵随即涌入进城内，在北门内外及

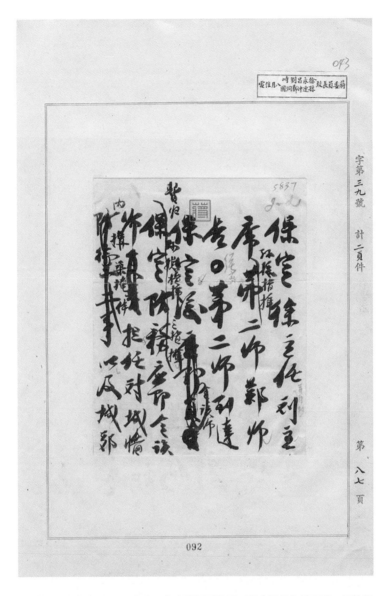

　　1937 年 8 月 9 日，蒋介石电令郑洞国将军于保定积极构筑工事，抵抗日
军（Ⅰ）。

1937 年 8 月 9 日，蒋介石电令郑洞国将军于保定积极构筑工事，抵抗日军（Ⅱ）。

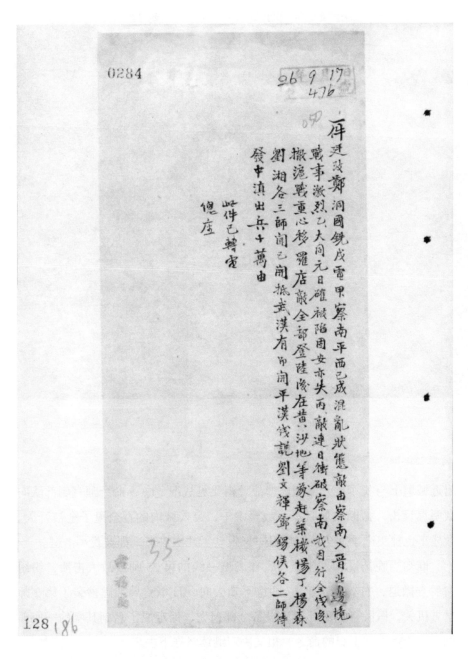

1937年9月17日，战区长官部向郑洞国将军通报国内抗战态势。

日军占领后的保定城垣一角俯瞰。(此照片引自华文出版社出版的《中国抗日战争简明图志》)

附近城垣上与我军展开剧烈肉搏战。祖父见战况危急，命令师直属部队向敌两翼反击，截断攻城日军。战至中午，突入城内的百余鬼子全被歼灭，敌战车也掉头逃了回去。以后日军又发动了几次攻击，都被我军击退。

谁知当晚情况却发生逆转，在满城一线的第25师被敌人击溃，纷纷向后方撤退，右翼陕军第17师也不知去向，日军骑兵乘虚抄袭了第2师后方机关、医院、辎重、通讯设备全部遗失，保定成了名副其实的一座孤城。由于得不到上级的命令，祖父决定继续坚守下去。

24日天刚蒙蒙亮，日军就对保定城发动了全面总攻。敌人多架飞机和几十门大炮集中轰击城北城垣工事达一小时之久，城内很快便硝烟弥漫，

1937年9月20日，郑洞国将军致电蒋介石，报告保定战况。

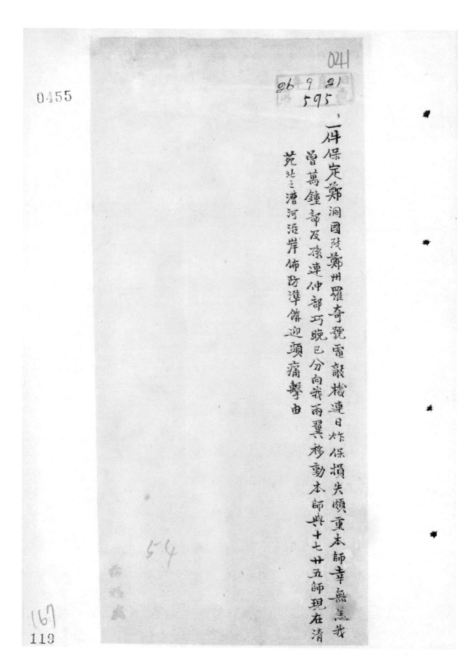

一件保定鄭洞國致鄭州羅奇毖電敵機連日炸保損失頗重本師幸無一我曾萬鍾部及孫連仲部巧晚已分向我兩翼移動本師與十七廿五師現在清苑北之潴河沿岸佈防準備迎頭痛擊由

1937 年 9 月 21 日，郑洞国将军致电驻防郑州的第 15 师师长罗奇，通报保定战场态势。

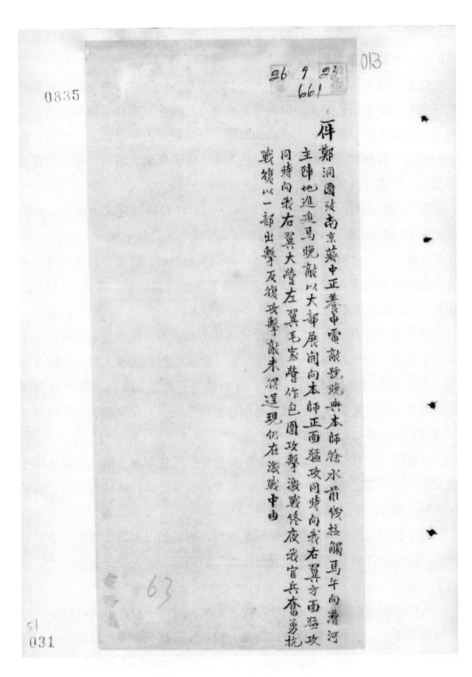

屏　郑洞国致南京蒋中正养申电　敌强晚典本师余水前发接触马午向潜河主阵地进项马晚敌以大部展开向本师正面猛攻同时向我右翼方面猛攻同时向我右翼大营左翼毛家营作包围攻击激战终夜我官兵奋勇抗战复以一部出击反复攻击敌未得逞现仍在激战中由

1937 年 9 月 23 日，郑洞国将军致电蒋介石，报告第 2 师在保定与日军激战之战况。

燃起熊熊大火，城墙也被打塌了多处，形成几道很宽的缺口，据守城垣工事的守军死伤惨重。

日军千余步兵乘机蜂拥突入，与我守军短兵相接，激烈交战。我军虽然在敌人炮击中伤亡很大，但仍顽强据守在城内建筑物和街道两侧民房屋顶上，以交叉火力猛扫突入城内的日军，城墙缺口边和街道上，躺满了鬼子们的尸体和伤兵。但大批敌人在战车掩护下不断涌入城内，并向两翼发展战果，敌我激烈巷战。

战斗激烈进行时，裴昌会将军奉命率第47师残部赶来增援。他的到来让祖父好生感动。因为此时各路友军纷纷溃退，各不相顾。连第52军军长关麟征，这位祖父黄埔军校一期的同学和上级，都丢弃自己的部属不管，独自跟着败军撤退了。而身为杂牌军将领的裴将军，所部迭经苦战，损失巨大，却不避艰险，依令而来，着实令人钦敬。

但守军已独力难支，日军倚仗优势兵力和火力，在巷战中逐渐占领了大半个城市，开始对我军分割包围，第4旅旅长赵公武率大部守军被迫突围，向保定东南张登镇方向转移。这时城里一片混乱，除了师直属部队外，其他各旅已失去掌握，祖父见形势万分危殆，为保全部队，经与裴师长商议，决定率部合力突围。

计议刚定，日军已迫近南门，密集的枪弹呼啸而至。祖父镇定地指挥骑兵团、工兵营、通讯营、山炮营、特务连等师直属部队且战且退，沿平汉路向南撤退，保定城遂告陷落。

由于保定与外界的消息完全隔绝，后方的人们以为第2师已经全军覆没，一些报纸还刊发了祖父"壮烈殉国"的消息，家人闻此谣传，着实虚惊了一场。

从保定撤退之后，祖父四处收拢了部队，但由于没有了通讯设备，与上级联系不上，也不了解敌情，再加上辎重粮草都丢光了，部队靠着老百姓帮助，饥一顿、饱一顿地向南走，直到9月底才找到后方部队。

这时程潜将军刚刚出任第一战区司令长官，为了挽回平汉线上的败局，积极调整部署，准备在滹沱河畔与日军决战，为此他还特地把祖父找

1937年10月，郑洞国将军（右）率第2师在河南林县地区积极袭扰日军。

去，除了慰勉一番，还详细了解了保定战役的情况，以及日军的装备、火力和作战特点等等。后来由于山西战局吃紧，平汉路方面的中国军队主力纷纷经娘子关调入晋东地区作战，只留下第20集团军商震部、第3军曾万钟部、第53军万福麟等部分守正定、石家庄等地，兵力单薄，无力抵

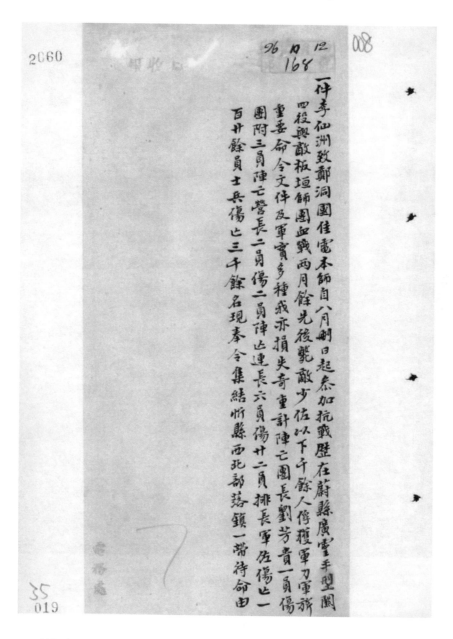

一件李仙洲致鄭洞國佳電本師自八月卅日起參加抗戰曾在蔚縣廣靈手型關
四役與敵板垣師團血戰兩月餘先後斃敵少佐以下千餘人俘獲軍刀軍旅
重要命令文件及軍實多種我亦損失奇重計陣亡團長劉芳貴一員傷
團附三員陣亡營長二員傷二員陣亡連長六員傷廿二員排長軍佐傷亡一
百廿餘員士兵傷亡三千餘名現奉令集結忻縣西北部落鎮一帶待命由

1937 年 10 月 12 日，第 21 师李仙洲师长致电郑洞国将军，通报所部在蔚县、广灵、平型关等地与日军激战情况。

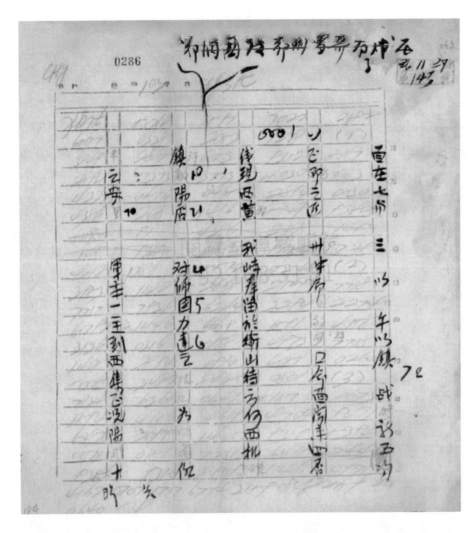

　　1937 年 11 月 29 日，郑洞国致电第 15 师师长罗奇，通报平汉线正面日军正在安阳以西之七里店附近与我第 32 军商震部对峙情况。

抗日军的凌厉攻势。10月8日，日军攻陷正定，紧接着又连陷石家庄、邢台、邯郸等重镇。11月5日，豫北要邑安阳也失守了。至此，中国军队在平汉路北段的战事彻底失利了。

纵观国民党军队在抗战初期平汉路北段的作战过程，除了内部各派系间矛盾重重，互相猜忌，各图自保，指挥系统无法统一之外，导致失利的最致命因素还是军事上采取"多线设防，步步为营，节节抵抗"的消极防御战略。以当时中日军队相比较，中国军队在武器装备、训练素质等方面远逊于日本军队，而将兵力分散主要做阵地防守，完全限制了我方作战的机动性，使我军始终处于被动挨打的地位，且因将装备低劣的野战部队与敌胶着做阵地防御，不仅伤亡重大，更无法集中兵力对敌实施有力反击。日军反倒得以发挥其装备优势，只要集中兵力和火力突破中国军队防线中的一点，便可瓦解我方整个防线。在南京国民政府这种消极的军事战略指导下，在抗战初期的正面战场上，无论是平汉路北段之战，还是淞沪战场，都使国民党军队蒙受了重大损失，丧失了大片国土。

平汉路北段的战事失利之后，第2师奉命在豫北林县山区展开敌后游击战。国民党军队不像共产党军队那样善于发动和武装群众，开始时畏首畏尾，打不开局面。后来情况熟悉了，祖父派出一些小部队分散出击，四处袭扰敌人。有一次，第2师的一支别动队，乔装成日军，由林县绕到涉县，袭击了日军在邯郸的飞机场，炸毁日机十余架，顿时给敌人造成很大恐慌，迫使已经渡过漳河的日军又退回对岸。

以后，第2师奉命归建，随第52军转移到漳河地区，接应由邢台方面撤退下来的第一战区部队。在漳河南岸，第52军与一路尾追我军的日军遭遇，双方恶战。当夜，一股日军乘夜色偷渡漳河，击溃第25师一个团，随即扑向第2师骑兵团。祖父迅速集中师主力压上去，一番激战后，日军不支，被迫龟缩在漳河南岸的几个小高地上固守。祖父指挥部队彻夜反攻，可惜因我军火炮太少，缺乏攻坚能力，未能吃掉这股敌人。鉴于我军掩护任务已经完成，且日军主力正源源到达，祖父才奉命率部撤出战斗，全师开往河南舞阳休整。

第十一章
徐州会战

中国军队的机枪手们正在津浦前线展开行动，背后的碉堡是国民党中央军在"剿共"时期在全国地区所建。（此图片由台湾秦风先生提供）

1938年初，中国国内的抗战局势是相当严峻的。华北方面，中国军队节节溃败，失地千里。继平津失陷后，不到半年的时间里，保定、沧州、石家庄、张家口、太原、德州等重镇先后失守，我军被压迫到黄河南岸；华东方面，七十万中国精锐部队在淞沪战场与日军浴血鏖战近三个月，虽予敌重创，粉碎了日本帝国主义"在三个月内灭亡中国"的狂妄预言，但终因日军在杭州湾登陆，使淞沪我军腹背受敌，导致全线溃退，连首都南京也于1937年12月13日被日军攻陷，国民政府被迫迁往重庆。日军在南北战场得手后，紧接着将下一个攻击目标指向徐州。

为了稳定战局，负责这一区域作战的第五战区长官部奉命利用黄河、淮河天险，遏制日军进攻，力求保持我国军事上的大动脉——陇海路安全，确保郑州和平汉路南段侧背，使武汉后方有充足的时间进行战略部署，做好持久抗战的准备。

于是，中日军队以攻守徐州为目标，在津浦路南北两端展开了一次大规模的会战，这就是抗日战争史上著名的徐州会战。

徐州地处津浦与陇海铁路交叉点，扼苏、鲁、皖、豫四省要冲，是中原和武汉的重要屏障，战略地位极为重要。日军占领平津和南京后，立即调集重兵由津浦路南北两段分别大举进攻，企图迅速打通津浦线，夺取徐州，再循陇海路西进，取道郑州南下，占领我国当时的军事、政治、经济中心——武汉。

会战初期，日军以津浦路南段为主攻，北段为助攻，分由南北两个方面向徐州推进。

津浦路南段，日军近卫师团、第13师团、第106师团等部共八万余人在畑俊六大将的指挥下，从镇江、南京、芜湖渡江北上。其一部主力攻陷滁州后，循津浦路正面进至盱眙、张八岭一线；日军另一部主力在攻陷裕溪口后，也循淮南铁路北进至巢县、全椒一线。中国守军第11集团军李品仙部、第51军于学忠部，以及稍后增援上来的第21集团军廖磊部、第59军张自忠部，巧妙利用池河、淮河、淝河、浍河等地形障碍，节节抗击日军北犯。敌我在淮河流域激战近两个月，彼此伤亡惨重。日军一度打过淮河北岸，我军随即反击，于1938年2月下旬将其打回南岸，双方隔河对峙，战事陷入胶着状态。

日军在津浦路南段作战受挫之后，改以"南守北攻"战略，派遣精锐的第5师团、第10师团共五六万兵力，在津浦路北段迅速向南推进，会攻徐州。

担任黄河一线防务的山东省主席兼第3集团军总司令韩复榘为保存个人实力，竟擅自弃地不守，率领八万大军望风而逃，致使津浦路正面门户洞开，日军第10师团在师团长板垣征四郎的指挥下，连陷济南、泰安、兖州、曲阜、济宁、邹县等城，直扑徐州而来。第五战区急调川军第22

中国军队的重机关枪部队正在赶往前线作战。（此图片由台湾秦风先生提供）

集团军开赴临城以北，努力堵截日军，并命退守鲁西地区的第3集团军孙桐萱部（原集团军总司令韩复榘已被逮捕——作者注）全力侧击津浦路附近南下之敌，才使战局稍有稳定，敌我对峙于邹县、滕县之间。

就在日军第10师团于鲁南大举进攻之际，日军第5师团在师团长矶谷廉介的指挥下，亦由青岛沿胶济路西进，至潍县后循台潍公路快速南下，企图夺取鲁南重镇临沂，与津浦路北段正面的日军第10师团相互策应，从东路包抄徐州。

从日军在津浦路北段的部署和行动上看，敌人是相当骄横的。他们根本没有把中国军队放在眼里，以为只要长驱南下，分进合击，就可以一举击溃津浦路北段的中国军队，迅速占领徐州。

我第五战区抓住日军骄傲轻敌、孤军深入的有利战机，决定利用我军

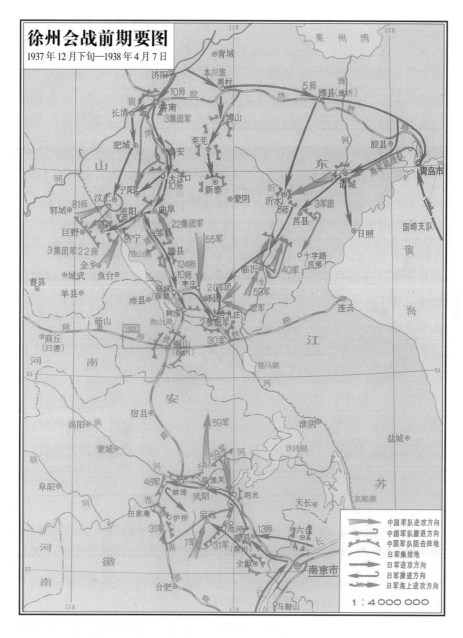

徐州会战前期要图

的优势兵力，大胆实施机动灵活的运动战，于敌分进运动，尚未合围前将其各个击破。

为此，第五战区一面命令第3军团庞炳勋部固守临沂，阻击日军第5师团。同时将第59军张自忠部从津浦路南段怀远地区北调，配置在滕县以南，支持津浦路北段正面第22集团军作战。一面计划将原属第一战区建制、正奉命开赴徐州战场的中央军第20军团汤恩伯部控制在运河以北地区，形成一支强大的打击力量，相机攻击津浦路北段日军侧背。同时将第2集团军孙连仲部调往鲁南，支援第20军团作战。

我军部署尚未完成，日军第5师团已开始猛攻临沂。防守临沂的第3军团庞炳勋部历经大战，只残存5个团的兵力，却能据城死守，日军与庞部血战多日不能攻下。这时第59军奉命星夜驰援。张自忠将军指挥部队猛攻三日，大败号称王牌军的日军第5师团，敌人抱头鼠窜九十华里，缩入莒县城中。

但日军第10师团趁我第59军东移，再度大举南犯，川军第22集团军兵力单薄，在敌压迫下且战且退，徐州危殆。

此时第20军团（辖第52军、第85军、第13军110师）正向运河以北集结途中。祖父率第2师由河南舞阳日夜兼程向运河以北之临城进发。3月18日晚，祖父刚抵达第五战区指挥部所在地徐州，即惊悉滕县已失，川军第122师师长王铭章将军以下两千余人壮烈殉国，此刻日军正由滕县以东向枣庄南下，与已到达运河以北的第85军激战。

考虑到我军已来不及实施在运河以北临城之线拊敌之背的作战计划，祖父根据参谋长舒适存的建议，一面报请上级速将原作战方案更改为以第2师固守运河南岸，掩护友军集中，确保徐州安全；一面率领全师星夜赶往运河南岸占领阵地。

3月19日晨，日军已扑至临城东南的沙沟，与刚刚抵达运河北岸的第2师6旅发生激战，该旅抵敌不住，只得节节抵抗后撤。下午2时许，日军夺占韩庄，其步兵千余在十余辆战车的掩护下向我军猛烈进攻，企图强渡运河。

1938 年，徐州会战期间中国军队的炮兵阵地。

千钧一发之际，祖父率师部和第 4 旅赶到了运河南岸附近的利国驿，立刻命令第 4 旅跑步投入战斗，与敌隔河交战，暂时遏制了敌人的攻势。

不久，日军援军源源而至，再度发动猛攻。恰巧此时配属第 2 师的重炮营运抵前线。该营装备了十二门十二生的榴弹炮，这是我军抗战初期拥有的威力很大的一种火炮。祖父立命炮兵营长放列射击。

不多久，我军大炮怒吼起来，一排排炮弹准确地落入敌阵，打得敌人狼奔豕突，伤亡惨重，几溃不成军。抗战以来，我军多是在日军优势火力制压下作战，但此刻我军大炮奋起神威，居然把鬼子们打得七零八落、狼狈不堪，前线官兵大为振奋，一些官兵高兴得跃出工事，大声欢呼。

日军见我军炮火猛烈，不敢再贸然强渡运河，仅以炮兵还击，双方隔河展开炮战。入夜后，日军被迫以主力东移，沿枣台支线转攻台儿庄。

1938 年 3 月台儿庄会战中，在阵地与日军拼死搏战的中国士兵。

　　或许是这次战斗的规模在我国抗战史中微不足道，人们很难在浩如烟海的抗战军事史料中见到有关记载。

　　其实，利国驿一战虽然规模不大，却是徐州会战前期的关键一战。倘祖父未依敌情变化灵活处置，或行动迟缓，日军主力势将冲过运河，那时不但徐州不保，就连先期到达运河以北的我军各部都会陷入困境，整个战局必将面目皆非，更不会有后来的台儿庄之捷了。

　　台儿庄位于津浦路台枣支线及台潍公路交叉点，扼运河的咽喉，是徐州的门户，具有重要的军事地位。日军在利国驿受挫后，掉头东进，企图利用枣庄、峄县至台儿庄一带的平坦地势，发挥其机械化部队的优势，一举攻占台儿庄，将运河南北的中国军队截为两段，以各个击破。因此，台儿庄之得失，成为敌我双方夺取这次会战主动权的关键。

　　3 月 24 日，日军第 10 师团濑谷支队（相当于一个加强旅团兵力），在飞机大炮掩护下，正式向台儿庄发起猛攻，驻守城寨内的第 2 集团军 31 师池峰城部奋起迎战，双方在小小的台儿庄内外，展开了长达十余日的拉锯血战，彼此伤亡奇重。

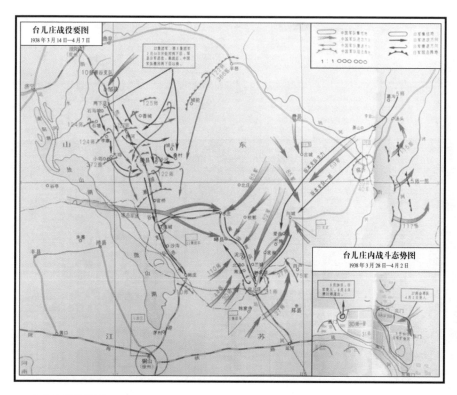

台儿庄战役要图

　　敌我在台儿庄血战之际，第五战区命令第20军团除留第13军110师据守运河北岸以外，军团主力第52军、第85军让开津浦路正面，在峄县东北之兰陵、向城一带集结、迂回，准备与台儿庄之第2集团军夹击冒险突进的日军濑谷支队。

　　此时，如果第20军团趁日军主力被第2集团军吸引于台儿庄之际，坚决贯彻第五战区长官部对其下达的"侧击南犯之敌"的作战要求，能以一个师左右的兵力监视临枣之敌，集中军团主力三个师兵力与台儿庄正面的第2集团军夹击日军，无疑会取得很大战果。但私心很重的军团长汤恩伯却打起了自己的小算盘。他担心孙连仲部守不住台儿庄，日军一旦越过运河，远在敌后与日军主力胶着在一起的第20军团就有遭敌围歼的危险。所以，他宁愿去攻打于整个战局影响不大的临枣之敌，也不愿南下扑敌之

1938 年，第 2 集团军总司令孙连仲赶往台儿庄前线指挥作战。

背，结果失去了一次很好的战机。

事实上，汤恩伯对攻打临枣之敌也不是认真的。按他的作战命令，第52 军和第 85 军各派一师兵力攻打枣庄。3 月 26 日，祖父奉命率第 2 师攻击枣庄，但第 85 军却只派了一支小部队，在枣庄近郊骚扰了一番，便缩回抱犊崮山区，日军得以全力抵御第 2 师的进攻。祖父率部在枣庄激战两昼夜，歼灭日军过半，一度占领了大半个市区。临城之敌千余人匆匆赶来增援，与我军在市区拉锯争夺，战斗演成胶着状态。

这时台儿庄方面的战事已处于千钧一发的关头。经多日剧烈拼杀，筋疲力尽、伤亡殆尽的守军被日军压迫至台儿庄西南角的最后堡垒中苦苦支撑待援。第五战区司令长官李宗仁严令汤恩伯迅速南下扜敌之背，汤恩伯

中国工兵部队在台儿庄以南运河上架设浮桥，准备渡河击敌。

1938 年，第 2 集团军部队与日军在台儿庄内激烈巷战。

这时才认真地对台枣支线之敌侧背展开攻击。

第 20 军团主力南下后即与日军爆发激烈战斗，其中以第 2 师在北大窑附近的战斗最为惨烈。日军为保护侧背安全，在飞机和猛烈炮火掩护下，拼命向第 2 师反扑，双方短兵相接，白刃肉搏，战况极为激烈。

日军刚刚在台儿庄遭到我第 2 集团军顽强抗击，没想到背后又被第 20 军团插上一刀，两天鏖战之后，实在难于招架，被迫丢弃下大批尸首和武器，狼狈不堪地撤退下去。清扫战场时，祖父发现不少我军阵亡官兵与日军士兵的尸体紧紧抱在一起，无法分开，可见战斗的激烈程度。

击退日军后，第20军团全线进逼，对日军濑谷支队形成包围之势，并一度切断了台儿庄、峄城的交通。随后，祖父奉命率部攻打台枣支线上的重要城镇峄县。

抗战初期，即使是祖父所在的中央军部队，火炮也很少。原来配属第2师的榴弹炮营，此时已被战区长官部调走，师属山炮营也被调得只剩一连，所以攻坚作战十分困难。但第2师还是勇敢地向峄县县城发动了一次次的猛攻。

3月30日，祖父亲到前线指挥部队攻城。激战中，他身边一位参谋手中的望远镜不慎在阳光下反光，被日军发现，立即招来猛烈炮击。祖父未及躲避，便觉左胸被重重一击，几乎跌倒，马上被卫兵扑倒。敌人炮击过后，他奇迹般地发现，除了偶然放在上衣口袋里的一枚银圆被击弯外，身体居然毫发无损，真是万幸啊！过去我们协助祖父整理回忆录时，曾好奇地问起这枚银圆的下落，祖父不经意地说，银圆被打坏了，也就扔掉了。我们听后惋惜不止，倘若这枚银圆能留下来，应该可以送进博物馆了。

这里我们要特别说明一个具体情况。时下一些纪实文学作品，谈及祖父半生戎马生涯时，说他浑身布满战争伤疤云云，其实都是作者们想象的。真实的情况是，尽管祖父一生经历过无数激烈搏杀的凶险战阵，却从未在战场上负过伤，所以也根本谈不上身上留下什么战创。对于从那个年代走过来的一位身经百战的军人来说，确实是十分罕见的，难怪祖父在国民党军队中，曾被不少人誉为"福将"。

次日，峄县之敌渐成不支之势，祖父命令部队加强攻势，务求尽快破城。第25师也在攻击中不断迫近台枣支线，我军对敌合击圈接近形成。

不料，这时战局发生突变，原在临沂方面与庞炳勋、张自忠等部对峙的日军第5师团，为救援日军第10师团，派坂本支队四千余人绕过临沂，突向向城、爱曲一带前进，奔袭我第20军团侧背。为此，汤恩伯不得不以第2师监视台枣之敌，而以军团主力掉头迎击日军坂本支队。

3月31日晚，日军坂本支队在兰陵镇西北遭到第52军25师的迎头痛击。日军无心恋战，除留一个加强中队数百人担任掩护外，主力绕过兰陵

这张广为人知的照片，是我军在台儿庄取得大捷后，第五战区司令长官李宗仁将军在台儿庄火车站拍摄的。

镇，进至该镇以南、台枣支线南端东侧的杨楼、底阁一带，与日军第10师团濑谷支队会合。我第20军团主力跟踪而至，重新将这股敌人包围在杨楼、底阁地区。第25师145团则在炮兵掩护下，经一夜战斗，将日军留在兰陵镇的掩护部队全部歼灭。

这时，峄县之敌趁机反扑，立即遭到第2师痛击，日军被迫缩回城内。随后，祖父奉命率第2师转移至甘露寺以西，会同军团主力对杨楼、底阁之敌展开猛烈攻击。

焦头烂额的日军这时犹作困兽之斗，几乎不间歇地向我军阵地反扑，双方逐村逐屋的争夺，战斗极为激烈。4月6日，第52军发动凌厉攻势，

台儿庄战役期间，第五战区司令长官李宗仁将军（左）与中国军队副总参谋长白崇禧将军在前线合影。（此照片由台湾秦风先生提供）

台儿庄大捷后中国军队乘胜追击。

大败日军坂本支队，从根本上解除了日军对第20军团侧背及台儿庄东北方向的威胁。随后，第20军团向台枣支线之敌全线进逼，与我台儿庄守军胜利会师。

日军经十余日苦战，伤亡惨重，弹尽油绝，全线发生动摇，开始有北撤迹象。

当夜，日军突然向第52军阵地疯狂反扑，战斗异常激烈。关麟征军长等军、师将领判断这是敌人撤退的前兆。因为日军只有打击中国军队中战斗力最强的第52军，后撤才能安全。于是，该军自关军长以下，各师、旅、团长均亲临火线指挥，狠狠反击敌人。黎明前，日军濑谷支队果然沿台枣支线北撤，坂本支队残部也向峄县东北地区溃逃。我军士气大振，立即展开全线追击。台儿庄守军也从庄内杀出，与第20军团齐头并进，一路狂追不止，沿途到处是日军焚毁的战车、遗弃的军用物资和已焚化的日军阵亡士兵的尸骨。

这就是我国抗战史上著名的台儿庄大捷。

台儿庄战役后日军遗弃的作战物资

　　是役，我军歼灭日军一万余人，取得平型关战役以后的又一重大胜利，不仅重创日军第 5、第 10 两个精锐师团，有力挫败了日军一举攻取徐州，再迅速进军武汉的战略企图，也大大鼓舞了全国人民的抗战信心。

　　日军逃至峄县附近地区后，便再固守不动。第 20 军团和第 2 集团军奉命会攻峄县之敌。

　　要攻取峄县城，必先攻取城东的重要制高点九山。

　　九山是个光秃秃的石头山，十分险要，日军又构筑了坚固的工事，很难攻打。第 20 军团还是将这块难啃的骨头，交给了第 52 军 2 师。

　　接受作战任务后，祖父指挥部队攻打了一整天，日军凭险据守，弹如雨下，我军根本无法接近。祖父觉得这样白天强攻，不仅牺牲太大，也无

台儿庄大捷后，河南各界民众代表向第五战区参战部队赠送宝鼎和锦旗，左三为李宗仁将军。

成功把握，不如改为夜间智取。

　　当晚，祖父挑选了几百名精悍的士兵，配备了短枪、刺刀和手榴弹，组成了一个突击营，悄悄潜伏在九山脚下。午夜以后，敌人阵地上一片寂静，突击营官兵们分批悄悄地摸上山，敌人居然丝毫没有发觉。

　　进入敌人阵地后，各战斗小组纷纷将集束手榴弹投入日军的碉堡和工事内，一时间火光闪闪，轰隆隆的爆炸声响成一片，许多鬼子在睡梦中就被送上了西天。剩下的鬼子们惊慌失措，几乎来不及抵抗，九山阵地就被突击营夺取了一半。祖父见状立即命令第二梯队趁势冲锋，经历一番激战，我军于拂晓前完全占领了九山高地，只有少数残敌丢盔卸甲地窜回峄县北关附近。

几年前，本书作者之一郑建邦藉公出之便，专门凭吊了台儿庄一带旧战场，当地政府特地安排几位附近村民陪同攀上九山考察。一行人乘坐吉普车行至半山，一边听取几位村民介绍当年战况，一边气喘吁吁地爬上光秃秃的山顶，山顶上还遗有不少日军当年修筑的作战工事。

站在山顶上放眼四望，视野极其开阔，确实易守难攻。当年我军装备低劣，若非祖父决计在夜间智取，否则真是很难拿下这块日军重兵固守的阵地。

当时第2集团军尚未攻下峄县附近的獐山，而第2师竟一举攻下相对更险要的九山，让关麟征军长感到很有面子，他亲自来到九山阵地视察。由于随行人员太多，很快被日军发现，立即发起炮击，我军炮兵也开炮还击，双方展开炮战，一时炮声隆隆，山石横飞，虽未造成什么伤亡，但不少人的军衣都被碎石片划破了。

1938 年春，蒋介石与李宗仁将军（左）、白崇禧将军（右）在徐州前线。

就在敌我双方在峄县一带激烈缠斗之际，日本华中派遣军和华北方面军于 4 月中旬，增调十余个师团三十余万兵力，从南北两个方向夹攻徐州。中国军队虽然有大批援军增援徐州战场，由于局限于内线防御作战，导致战局开始逆转。

4 月 17 日，第 52 军奉命放弃攻击峄县的行动，向邳县以北之艾山、连防山、燕子河之线转移，担任阵地防御作战。

日军的嗅觉很灵敏，行动也很迅速，第 52 军各师刚一移动，就遭到日军堵截和追击，不得不且战且退。祖父的第 2 师在转移途中，前卫第 4 旅与一股日军迎面遭遇，发生激战。祖父指挥部队刚刚将敌人击退，后卫第 6 旅又与尾追日军交上火，一直打到黄昏才摆脱敌人。祖父他们趁日军尚未合围，迅速从日军的缝隙中突了出去，与第 85 军会合，一起向后方转移。当晚，部队宿营在台儿庄西北的一片山地中，祖父的师部驻扎在一座山脚下。夜里一股日军不知从哪里跟踪上来，企图偷袭我军，幸被担任

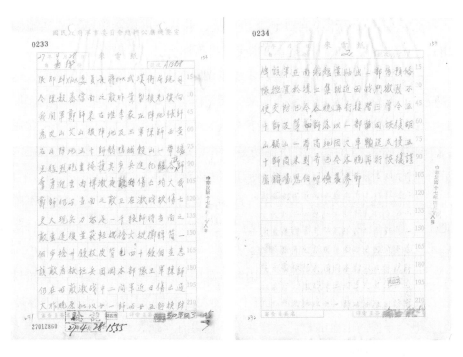

1938年4月28日，第20军团军团长汤恩伯致电蒋介石，汇报徐州前线战况。

警戒的师骑兵团发现，经一个多小时激战将敌击退。

第52军转移至邳县以北，在艾山与燕子河之间占领阵地后，便积极构筑阵地，准备与日军大战。祖父的第2师负责防守右起燕子河，左至连防山正南大刘庄一线阵地；第25师右翼与第2师衔接，左翼在艾山以北的虎皮山、艾山西等处。第25师75旅150团在位于艾山、虎皮山东北的连防山占领前进阵地。卜福斯山炮在艾山南无名小河南岸的稀疏树林中分散放列，野炮在更远些的后方放列。

我军部署甫定，战斗便打响了，而且一开始我军就吃了大亏。

负责防守连防山的第150团团长高鹏麻痹大意，到达阵地后让官兵们就地休息，没有及时构筑阵地，不料次日晨日军就出动空军狂轰滥炸，继以炮兵轰击，步兵接着分三个方向向该团进攻。第150团仓促应战，由于没有工事依托，不到三小时阵地便被日军攻破，部队伤亡很大。关麟征军长和张耀明师长闻讯亲自赶到艾山督战，并从虎皮山派部队对敌实施侧击，力图支援第150团作战，可惜受敌机轰炸所阻，效果不大。

关麟征对于连防山这处重要阵地轻易失守大为恼火，严令高鹏团长迅速反攻，无论如何要把阵地夺回来。高鹏团长集结残部，亲自率队发起反攻，很快中炮牺牲，部队又垮了下来。关麟征没有办法，只能命令祖父派一个团接替第25师在大刘庄的防务，并令炮兵火力和虎皮山、大刘庄两处阵地的火力压制连防山之敌，使其无法继续前进。

连防山阵地丢失后，我军主阵地暴露在日军面前，敌机连日在我军阵地上空盘旋侦察。关麟征军长判断虎皮山很可能是日军下一个攻击目标，命令各部加紧构筑工事，加强戒备。

守备半步店子、虎皮山、艾山西等处阵地的第25师73旅，日夜抢筑工事。这一带都是石头山，构筑工事的泥土都要从山下运上来，非常吃力。但鉴于连防山血的教训，官兵们不敢再有丝毫大意，用两昼夜时间将阵地工事大大加强了。

关麟征的判断是准确的。连防山失守的第三天，日军第10师团果然向虎皮山大举进攻。敌人在飞机和火炮的掩护下，逐次向我军阵地前沿接近。我军对日作战也有了丰富经验。敌机轰炸和炮击时，守军只留观察哨在阵地上监视敌人，其余都在掩蔽部休息。等日军一接近我阵地前沿，官兵们便迅速跃入阵地，集中轻重火力猛烈扫射，并以小部队从两侧出击，打得日军人仰马翻，接连击退了敌人两次大规模进攻。

看着抱头鼠窜的鬼子们，第73旅的官兵们士气大振。张耀明师长考虑部队需要持久防御作战，并要避免一线部队过度疲劳，决定以营为单位，二十四小时轮换一次，这样使官兵们士气始终饱满。

次日，狡猾的日军以一部佯攻虎皮山，主力则绕攻艾山西，企图从侧背切断艾山与虎皮山的联系。这次战斗较前一日更加激烈，双方相持之际，第75旅149团团长刘世懋主动派部队果断出击，由侧背抄袭进攻之敌，日军猝不及防，伤亡惨重，狼狈地垮了下去。

日军见白天强攻屡屡受挫，又想夜袭我军。4月27日夜间，日军以一部攻击半步店子，主力分股突上虎皮山。我军虽有防备，但敌人来势太猛，经激烈战斗后，半步店子被日军占领了一部分，敌我陷入巷战。虎皮山向敌之侧面也被日军占领了。

根据以往作战经验，我军必须在天明前将阵地前的日军消灭掉，否则天一亮，敌人得到飞机、大炮的支援，我军会陷于非常被动的境地。次日凌晨2时前后，第25师在炮兵支援下组织了凌厉反击。该师在近距离用手榴弹和六〇迫击炮，山脚至山腰用八二迫击炮，更远之处用卜福斯山炮和野炮，由近及远构成浓密火网，同时倾泻在日军头上，随即派突击队从正面及两翼袭击敌人，激战不到两小时，便将日军彻底打垮了，完全收复了前一日虎皮山失去的阵地。

天亮后，发现阵地前日军遗尸很多，但日军用炮火封锁，飞机也在空中盘旋扫射，阻碍我军清扫战场，半步店子之敌仍占据着几个独立房屋，也在顽强抵抗着。我军判断敌人可能会在夜间继续攻击，并以攻击掩护搬运尸首。为此，第25师工兵连于黄昏后悄悄地在虎皮山一带阵地前沿埋了不少地雷，还加强了侧防火力。

果然，天黑后日军又发动了冲锋，但在我军阵地前沿就遭到地雷阵杀伤，一片混乱，我军乘势反击，将日军击溃，连半步店子之敌也一同驱逐了出去。

次日，日军继续用炮火封锁，并以飞机监视，阻止我军清扫战场。当时鲁南、苏北地区的气候已经非常炎热，阵地上的尸首都腐烂了，臭气难闻。不过日军似乎被打怕了，再也未对虎皮山发动攻击。

祖父见第25师屡挫敌锋，知道日军早晚要对第2师下手，督率部队日夜构筑防御阵地，村与村之间都有纵深防御和交叉火力点，并以交通壕连接。阵地前面是大片的麦田，也有利于发扬火力。

5月1日，日军第5师团坂本旅团出动数百步兵在飞机大炮掩护下，对我大刘庄阵地发动猛烈进攻。我守军凭借坚固工事顽强抗击，并不断以小部队抄袭敌人侧背，日军伤亡很大，几次攻击都被击溃了。次日，日军学乖了，趁着夜色悄悄潜伏在我军阵地前的麦田里，拂晓时在飞机大炮掩

徐州会战后期，第 2 师师部在峄县附近阵地上午餐，左一背对镜头者为郑洞国。

护下突然发起冲锋。我守军也不示弱，集中各种火力向进攻之敌迎面猛扫，日军在我军阵地前死伤枕藉，但仍不顾死活地往上冲，双方在阵地上爆发白刃战，杀声震天。这时日军的飞机大炮都失去了作用，祖父果断命令预备队增援了上去。我军人数占了优势，渐渐居于上风，激战至中午，阵地上的鬼子被消灭大半，少数鬼子仓皇溃退了下去。

祖父根据第 25 师的作战经验，也让部队以团为单位，每经过一次战斗就轮换一次，使部队始终保持着旺盛的战斗意志。

日军见正面攻击无法得手，休整了两日，该向第 2 师右翼阵地进攻。经过一天激战，大刘庄以东由一个营部队防守的一个小村庄失守了，日军趁势从三个方向攻击大刘庄。守军第 7 团奋力抵抗，战况异常激烈，敌我均伤亡惨重。激战中，团长刘玉章负伤，血流如注。祖父的这位老部下不愧是员猛将，他命人将伤口草草包扎，便又亲自率队反冲锋，将几路敌人纷纷打退。

溃退下去的日军不甘失败，竟在我军阵地前的麦田里构筑起工事，作为战斗支撑点。我军岂能让敌人的意图得逞。入夜后，祖父抽出师预备队一部，配合第 7 团从两翼出击，一举将敌人打垮，击毙日军甚重，仅麦田里日军撤退时来不及运走的尸首就有一二百具。经此几战，日军不敢轻举妄动了，除了零星炮战，再未向第 52 军阵地发起进攻。

此时第 52 军已经与日军第 5、第 10 师团恶战二十余日，虽让这两支凶悍的日军始终无法前进一步，但自己损失也很大，部队疲惫不堪。祖父的第 2 师因接连在徐州战场打了几场硬仗，部队更是减员过半。

5 月上旬，第五战区命令第 2 军接替第 52 军的防务。5 月 13 日，第 52 军奉命交接防务，开往河南归德整补，祖父这才率部离开了鏖战了两个多月的徐州战场。

徐州会战期间，第 52 军的骁勇善战，让日军印象深刻。日军第 10 师团师团长板垣征四郎曾这样评价自己在徐州战场上的劲敌："'支那'第 52 军一个军，应视为普通'支那'十个军。"会战之后在武汉珞珈山的战役总结会议上，蒋介石更是肯定了第 52 军的优异战绩，认为中国军队都像第 52 军那样拥有强悍的战斗力，打败日军是不成问题的。

祖父没想到的是，他离开徐州战场后，仍为保存我军有生力量做出了重要贡献。

原来，第 2 师担任邳县以北地区防御作战期间，师参谋长舒适存建议在该师阵地后方的运河上，搭建一座浮桥，以利战地交通。祖父立即采纳，命师工兵连星夜驰赴碾庄圩东侧，用一昼夜时间修建了一座能通行人马和载重汽车的浮桥。徐州会战后期，我六十余万大军分路突围，其中在运河东北地区的野战军主力十余个师，就靠这座桥撤出了徐州战场。

十年之后的国共淮海战役中，还是在这个叫做碾庄圩的地方，国民党黄伯韬兵团被华东野战军全歼，黄本人自杀"成仁"。

究其黄兵团失败的原因，很重要一条，就是黄的机械化部队为运河所阻，上天无路，入地无门，最终招致失败。据说黄临死前，曾捶胸顿足道："我打了一辈子仗，怎么就没有想到在这条运河上搭座桥呢！"可见大兵团作战，战地交通是何等重要。

徐州会战是我国抗战初期的一次重要战役。这次战役虽然以日军占领徐州，中国军队遭受失利而结束，但我军从 1937 年底至 1938 年 5 月中下旬，在津浦路两端与几十万精锐日军整整周旋了五个多月，期间还取得了台儿庄战役的胜利，给予日军沉重打击，大大鼓舞了全国人民的抗战士气，也为大后方部署对敌持久抗战，赢得了宝贵时间。

更为可贵的是，徐州会战前期，中国军队在军事战略运作方面有了很大进步。我军利用日军骄横轻敌心理，大胆采用攻势防御战略，以运动战和阵地战相结合，有计划地使用优势兵力，对津浦路北段孤军冒进之敌予以果断的包围攻击，取得台儿庄大捷。这些较之中国军队在华北和淞沪战场上，将主力部队配置于既设阵地，与优势敌人死拼的消极防御战略，不能不说是一大进步了。祖父对时任第五战区司令长官的李宗仁将军十分敬佩，认为他是国民党军队中为数不多的擅长指挥大兵团作战的杰出高级统帅。

遗憾的是，我军未能将这一正确的军事战略原则贯彻始终。台儿庄战役之后，陆续增援徐州战场的几十万中国军队未能保持外线机动作战的战略优势，反而在内线与日军胶着在一起，局促于阵地防御作战，使日军的装备、火力优势得到充分发挥，最终导致决定这次会战胜负的天平倾向了敌人一方，这是非常可惜的。

另外值得一提的是，中国军队在徐州会战期间较好地克服了各派系间互不协调，指挥系统不统一的致命弱点。除了会战前期，山东省主席、第3集团军总司令韩复榘因临阵脱逃罪被逮捕、枪决，对前线各将领震撼很大，使国民党军队将领们此后鲜有敢违令擅自弃地不守者的因素以外，在当时举国一致抗敌御侮的形势下，中国军队从高级将领到一般士兵，都有着强烈的抗敌意识，对侵略者的民族仇恨远远超出个人或集团间的利益冲突。例如，王铭章师长率领装备低劣的川军部队在滕县死战不退，最后全部壮烈殉国。扼守台儿庄的西北军旧部第2集团军，整营、整连的官兵们牺牲在阵地上，连日军都为之震撼。据日军第10师团史料记载："凭借散兵壕，全部守军（指扼守台儿庄的中国第2集团军部队——作者注）顽强抵抗到最后。——以致狭窄的散兵壕内，重叠相枕，力战而死之状，虽为敌人，睹其壮烈，将为之感叹。曾使翻译劝其投降，应者绝无，尸山血海，非独日军所持有。"战斗进入到最艰难的时刻，坚守台儿庄城寨内最后一处支撑点的第31师长池峰城请求撤退，打算"为第2集团军留点种子"，被集团军总司令孙连仲坚决拒绝。孙连仲命令池："台儿庄就是你们的坟墓。你的部队打完了，你填进去。你打完了，我填进去，整个集团军打完为止！"可谓掷地有声，气壮山河！池峰城也不含糊，他下令炸毁了身后运河浮桥，表示破釜沉舟与日军血战到底的决心，随即集结了57名官兵组成敢死队发起反击。临行前，他亲自训话，还每人赏了一大碗酒，颁发30块大洋。勇士们将酒一饮而尽，钱却不要，说："我们命都不要了，还要钱做什么？将来胜利了，请师长记得让人在我们的坟前上炷香！"一场激战过后，阵地被夺回三分之二，勇士们生还者仅13人，真是一曲中国军人慷慨赴死的壮丽悲歌！还有此前毫无对日作战经验的滇军第60军，初到徐州战场便与强敌浴血搏杀二十余日，阵亡旅长一人、团长五人，全军四万余人锐减过半，仍死死地将日军拒阻在禹王山阵地前。军长卢汉看到自己的云南子弟兵们伤亡如此惨重，难过得号啕大哭，却丝毫没有改变坚守阵地的决心。凡此种种，不胜枚举。

从国民党各个参战部队来看，仅中央军第 20 军团装备相对尚好，其他部队多为地方部队，不仅装备、战斗力参差不齐，有的彼此间还有宿怨。但基于民族大义和军法严明，以及战区司令长官李宗仁公正有力的指挥，各部在作战中均能服从指挥，相互配合，使日军无隙可乘。即使在会战末期，我几十万大军已处于日军合围之中，各部仍能按照统一部署，有条不紊地撤离徐州战场，这与中国军队在淞沪战场撤退时的混乱情况，形成鲜明对照。

第十二章

武汉会战和长沙文夕大火

祖父率第 2 师撤出徐州后，又在薛岳将军指挥下，作为我鲁西兵团的战略预备队，参加了兰封战役。此战中国军队集中了二十余个师的兵力，企图一举聚歼狂傲不羁、孤军深入的日军土肥原师团。不料参战各部队战力不均，又不肯服从统一指挥，虽给该师团沉重打击，最后却反为日军各个击破，导致原作战意图成为泡影。蒋介石闻讯大为震怒，直斥此战为中国军队之奇耻大辱，并为此严厉处分了黄杰、桂永清等一批亲信将领。

祖父的部队因尚未及整补，因此只是作为薛岳将军的预备部队待命，并未实际投入战斗。这是他第一次在薛岳麾下共事。多年之后，祖父与我们谈起薛，除了称赞他是一位了不起的大将之才，却也说起他的脾气"像豹子一样"！

兰封战役之后，祖父因与关麟征关系不睦，自动辞去在第 52 军的军职，改任第 31 集团军汤恩伯部参议，参加了武汉会战。

此前，日军在占领徐州之后，迅速集结四个师团兵力沿陇海路西犯，准备夺取郑州、开封，再南下信阳，与在长江流域作战的日军第 11 军主力会攻武汉。敌人的战略企图仍然是"速战速决"，迅速击破中国正面战场国民党军队主力，攻占我核心城市武汉，迫使国民政府屈服投降。后因国民党军队在黄河花园口决堤，逼退豫东日军，这一路日军相继南调，以主力沿长江西进，攻取安庆、潜山、太湖，另一路日军沿大别山北麓西进；原来活跃在南线的日军第 11 军共五个半师团，也积极进犯黄梅、九江，再沿长江两岸进攻武汉并切断粤汉线，形成对武汉的合击之势。日军的攻击重点保持在长江以南，企图从北、东、东南三个方向合击中国军队主力。

根据日军的进攻态势，重庆军委会决定以长江以北的第五战区和长江以南的第九战区共同组织武汉会战。中国军队的作战指导原则是：以确保武汉核心、持久抗战为目的，重点立于外线，防御重点则保持在长江以南。要求两个战区参战部队在豫、鄂、皖、赣各省广大区域节节抵抗，不断消耗日军，争取以空间换取四至六个月的时间。

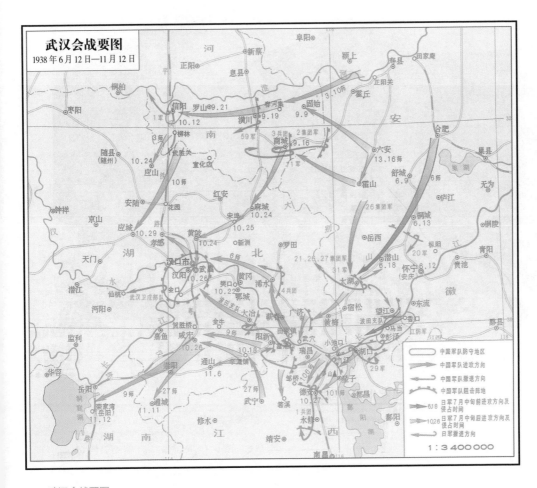

武汉会战要图

武汉会战期间，中国军队的重机枪阵地。

武汉会战期间，武汉市军民举行保卫武汉大游行。

武汉会战期间，蒋介石与军委会人员研究作战计划。

　　据此，第九战区司令长官陈诚命令第 1 兵团司令官薛岳率部防守南昌至德安附近的鄱阳湖西岸，阻止日军南犯；第 2 兵团司令官张发奎率部防守德安至九江一线阵地。第五战区司令长官李宗仁则命令孙连仲的第 3 兵团、李品仙的第 4 兵团担任长江以北、大别山东麓一线防务。

　　祖父离开第 52 军 2 师以后，曾请假短暂回到湖南石门家乡，参加了女儿郑凤云的婚礼。他匆匆回到归属第九战区作战序列的第 31 集团军时，武汉会战正在激烈地进行中。

　　到了 1938 年 8、9 月间，第 31 集团军在江西九江以西之瑞昌地区，猛烈抵抗日军进攻。码头镇、富池口这两处沿江要塞相继失守后，该部退至富水河南岸继续抗击日军。

　　不久，汤恩伯派祖父到前线第 37 军督战。谁知该军军长竟是祖父北伐时的旅长黄国梁。彼此十余年不见，想不到在这里碰面，二人都感到十分高兴。每日指挥余暇，黄国梁便与祖父天南海北地闲聊，有时谈到深夜，两人就同榻抵足而眠。

过了些天，汤恩伯给祖父打来电话，指责黄国梁指挥无方，所部战绩不佳，要他取代黄的位置。祖父这才明了汤派他来的真正用意。

对汤恩伯的好意，祖父很感谢，但绝不愿用这种方式"暗算"自己的朋友和老长官，于是赶紧找了个借口，回到集团军司令部。

黄国梁不明就里，见祖父要匆匆赶回，还犹自挽留不舍呢！

以后，汤恩伯的一位幕僚知道了此事，调侃祖父道："你老兄放着军长不做，又跑回来做这个光杆参议，是不是太迂腐了？"祖父闻言一笑，不再言语。

其实，那时军长的权位对祖父这样一个职业军人来说，有多重要，实在是不言而喻的。但祖父一生，都遵奉着我们曾祖母临终前交代的做人要忠诚老实的信条，无论做人行事，都讲究个人私德，因而在新旧社会，均受到人们的尊重和赞誉。

曾祖母交代给伯祖父和祖父的这个人生准则，后来成为我们的家训。

说起祖父为人的忠厚，我们不妨再补述另外一件事情：徐州会战初期，因山东省主席、第三集团军总司令韩复榘擅自率部临阵退逃，被蒋介石下令逮捕，随后处决。当时韩复榘的夫人、子女，连同一个警卫连住在河南舞阳县城内，这里恰是驻防河南漯河的祖父的辖区，他觉得有必要看望一下韩夫人。不过，这个消息却给韩家上下带来不祥之兆，连见过大世面的韩夫人也一时不知所措。

几十年后的 1997 年 5 月 14 日，韩复榘的长子韩子华，曾在《团结报》上撰文，对这件尘封往事做了生动的回忆。他说："漯河车站距舞阳仅五十多里，第二天清晨郑师长果然乘一辆小汽车来到。我当时已 15 岁，好奇地看着这位中央军的师长。见他中等身材，一身灰布军装，腰扎一条皮带，与一般士兵无大区别。郑师长文质彬彬，先向我母亲敬了军礼，然后说：'我是奉命来保护夫人的。'我母亲请他到屋里落座，稍稍寒暄就提出请师长检查，箱子早已全部打开。郑师长慌忙起立说：'这是从何说起，我是奉命来保护夫人的，千万不要听信谣言，请赶快把箱子盖起来吧。'态度十分诚恳。我母亲又指着旁边桌上二十多支大小枪支，请师长验收。郑师长考虑了一下，说：'这些枪支留之无益，反而招来灾祸，夫人既然这样说，我带走就是了。'最后我母亲又提出两项要求：一是想带着孩子去武昌与我父亲见上一面；二是身边的警卫连都是正规部队，他们想重返抗日前线，请予放行。郑师长听后沉吟良久，才回答说：'请夫人谅解，我回去请示，明天肯定给您答复。'又说，'夫人还有什么要求，我一定照办。'我母亲说再没有什么了，只言感谢师长关心。郑师长于是起立告辞，又向我母亲行一军礼，乘车而去。第二天，果然有位参谋跑来传达郑师长的口信：第一，路上兵荒马乱，很不安全，听说韩主席有位弟弟，请他先去武昌看看情况，夫人以后再去不迟。第二，准许警卫连携带全部武器归还建制，并发给护照，明天即可开拔。"

　　这件小事，足以说明祖父的一贯为人：他一生都不奴颜婢膝，攀附权贵；也从不盛气凌人，行乘人之危、落井下石之事。

第一次南岳军事会议，总结第一期抗战得失，研究第二期抗战方略，并决定国共两党合作共同创办南岳游击干部训练班。前排右一为郑洞国将军。

10月下旬，德安终于失守。此前，日军已相继攻克半壁山、阳新、大冶等地，兵分三路向通山、咸宁、贺胜桥前进，意在切断粤汉线，我长江以南各军陆续退至武宁、通城、岳州一线。此前，长江以北的日军也于10月12日占领信阳，主力转沿平汉线南下，连陷武胜关、平靖关等要隘，兵锋直逼汉口以北。这时武汉以东的商城、麻城等地先已失守，外围屏障尽失，处于日军北、东、东南三面包围之中，重庆军委会不得不下令放弃武汉，全线撤退，武汉遂告失陷。

武汉会战是我国抗日战争中规模空前的重要战役，中国军队先后投入120多个师，一百万以上的兵力。日军也陆续投入12个师团以上兵力，近40万之众。双方在豫、皖、鄂、赣四省广大区域激烈鏖战达四个半月之久。日军伤亡近20万人，差不多是其参战总兵力的一半，我军伤亡则是日军的一倍以上，可见这次战役的惨烈程度。尽管日军攻下了武汉，但并没有达到速战速决，以夺取武汉迫使国民政府屈服的战略目的。相反，由于日军战线拉得太长，兵力分散且消耗过大，加上中国共产党领导的抗日武装在敌后积极袭扰敌人，使侵华日军一时无力再对中国正面战场发动大规模进攻，抗日战争从此进入战略相持阶段。

武汉失守以后，第九战区主力撤至江西、湖南两省的永修、幕阜山、岳阳以南一线与日军对峙。第31集团军奉命开到湖南益阳一带休整。

过了不久，祖父接到去南岳衡山参加重要军事会议的通知，便带了随身卫士文健，经岳州、长沙赶往衡山。没有想到的是，祖父抵达长沙的当晚，就遇上了轰动一时的长沙文夕大火。

祖父是11月12日下午到达长沙的，下榻在市内北长街路西的第31集团军办事处，准备第二天继续赶路。次日凌晨二时许，祖父尚在酣睡中，忽被文健用力摇醒，急促地说："师长，师长，快醒醒，城内起火了，我们得快走！"言毕又匆匆跑到门外查看情况。

祖父心里先是一惊，随即想到前线距长沙尚有三百余华里，日军不可能这么快打过来，也许是居民不慎酿成火灾。这样想着，也就安下心来。

少顷，文健又跑进来，见祖父仍坐在床上从容穿衣，急得大叫："哎呀，师长，大火快烧到门前了，请您快些吧，我们必须现在就走！"他三下两下打起铺盖，一手扛在肩上，一手拉着祖父往外闯。

一到门外，祖父立刻感到情况确实严重，城内到处燃起熊熊大火，连祖父住的第31集团军办事处对面一马路之隔的建筑物也燃烧起来了，远处一座军火库正在发生猛烈爆炸，"噼里啪啦"地响成一锅粥。街上老百姓们惊慌失措，扶老携幼、哭爹喊娘地争相往城外逃命。祖父和卫士文健两人裹在人流中往外走，但大火已将许多道路封死了，情况极其混乱，文健拉着祖父左弯右拐，好容易才绕出长沙北门。

出了城，两人稍缓了口气，才发现周身已被汗水湿透了。回首望去，城内一片火海，火势愈来愈大。祖父倒很镇静，心想这场大火看起来虽不是一般火灾，但不可能是日军逼近造成的，恐怕还是汉奸在搞破坏，制造混乱。这样想着，祖父决定先留下不动，看看情况再说，于是在附近一户百姓家借宿，休息了几个钟头。

次日天明，祖父带着文健重又进城去，长沙市内已是满目疮痍，一片废墟，不少建筑物还在燃烧着。行不多远，只见长沙警备司令酆悌、保安处长徐权等迎面乘车而来。酆悌与祖父同为黄埔一期同学，彼此自然熟悉，徐权也认识祖父。他们见到祖父便将车子停在路旁，一起坐在烧得只剩下残墙断壁的民房边说话。

"洞国兄，你知道昨晚是怎么回事吗？"酆悌一脸焦灼不安地问道。

"我昨天下午刚到这里，哪里晓得？正要问你呢！"祖父觉得又可气又可笑，心想你们负责全城治安，出了这么大的灾变居然毫不知情，到来问他一个过路人。

酆悌几人心事重重，与祖父略谈几句便登车匆匆而去。

当晚，祖父去见恰巧也住在长沙城内的第九战区司令长官陈诚。

一见面，陈诚劈面就问："洞国，昨晚这场大火到底是怎么回事？"

祖父老实回答，自己也是过路长沙，毫不知情。陈诚皱着眉头，焦躁地在室内踱来踱去，吩咐祖父赶快去了解一下情况，再向他报告。告辞陈诚后，祖父听说上级已派人着手调查此事，自己又急着去衡山开会，便于次日离开长沙去衡山了。当时长沙的大火虽已熄灭，但城内人心惶惶，谣言四起，不少老百姓涌向后方逃难。祖父乘车南行，沿途看到百姓们推车挑担，艰难地行进。到了湘潭，江边渡口已挤满灾民，祖父等了足足半日才渡过江去。

长沙大火是一场浩劫，一夜之间几乎将全城民众的房屋财产统统化为灰烬，并造成严重人员伤亡。这件事在国内引起极大震动，各界纷纷强烈要求调查事件真相。但是，调查的结果却出乎所有人的意料之外，这场灾变竟然不是出自敌人的破坏，而是自己人造成的。原来，自武汉失守后，重庆军委会分析日军下一步可能进攻长沙或南昌，特地指示湖南等地方当局，万一城市不能守时，可实行焦土抗战，将全城焚毁，免资敌用。然而执行任务的长沙保安团士兵缺乏训练，听到日军迫近长沙的谣传后，不待发出警报就在全城放火，以致酿成惨祸。事后，蒋介石亲自到长沙视察，下令枪毙了在这个事件中负有直接责任的长沙警备司令酆悌、保安团团长徐权、长沙警察局局长文重孚三人，地方政府也采取措施安置灾民，局势才渐渐稳定下来。

11月25日至28日，蒋介石亲自在湖南衡山主持召开了重要的军事会议，史称第一次南岳军事会议，参加会议的人员主要是第三战区、第九战区师以上将领和有关方面负责人，共一百余人，祖父有幸出席了这次在我国抗战史上具有重要意义的军事会议。

会议检讨了自抗战爆发以来正面战场我军的作战情况，确定了进入战略相持阶段的抗战方略和军事部署，重申了中国军队将继续实施持久抗战的战略方针，在局部战场上不断发动有限度的攻势与反击，以牵制和消耗敌人，策应敌后的游击部队，迫敌局促于点线，粉碎其"以华制华、以战养战"的企图。在军事部署上，准备轮流以三分之一的兵力用于正面战场的防御，三分之一的兵力进入敌后进行游击战争，三分之一的兵力调后方整训补充，强化战斗力，准备将来的总反攻。

会议的另一个重要决定整顿军队，重新划分战区，简化指挥层次，以提高部队的战斗力和机动性。据此，全国战场划分为第一、二、三、五、八、九、十战区和鲁苏战区、冀察战区，并设桂林及天水行营，统一指挥南北两战场上的各战区。同时废除兵团、军团两级建制，以军为战略单位，使军委会至战略单位，只有军委会、战区、集团军、军四级。新编制的师，也废去旅一级建制，由此使正面战场上的中国正规军队，无论在战略指挥和战术指挥上，都比过去大大灵活了。

第一次南岳军事会议结束后，祖父回到设在湖南益阳的第31集团军司令部，很快被任命为第98军军长。该军的老班底是湖北地方部队，内部成分复杂，官兵乡土观念浓厚，部队战斗力相当弱。祖父上任伊始，虽有雄心，但处事很谨慎，打算慢慢改造这支部队。

谁知祖父履新不到一个月，又有一项令他颇为踌躇的抉择摆在面前。

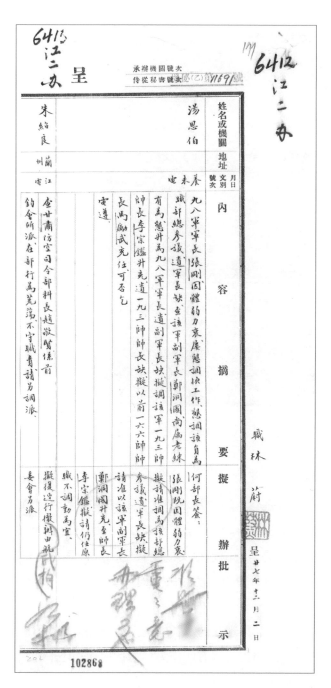

1938年12月国民党军队拟晋升郑洞国将军为第98军军长的文件。

担任第5军副军长兼荣誉第1师师长的郑洞国将军。（此照片由广西南宁市昆仑关战役纪念馆提供）

　　原来，重庆军委会在战车部队的基础上，组建了中国第一支机械化部队——新编第11军（以后番号改为第5军——作者注）。该军军长徐庭瑶、副军长杜聿明，一位是祖父的老长官，一位是黄埔军校一期的同学、好友，他们热切盼望祖父能过去一同共事，"屈就"该军荣誉第1师师长一职。

　　祖父思前想后，觉得现在的军长地位固然来之不易，但以这支湖北地方部队的老班底，恐怕也很难有所作为。为长远计，还不如到老长官、老朋友手下那支基础好的部队去做事，或许能干出一番事业呢。

　　于是他毅然决然地辞掉第98军军长一职，赶到徐、杜那里做师长去了。

汤恩伯对祖父的这个决定很是不解，也颇不舍，特将祖父找去谈话。一再问："洞国，你真的要走吗？"

见祖父去意甚坚，汤只得仰首长叹一声，并留他在自己的司令部里吃了一顿丰盛的酒饭，算是饯行了。

以后的事实证明，祖父的抉择是正确的。正是在第5军这支优秀部队的基础上，他和杜聿明、戴安澜等人，才一展军事才华，成长为一代中国抗日名将。

祖父到第5军荣誉第1师担任师长后，原第52军2师参谋长舒适存和团长吴潇亚、汪波、参谋主任赵霞等一批军官也先后追随而来。

第31集团军军团长汤恩伯一直很器重舒适存的才华，本拟将他晋升重用，但舒以与祖父事先有约为由，坚辞不就，这令汤恩伯大为惊讶，也十分感叹。舒适存离开第31集团军前，汤恩伯特地修书送行，其中有"兄之去，有古义士风，犹令弟爱才难舍"等语。

今日想来，舒适存等人与祖父情谊深厚，重诺守约，着实令人感佩，而祖父待人推诚宽厚，部属们愿意生死相从，又何尝不是个中原因呢？

第5军下辖第200师，师长就是后来出师缅甸壮烈牺牲的民族英雄戴安澜；荣誉第1师，师长郑洞国；新编第22师，师长也是国民党军队中的一员悍将、人称"邱疯子"的邱清泉。此外，还有军属两个步兵补充团、两个战车团和装甲车搜索团、重炮团、工兵团、汽车兵团、辎重兵团等部队，全军五万余人。

谈起"邱疯子"邱清泉，祖父与他还有一段小插曲：1929年蒋冯战争期间，时任第2师10团团长的祖父奉命率部与邱清泉指挥的第3师工兵营一道，由河南密县以强行军速度驰援临汝前线作战。从密县到临汝，一路上都是群山峻岭，道路崎岖难行。但祖父的部队早在北伐时就擅长山地行军作战，所以行军速度甚快，很快就把邱部远远地甩在后面。事后邱清泉见到祖父，连连竖起大拇指称赞。邱毕业于黄埔军校第二期，为人一向倨傲自负，但对祖父却始终十分尊重。

祖父到任不久，徐庭瑶调升为第38集团军总司令，杜聿明升任第5军军长。祖父也升任副军长，仍兼任荣誉第1师师长。

杜聿明与祖父性格迥异。杜作风泼辣，做事大刀阔斧，祖父则稳当持重，工作讲求有板有眼。祖父到第5军之初，曾有人扬言以杜聿明的个性之强，并不看好杜、郑之间的合作关系，后来的情况却是二人相处如鱼得水，颇为相得，以致成为终生挚友。尤其难得的是，杜聿明对祖父不仅十分尊重，也高度信任，祖父升任副军长后，杜特别向部属们交代，军中大小事务，凡郑副军长批准同意的，便可视同他的意见。于是常有些惧怕杜聿明的部属们，有意无意地绕过他，专找祖父请准事项，杜知道了也不以为忤。

第五军在徐庭瑶、杜聿明和祖父等全军将士的共同努力下，经过将近一年的刻苦训练，部队面貌焕然一新，战斗力也大为提升，以后在抗日战场上锤炼成为国民党五大主力部队之一。

荣誉第1师是由抗战中伤愈官兵拨编而成的一支部队，官兵抗日意志坚决，作战经验丰富，勇敢善战，是一支素质不错的部队。但是由于部队老兵多，颇难驾驭。祖父和舒适存等经过一番悉心筹划，锐意整顿，终于使这支部队训练成为纪律严明，善打硬仗、恶仗的抗日劲旅，在后来的抗日战争中屡立奇功。

第十三章

血战昆仑关

1939 年 11 月 1 日，蒋介石在广西检阅国民革命军第 5 军。左三为第 5 军副军长兼荣誉第 1 师师长郑洞国，左二举右臂者为荣誉第 1 师参谋长舒适存。（"中央社"记者蒋恒德摄）

自武汉、广州相继失陷后（武汉会战末期，日军以三个师团兵力从大亚湾登陆，于 1938 年 10 月 21 日攻陷广州——作者注），我国国际补给线粤汉路被切断，华南沿海海岸线也被日军所控制，仅广西与法属安南（今越南——作者注）的国际交通线还保持着畅通。

侵华日军鉴于"速战速决"的侵华战略已经落空，于 1939 年先后发动南昌战役、随枣会战、第一次长沙会战等军事攻势，在豫、鄂、湘、赣战场对我国保持军事压力，同时力图截断我国西南国际交通线，迫使国民政府因国际援助断绝而屈服。为此，日军于 1939 年秋，积极准备以重兵进攻南宁，切断我国西南的桂越公路和滇越铁路，并威慑云南、贵州，动摇中国抗战的大后方，达到以军事手段配合政治上"逼和"的战略目地。

1939 年，蒋介石视察国民革命军第 5 军装甲部队。

1939 年 11 月 15 日，日军派遣精锐的第 5 师团和第 28 师团、台湾守备队共五六万兵力，在广西北部湾海面强行登陆，沿海重镇钦州、防城相继失陷，随后日军以一个师团又一个旅团的兵力于 24 日沿邕钦公路北犯，直扑我西南边陲重镇南宁。

此前，因湘北战局吃紧，第 5 军奉命调驻衡山以北地区，担负保卫衡山、衡阳的任务。现在为了确保我西南大后方的安全，第 5 军再次奉命由湖南衡山星夜开往广西，对日军展开反击，史称桂南会战。

从前页图中可以看出，即使是第 5 军这样的国军精锐部队，其将校们所穿军装也都非常粗陋，足见当时国内抗战已到极为艰困的境地。后来祖

郑洞国、戴安澜为 1939 年 12 月昆仑关战役中牺牲的第 5 军第 200 师第 600 团团长邵一之题词。

父奉派到印缅战区担任军职，由于经常要与盟军将领打交道，出于外交考虑，还特地在印度加尔各答专门缝制了几套军服。

时下一些抗日战争题材的影视剧中，大凡国民党军队将校亮相，几乎无不身着笔挺呢制军装，这是完全脱离当时真实历史情况的。

由于日军进展太快，11 月 24 日即攻占了南宁。25 日，第 5 军先头部队第 200 师 600 团在南宁城郊二塘附近与敌遭遇，发生激烈战斗。日军依恃飞机、火炮优势，向我军发动多次猛攻。我军沉着应战，击退了敌人一次次的进攻。次日拂晓，日军派出部队向我军侧后迂回，企图包围并切断第600团退路。团长邵一之亲率一连兵力向迂回之敌反击，激战中身中两弹，仍不肯退下战场，指挥部队与敌肉搏，不幸又中一弹，壮烈殉国。

该团官兵听说团长牺牲了，非常悲愤，战士们发飙般地向日军发起反击，将迂回之敌击退，并夺回了邵团长的遗体，但副团长文模在战斗中负重伤，团附吴其陞牺牲，全团官兵伤亡达三分之一。当夜，第600团在1营营长吴大伟率领下逐步撤大高峰隘及甘圩附近占领阵地。第200师主力逐次到达后，于南宁东北七、八塘之间占领阵地，配合友军与敌激战，并掩护军主力集中。

第5军各师陆续赶到广西前线时，日军第5师团21旅团已攻占了距南宁以北八十公里的天险昆仑关，并在关口周围的各高地上星罗棋布地构筑起许多据点式堡垒工事，再以各种轻重武器编成严密火网，形成拱卫昆仑关的强固防线。

我第5军主力荣誉第1师、新22师及军直属部队也陆续到达迁江附近地区，在宾阳及以北地区占领阵地。中日两军围绕南宁以北高峰隘和昆仑关一线，形成战略对峙局面。

此前，重庆军委会考虑日军在桂南攻势猛烈，兵锋正锐，而我军在第5军抵达桂南前线之前，当地只有桂系地方部队六个师，且经连日激战损失很大，所以指示桂林行营迅速调整部署，不在正面与敌决战，而是加紧对敌袭扰，破坏道路桥梁和通讯设施，拒阻日军继续深入，为我后续反攻部队集结赢得时间。但白崇禧等桂林行营高级将领认为，日军侵桂是策划已久的行为，意在截断我国西南国际交通线，如果坐待敌人从容恢复交通，增调援军，会使今后的反攻作战更加困难。不如趁日军在桂南兵力分散，南宁附近只有四个联队的兵力，除少数山炮以外，其重兵器和机械化部队在桂南山地无法施展威力，给养补充也有困难之际，抓住战机，以第5军为主力，对敌迅速反攻，极有可能一举收复南宁。第38集团军总司令徐庭瑶、第5军军长杜聿明等将领求战心切，也积极向蒋介石建议迅速反攻。

12月6日，重庆军委会复电批准了桂林行营的迅速反攻建议。

1939 年 11 月，第 5 军荣誉第 1 师将士正快速向广西昆仑关战场进发。

第5军荣誉第1师正在昆仑关阵地上等待进攻。

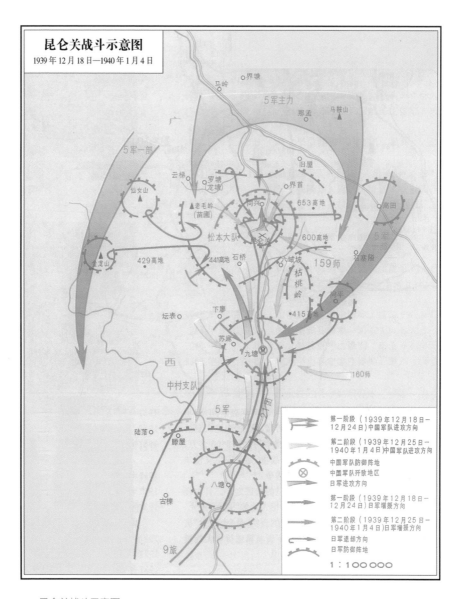

昆仑关战斗示意图

桂林行营遂制定了反攻作战方案，将桂南我军划为东、西、北三路军。第38集团军总司令徐庭瑶担任北路军总指挥，指挥第5军和刚刚增援到桂南前线的第99军92师，迎击沿邕宾路进犯的日军，重点攻击昆仑关，然后在东、西两路友军配合下相机收复南宁；第26集团军总司令蔡廷锴担任东路军总指挥，指挥第46军（欠一师）及部分地方武装，在敌后游击骚扰，破坏邕江南岸及邕钦公路交通；第36集团军总司令夏威担任西路军总指挥，指挥第1纵队的170师、135师攻击高峰隘，吸引日军主力。第2纵队131师、188师负责破坏敌后交通，切断邕宾公路，拒阻南宁日军增援，彻底孤立昆仑关之敌。

当时邹圩以南至昆仑关之间的道路桥梁及通讯设施已经破坏了大部分，接到桂林行营的反攻命令后，第5军各师立即组织部队和民夫星夜抢修。全军将士士气高昂，摩拳擦掌，决心打好第5军组建以来的第一仗。

12月12日，第5军各师利用夜行军秘密进入攻击准备位置，随后以迅捷动作将扼守昆仑关的日军第5师团21旅团42联队等部包围在昆仑关地区。我国抗战以来罕见的一场惨烈的山地攻坚战，便在这里爆发了！

从广西邕宁七八圹之间的山心坳，到宾阳县的思陇圩的古漏关，长数十华里，中间可通的仅有一条崎岖曲折的羊肠小道。唐宋以来这里就是沟通桂南、桂北的交通孔道，其中南宁至宾阳一段就是所谓"昆仑古道"。

昆仑关位于邕宾公路要冲，周围群山叠嶂，绵亘相依，其中多是悬崖深谷，地势极为险要，素有险峻雄关之称，自古就是兵家必争之地。北宋名将狄青，曾于宋仁宗皇佑五年（公元1053年）上元之夜，率军出奇制胜，袭占昆仑关天险，一举平定广南。

现在第5军面临的战场形势是，要达成反攻南宁的作战目标，就必须先攻下昆仑关天险，消灭盘踞在昆仑关四周高地上的日军。但是，我军面对的是训练有素、装备精良、号称"钢军"的日军第5师团。这支日军由日本九州山口县的矿工组成，曾参加过对苏蒙联军的诺门坎战役，侵华战争全面爆发后，先后参加过南口、忻口、太原、台儿庄、广州等战役，一路成为狂热的侵华战争急先锋，是整个日本军队中最为精锐的部队之一。

第 5 军官兵向昆仑关日军发起攻击。（此照片由台湾秦风先生提供）

日军第 21 旅团侵占昆仑关后，即在关口周围的各个高地上星罗棋布地修筑起众多据点式堡垒工事，外围设有几道铁丝网和鹿砦，再以各种轻重武器编成严密火网，构成拱卫昆仑关的强固防线。所以，此次的昆仑关战役，其艰难和凶险程度，又远超于历史上的昆仑关之战。

第 5 军的攻击部署是：荣誉第 1 师、第 200 师为正面主攻部队，以公路为界，公路线上属第 200 师。军重炮团、战车团、装甲兵搜索团、工兵团，协助主攻部队作战；新 22 师为军右翼迂回支队，超越昆仑关进占五塘、六塘，切断南宁至昆仑关之间的公路、桥梁等交通要道，阻敌增援部队北上；第 200 师副师长彭壁生率两个补充团为军左翼迂回支队，经岭圩、甘棠、长安圩，向八塘做战术迂回，进占七塘、八塘，策应正面主攻部队对昆仑关的攻击；军汽车兵团、辎重兵团归兵站指挥，担任后方粮弹补给和伤员输送任务。

12月18日凌晨1时，第5军对昆仑关之敌发动了总攻。军属重炮团和各师山炮营集中火力向日军阵地疾风般轰击。瞬时间，昆仑关及四周各主要高地上火光四溅、浓烟弥漫。日军也不甘示弱，立即回击，双方展开炮战。但我军的火力明显胜于日军，大约四十多分钟后，日军炮火在我远程重炮火力制压下逐渐稀疏下来，担任战役主攻的荣誉师、第200师突击队立即在战车和轻重火力掩护下，猛虎般地扑向昆仑关周围各重要高地。

战斗最初十分顺利，荣誉第1师各团很快就占领了昆仑关外围的金龙山、仙女山、老毛岭、四四一、六〇〇等重要制高点。中午时分，该师又相继攻克了罗塘、同兴西北高地及高田圩、石寨隘、同平、枯陶岭，祖父用望远镜观察到我军官兵如出笼的猛虎，一路猛打猛冲，奋勇异常。第200师方面的攻击也有很大进展。日军在我全线猛攻下，一部退守昆仑关核心阵地，一部向九塘方向溃退。

与此同时，担任战役迂回任务的新22师也按作战计划占领了五塘、六塘，与匆匆从南宁、九塘赶来的日军援军展开激战。

当日午后，祖父和参谋长舒适存率领几位参谋、卫士，亲往昆仑关以北的第2团阵地视察、督战。团长汪波见祖父几人到了，简单地汇报了一下战况，便将团指挥所前移，在火线上指挥作战。下午二时许，第2团又攻取了几处高地，祖父他们也跟在第2团后面向前移动。不料刚行至山下一小块开阔地，东南方向忽然飞来几架日军飞机，在我军阵地上空往复轰炸、扫射。因敌机飞得很低，很快发现了祖父他们，立即俯冲扫射。祖父几人一时躲避不及，只好分散卧倒在附近水田的田埂边。敌机盘旋扫射了一阵子，方扬长而去。祖父他们爬起身一看，除了每人溅了一身一脸的泥土，竟无一伤亡。舒适存哈哈笑道："难怪人家都说师长是员福将，果然刀枪不入，我们也跟着叨光啦！"几个人说笑了一阵，仿佛刚才的危险不过是场儿戏。

日军从最初的惊慌中缓过神后，立即调整部署，在空军、战车掩护下由九塘向我军发动疯狂反扑，战斗空前激烈。

入夜后，双方仍在激战中，重点争夺昆仑关核心阵地附近的各高地，罗塘和同兴北面高地在战斗中又落入敌人手中。荣誉师经一昼夜战斗，毙伤大批日军，自己也损失战车三辆，伤亡官兵百余名。

当夜，祖父就宿营在仙女山上。在山顶上，可以清楚地望见四四一高地和附近高地彻夜鏖战，枪炮声震耳欲聋。

天明时，师部一位作战参谋用望远镜观察敌情，因阳光反射，为敌发现，立即有一排排炮弹呼啸而至。幸亏山顶有巨石相合，成天然障碍，祖父和师部人员掩蔽其间，倒也安全无恙。当时有几个送饭的伙夫，正在山顶上观战看热闹，遭敌人炮击时毫无经验，慌慌张张地到处乱躲。其中一位急切间把脑袋插到石缝里，身体却都露在外边。敌人炮击过后，他还不肯出来，犹自撅着屁股发抖不止，引得众人一阵阵大笑。

次日拂晓，荣誉师第3团对昆仑关东北制高点六五三高地发起攻击。两百余日军凭险固守，我军多次冲锋未能奏效，伤亡较大。鬼子的气焰很猖獗，趁我攻击顿挫，竟发动逆袭，双方混战在一起。关键时刻，该团连长杨朝宣、排长杨明率领一支突击队，携带刺刀、手榴弹突入敌阵，与敌短兵相接，将鬼子大部歼灭，终于控制了这一重要制高点。

日军恼羞成怒，在飞机掩护下，不断向六五三高地、老毛岭、四四一高地发动反攻。敌我激战整日，日军除了在我阵地前留下大批尸首，一无所获。但这时从南宁赶来的日军增援部队分乘四十辆军车，突破了新22师在五塘的防线，与昆仑关残敌会合。这股敌人的意外到来，使战场情形更加复杂了。

杜聿明军长命令第200师接替两日来伤亡较大的荣誉师防守仙女山、六五三高地、老毛岭、枯桃岭等阵地，并担任正面攻击。荣誉师则向昆仑关之敌两翼迂回包围，力求迅速击破日军。

12月20日晨，第200师在战车和重炮火力支援下猛攻昆仑关。为策应第200师作战，祖父命令荣誉师主力第1和第2团由老毛岭、四四一高地，第3团由石寨隘、同平夹击八塘、九塘及其北方公路两侧的日军，战况颇顺利。第200师的战车也于当日上午7时许突入昆仑关，但在日军强力反扑下难以立足，被迫退出关口阵地，且有相当伤亡。

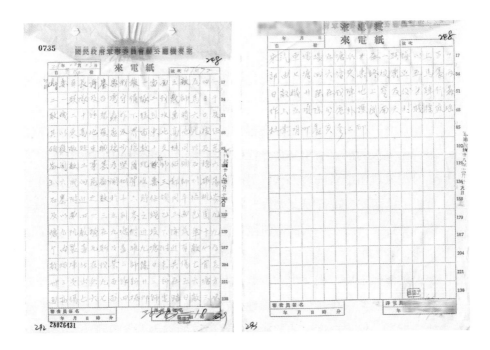

1939 年 12 月 23 日，徐庭瑶、杜聿明致电蒋介石，汇报昆仑关战役战况。

12 月 22 日深夜，杜聿明军长与祖父深入分析了战况，决定调整部署，集中兵力先攻取昆仑关周围几个重要制高点，重点指向昆仑关西北的罗塘高地，最后再解决昆仑关之敌。杜军长考虑荣誉师实战经验丰富，连日来战斗表现突出，所以将攻打罗塘的艰巨任务交给了祖父。同时命荣誉师第 3 团利用夜行军从右翼高地袭击九塘日军阵地，对昆仑关之敌进行战术牵制。第 200 师各团则由正面佯攻，牵制敌人兵力。

罗塘高地是昆仑关西北的天然屏障，也是拱卫昆仑关的重要支撑点。日军在阵地上构筑了坚固的堡垒工事，共有一个加强中队两百余人，配备了轻重机枪十余挺、迫击炮数门顽抗死守。

为躲避日军空军轰炸，荣誉第 1 师 1 团于 12 月 23 日晚间，发动了对罗塘高地的攻击。但该团与敌激战了大半夜，也没有取得多大战果。

当时的昆仑关之战，牵动着举国朝野上下的心，重庆军委会直接向祖父了解战斗进展状况，杜军长更是焦虑万分，不断催问战果。祖父心中承受的压力可以想象。

次日中午，祖父将吴啸亚的第1团撤了下来，换上号称"拼命三郎"的汪波率第2团担任主攻。祖父自己则重新将指挥所设在与罗塘高地近在咫尺的仙女山，亲自部署对罗塘之敌的总攻。

经连日激战，第2团兵员损失很大，兵力已不足两营。但官兵们都打红了眼，士气极为旺盛。祖父命令汪波团长挑选一营官兵组成突击队，于午后3时进入攻击准备阵地潜伏，另配属十五生重榴弹炮一连、迫击炮一营、重机关枪两连，进行强大火力支持。

当日黄昏，折腾了一天的敌机刚刚退去，祖父立命炮兵集中火力猛轰罗塘高地。这顿炮击整整持续了一个小时，将敌人阵地表面工事大部摧毁。炮火延伸射击后，祖父出动少数步兵佯攻，将日军诱入阵地，接着又命炮火一顿猛袭。一排排炮弹准确地落在鬼子们的头上，打得敌人狼哭鬼嚎，死伤近半。炮火再度延伸后，匍匐在山下的突击营，以排为单位梯次配置，飓风般地突入敌阵，前仆后继地与敌展开激烈肉搏战。至晚7时，日军除两人负伤被俘外，其余全被击毙，我军战旗终于飘扬在罗塘高地上。此时，我突击营官兵，也仅剩下数十人。

攻克罗塘高地，不仅大大振奋了前线我军的士气，也让全国人民深受鼓舞。以致远在重庆的蒋介石都亲自发电褒勉：

桂林郑师长洞国：敬亥参二电悉。0密。昆仑关之得失，影响于南宁作战者极巨。该师激战七昼夜，卒克要点，具见该师长指导有方，将士用命，深用嘉奖。仍系本一贯之精神，以歼顽敌，完成任务为盼。川。中0。艳申。令一元骥。印。

荣誉师在罗塘高地传出捷报时，该师第3团也在九塘附近取得了意想不到的重要战果。

12月24日下午4时许，第3团运动至九塘两侧高地时，正遇日军第21旅团旅团长中村正雄率该旅团21联队主力强行向昆仑关增援。该团郑庭笈团长用望远镜观察九塘敌人阵地，发现有一批日军军官集合在公路边的草坪上讲话，立即命令第 1 营悄悄地在高地上占领有利地形，并命迫击炮连、重机关枪连集中火力向敌人猛袭。日军猝不及防，被我毙伤甚众。由于日军中下级军官在此次袭击中和此前的战斗中伤亡殆尽，迫使日军不得不空投大批军官到昆仑关前线。战后查明，日军旅团长中村正雄少将，也在这次袭击中受重伤，不久毙命。打扫战场时，我军在中村正雄尸身上缴获了他的日记本，其中写道："帝国皇军第 5 师团第 21 旅团之所以在日俄战争中有'钢军'称号，那是因为我的顽强战胜了俄国人的顽强。但是，在昆仑关我应该承认，我遇到了一支比俄国军队更顽强的军队。"

25 日，第 5 军各师乘战胜余威，继续扩大战果，向昆仑关四周高地猛烈攻击。当日黄昏前，同兴高地附近一股日军试图突围，很快被我军击溃，遗尸遍野。昆仑关以西各高地日军被歼灭大部，除同兴附近有一小股日军据险顽抗外，残敌纷纷退守昆仑关东侧高地，荣誉第 1 师部队一度再次突入昆仑关。

日军这时已经陷于四面楚歌之中，仅有招架之功，无还手之力。其携带的弹药粮草告罄后，昆仑关附近各高地的鬼子们只好生吞附近田里的稻谷，甚至不得不食用树叶、草根。一些日军士兵因弹药用尽，就把竹子削成梭镖当武器。不少被我军击毙、横卧在山野中的日军尸体，衣衫破烂，甚至只着一条短裤，浑身肮脏不堪，真是山穷水尽了。

日军曾出动空军空投物资，救援被困部队，却遭到我军炮火拦截，不少降落伞被我军缴获，其中有做工精致的饼干、罐头、食盐、蔬菜等。祖父他们在前线，几乎每天都能享受到日本人奉送的大餐。

这支骄横不可一世、号称"钢军"的日军士气开始下降了。我军缴获的日军作战日记中有这样的记载："数日以来，当面之敌对我猛烈攻击，其战斗力为对华作战以来从未遭遇者，因此伤亡极重，十足寒心。"

经过一星期的血战，我军的伤亡虽然也很大，但由于有当地民众的大力支持，官兵们的斗志却不减。

就在前线酣战之际，昆仑关附近的村民自发地组织起来，纷纷将家中仅存的酒、肉、粮食、蔬菜等拿出来劳军。考虑到昆仑关地处桂南山区，土地瘠薄，民生凋敝，百姓生活非常困苦。第5军曾有严格军纪，不准擅动民间一草一木，所以对百姓们的盛情，官兵们再三辞谢。但村民们执意要送，而且非要送到火线上去。荣誉第1师在罗塘高地激战时，就有一些青壮村民肩扛手抬，准备冒着敌人的炮火将酒肉饭菜送到第一线官兵们手中，祖父担心他们的安全，只好派人收下这些慰问品，但坚决劝阻他们上火线。

全国各地的民众也关心着前线浴血奋战的将士们。

战役期间及结束后，后方各界民众也纷纷组织慰问团慰问前线将士，著名的剧作家田汉先生就是其中的一位。他曾来到祖父的师指挥部详细了解战况，对中国军队气吞山河的英雄气概大为感奋，挥笔写下了一首气势雄浑的七言诗：

昆仑关

一树桃花惨淡红，雄关阻塞驿亭空。
倭师几处留残垒，汉帜依然卷大风。
仙女山头奇石笋，牡丹岭上阵云浓。
莫云南向输形胜，枢相当年立战功。

1943年中国驻印军发动反攻缅北战役后，田汉之子田申（又名陈惟楚）和他的好友黄仁宇一起成为祖父身边的作战参谋。祖父并不知道，田申的真实身份是共产党员。中华人民共和国1949年10月1日的开国大典，田申曾作为解放军战车团团长，指挥战车阵隆隆驶过天安门广场。他从部队离休后，曾任黄埔军校同学会副秘书长，再度与祖父共事。黄仁宇则在祖父身边工作数年，东北内战期间赴美留学，后来成为国际著名历史学家，以《万历十五年》等著作名满宇内。20世纪80年代，黄仁宇先生回

1940 年时的田汉先生（后左一），前中为田汉先生之子田申（又名陈惟楚），后右一为黄仁宇。

国观光，特地在老友田申的陪同下到祖父寓所拜望，晤谈甚欢。黄氏生前在他的长篇回忆录《黄河青山》一书中，也以他特有的细腻笔法，详细描述了当年他与祖父交往的诸多往事，其对祖父的崇敬、怀念之情，令人读之潸然泪下。祖父在中国驻印军任职时，还有一位性情爽直、作战勇猛的作战参谋，名叫潘德辉，也是他们二人的好友。新38师师长孙立人将军很欣赏潘德辉的忠诚与勇猛，特地向祖父请求把他调到新38师跟随左右。后来潘德辉去了台湾，不幸受"孙立人案"牵连被囚禁多年。出狱后积极奔走两岸，倡导统一，也为祖父与孙立人将军之间联络信息。这三个人是当年祖父在印缅地区作战时格外器重的参谋人员，可惜现在他们均已去世多年了。

就在我军胜利在望之际，战局再次发生突变：12月25日，由南宁向昆仑关增援的日军台湾守备队一部两千余人，冲破了友军第99军92师在高山岭、橘子岭一线的阵地，突入昆仑关。昆仑关残敌得此生力军的支持，死灰复燃。

12月27日，日军千余人在空军和地面炮火的支持下，向四四一高地猛烈反攻。我守军死战不退，最后全部阵亡，这处位于昆仑关西南的重要制高点又陷敌手。同时，另有千余日军不顾新22师等部的阻击，不断从七塘、八塘强行渗入。

面对昆仑关战局出现的严重反复，第5军决定进一步收缩兵力，加强正面攻击力量，逐次攻略昆仑关附近各要点。为此，第200师奉命对昆仑关东北侧日军各据点及九塘附近展开攻击；荣誉第1师占领仙女山及以南阵地，策应第200师的攻击；军部将担任迂回作战的新22师主力和彭壁生支队陆续调回，作为军总预备队；新增援上来的友军第195师接替第200师在六五三高地、六〇〇高地、枯桃岭、立别岭一线的防务。

由于日军再度占领的四四一高地，控制着昆仑关及至五塘的公路，对

第 5 军军长杜聿明将军

我军攻击十分不利，荣誉第1师奉命务必夺回这一重要制高点。

12月29日拂晓，荣誉第1师1团在强大炮火支持下，向四四一高地奋勇攻击。官兵们冒着日军浓密的火网，前仆后继，不顾一切地向前冲杀，在付出重大牺牲后，终于占领主峰阵地，将残敌驱逐至高地南侧。敌我各据反斜面阵地，相距仅百余米。不久，有一个中队的日军援兵赶至，向我军凶猛反扑，双方在主峰两侧肉搏厮杀，血战彻夜。

这天下午，祖父正在指挥四四一高地的激烈攻防战，忽接杜聿明军长电话，告知第200师攻击界首高地受挫，损失惨重，问他有何办法。

祖父深知，界首这个位于昆仑关东北的险要高地，其东西两侧可居高临下俯瞰昆仑关，军事价值十分重要。我军若不能有效控制这一要点，就根本无法夺取昆仑关并在那里站住脚。鉴于这个高地的得失，影响战役全局，祖父反复考虑后，郑重地向杜表示，荣誉师第3团刚刚归回建制，可以加入对界首高地的攻击。杜军长闻言大喜，立命该团即刻调归戴安澜师长指挥，马上准备投入攻击。

祖父还不放心，特将第3团郑庭笈团长唤来，提示了一些山地攻坚作战的要领，最后加重语气说："郑团长，能否迅速夺取界首高地，事关战役全局。如果作战不力，一定要军法从事！"

"请师长绝对放心，我一定拿下这个高地。若攻不下来，不用军长杀我的头，我自己杀头！"郑庭笈说完，庄重地行了个军礼，就匆匆赶回部队作攻击准备去了。

当日黄昏，敌机久久不肯退去。荣誉第1师3团冒着日军猛烈炮火勇猛冲锋多次，但均未奏效。郑庭笈又组织爆破手爆破敌人的地堡，也因日军侧击火力太猛，纷纷中弹伤亡，无法接近。这时该团经连日激战，伤亡相当惨重，仅九个步兵连长中，已有七个伤亡。

智勇双全的郑庭笈团长见强攻不行，就改为智取。当夜，他挑选了一支敢死队，利用夜色掩护，分组悄悄地爬上山去，在敌人阵地前沿附近潜伏下来。

30日拂晓，我军重炮开始向界首高地轰击。炮击刚停，山腰上埋伏多

1940年1月，昆仑关战役中，准备出征杀敌的中国军队。

时的敢死队犹如神兵天降，迅猛地跃入敌人工事，用手雷摧毁日军的火力点。日军措手不及，只好惊慌失措地跳出来与我军官兵肉搏拼命。郑庭笈见敌人方寸大乱，立即挥兵掩杀，经三小时激战全歼守军，牢牢控制了这一重要制高点。

界首一失，昆仑关之敌顿失屏障。新22师邓军林团趁势围攻昆仑关，至31日午，终将昆仑关完全克复，残敌大部自戕，少数向九塘溃逃。

我军攻克昆仑关后，荣誉师正面仍在四四一高地与敌苦战，战况空前激烈。该师第1团余部经两日血战，伤亡殆尽。激战中，第1连连长张咸顺、第 3 连连长刘世昌、第 6 连连长溶开等先后壮烈殉国，第 5 连连长王延安被日军重机枪洞穿双腿，身负重伤。各连士兵伤亡更重，每连仅存一二十人。

12 月 30 日上午 9 时，日军倾其全力向高地东侧发动猛攻，据守高地东侧两个小山头的官兵们奋力抵抗，最后全部牺牲。当夜，祖父调补 3 营增援上去，几个迅猛冲锋后，重将两个小山头夺了回来，击毙日军百余。

新 22 师攻克昆仑关后，少数残敌纷纷向九塘溃退。日军为了将位于昆仑关西南的四四一高地作为今后进退攻防的支撑点，像输红了眼的赌徒一样，孤注一掷地与我军争夺这处重要高地。

1940 年 1 月 1 日晨，日军千余在飞机掩护下，由石桥、上寮、那林三面围攻我四四一高地主峰阵地，守军第 1 团残部和补 3 营官兵头顶敌机的狂轰滥炸，拼力抵抗，苦战良久，最后终因伤亡惨重，不得不退至高地北侧一隅死守待援。

鉴于战况危殆，祖父只好将手中最后掌握的机动部队——汪波的第 2 团余部，调上高地与敌人做最后的争夺。

第 2 团这时仅剩三百余官兵，临时编成三个连。汪波团长指挥部队于当晚出击，几个迅猛冲锋就将阵地大部夺了回来。日军也不甘示弱，立即增兵反扑，敌我血战终宵，对峙成胶着状态。

1 月 2 日，日军继续猛攻，第 2 团战至不足两百人，仍死死守住了阵地。临近黄昏时，残暴的日军竟狗急跳墙，向我军施放毒气，随后又大举进攻。守军伤亡更巨，阵地危在旦夕。这时连惯打硬仗的汪波团长也顶不住了，在电话里苦苦请求祖父同意他撤下来，甚至哀声请求："师长，弟兄们都快拼光了，我实在顶不住了，您就让我先撤下来吧！"

参谋长舒适存在一旁听到，急切地说："师长，汪团绝不能撤，现在只能与敌人打到底！"

祖父深知汪波的处境，事情非到万不得已，这位"拼命三郎"是不会想到在敌人面前退却的。但舒参谋长的考虑无疑是非常正确的。四四一高地的得失，关系战役全局。万一高地失守，昆仑关很可能得而复失，我军十余日的血战和付出的重大牺牲将前功尽弃。想到这里，祖父狠下心来斩钉截铁地命令："汪团长，现在敌我已决战到最后关头，坚持到底就是胜利，你一定要死死顶住敌人，等待增援，没有命令不准放弃阵地！"

"这——"汪波在电话里犹疑道。

"汪团长，就是剩下一兵一卒，你也要给我顶住。丢了阵地，我砍你的头！"祖父打断他的话，厉声命令。

军法如山。汪波是祖父多年部属，了解祖父待人宽仁。现在从祖父从未有过的严厉态度中，知道除了死守阵地，也没有别的办法了，只能督率官兵们死守到底。

祖父与高地上的汪波团长通话之际，参谋长舒适存已让师工兵连临时担任师部警戒任务，而将师特务连和部分轻伤兵，共一百八十余人集合起来，组成一支精悍的突击队。祖父知道阵地上情形已经万分危急，命令突击队立即出发，跑步增援四四一高地。

这时天已经黑了，突击队利用暮色掩护，悄悄绕到日军背后，突然在凄厉的号角声中发起凌厉攻击，高地上顿时枪声大作，杀声震天。日军久战疲惫，绝未料到遭此沉重一击，黑暗中也不知有多少中国军队杀来，顿时慌乱起来。汪波团长见援军杀到，心中大喜，立即指挥高地上的守军全力反击，日军再也抵敌不住，丢下大批尸首和伤兵，惊慌失措地溃退了，我军终于占领了昆仑关周围的最后一处重要制高点。

昆仑关战役是中日两国精锐军队间的殊死决战，其激烈程度为抗战以来所罕见。而四四一高地争夺战，又是这次战役中往复拉锯最剧烈、持续时间最久、彼此牺牲最惨烈的战斗。战役结束后，祖父曾偕参谋长舒适存前往四四一高地视察，看到山上植被几乎全被炮火烧焦，敌我阵亡官兵交错倒卧在血泊中，几乎让人无法落脚。祖父晚年追忆这次战役，还一再感叹："真是血流成河呀，真是血流成河呀！"担任昆仑关战役主攻指挥的杜聿明将军更是在战后写下："血花飞舞，苦战兼旬，攻克昆仑寒敌胆；华表巍峨，扬威万里，待清倭寇慰忠魂。"

荣誉第1师攻占四四一高地后，因伤亡奇重，奉命转移至思陇以南地

指挥昆仑关战役的第38集团军总司令徐庭瑶将军（右）与所属第5军军长杜聿明将军。（此图片由台湾秦风先生提供）

区休整，防务由第200师接替。此时九塘至北方公路交通都在我军控制之下。元月4日晨，新22师和第200师乘胜攻击，与南宁增援之敌激战于九塘。戴安澜师长亲冒矢石，指挥作战，不幸负伤，但我军终于攻克九塘。此后两师又接连攻击数日，终因久战疲惫、伤亡过大而无大进展，遂于10日奉命将阵地移交第36军接防，撤至思陇地区整补，昆仑关战役至此结束了。

是役，号称"钢军"的日军第5师团所属第21旅团和台湾守备队，除少数漏网外，基本上我军歼灭了。其中，敌旅团长中村正雄少将、第42

联队长坂田元一、第21联队长三木吉之助、第21联队副联队长生田藤一、第1大队长枡平作、第2大队长宫本得、第三大队长森本宫等，包括战役后期日军空投到昆仑关阵地上的中下级军官，85%以上均被我军击毙。

由于当时战场情形混乱，一个星期后昆仑关又得而复失，这一仗究竟打死了多少日本鬼子，当时似乎也没有十分准确的数字。战后日本防卫厅公布的昆仑关战役日军阵亡官兵数字为四千余人，但从日本方面惯常的做法分析，这一数字应该有些"缩水"。我军战后初步统计，此战共击毙日军五千余人。应该说也是一个大概的数字。

以当时日军精锐的第5师团这样一个甲种师团，兵力当在25000人以上，其一个旅团至少应有四五千人。战役后期，增援昆仑关的日军台湾守备队，相当一旅团兵力，亦有三四千人，加在一起，至少应有八九千人之众。再根据日军阵亡军官与士兵的比例，可以认为，除了少数留守后方和战役期间陆续狼狈逃回的日军，被我军歼灭者在五六千人之间，应该是比较可信的。我们也注意到，我国也有一些军事资料提供了昆仑关之战歼灭日军八九千人的数字，则可能是泛指以昆仑关为核心的整个桂南战场上日军的阵亡数字。

第5军在昆仑关战役期间还俘获了102名日本官兵。在抗日战争前期，由于受日本军国主义思想毒害，无论正面战场和敌后战场，我军都很难生俘日军官兵。但昆仑关一战，我军就抓获了日军最为强悍的第5师团百余俘虏，应是很难得的了。此外，第5军各师上缴的战利品计有：战马79匹、山炮10门、野炮12门、战防炮10门、重机关枪80挺、轻机关枪102挺、步枪2000余支，其他军用物资和弹药等堆积如山，不计其数。至于各师没有上缴的缴获武器和战利品，应当也不在少数。

军旗是军队的荣誉，日本军队尤其将联队以上所持军旗视为天皇的化身，作战时只要有军旗前导，受狂热武士道精神毒害的日军士兵无不冒死冲锋，战斗失利时则首先焚毁军旗，以免受辱。昆仑关战役期间，日军几个联队在败亡之际，纷纷将联队以上军旗焚烧殆尽，但其他军旗仍被我军缴获不少，足见这支号称"钢军"的日本法西斯军队，真正遭受了彻底覆

笑逐颜开的第 5 军将士们正在围观刚缴获的日军军旗等战利品。（此图片由台湾秦风先生提供）

灭的灭顶之灾。

　　遗憾的是，我军虽然消灭了昆仑关之敌，但因伤亡太大，不仅无力按原作战方案反攻南宁，而且昆仑关不久又陷敌手。以后桂南我军在粤北第12集团军的配合下，乘日军被迫收缩战线之际，发动春季攻势，再度收复昆仑关，并于同年10月克复南宁、龙州、钦州等城，终于将日军完全赶出桂南，历时一年的桂南战役才告结束。

　　尽管如此，昆仑关战役对日军的打击是非常沉重的。后来的日本战史，曾这样记载昆仑关战役："通观'支那事变'以来全部时期，这是陆军最为暗淡的年代。重庆军队攻势的规模很大，其战斗意志之旺盛，行动之积极顽强，在历来的攻势中少见其匹。"

昆仑关战役名震中外，大振我国国威军威。中国军队能以山地攻坚作战的方式，一举歼灭日军一个多旅团，确实是抗战全面爆发以来的空前大胜利。战役结束后，我军将大批战利品运至柳州、桂林、全州等城市巡回展出，大大鼓舞了大后方民众的抗战信心。

杜聿明和祖父，以及戴安澜、邱清泉等第 5 军将领也在昆仑关战役中一战成名，一时誉满天下。自杜聿明以下，参战有功将士都被授勋，祖父则被授予四等云麾勋章。

战后不久，第 5 军参谋长黄翔前往重庆，蒋介石夫妇亲自在官邸接见并请吃饭，席间详细询问了整个战役的过程。

昆仑关战役的胜利是将士们用生命和鲜血换取的。战役期间，我军也付出了极其惨重的代价，仅第 5 军就有五千余人壮烈殉国，第 200 师师长戴安澜将军以下一万一千余人流血负伤。

祖父指挥的荣誉第 1 师，员额为一万三千余人。战役结束后，从阵地上撤下来的三个步兵团的战斗兵，已不足八百人。祖父陪同桂林行营主任白崇禧检阅部队时，望着猎猎军旗下部属们一张张坚毅、疲惫的脸庞，想到众多袍泽已化为忠魂而去，这位久经战阵的军人不禁当场失声痛哭。

1940 年 1 月 18 日上海《申报》发表文章详细记录荣誉第 1 师攻克昆仑关的惨烈："荣誉第一师全由伤愈官兵编成，既富有作战经验，又有勇气，上下精神更能一贯！且受过八个月的整训，其素质的优良，自无疑。……他们的血，使昆仑关的战斗平添了无限光荣！"

鉴于昆仑关一役我军伤亡惨重，而当时国事维艰，国家对阵亡将士家庭的抚恤金十分微薄。军长杜聿明痛惜将士部属牺牲之余，号召第 5 军官佐为本军阵亡将士家庭捐款。当时祖父的继夫人陈碧莲正随第 5 军军官眷属团在昆仑关前线劳军，闻讯对祖父说："桂庭（祖父表字桂庭——作者注），将士们为国家流血拼命就够了，不要让他们再出钱了。这笔钱还是我们出吧。"于是，祖父用自己多年的积蓄，替荣誉第 1 师所有连以上军

我军攻克昆仑关后，第 5 军参战部队胜利入关。

收复昆仑关后，第 5 军官兵们在阵地上欢呼胜利。（此图片由台湾秦风先生提供）

第 5 军的将士们又攻取了日军一处阵地。(此图片由台湾秦风先生提供)

第 5 军将士们守卫在经血战夺取的昆仑关关口前。（此图片由台湾秦风先生提供）

我军攻克昆仑关后，第 5 军将士悼念阵亡战友。

1980年9月23日，原第5军军长杜聿明（中）、副军长郑洞国（左一）、参谋长黄翔（右一）在中秋茶话会上。黄翔毕业于黄埔军校第七期，1949 年率国民党第 92 军在北平起义。黄将军半生军旅生涯，却钟情于摄影艺术。中华人民共和国成立后曾任全国政协委员、民革中央常委、中国摄影家协会副主席等职。

　　昆仑关战役七十年后，即 2009 年 12 月 18 日，民革中央与广西壮族自治区人民政府、南宁市人民政府，联合在广西昆仑关抗日烈士陵园举行抗日英烈公祭大典。图为公祭大典现场。

　　全国人大常委会副委员长、民革中央主席周铁农（右三），海协会副会长王在希（右一），中国国民党副主席蒋孝严（右二）等肃立在公祭大典现场。第二排左一为本书作者之一郑建邦。

本书作者之一郑建邦（左）与杜聿明将军之女杜致廉、戴安澜将军之子戴澄东（右），出席纪念广西昆仑关大捷七十周年系列活动期间摄于昆仑关战役纪念馆。

2009年12月17日，本书作者之一郑建邦在广西南宁举行的纪念昆仑关战役七十周年大型研讨会上，接受海内外媒体采访。

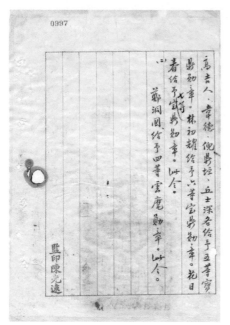
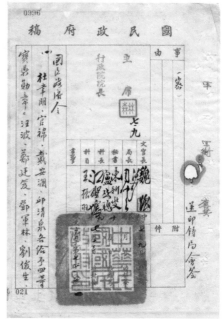

1940 年初，国民政府于昆仑关战役后为杜聿明、郑洞国等授勋的电令。

官捐了款。这件事，在军中一时传为美谈。

昆仑关战役结束不久，祖父奉命以荣誉第 1 师为基础，组建了新编第 11 军（以后改为第 8 军——作者注），他担任军长。所部下辖三个师：荣誉第 1 师，师长舒适存；第 33 师，师长张世希；第 5 师，师长刘采廷。第 33 师一直驻防鄂西，始终未曾归建，所以祖父最初实际指挥的部队只有两个师。

新 11 军成立后，奉命开往湖南衡阳。荣誉第 1 师在昆仑关之战中减员很大，补充了大量新兵，还来不及训练。第 5 师原属第 36 军，是一支老部队，但战斗力不强。所以一到衡阳，祖父就大力整训部队。可刚过了月余时间，即逢枣宜会战吃紧，日军主力大举向鄂西战略重镇宜昌进犯，祖父接到紧急命令，率部匆匆开往鄂西。

离开第 5 军前，杜聿明大摆酒宴为祖父饯行。由于打了大胜仗，大家情绪高涨，不少人喝得酩酊大醉，祖父也被灌了不少酒，大醉一场。

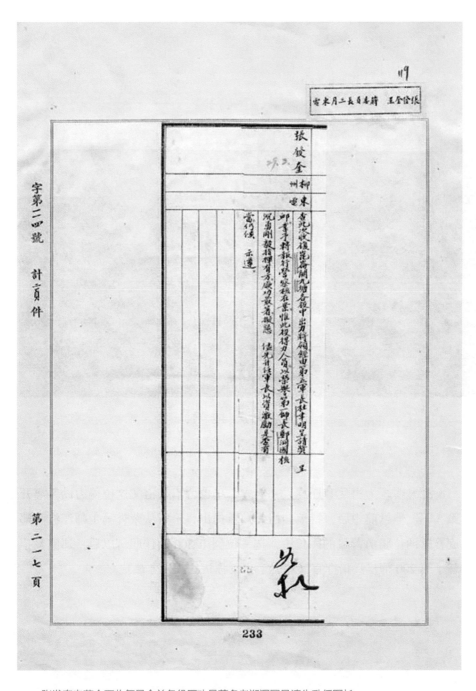

张发奎电蒋介石收复昆仑关各役厥功最著名者郑洞国恳请先升任军长。

20 世纪 70 年代初，郑洞国先生在家中与黄翔先生（左）合影。

　　杜聿明既为祖父升迁高兴，但内心里也舍不得祖父这位得力助手离开第 5 军。他思前想后，特地向祖父郑重提出，希望从荣誉第 1 师汪波和郑庭笈这两位骁勇善战的团长中，选一位到第 200 师任职。以后，郑庭笈担任了第 200 师步兵指挥官（相当于旅级将领——作者注）。

第十四章

扼守长江

当时的鄂西前线，是中国抗战正面战场中日双方激烈角逐的主要战场。

武汉会战以后，日军虽然占据了素有"九省通衢"之称的武汉三镇，并先后占领了南昌、九江、岳州、钟祥、信阳等地区，形成了拱卫武汉的安全圈。但中国军队仍据有战略地位十分重要的大洪山、桐柏山和随枣、宜昌、襄樊等要地，不仅成为我川陕大后方的重要屏障，也对武汉日军造成威胁。

1939年5月，日军出动四个半师团共十余万兵力，进攻随枣地区，企图一举围歼集结在这一区域的第五战区主力。中国军队在战区司令长官李宗仁的指挥下，与敌周旋月余，迫敌无功而返，是为随枣会战。

此后，中国军队于1939年冬在豫南、鄂北主动出击，给日军造成很大震动。为解除武汉受到的威胁，日军又调集四个半师团兵力，于1940年5月初发动枣宜会战，分三路进攻枣阳、襄阳、宜昌等地，企图先将我第五战区主力歼灭在随县、襄阳一线以北地区，再转而将汉水右岸的中国军队压迫至宜昌一带围歼。

面对来势汹汹的三路日军，第五战区各部经数日奋勇抵抗后，不计城池得失，陆续冲出日军包围，大胆转入外线作战。5月10日，三路日军虽然会师于唐白河畔，围歼第五战区主力的计划却化为泡影，反被转入外线的中国军队包围于襄东平原。在我军的围击堵截下，日军被迫败退，我军一度收复枣阳。

为了截击渡襄河向东南撤退的日军，第33集团军总司令张自忠亲率总部特务营和所属第74师两个团，在襄河东岸南瓜店附近与数倍于己的日军展开血战，最后身中七弹，壮烈殉国，所率官兵也大部阵亡。自抗战全面爆发以来，张自忠将军几乎无役不从，屡挫敌锋，是一位功勋卓著的抗日名将。他的牺牲，是国家民族的一大损失。

此后，日军虽然增调援军，再占枣阳，与中国军队相持于唐白河一线，却也无力取得新的进展。

5月31日，日军不得不暂缓在襄东平原围歼我第五战区主力的作战

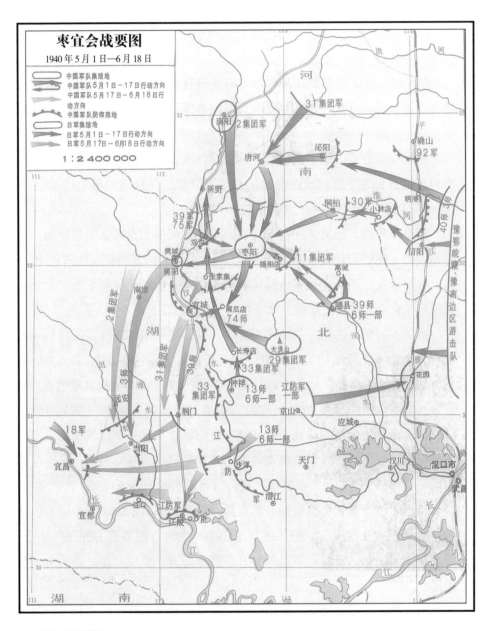

枣宜会战要图

计划，集中两个师团的兵力，强渡汉水，南下直取宜昌。为了适应战局变化，方便指挥，重庆军委会决定将长江两岸划分为第六战区，由陈诚担任战区司令长官。

6 月初，祖父率军部和荣誉第 1 师赶至宜都，第 5 师稍后也进抵枝江待命。这时鄂西战局已经相当吃紧，各路日军纷纷逼近宜昌外围，与我军在当阳、枝江一线激战。

祖父一到宜都，顾不上休息，马上渡江到设在长江北岸三游洞的战区指挥部请示机宜。陈诚亲自向祖父介绍了敌情，命令他的新 11 军编入郭忏指挥的江防军作战序列，担任长江一线防务。

接受任务后，祖父又连夜赶回宜都军部，积极布置部队沿江防御。这时第 5 师也赶到了宜都，祖父将其作为军预备队，部署在第二线阵地上。

次日深夜，祖父接到第六战区长官部急电，谓江北战局危殆，命令他火速率荣誉第 1 师渡江增援，留下第 5 师负责江防。

祖父不敢稍有迟疑，立即率军渡江。谁知祖父刚到江北，又接到陈诚电令，命他率军部撤回长江南岸，留下荣誉第 1 师归第 26 军军长萧之楚指挥。荣誉第 1 师在江北还没有与第 26 军联系上，便与大批日军遭遇。

这时我江北部队正纷纷向宜昌方向退却，该师以孤军与日军奋战一日，才奉命乘夜色掩护向鸦雀岭转移，改归第 2 军军长李延年指挥。不料荣誉第 1 师于次日清晨到达鸦雀岭时，友军早已走得不知去向，日军又跟踪而至，师长舒适存只得率领部队再向宜昌以东的土门垭转移。

土门垭位于汉宜公路要冲，是宜昌的门户，军事地位非常重要，可惜我军事先没有在这里构筑坚固的阵地工事，也没有配置有力的部队防守。荣誉第 1 师在土门垭与日军血战整日，势单力薄，难以立足，处境愈来愈险恶。

当天黄昏，祖父接到陈诚电令，大意是荣誉第 1 师可以相机向宜昌西北山地转进，准备以后的攻势。但是电令中有几个字、词义模糊，祖父阅后一时也无从把握。此时荣誉第 1 师连电告急，祖父担心再耽搁时间，一旦日军主力续进，该师就有被围歼的危险，所以来不及再向战区长官部请示，便将命令转发了出去。不久，荣誉第 1 师力战突围，向宜昌西北方向撤退了。

6 月 14 日，鄂西战略重镇宜昌终于失守了。中国军队稍后发动反攻，一度夺回该城，但很快又陷敌手。第六战区只好放弃收复宜昌的打算，重新调整部署，稳固现有防线。日军也因兵员和物资消耗过大而无力再兴攻势，停止了作战行动，历时两个月的枣宜会战终告结束。

宜昌之失，从根本上说是第六战区司令长官陈诚部署失当、指挥错误造成的。

本来中国军队在长江两岸集结了大量兵力，但战役从头至尾，始终未能形成具有较强机动性的打击力量，反而被分散用来防守宜昌及周围众多据点，使中国军队始终处于内线作战的不利地位，无法形成拳头机动灵活地打击敌人，处处显得被动，穷于招架，最后被仅两个师团的日军各个击破。

一帅无能，累及三军。就陈诚的军事思维和指挥能力来说，才智实属一般，特别是指挥大兵团作战的能力和水平，比之第五战区司令长官李宗仁和第九战区司令长官薛岳，可谓天壤之别。然而这样一个人，由于是蒋介石的亲信将领，却屡屡被委以军事重任，真是呜呼哀哉！

枣宜会战结束以后，重庆军委会追查宜昌失守的责任，作为战区司令长官的陈诚居然毫发无损，反而是江防军司令郭忏以下二十余位军长、师长受到军纪处分。祖父因荣誉第 1 师弃守土门垭，被记过一次，这是他在国民党军队二十余年的戎马生涯中，唯一受到的一次军纪处分。

最窝囊的当属荣誉第 1 师师长舒适存了。他在师长的位置上刚坐了几个月，就因是弃守土门垭的直接责任人，不仅被撤了职，还判了五年徒刑。据说这样处置，还是念其在昆仑关战役中立有战功，属于重罪轻罚了。

这件事让祖父和许多人感到愤愤不平。荣誉第 1 师是按战区长官部命令行动的，如有错误应由战区司令长官承担，怎能向下推卸责任？谁知堂堂的战区司令长官陈诚，居然不承认曾向荣誉第 1 师下达过相机撤退的命令。待人处事一向宽和忍让的祖父也被惹恼了，他设法找到了那份电令原稿，据理力争，证实其中确有模糊之处。不料陈诚居然一口咬定是译电员译得不准，不是他的原意，还说即便命令中有相机撤退之语，也觉得撤退过早等等。这回轮到祖父等人欲哭无泪了。事情明摆着，陈诚为了推卸责任，不就是欲加之罪，何患无辞吗？

祖父等人自知在陈诚面前辩解无用，也只好认了倒霉。但他实在不甘心老友和部属蒙受这样的屈辱，又设法在自己过去的老长官、时任重庆警备司令的刘峙那里疏通，将舒适存改调服军役。舒适存在重庆土桥监狱只蹲了三天，就回到祖父身边报到了。这时新11军的番号已改为第8军，祖父将舒适存委任为军部高参。

1940年6月中旬宜昌失守后，第六战区在宜昌以西、以北及长江南岸一带与日军相持。第8军担任宜昌以西、宜都以北沿长江南岸一线防务。这时第33师被调出第8军建制，另外调入原属第2军的第103师。该师前身是贵州地方部队，历史很久，也比较能作战，师长是何绍周。

当时日军虽然占领了宜昌，但中国军队仍然在江陵、宜昌、当阳、钟祥、信阳以北之线，对日军形成战略包围态势，使其时时感受到武汉方面受到的威胁。重庆军委会判断日军短期内仍有发动大规模军事行动的可能，命令第六战区加紧整顿，巩固阵地，做好迎击日军的准备。

根据战区长官部的指示，祖父率第8军接防后就全力加强防务。考虑到日军装备精良，火力强大，而且有制空权，因此强固的工事依托对于实施阵地防御作战十分重要。为此，祖父与军参谋长潘华国、高参舒适存等悉力筹划，督促各师夜以继日地赶筑工事，仅用了不到两个月的时间，就督率部队构筑了一套坚固、完整的防御体系，其中以沿江工事最为坚固，那一带山地多为巨石构成，第8军用炸药在石头上开洞，建成众多碉堡、掩蔽部，使日军的飞机、大炮也很难发挥作用。为了实战需要，祖父汲取在徐州战场上与日军打阵地防御战的经验，指示各师在阵地上加设了许多侧射、反射火力点，并加强纵深防御，让阵地防御体系日臻完善。

1940年夏，第8军在宜昌以西、宜都以北沿长江南岸一线坚守阵地。图为荣誉第一师阵地。

1940年夏，第8军荣誉第一师迫击炮阵地。

这年秋天，日军再次渡江大举进犯，第 8 军防线是敌人重点进攻地带之一。祖父一面指挥各师依托强固的防御工事顽强抵抗，一面让各师组织突击队，夜夜偷渡长江袭扰日军后方，使敌人穷于应付。双方激战十余日后，日军因伤亡过大，后援不继，不得不狼狈地退回江北。

第 8 军前后在鄂西驻防了两年多的时间。祖父利用战斗空隙，抓紧整训部队，特别抓紧对各级军官的培训。军部由舒适存主持，举办训练班，每半月一期，轮流调训排长至师级军官。训练班除了进行抗日宣传和爱国教育，还从实战出发，进行各种军事培训。学员结业三个月之后，还要以所授课目为主，举行全军校阅。

该军除荣誉第 1 师外，其他两师都是地方部队，原来的战斗力不太强。经过一番悉心整训，部队变化很大，成为国民党军队中的一支劲旅，在以后的抗日战争中屡立功勋。其为世人最瞩目的一件奇功，便是 1944 年中国远征军松山之役。

当时我军被阻于滇西松山两月余，久攻不克，伤亡惨重，最后第 8 军采用地道爆破的方式，一举将日军经营有时、号称固若金汤的松山堡垒式阵地彻底摧毁，全歼守敌三千余人，为滇西对日反攻作战扫除了最后的障碍。

第 8 军驻防的鄂西地区，多是偏僻山村，从没驻过这么多军队，当地民众惊慌害怕，躲避一空。祖父整饬部队，严明军纪，对百姓秋毫无犯。他根据当地情况规定了几条纪律，如任何官兵不得擅入老百姓的家，不得损坏老百姓的庄稼，不得向老百姓索要物品，向老百姓买东西必须付钱等等，这在当时的国民党军队中还是较难得的。

纪律颁布不久，军中就发生了一件违纪的事情：荣誉第 1 师一个姓尤的上士班长偷了当地百姓一头毛驴，祖父知道后极为震怒，不顾各级官长为其求情，命令立即将他枪毙。事情一传出，全军为之骇然。

有一次祖父去荣誉第 1 师视察，在师部附近发现一位老汉提着满满一篮子蔬菜，与一个伙夫模样的士兵争执不休，还以为是士兵买了菜不肯付

　　驻防鄂西前线的中国军队正严阵以待，时刻准备战斗。（此照片引自华文出版社出版的《中国抗日战争简明图志》）

1940 年初夏，中国军队于鄂西会战中，向日军占领的枣阳城发起攻击。（此照片引自华文出版社出版的《中国抗日战争简明图志》）

钱，不由大怒，立刻将那个士兵唤来责问。一问才知道是这位姓杨的炊事班长去买菜，但老乡执意不肯收钱，才引起这番"争执"。祖父转怒为喜，亲自向那位老汉解释部队的纪律，劝他将钱收下了。以后时间长了，百姓们称赞第 8 军纪律好，官兵们也以爱护百姓为荣誉，军民关系非常融洽，一时在鄂西一带传为美谈。

祖父的军部驻在当地一位姓刘的士绅家中，前后有两年多之久，刘先生一家老小与祖父相处极为亲近，犹如家人一般。以后祖父调离鄂西，两家人仍时常来往。中华人民共和国成立前夕，刘先生一家人辗转去了台湾，彼此才隔断信息。二十世纪八十年代，两岸恢复往来。这时刘老先生

1941 年底至 1942 年初，中国军队取得第三次长沙会战大捷。图为我军正在打扫日军遗弃的尸首。（此照片引自华文出版社出版的《中国抗日战争简明图志》）

夫妇及女儿已经去世了，他们的女婿及孙辈又与我们建立了联系。1991 年初祖父去世，刘老先生的外孙程其政一家四口专程从台湾来北京看望，并在我们家中一起度过除夕。此为后话。

1941 年 9 月中旬，日军第 11 军以四个师团的兵力，再次进攻长沙，史称第二次长沙会战。为配合第九战区作战，第六战区决定向荆门、宜昌出击，并相机收复宜昌。第 8 军则奉命以偏师渡江，进出于沙洋、后港间，策应战区主力作战。

当时军参谋长潘华国正在恩施开会，因军情紧急，祖父只得请舒适存临时代理参谋长职务。舒适存颇有胆气和谋略，他认为战区给第 8 军下达的任务是"相机攻略沙市，主力进击沙洋、后港间，切断汉宜公路，阻止日军增援"，但战区参谋处下达的作战指示是以军主力攻击沙市，以一部进出浩子口，向沙洋、后港攻击，如果按后者的指示行动，是很难达到战区的作战要求的。为此，舒适存向祖父建议，以荣誉第1师相机攻略沙市，掩护军侧背安全，而以军主力第5师、第103师进出浩子口以北地区，切断汉宜公路，阻敌增援。祖父考虑再三，也觉得舒适存的谋划既保障了部队出击的侧翼安全，又有足够的兵力按战区的要求切断日军的后方交通线，确实是比较妥当的。

9月底的一个夜晚，祖父命令荣誉第1师师长李弥率部由荆州东南悄悄渡江，纵兵佯攻沙市，迫使日军慌慌张张地缩回城内固守，祖父则亲率军主力渡江出击，第103师一举攻克后港，歼灭一批日军，并将汉宜公路彻底破坏。该军第5师还在襄河上截击日军水上交通，使日军运输船队一时绝迹。

第8军的作战行动，不仅歼灭了大批敌人，还使日军的后方交通线彻底断绝了数日，有力地支持了战区主力围攻宜昌的战斗。可惜在宜昌旦夕可下之际，由于第九战区作战失利，日军迅速撤出长沙，回援宜昌，致使第六战区反攻宜昌的计划功败垂成，不得不解围而去。这时祖父的部队在江北停留已无意义，这才奉命将日军沿江工事破坏后，主动返回南岸。

第六战区这次反攻宜昌，虽然未达到预计目标，却重创了日军，并给敌人很大震动。第8军积极策应第六战区主力作战，战果颇丰，受到司令长官陈诚的嘉奖，并撤销了原来对祖父的军纪处分。

这里要顺便提一下李弥。李弥是云南腾冲人，毕业于黄埔军校第4期，他与祖父原本并不熟悉，后来却成为祖父十分器重的一员悍将。其人作战凶猛刁钻，不循常法。

早在1941年春，李弥曾指挥荣誉第1师炮兵突袭日军沙市机场，一举击毁日机多架（一说21架——作者注），积极配合了我军在宜昌方面的作战行动。以后祖父特地保荐他出任第8军副军长。前文提到的第8军在云南松山用爆破方式一举全歼日寇的战果，便是李弥亲自指挥的。国共内战期间，已经成为国民党军队第13兵团司令官的李弥，在淮海战役中全军覆没，他本人侥幸逃出，以后辗转由云南逃亡缅甸，纠集第8军残部反

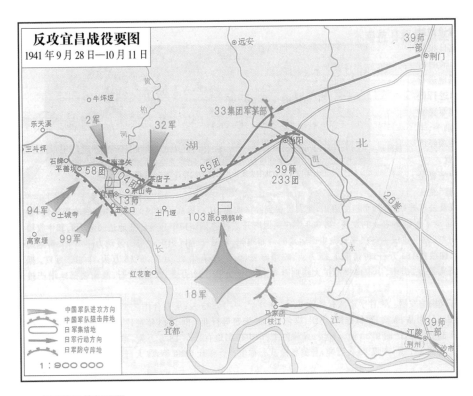

反攻宜昌战役要图

攻云南，兵败后蛰伏于缅甸金三角地区，期间几次打败缅甸政府军的重兵围剿，直到 1953 年迫于国际压力才率部分官兵退回台湾，1973 年病逝台北，此为后话。

　　1942 年夏天，第 8 军奉命撤往后方休整。消息传来，全军官兵都很高兴。该军长期驻防前线，战事频仍，大家都很疲惫。谁料部队行至祖父的家乡湘西北石门、临澧一带时，得知日军趁我军换防，大举渡江进袭，守军立足不稳，阵地竟被突破，导致宜都一线防务发生动摇。第六战区长官部急命祖父火速率军星夜回援。

　　得到命令后，祖父马上率军以强行军的速度掉头疾进，到达宜都附近的长江南岸时，敌我还在混战中，祖父命令部队立即投入战斗。经过几天激战，歼灭日军一部，其余的日军仓皇退回江北，阵地重新恢复到战前状态。但第六战区长官部不得不取消了第8军到后方休整的计划，命令该军继续驻守在鄂西前线。

1943年初，根据第六战区长官部命令，第8军改归第20集团军建制。

不久，旧历春节到了，祖父趁有空闲，将军务交代给副军长何绍周和参谋长潘华国，自己带了几名随从，专程前往集团军司令部所在地湖南桃源县城，晋见总司令霍揆彰。霍揆彰与祖父原来并不熟悉，但人非常热情，一定留祖父叙谈了两日方准返部。归途中，祖父顺路在家乡石门略作停留，与家人难得小聚了一番。

祖父在石门只住了一日，忽然接到第六战区长官部转来的一封蒋介石侍从室急电，命令他即刻返回重庆，等候蒋的召见。因事出突然，祖父偕继祖母陈碧莲连夜赶回第8军军部，匆匆与何绍周、潘华国、舒适存等告辞，动身赶往重庆。

那时由宜都去重庆的交通很不方便。祖父与继祖母陈碧莲先在三斗坪，顶着寒风，乘竹筏逆江而上抵达巴东，住了一晚，再换乘小火轮前往重庆。继祖母陈碧莲晚年在上海生活时双膝时常疼痛，据说病因就是这次在三斗坪乘竹筏时落下的。

祖父离开第8军后，由何绍周接任军长，该部不久奉命调往云南，加入滇西中国远征军作战序列。日军侦知第8军调防，趁机渡江南犯，再次突破宜都防线，铁蹄深入江南数百里，祖父的家乡石门也沦陷了。日寇对祖父恨之入骨，将祖父在石门县城的住所焚毁，所幸家人早已躲避乡间，才免遭毒手。

此后，湘西北地区成了抗日前线，敌我相持于常德一带。

第十五章

受命赴印

南国的二月，残冬中已悄悄地透出几分春意。浩浩长江犹如一条明亮的银链，在崇山峡谷中蜿蜒伸展。

清晨，阴霾的天空中飘着绵绵细雨，江面上很平静，偶尔碰上几只过往船只。小火轮逆江而上，像喘着粗气的水牛，吃力地在江中缓缓行驶。

祖父无心留意窗外的景色，心里琢磨着蒋介石召他去重庆的意图。一般情况下，重庆军委会的指示、任命，都由战区长官部代转，这次蒋介石单独召见他，而且催得很急，究竟是什么原因呢？祖父百思不得其解。

小火轮在江中整整两三日才到重庆。离舟登岸，山城已笼罩在沉沉的暮色中。

祖父和继祖母陈碧莲在街上匆匆吃过晚饭，便择了家比较干净的旅馆住下了。次日一早，祖父便去蒋介石侍从室报到，一天后接到通知，说蒋将于当晚接见他。

那天傍晚，祖父准时来到蒋介石的办公处。一位侍从副官彬彬有礼地将他引至一间小客厅休息，随即轻手轻脚地走了出去。少顷，客厅的门轻轻地打开了，蒋介石身着便服，缓缓踱了进来。

"报告校长，职郑洞国奉命前来晋见！"祖父急忙从沙发上起身，恭恭敬敬地立正敬礼。

蒋介石微笑颔首，示意祖父坐下，自己也坐在对面沙发上，慢条斯理地问道："郑军长，你是直接从前线回到重庆吗？"

祖父说是，把接到电令后的经过大致讲了讲。蒋介石若有所思地边听边颔首："嗯，好，很好。"

交谈了三五分钟，一位侍从副官将他们引至隔壁餐厅用餐。餐厅里除了蒋和祖父，还有侍从室的两三位官员陪同，饭菜很简单。

席间，蒋介石详细向祖父询问鄂西前线的有关情况，对沿江日军的动态尤为关注。祖父将第8军驻防鄂西两年多的情况做了汇报，也谈了些自己在对日作战中的体会。蒋认真地听着，似乎对第8军的军事训练和干部轮训工作很有兴趣，不时打断祖父的话，详细地询问。

这样边吃边谈，一会儿服务人员送上一盘水果，祖父从盘中取了一

1943 年，蒋介石在昆明校阅中国军队将领。

只，随手放在桌上。蒋介石见了，又将这只水果拿起，重新放到祖父面前的空碟子里。

"战国时赵国大将廉颇一餐可食斗酒肉十斤。郑军长惯于治军征战，也应该能够吃饭哦！"蒋介石大约看出祖父有些拘谨，遂笑道。

同席的几位看出蒋介石有对祖父夸奖的意思，也注视着他微笑。蒋介石平时待人严肃刻板，很少对部下将领这般客气诙谐，祖父心中也有些诧异。

餐毕，祖父随蒋介石又回到原来的小客厅里。一落座，蒋的脸上又恢复到惯有的刻板神色。祖父明白，谈话要进入正题了。果然，蒋介石神情严肃地祖父说："郑军长，这次让你回来，是想要你担任一项重要任务。"

"我们打算委派你去印度，担任中国驻印军新 1 军军长。你的想法如何？"蒋介石顿了顿，继续说道。

1942年12月21日，重庆军委会致电第六战区司令长官陈诚，拟调任郑洞国将军担任中国驻印军军职。

1943年，郑洞国将军任中国驻印军新1军军长时摄于兰姆珈军部。

　　"这——"祖父心里一怔，一时竟不知如何回答。

　　祖父真没有想到，蒋介石会派他去国外担任军职。诚然，在当时不少国民党军队将领中，都以能与盟军打交道为荣耀，蒋介石将这个重任交给祖父，也说明了对他的信任和倚重。但祖父对自己还是有些清醒认识的。若论带兵打仗，他有些经验，但要搞外交，在国外独立与洋人打交道，自己则完全是个外行。一旦搞得不好，个人身败名裂事小，若丧师辱国，贻误抗战大局，就难以交代了。

　　"怎么，你有困难吗？"见祖父沉吟不语，蒋介石紧盯着又问了一句。祖父对这项新使命没有立即表现出蒋所期待的热情，似乎让他有些不快，目光也显得有些咄咄逼人了。

　　"学生绝对服从校长命令，只是，只是自忖才疏学浅，又没有与外国

240

郑洞国将军（第三排左二）赴印前，在昆明与云南省主席龙云先生（前排右三）、史迪威将军（前排右四）等合影，该照片由晏欢先生提供。

人打交道的经验，恐有负校长厚望。"祖父小心翼翼地据实答道。

"你去那里是会有困难的，同外国人打交道不太容易。但目前抗战需要盟国帮助，必须有人担负这个任务。我反复考虑过了，觉得你去是合适的。你身为革命军人，在国家艰难时刻，要以大局为重！"蒋介石看出祖父心中确有顾虑，渐渐收起逼人的目光，和缓地说道。

蒋介石的话让祖父大为感动，平时常为之自勉的那种大丈夫以身许国在所不惜的古训又浮现在脑际。寻思国家有难，自己身为军人，不论有何困难，都应该服从命令，敢于承担风险。

郑洞国将军（前左二）等中国远征军将领与史迪威将军（后排不戴军帽者）同游昆明滇池（照片由晏欢先生提供）。此照片的拍摄时间应该是1943年杜聿明已经由缅甸败退回昆明后和郑洞国即将赴兰姆珈任新1军军长前的这段时间。

右起萧毅肃、傅正模、王凌云、邱清泉、黄维、鲍静安、何应钦、赵公武、黄敏男（黄维之女）、史迪威、多恩、杜聿明。郑洞国为前排左起第二人。（照片由晏欢先生提供）

前排右起龙云先生、史迪威将军、何应钦将军；二排右起多恩准将、宝瑞德上校、杜聿明将军；三排右起关麟征将军、郑洞国将军、黄维将军。（照片由晏欢先生提供）

史迪威将军与龙云先生，后为郑洞国将军。（该照片由龙云先生之子龙绳德先生提供）

想到这里，祖父郑重地站起身，向蒋介石立正敬礼："报告校长，我愿意去印度。今后当遵循校长训导，以黄埔精神为宗旨，克服一切困难，努力完成任务！"

"嗯、嗯，这样很好，这样很好！明天你就去见何部长，具体领受任务吧。你也不必回鄂西了，就在这里组织军部，然后尽快赴印。"蒋介石脸上又浮现出笑容，和悦地说道。

接着，蒋又简略地向祖父分析了中国和太平洋战场的战局，强调了收复缅甸，打通滇缅路，对于盟军作战和坚持中国抗战的意义。

结束这次谈话时，已是晚上九时左右了。

次日，祖父遵照蒋介石的指示，去晋见军政部长何应钦。

何应钦是祖父的老长官，见面就随意多了，谈得也很具体。他向祖父详细介绍了中国驻印军的编制、人事、装备、训练等情况后，又明确地提出两项要求：一是在国外要以充分的耐心与美英盟军将领打交道，尽量与他们建立良好的关系；二是注意维护民族尊严，搞好驻印军内部的团结。说到这里，何应钦叹了口气，语气沉重地讲，美国人狂妄自大，英国人又太滑头，与这些洋人打交道远不是件轻松的事情。杜聿明、罗卓英同他们都没有搞好关系，让祖父去后务必谨慎行事。

祖父还从何应钦那里得知，中国驻印军新1军军长一职，重庆军委会曾属意于邱清泉。据说邱连幕僚都找好了，还请人教授外交礼仪和食用西餐的方法。以后徐庭瑶、杜聿明认为邱清泉脾气暴躁，恐怕与中国驻印军总指挥史迪威闹翻，影响到美援，才向何应钦举荐了祖父。经何应钦向蒋介石请示，这个人选才最终落实到祖父身上。

接受任务后，祖父在重庆停留了一段时间，着手组织军部。这时舒适存已经被免除刑役，祖父请他仍旧担任军参谋长。原在第8军的旧部赵霞等人，也一同跟了来。此外祖父又招募了一些诸如英文秘书等工作人员。

一切准备妥当，已是3月下旬。飞赴印度前，祖父再次晋见蒋介石辞行。

这次谈话时间不长。蒋介石叮咛祖父遇事冷静、克制，尽量与盟方搞好关系。还说史迪威是祖父的上级，在今后的工作中必须服从他。

祖父想了想，问蒋如果遇到重大问题不好处理怎么办？蒋不假思索地说，可以直接找他本人，也可以找何部长。蒋介石还特别嘱咐，除新1军所属新38师、新22师之外，驻印军总部的直属部队，如几个战车营、重炮团、汽车辎重团、工兵团等，虽然不归祖父统属，也要加强与他们的联系，就近关照等等，祖父都一一记下了。

3月底，祖父率军部人员乘军用飞机飞抵昆明，与正在那里的中国战区参谋长、中国驻印军总指挥史迪威将军首次会面。那天，由云南省主席龙云先生做东，请史迪威与祖父吃饭。饭后，史迪威与祖父等在滇中国将领们一起游览了滇池等名胜。

史迪威将军当时有五十几岁年纪，身材瘦长，双目炯炯有神，能说一口流利的中国话，待人爽朗健谈，一看就是一位典型的美国人。

大家初次相见，彼此都很客气，开始只是谈谈中国的历史和风土人情，后来渐渐把话题转到了当前的时局上。史迪威对战争的前景很乐观，认为德、日法西斯已经在走下坡路，支持不了多久了，反法西斯盟国的胜利仅是时间问题。史迪威对美国的强大非常自信，很强调美国对赢得这场战争的重要领导作用，这些也让自尊的祖父心里多少有些不舒服。

在昆明期间，祖父还单独拜会了时任昆明防守总司令的杜聿明。

老友相见，彼此都很高兴。杜聿明特地在司令部设宴款待祖父，饭后又作长谈，午夜才散。交谈中，杜聿明推心置腹地向祖父详细介绍了他1942年春入缅作战的经历和情况。

杜聿明对英国人很反感，批评他们是些极端自私、狡诈胆怯的家伙，与他们打交道需要特别小心。相反，杜对美国人却寄予很大希望，认为他们是真正能与中国站在一起，共同打败日本人的朋友。但杜很讨厌美国人那种大国沙文主义的霸道作风。说起中国远征军入缅作战失利的教训，杜聿明痛切地说，史迪威这班人，名为中国通，实际上并不真正了解中国军队的作战特点和官兵心理，又不信任中国将领，在战场上固执武断，一意孤行，导致我军一败再败。他提醒祖父，在重要问题上，一定要有主见，敢于坚持，否则会吃大亏。杜聿明也许不知道，祖父在这次与史迪威共事之前，就已经被剥夺了对新1军的军事指挥权，其在国外的处境，比他就更困难了。

在昆明停留几日后，祖父率军部人员分乘两架飞机去印度。其中一部分人由昆明飞抵印度阿萨姆邦的一个军用机场，再乘火车去兰姆珈训练营地；祖父和舒适存则率少数亲随先飞往加尔各答。

当时由昆明飞往印度，必须飞越驼峰。由于气候恶劣，高空缺氧。飞机飞越驼峰时，机身剧烈抖动，不少人呕吐不止，尤其是舒适存，吐得最凶。祖父虽未呕吐，却也恶心乏力，仿佛大病了一场。

在加尔各答，祖父先后拜会了英国驻当地的总领事和中国的陈总领事。令祖父十分高兴的是，在这里竟意外碰到了多年不见的老朋友焦实斋。

长城抗战后，祖父所在部队驻扎在北平，担任北平民国大学教授兼教务长的焦实斋等社会名流常常应邀到部队演讲，祖父与他那时就认识了。抗战全面爆发后，焦以第52军高级顾问的身份，随军进行抗日宣传鼓动工作，不久前往英国牛津大学留学。1942年春，中国远征军入缅作战时，他作为杜聿明将军的高级顾问被派往印度工作，以后就一直滞留在加尔各答。

焦实斋是位出色的国际问题专家，不仅为人正派，还深谙欧洲各国的政治经济情况，且能讲一口流利的牛津腔英语，实在是人才难得。祖父像杜聿明一样，依旧恳请他担任了新1军驻加尔各答办事处主任。

祖父与舒适存于4月中旬抵达兰姆珈营地。

这里距加尔各答西北约二百公里，其间有铁路相通。祖父一行一下火车，就受到了中国驻印军各部队长的热烈欢迎，场面很热烈。众多人中，祖父只与原在第5军的廖耀湘将军熟识，其余大多是初次相见。但大家一见如故，显得格外亲热。

中国驻印军由于远离祖国，一切受外国人支配，官兵上下都有寄人篱下之感，大家对祖父的到来，颇有期许。祖父身受这样热烈的欢迎，心里很感动，也深知责任的重大，决心竭尽忠诚努力，团结全军将士，早日战胜日寇，凯旋祖国。

他以这样的心情，开始了一生军旅生涯中，最为辉煌也备受煎熬的难忘时光。

第十六章

缅甸战争的缘起和兰姆珈训练营地

早在 1942 年 1 月底至 2 月初，日军第 15 军四个师团十万之众，分两路攻入缅甸。为保障我国当时唯一的一条国际交通线——滇缅路的畅通，重庆军委会根据《中英共同防御滇缅路协议》，应英方要求，派遣第 5 军、第 6 军、第 66 军组成中国远征军入缅作战。

但由于英方在允许中国军队协防缅甸问题上的不断犹豫反复，终让日军抢占了先机。3 月 8 日，日军攻陷仰光，分三路快速向北推进，使我军原来的保全仰光国际交通线的作战计划化为泡影，陷于仓促应敌的被动境地。

仰光失陷当天，担任中路作战的中国远征军第 5 军 200 师到达了仰光至曼德勒铁路线上的重镇同古，接替了英军防务。根据敌情变化，中国远征军前敌指挥杜聿明决定变更原作战计划，以第 200 师固守同古，打击正面之敌，掩护我军主力集中，进而协助英军收复仰光。

从 3 月 19 日至 30 日，第 200 师与兵力、火力都占优势的日军恶战 12 天，毙伤日军四千余人，然后主动撤出同古。其后，第 5 军新 22 师继续节节抵抗日军，准备主力集结后，在平满纳一带与日军决战。其间，我第 66 军新 38 师 113 团刘放吾部，还在孙立人师长的亲自指挥下，长途奔袭，经一昼夜血战，一举将西路被日军围困在仁安羌油田的英缅军第 1 师七千余人，及传教士、新闻记者五百余人救出重围。

糟糕的是，这时东西两路中英军队却都先后战败，日军长驱直入，一路实施超越追击，中路中国远征军主力后方面临着被包抄的威胁，因而被迫退守敏扬、梅克提拉之线，再次准备在曼德勒与日军会战。

但在如何组织会战的问题上，史迪威与杜聿明等中国将领发生了激烈的争执。这个争执尚未结束，盟军方面却传来最不幸的消息。原来自私自利的英军，借着前面中国军队的掩护，背信弃义地擅自放弃了曼德勒，一路退入了印度。日军一部乘虚北进，连陷缅北重镇腊戌、八莫、密支那。另一部攻陷云南畹町、芒市、龙陵，进抵怒江惠通桥边。至此，中国远征军主力数万人的退路完全断绝，从此走上了悲惨的厄运。

中国远征军分四路撤退。除新 38 师根据史迪威的指令，由英帕尔较

中国远征军向日军发起攻击。

在缅甸同古作战的第5军官兵。

1942 年春任中国远征军副总司令的杜　　　中国远征军第 5 军第 200 师师长戴安澜将军。
聿明将军。

顺利地退入印度以外，第 5 军各师在归国途中翻越野人山和高黎贡山，在日军追袭堵截下，历尽难以想象的艰辛，蒙受了极大的损失和牺牲。出征时的十万大军，只有四万余人生还。一代抗日名将戴安澜将军，在撤退途中中伏，身负重伤，不久牺牲于缅北茅邦村。中国远征军副总指挥兼第 5 军军长杜聿明也在野人山中身染重病，几乎不起。

杜聿明率第 5 军直属部队和新 22 师撤入印度后不久，即奉命返国，新 22 师余部 3000 余人和先期到印度的新 38 师余部 6000 余人，合编为中国驻印军新 1 军。以后国内又陆续空运新 30 师、第 14 师、第 50 师，直接隶属中国驻印军总指挥部指挥。此外，归驻印军总指挥部隶属的部队，还有战车、炮兵、工兵、汽车兵、通讯兵、辎重兵等部队，使中国驻印军总兵力达到十万余人。

　　1942 年 4 月 19 日拂晓，新 38 师第 113 团在刘放吾团长的率领下，向仁安羌日军发起猛攻。图为仁安羌战斗实况。

　　1942 年 5 月，部分作战失利的中国远征军部队撤往印度。

1942 年 5 月中国远征军失利后，史迪威率少数亲从撤往印度。

1942 年冬，先后在滇缅战场指挥作战的中国将领徐庭瑶（前排中）、杜聿明（前排右）、黄杰（前排左）、郑洞国（后排中）、邱清泉（后排右）、刘嘉树（后排左）于重庆合影。（此照片由台湾秦风先生提供）

滇缅路的咽喉——跨越怒江的惠通桥。

史迪威将军在罗卓英、孙立人将军陪同下视察刚从缅甸退入印度的新38师。

蒋介石夫妇与史迪威将军（右）

郑洞国将军（前中）与中美军官们在兰姆珈营地合影。

中国驻印军的训练基地设在印度的兰姆珈。在这里，驻印军接受了全套的美械装备，并开办了由中国方面负责行政管理、美军人员执教的兰姆珈训练学校。驻印军的各级军官和士兵，分别在营地受到了历时半年多的严格的军事训练。

中国驻印军的补充兵员，都是国内精选的，各方面素质很好，通过严格的训练，官兵很快熟练掌握了美械装备和亚热带丛林作战的要领，军事素质得到很大提高，成为缅甸战场上无坚不摧的抗日劲旅。以后，在这支部队基础上扩编的新1军、新6军，也成为抗战后期国民党军队五大主力中的两支主力部队（其他分别为第5军、第18军、第74军——作者注）。

1943年11月30日，蒋介石、宋美龄夫妇参加开罗会议归国途中，在

　　1944 年 7 月 23 日，来自美国密歇根州的乔治·奥利弗上尉向中国军队士兵示范火焰喷射器的操作步骤。这种武器在中国驻印军和滇西中国远征军的反攻作战中，发挥了重要作用，始终让日本鬼子们闻风丧胆。（此照片由晏欢先生提供）

1943 年 11 月 24 日，郑洞国将军（中）在兰姆珈营地与美军威廉姆·贝尔京准将（左）、佛里德里克·迈科比准将商议军务。

美军教官正在向中国官兵教授步兵武器的使用方法。

1943 年 11 月 27 日，中国驻印军在印度兰姆珈营地进行战车演练和士兵实弹射击演习。

蒙巴顿等英美将领陪同下，曾在印度兰姆珈做短暂停留。当时新 1 军主力已开赴前线作战，但蒋介石还是饶有兴致地检阅了留在营地的部分中国驻印军部队。蒋看到受检部队装备精良、部伍严整，官兵精神饱满、士气旺盛，心中大为高兴。

不过，蒋介石、宋美龄夫妇在兰姆珈逗留期间，也有一个我们不能不叙下来的小插曲：他们夫妇及随行人员一到营地，美方人员就一再邀请他们下榻于总指挥部内，但蒋介石却坚持住在新 1 军军部里。此举让美方人员颇为尴尬，也让祖父十分为难，因为新 1 军军部的营房实在太简陋了。情急之下，祖父只好将自己的卧室让出来，稍加布置，临时充作蒋介石和夫人的下榻处。从这件小事可以看出，当时中美之间的关系，是十分微妙的。

1943 年在昆明的第 993 通讯部队，来自美国的卡尔·邓肯上尉在指导中国士兵使用美军最新的无线电设备。

　　祖父初到印度，确实经历了一段痛苦的煎熬。这种煎熬源自史迪威将军对祖父的排斥。

　　本来，蒋介石与史迪威之间，在中国驻印军的指挥权问题上，已经有着尖锐的矛盾。史迪威坚持中国驻印军必须置于他的完全领导之下，不允许重蹈上次入缅作战因指挥系统混乱而失利的覆辙。蒋介石则希望通过美援来壮大国民党军队的力量，改善国内正面战场抗战的局面。但他不会同意将军队完全交给一个外国人来控制。

　　斗争的结果，蒋介石被迫同意放弃任命一位驻印军副总指挥的打算，而是在总指挥部之下，成立新 1 军军部。祖父就任新 1 军军长一职，实际

军长

郑洞国将军

—13—

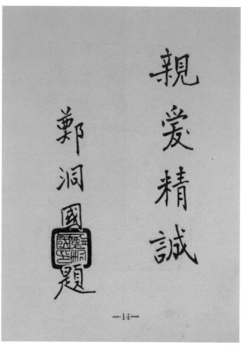

親愛精誠

鄭洞國題

—14—

照片和题词是 1943 年郑洞国将军就任新 1 军军长时拍摄和题写的。

　　1943 年 11 月 30 日，蒋介石、宋美龄夫妇（左三、左四）在出席开罗会议归国途中抵印度兰姆珈营地视察。图为中美英盟国东南亚战区司令蒙巴顿将军（左二）、中国驻印军新 1 军军长郑洞国将军（左五）在机场迎接。

　　郑洞国将军（右一）在印度兰姆珈机场迎接蒋介石夫妇。

郑洞国将军（前右四）在兰姆珈营地向蒋介石汇报军队训练情况。

郑洞国将军（左三）陪同蒋介石夫妇视察兰姆珈营地。

蒋介石、宋美龄夫妇视察驻印军训练基地兰姆珈（从左至右：郑洞国、蒋纬国、蒋介石、宋美龄、蒙巴顿）

　　1943 年 11 月 30 日，蒋介石、宋美龄夫妇（右三、右四）与中美英盟国东南亚战区司令官蒙巴顿（左二）、郑洞国（右一）、蒋纬国（右二）、黄仁霖（左一）等在兰姆珈营地合影。（此照片是郑洞国在新 1 军军长任内的参谋长，台湾原"陆军副总司令"舒适存将军于 20 世纪 80 年代提供的）

　　1943 年 11 月 30 日，蒋介石夫妇视察驻印军训练基地兰姆珈（从左至右：郑洞国、蒋介石、蒋纬国、宋美龄、蒙巴顿）。

蒋介石、宋美龄夫妇在郑洞国将军（行进在前边者）和蒙巴顿将军、威廉姆·贝尔京准将、佛里德里克·迈科比准将等英美将领陪同下，检阅中国驻印军部队。

上是两人相互妥协的产物。

史迪威将军对祖父的到来不仅不欢迎，而且怀有戒心。这一点可以通过后来出版的《史迪威日记》一书中的相关记载得到证实。他对祖父的排斥，集中体现在对新1军军长职权的限制方面。

祖父到任之后，除了身边的警卫排，无权指挥任何一支部队。他的责任仅限于掌握军队纪律，鼓舞部队士气。史迪威甚至不希望祖父常到前线去，因为那样会增加他与部队接触的机会。祖父为此只好派遣黄仁宇、潘德辉、陈惟楚（即田申——作者注）等身边的作战参谋们经常到前线各部队当中去，而前线各部队长也非常希望藉此机会加强与军部和国内的联系。

黄仁宇晚年在回忆录中曾洋洋自得地写道：他一到前线，师长和上校们就知道了他的名字，他有机会在军用帐篷里与各师长单独进餐，并乘坐

　　1943 年 11 月 30 日，蒋介石（右一）、宋美龄（左一）夫妇在中国驻印军总指挥部进午餐。右二紧靠蒋介石者为郑洞国将军。

　　蒋介石（站立墙边面向众人者）视察新 1 军军部。站在前列面向镜头者，右为郑洞国将军，左为廖耀湘将军。

蒋介石视察新 1 军军部。台阶上右为蒋介石，中为郑洞国将军，左一为新 1
军参谋长舒适存将军。

1943 年 12 月 1 日，郑洞国将军在兰姆珈营地基督教青年会，向来访客人致
辞。左二为威廉姆·贝尔京准将、左四为佛里德里克·迈科比准将。（此照片为美
国通讯兵拍摄，源自美国国家档案馆，晏欢先生提供）

1944年3月5日，蒋介石拟任命郑洞国将军兼任中国驻印军总指挥部政治部主任一职的公函。

吉普车到前线各阵地巡视。不仅如此，他和祖父的其他几位作战参谋们，如潘德辉、陈惟楚等人，还亲身参加了剧烈的战斗，黄仁宇在攻击密支那的惨烈战斗中就曾腿部负伤。

为了使祖父能名正言顺地联络驻印军各直属部队，重庆军委会后来专门任命他兼任了驻印军总指挥部政治部主任。

祖父如此，他的下属如孙立人、廖耀湘两位师长，开始同样也没有作战指挥权。缅北反攻战役开始后，孙、廖两位将军表现出来的优秀指挥才能，终于得到史迪威的首肯，才同意他们行使自己的正常指挥权利。

以后随着史迪威与祖父关系的融洽，他逐渐放松了一些限制，在一些

陸軍新編第一軍報告
如左：

一、柏德諾之專橫
1. 於
視中央法令對部隊編制抗不遵辦直屬部
實深憂懼除堅忍奮鬥以求不辱使命外謹略陳現狀
恐措置無方不可理諭萬難達見其保障瞻念前途
則下委曲以求合作惟指揮經理補給交通通信諸生存
鈞座意旨以不屈不撓之精神在不辱國體與人格之原
命遠征責任重大深知東爭知承
奉

隊完全無有即軍部官佐屬亦屢次申言只有三十人
查軍隊代表國家權威職奉
致軍部形同虛設無法行使職權經過情形已於昨晚
日電呈在案
2. 破壞建制紊亂指揮系統過去常直接指揮
至連而師長尚不知道最近則又以派往列多之部隊
認為與軍部脫離關係一切不應過問并一再聲
言軍部僅負維持軍風紀之責果如所言則將來
如何作戰
3. 達反總長何與史迪威將軍本年一月廿一日談
話之地完經費不總領總發對我政府規定之給予

如臨時實謀報賞等概不發給此間與英美人士雜
處往來酬應贊不能免如太客惜則有礙國體以及
加爾各答辦事處等開支均一籌莫展又總長規定
之週轉金亦不照發軍部日常生活現尚借債維持
4. 對我國人意存輕侮如本軍各處長時彼謂軍部
不知愛惜部所發座車擅子扣留當經抗議始謂軍部
眾總部所發座車圖拜總部各處長舒適存
還昨日與談逃兵問題像各方高價推雇華人
所致彼竟聲稱你們現在是用美國的錢哪不
知吾人在反侵略的共同目標之下友好合作祖借

法案像彼國議會所通過吾人出國遠征像為反
侵略而戰并非為金錢收買而戰彼竟出此無禮
之達制時彼不勝駭異又列多部隊不能脫離軍
之言不勝駭異又列多部隊不能脫離軍
以譬如人有四子其一子雖在他鄉工作仍不能
脫離其父子關係彼竟容以他是你們的兒子
此就是我的孫子當經反駁則又左顧而言他
如此之人而為我國總指揮部參謀長實是一種
每辱聞彼不久以前尚是一少校副官任特務工
作者

1943年3月，郑洞国将军向蒋介石呈报美军参谋长柏德诺专横种种及驻印军状况（信函共七页）。（一）

二、部隊現狀

1. 直屬部隊以編制隸屬未定人心甚感不安

2. 中美兩方軍官亦均對柏德諾一人外感情甚為融洽即美方軍官

3. 訓練方法比較進步惟三信心的建立尚須用功

4. 營房環境良好紀律尚易維持惟紀律的真價值在行軍作戰時始能表現故容易維持

5. 士兵體力一般強健疾病亦少惟二月份餉至今未發駕駛兵之待遇由四十盾減為二十盾加以他方引誘月給八十盾至百盾不等故逃亡尤以汽車第六團為甚

裝備方面步槍係一九一七年出品頗嫌笨重火砲十公分五榴彈砲射程一萬二千公尺七五山砲射程九千公尺頗嫌其近通信器材全未補充工兵器材亦異常缺乏

6.

7. 在列多擔護築路部隊計有新三十八師之二一四及一一二兩團工兵第十團高射機槍營特務營又汽車第六團及輜重騾馬團各一大部現已令孫師長立人前往統一指揮

8. 在列多之二一四團遠出於新平洋北側之深山森林內氣候惡劣毒蟲特多給養亦係

飛機輸送處境頗為困難

9. 本軍遠處異域電信遲緩且受限制下情不易上達而柏德諾與史迪威將軍電報連絡異常敏捷容易顛倒是非為兩將藐伏維明察是幸 謹呈

委員長蔣

駐印新編第一軍軍長鄭洞國

1943年3月，郑洞国将军向蒋介石呈报美军参谋长柏德诺专横种种及驻印军状况。（二）

重要战役的紧要关头，或与祖父一起到前线指挥、视察，或委派祖父单独到前线参与一些指挥、督战行动，密支那战役便是一例。

按史迪威将军最初的设想，中国驻印军营以上军官都要由美方人员担任，如同英国在印度的军队一样。为此他从美国调来三百余名军官，准备接替中国军官的职务。这种将中国军队视为殖民地军队的做法，理所当然地遭到中方的断然拒绝。史迪威只好将这些美军军官分散到部队中担任各级联络官。美军联络官的权力很大，有时不通过同级中国部队长便调动军队，以至引起中国驻印军官兵们的强烈不满和抵制，曾几乎酿成流血冲突。后经祖父等中国将领的抗议，史迪威才对他们有所约束。

如果说史迪威不好打交道，那么他的参谋长柏德诺将军就更加狂妄无礼了。起初，他要求驻印军依美军军制，授予参谋长指挥、调动部队的权力，遭到祖父等中国将领们的抵制，由此怀恨在心，频频在部队训练、物资配给等方面刁难、作梗。祖父忍无可忍之下，只能不断与其交涉。某次针对柏德诺在部队建制与临时配属关系问题上的不当安排，祖父耐心向他解释说下属部队犹如一个家庭的几个儿子，不能随意分割。柏德诺听烦了，竟然狂喊："这些部队是你们的儿子，却是我们的孙子！"祖父愤怒极了，向史迪威将军提出强烈抗议，表示中国是主权国家，不能接受这种殖民地式的态度和待遇。史迪威不痛不痒地打打圆场，才将事情掩饰过去。

根据中美间的协议，美国还将在中国国内战场装备国民党十三个美械军。史迪威提出这些军队应与驻印军一样，由美军将领来指挥。对此蒋介石坚决反对，不肯再做出任何让步。

不久，史迪威又提出要将美援中的一部分分配给八路军，并派包瑞得去延安建立美军观察组，自己还打算亲自去延安。

这下可触到了蒋介石的痛处。蒋无法再忍受下去，冒着与美国人闹翻的危险，于 1944 年 10 月致函美国罗斯福总统，坚决要求撤换史迪威。

考虑到中国这个盟友在远东的重要性，罗斯福总统不得不做出妥协，很快复电同意蒋的要求，改派魏德迈将军任中国战区参谋长，索尔登将军任中国驻印军总指挥。史迪威失望至极，只好悻悻地返回美国去了。

1943 年 5 月 25 日，郑洞国将军与新 1 军参谋长舒适存将军研究部队训练方案。（此照片由舒适存将军于 20 世纪 80 年代提供）

在这样的政治环境下，祖父在印缅战场的处境十分艰难。他既要千方百计地搞好与盟方的关系，又要小心翼翼地维护国民政府和中国军队的尊严和利益。还要顾全大局，努力调解和平息部队中对盟方的不满和愤恨情绪。在祖父晚年的回忆录《我的戎马生涯》一书中，对此曾有细致的描写。

据黄仁宇披露，即使一向处事温文尔雅、不温不火的祖父，有时也难以忍受美国人的轻慢和无礼，曾两次飞返重庆，面见蒋介石，要求调任回国。蒋先是大骂，继而温言抚慰，总之是要他为了"党国"的利益，继续忍耐下去。

应当说，史迪威将军是一位为人正直、颇具军事才华的美军将领。他在对日作战方面，不仅态度认真、积极，而且很有战略眼光，指挥上也有一套办法。尤其是他待士兵很亲近，完全没有官架子，慢慢地赢得了驻印军官兵们的钦敬，被大家亲昵地称为"乔大叔"。在战事紧张的时刻，只要高大瘦削的"乔大叔"出现在阵地上，总会引起战士们的欢呼，勇敢地

1944 年 12 月 5 日，中国驻印军总指挥索尔登将军（前左二）与副总指挥郑洞国将军（前右二）在密支那接受印缅华侨联合会总会赠送的锦旗。（照片由晏欢先生提供）

冲锋陷阵。

　　史迪威将军在处理与祖父等中国将领的关系问题上，比起他的某些美国同事，应当说还是相对理性的。尽管他与蒋介石的关系始终紧张，对祖父等中国将领也怀有戒心，甚至笼统地认为国民党军队的将领们都是昏庸腐败的一群人。但他对待祖父等人，还是能够把握住基本的分寸，对于祖父等人提出的意见，包括对一些美方人员骄横无礼做法的批评意见，只要认为对工作有益处，也往往能够在一定程度上采纳和接受。

　　以后双方共事久了，彼此的信任程度逐渐加深，史迪威将军慢慢转变了对祖父和孙立人、廖耀湘等中国将领的看法，大家开始有了一种相互信任、患难与共的情感。正是这种相互的尊重和信赖，才使中国驻印军在整个缅北反攻战役中，始终保持着指挥上的基本协调和统一，这是后来取得战争胜利的基本保证。

中国驻印军总指挥史迪威将军

　　祖父在与史迪威等美方人员共事过程中，也慢慢有了一些心得。基于史迪威将军对日作战的坚决态度，祖父对他十分尊重，从始至终地积极协助他工作。对于其他美方人员，则以不卑不亢、宽和大方的态度，尽量与之友好相处。即使双方一时发生了矛盾，也努力保持冷静和理智，以适当的方式加以调解。但在涉及国家和军队尊严、利益的重大问题上，祖父并不含糊，一定严守原则，敢于坚持。

　　史迪威将军有着美国人特有的爽直性格，性情也比较急躁。但作为一位对中国文化有着深入了解的中国通，他对祖父仁厚宽和的道德修养倒是颇为欣赏，曾多次当面称赞他是一位标准的中国军人。以后史迪威将军在失意地离开中国前，曾特意返回缅北前线，看望中国驻印军官兵们，并与祖父等人依依惜别。

　　史迪威将军与祖父前后共事一年有余，这两位异国军人之间的情谊，或许可以说是那时中美两国之间的一段佳话。

　　史迪威的继任者索尔登将军，虽然无意更改前任制定的游戏规则，但对祖父似乎很尊重和客气，经常主动与他商议军务，两人还常常一起到前线去视察部队，指挥作战。

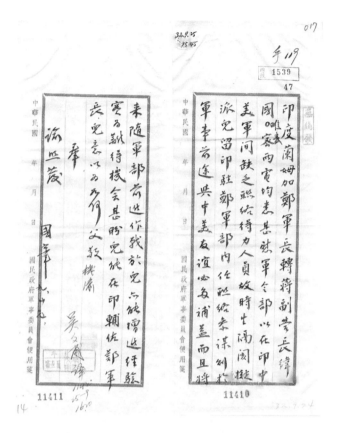

1943 年 9 月 24 日，蒋介石电令蒋纬国于中国驻印军中协助郑洞国军长处理与盟军联络事务。

当时国民党军队内一些知识层次较高的青年军人，尤其是军校毕业生们，许多都渴望到中国驻印军中经受锻炼，蒋介石的次子蒋纬国也是其中的一位。蒋纬国曾先后在德国、美国留学过军事，归国后一度在装甲兵部队服役。大约在祖父就任中国驻印军新 1 军军长后不久，他也来到印度，担任参谋军职。

在祖父的印象里，蒋纬国虽然出身显赫，但其工作、生活倒是十分严谨律己，没有一般世家子弟惯有的坏毛病，譬如祖父就经常看到他在宿舍里自己浆洗、缝补衣服，并与其他参谋们一样按时出操等等，在祖父这些上级面前也格外恭敬有礼，很有标准德国军人的风派。

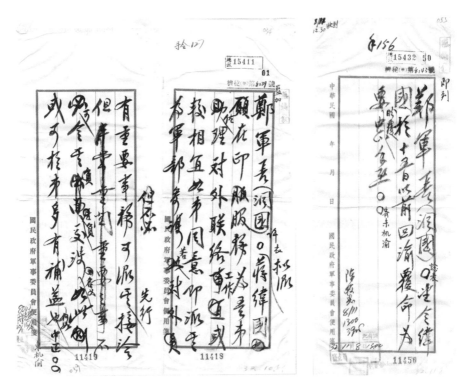

1943年10月1日，蒋介石致电郑洞国将军，拟派蒋纬国至新1军任军部参谋。

蒋介石发给郑洞国将军要求调回蒋纬国的电令。

那时祖父身边的人员与盟方打交道常常并不容易，遇到沟通困难时，蒋纬国常常自告奋勇地前去解决，很多时候还真是马到成功。为此他多次颇为自得地对祖父说："这些事情没有那么难办嘛，为什么他们就解决不了呢？"祖父后来回忆这些往事，笑着对我们说，那时纬国年轻，哪里晓得他那"皇子"身份，美国人、英国人还是买账的。

过了一段时间，蒋纬国不再安于当参谋的境遇了，执意向祖父提出要到总部直属的战车部队担任部队长，因为这样才有机会到前线杀敌立功。但这样的事情祖父可做不了主，于是急忙电请蒋介石的指示。蒋先是坚决不准，随后一纸电令将蒋纬国调回国内。

据说，蒋纬国一生保持着对祖父的敬仰。1991年初祖父病逝北京，他

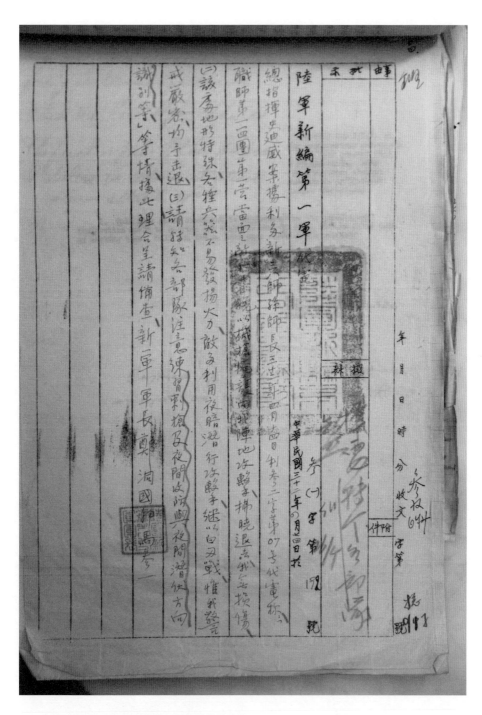

中国驻印军新1军军长郑洞国签署的作战文件。

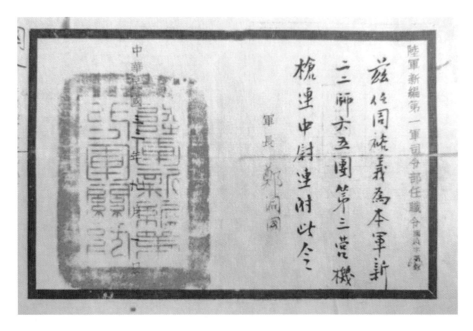

兹任同袍義為本軍新一

三師六五團第三營機

槍連中尉連附此令

陸軍新編第一軍司令部任職令

軍長　鄭洞國

中国驻印军新 1 军军长郑洞国签署的委任状。

和几位台湾及海外老友联名发来唁电，这在当时的岛内政治氛围下，于他还是有几分政治风险的。20 世纪 90 年代，张治中将军的长女张素我女士赴台探亲，曾到蒋纬国府上拜望。蒋纬国再次深情地回顾起当年在印缅战场上的经历和对祖父的怀念。

第十七章

中国驻印军反攻缅北之役

中国驻印军将士们即将出征。

1942 年春，中国远征军入缅作战失利，使我国主要国际交通线滇缅路被切断，从此盟国援华物资只能依靠飞越喜马拉雅山的驼峰空运。由于补给量极少，远不能满足国内的需要，因此重新打通滇缅路，已是我国大后方坚持长期抗战的迫切要求。美国为了减轻在太平洋战场的压力，也希望协助中英军队规复缅甸，拖住大批日本军队。

此后中美英盟国之间，围绕反攻缅甸的军事方略进行了频繁的协商，作战方案也几经调整。遗憾的是，英国人出于自身利益的考虑，始终对重返缅甸一事态度犹疑，甚至在英美苏三国首脑参加的德黑兰会议后，英国首相丘吉尔竟决定放弃缅甸作战计划。在这种情况下，中美双方征得蒙巴顿将军同意，决定中国驻印军单独于 1943 年 10 月下旬发动缅北反攻战役。

中国驻印军的作战方针是：从列多前进基地出发，一面筑路，一面作战，经野人山进入胡康谷地及孟拱谷地，夺取缅北重镇孟拱、密支那等要点，然后经八莫，向曼德勒推进，将日军聚歼于曼德勒附近地区。

中国驻印军重炮部队通过列多公路。

中国驻印军炮兵部队在缅北密林中艰难前进。

蜿蜒起伏于崇山峻岭间的滇缅路。

中美工兵部队在悬崖上修筑中印公路。

　　这条进攻路线从地图上看似乎便捷，实际上要通过的地方不仅有道路崎岖、人迹罕至的野人山，还有森林密布、河流纵横的胡康谷地、孟拱谷地，迫使我军背绝地以攻天险，无论筑路、行军、作战都十分困难。

　　史迪威将军原本打算指挥拥有重型装备的中国驻印军，从地势较平坦的印度英帕尔地区出击，这样不仅筑路容易，也可一举切断缅北日军交通线，直接向孟拱、八莫之敌发动攻击。但平庸而圆滑的驻印英军总司令韦维尔将军坚决反对。他担心中国军队深入缅甸中南部，对大英帝国战后重新控制这块殖民地不利，因而宁愿让中国军队牺牲更多年轻士兵的生命，去被国际上一些军事学家认为根本不能作战的绝地中奋战。

　　作为一个中国人，今天我们重温这一段历史，心中真是不胜唏嘘！

　　正当中国驻印军在缅北与日军苦战并节节向前推进之际，日军突然向印度英帕尔地区的英军，发动了计划已久的空前猛烈的大规模攻击。这时，始终消极避战的英国人才不得不硬着头皮投入战斗，在英帕尔—科希马地区，与日军展开了一场为时三个月的激烈而残酷的厮杀。

滇西中国远征军强渡怒江。

日军的进攻目的十分明确，他们企图攻占英帕尔地区，摧毁这里的机场和仓库，消灭驻防在这里的英军。一旦得手，不仅可以彻底击碎英国人重返缅甸的梦想，也因切断了阿萨姆—孟加拉铁路，使在缅北作战的中国驻印军失去后方，不得不重蹈 1942 年春中国远征军入缅作战失利的覆辙。

从这个意义上讲，在英帕尔的英军能不能击败日本人的进攻，对于整个东南亚的战局的确十分重要。据说战役的紧要关头，中国驻印军曾有抽调精锐的新 38 师协防英帕尔英军之议。幸运的是，这回英国人努力作战，而且打得不错。经历一场凶残的大战之后，日本人丢下近五万具尸体，狼狈地撤退了。

为了牵制日军，策应中国驻印军和在英帕尔的英军行动，集结在中国滇西的十余万中国远征军，于 5 月 11 日强渡怒江，向日军第 56 师团等部队发起猛烈进攻，迫使日军三面迎敌，战略上陷于很不利的境地。

滇西中国远征军强渡怒江后，立即与日军展开激战。（此照片由台湾秦风先生提供）

或许可以说，日军对英帕尔的冒险进攻，虽然给驻印英军和中国驻印军一度造成很大威胁，但客观上也把英国人重新拉回缅甸战场，最终形成中美英协同对日作战的局面，这大概是日军和盟方都始料不及的。

滇西中国远征军强渡怒江后，冒着瓢泼大雨在高黎贡山的泥泞道路上艰难行进。（此照片由台湾秦风先生提供）

滇西中国远征军攻入云南腾冲城内，与日军展开激烈巷战。

在腾冲战役中，滇西中国远征军第 11 集团军的官兵们使用美式火焰喷射器，逐次清除日军顽强据守的坚固的明碉暗堡。（此照片由台湾秦风先生提供）

在攻打腾冲的战斗中，美军士兵手持火焰喷射器协助中国军队清除日军残余。（此照片由台湾秦风先生提供）

美军顾问正在观察我军炮击日军据守的腾冲附近高地的情况。（此照片由台湾秦风先生提供）

1944年10月29日，滇西中国远征军向云南龙陵日军发起攻击，于11月3日攻克龙陵。（此照片由台湾秦风先生提供）

滇西中国远征军攻上龙陵城墙。（此照片由台湾秦风先生提供）

第十七章 中国驻印军反攻缅北之役

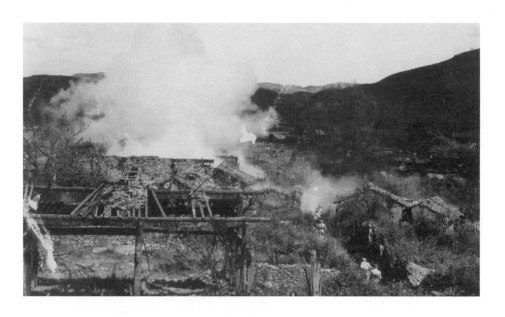

滇西中国远征军部队在龙陵城内与日军展开激烈巷战。（此照片由台湾秦风先生提供）

中国远征军战士们，正等待炮火袭击后，向松山日军发起攻击。

1944 年 6 月 4 日，滇西中国远征军总司令卫立煌将军在云南怒江惠通桥上指挥炮兵向日军轰击。

<big>**1943**</big> 年 10 月中旬，缅甸的雨季结束后，中国驻印军新 38 师 112 团，奉命进入野人山，分三路向胡康谷地的新平洋、于邦一线挺进，拉开了缅北反攻战役的序幕。

驻守胡康谷地和孟拱谷地的日军，是号称"亚热带丛林之王"的第 18 师团。该师团擅长亚热带山地和丛林作战，在日本发动南下作战后，曾横扫东南亚的美英军队，一路所向无敌。这支强悍的日军，现在成了中国驻印军在缅北战场的主要对手。

中国驻印军战车部队在缅北密林中辟路前进。

由于总指挥部情报有误，新38师112团在攻占新平洋，开始猛攻于邦时，才发现在这里据险防守的日军第18师团有整整两个联队的兵力。但中国驻印军参谋长柏德诺将军坚持己见，拒不增调炮兵助战。日军第55、56联队趁机反扑，敌我拉锯争夺，战斗极为惨烈。

奉命前往支援的新38师114团1营，也被日军团团围住。该营李克己营长有勇有谋。他指挥部队凭借几棵巨大的榕树，构筑了一个坚固的阵地，在与外界的联络、补给基本中断的情况下，全营官兵以芭蕉、毛竹、树叶为食，苦撑一个多月，其间打退日军无数次进攻，歼灭大批敌人。后来日军师久无功，对我军竟毫无办法，只能消极地围困下去。

直到12月中旬，孙立人亲率新38师主力及炮兵部队，在原始森林中开路前进，秘密迂回到日军侧背，突然发动奇袭。日军伤亡惨重，被迫退

1943年10月2日，蒋介石致电郑洞国将军，命孙立人师长飞返重庆汇报工作。

至于邦核心阵地死守。史迪威将军这时也亲临前线督战，我军士气大振，在美空军和驻印军炮兵的支持下，经过一番剧烈的堑壕战，终于在12月29日攻克于邦。日军残兵在退逃途中，又遭我军伏击，几乎溃不成军。

中国驻印军初战于邦，就打出了军威、国威，重挫日军的锐气，粉碎了日军第18师团不可战胜的神话，大大提振了全军将士的作战信心和勇气。这次战斗，也显现了美械装备的强大火力威力。当时在国内正面战场上，中国军队即使集中数倍于敌的兵力攻击作战，尚难确保胜利。但在缅甸战场上，中国驻印军常常是以寡击众，以少胜多。类似于于邦之战那样

郑洞国将军与孙立人将军（左）摄于缅北战地。

的我军连、营规模的小部队，依靠美军空投补给，在敌人的重重围困中长时间顽强固守的战例，在整个缅北反攻战役中不胜枚举。

日军经此一战，也意识到这支一年多前败退到印度的中国军队，"已达到不可与昔日相比的精强程度"，从此不敢轻视我军。

于邦之战后，中国驻印军新1军之新22师、新38师，分左右两路渡过大奈河，一路都在崇山峻岭和原始森林中机动灵活地穿插迂回，不断以凌厉、迅猛的攻势夺取了日军的众多阵地，歼灭了大批日军，完全控制了胡康谷地心脏地带孟关外围的全部重要据点，并形成了对孟关的合击之势。

1944 年 3 月 5 日，我新 22 师主力向孟关发起全线猛攻。经过一整天剧烈战斗，我军毙敌千余人，缴获大批武器弹药和物资，占领了这座缅北的重要门户。日军第 18 师团师团长田中信一率残敌仓皇南逃。

为了使敌人尾首难顾，有力地配合新 22 师攻打孟关，新 38 师接连向大奈河、南比河右岸的日军第 55、56 联队残部发动猛烈进攻，歼敌近千人，迅速将拉曼河及大奈河以北的日军全部肃清了。

正当日军第 18 师团主力与我新 1 军缠斗之际，美军"加拉哈德"支队千余人乘虚抄袭日军后方，但于 3 月 4 日在瓦鲁班附近遭两个中队日军的反扑，美军大兵们立刻哇哇大叫，连连向中国驻印军求援。孙立人师长闻讯急派新 38 师 113 团星夜驰援，将敌击溃，并乘胜从东北方向向瓦鲁班攻击。这时孟关已下，新 22 师主力也沿公路南下，追歼向瓦鲁班逃窜之敌。

在瓦鲁班追击战中，中国驻印军战车部队立下了奇功。我独立战车第 1 营，在原始森林中艰难地辟路前进，于 3 月 8 日突然出现在瓦鲁班西北侧。日军尚未及反应过来，我军铁骑就纵横驰骋，如入无人之境。日军第 18 师团作战课长石川中佐、第 56 联队联队长山崎大佐以下四百五十余名鬼子，不是丧命于我军炽盛的战车火力之下，就是被我战车履带碾毙，只有少数"腿长"的鬼子落荒而逃。

独立战车第 1 营随即以迅雷不及掩耳之势，突入日军第 18 师团司令部，将敌人的指挥系统全部摧毁，还缴获了大量战利品，连日军第 18 师团的关防大印，也落到了我军手中。往日气焰嚣张的"亚热带丛林之王"，现在几乎成了丧家之犬。

次日，新 22 师、新 38 师主力陆续赶到，经两昼夜激战，歼敌千余，力克瓦鲁班。

我军攻克瓦鲁班后，日军第 18 师团残部被迫退守胡康、孟拱谷地的分水岭——坚布山隘口，企图凭借这道地势险要、森林密布的天险，拒阻我军南进。

为避免正面强攻造成过大伤亡，中国驻印军以新 22 师主力在独立战

中国驻印军新 1 军新 38 师师长孙立人将军　　　　中国驻印军新 1 军新 22 师师长廖耀湘

车第 1 营支持下，担任正面佯攻。新 38 师和美军"加拉哈德"突击队则分路向日军侧背迂回前进。

但廖耀湘师长求战心切，不等迂回部队到达指定作战区域，便于 1944 年 3 月 18 日，命令新 22 师向据守坚布山之敌发起猛攻。

由于山高林密，道路狭窄曲折，我军重装备优势不易发挥，双方只能短兵相接，在茂密的丛林中混战一团，彼此伤亡惨重。激战至 3 月 26 日，新 22 师 64 团攀越绝壁，突然迂回至日军阵地侧后，对敌发起猛烈攻击。这时新 38 师和美军"加拉哈德"突击队也先后迂回成功，我军从不同方向猛烈突击，日军再也招架不住了，遗下遍野的枪支弹药和尸体，全线崩溃逃窜。

至此，胡康谷地战役全部结束，中国驻印军不仅控制了缅北的天险要隘，也打开了通往孟拱谷地的门户。此役我军毙伤日军一万两千余人，生俘六十余人，缴获重炮、汽车等轻重武器装备不计其数。日军第 18 师团元气大伤，以后虽屡经补充，却是一蹶不振了。

史迪威将军对中国官兵勇猛顽强的作战精神大为赞赏，尤其对孙立人、廖耀湘两位将军善于利用缅北山地和丛林地势，采用迂回、渗透等战术，灵活、机动地指挥作战，给予了高度评价。在这次战役中，孙、廖两位师长才开始拥有了自己的作战指挥权。

胡康谷地战役期间，祖父不顾一些美方人员的阻挠，坚持到前线去视察部队，鼓舞士气。一次行进途中，突与一股日军遭遇，发生激战。当时祖父身边只有参谋、卫士数人，情形十分危急。祖父一面命令大家用随身轻武器全力抵抗，一面烧毁随身携带的文件，做好了最坏的打算。幸亏附近一支新 22 师部队闻声赶来，才使祖父化险为夷。

中国驻印军重机枪部队正在强渡南高江。

胡康谷地战役结束后，新1军主力在美空军和驻印军战车部队支持下，以破竹之势，分路向孟拱谷地长驱疾进。这时新1军新30师整训完毕，已开抵前线作战。第14师、第50师也陆续从国内空运到印缅前线，中国驻印军军力大大增强，全军上下士气高昂。

日军第18师团残部和新增援的第56师团146联队、第2师团4联队，占据着孟拱、卡盟（加迈）、密支那等几个重要据点，以当地有利的山川地势为屏障，顽强阻击我军前进，并企图在卡盟一线与我决战。

根据史迪威将军的命令，新22师于1944年3月30日由南高江西岸沿公路南下，直扑卡盟。新38师一部则沿南高江以东山地，向卡盟以南地区迂回包抄。经过半个月苦战，我军先后攻占瓦康、巴杜阳、丁克林等

渡过南高江后，中国驻印军重机枪部队立即投入战斗。

要点，毙伤日军千余人，敌人纷纷退守地势险要的英开塘、沙逊山及孟拱河以东的高利、瓦蓝等地，伺机反扑。

为了不给敌人喘息机会，我右翼新 22 师逐次击破日军抵抗，不断向英开塘推进。日军像输红了眼的赌徒，集结重兵在英开塘以北地区向我疯狂反扑。这时因连日大雨，美空军和驻印军炮兵无法出动，敌我便以手榴弹和白刃相搏。一场剧烈的恶战之后，日军被迫丢下几十具尸体，拖着伤兵溃退了回去。新 22 师主力随即包围了英开塘。

5 月 3 日，连绵多日的阴雨天气终于转晴，中国驻印军抓住时机向英开塘发动了陆空联合总攻。午后一时，美军三十六架战机轮番对日军阵地俯冲轰炸。随后，驻印军独立战车第 1 营的五十七辆战车超越步兵线，交

中国驻印军部队强渡龙川江。（此照片由晏欢先生提供）

替掩护，突入敌阵，纵横驰骋。新22师炮兵部队也随着战车向前推进，逐次延伸射程，用猛烈炮火制压敌人的战防炮和战车肉搏队，日军的阵地全被摧毁。新22师步兵趁机突入，与敌短兵相接，展开了极为激烈的堑壕争夺战。

入夜后，伤亡惨重的日军见大势已去，企图趁夜幕掩护向南逃窜，却被我军发觉，立即以炽盛火力拦截，将其大部歼灭，只有少数残敌逃走。

英开塘之战，是中国驻印军发动缅北反攻战役以来，陆空协同攻坚战斗的成功战例，充分显示了我诸兵种协同作战的强大威力。

右翼新22师攻击英开塘时，左翼新38师主力则在孟拱河东岸的崇山密林中辟路前进，准备策应卡盟方面的战斗。

中国驻印军士兵用土制的帆布筏子携带着重机关枪渡江。

日军在孟拱河东岸的第一线阵地构筑了坚固的工事，以三个大队兵力纵深配备，企图固守。

自4月中旬起，新38师正面之114团以正面强攻，侧翼迂回渗透的战术，与敌激战十余日，消灭大批日军，相继攻克了东瓦拉、拉吉等要点。

该师112团则在114团左翼攀山辟路，悄悄地向瓦蓝方向前进。为了保守行动秘密，美空军不便空投补给，该团官兵将随身粮秣和水用尽后，便采集野菜和芭蕉根充饥解渴，经过多日艰苦行军，终于赶到瓦蓝西北荡板山附近，并以一营兵力占领芒平，将卡盟与瓦蓝之间的交通线彻底切断，主力则向瓦蓝攻击前进。

日军见自己后方的交通线被切断，顿时惊慌失措起来，立即调集第56师团146联队和第18师团114联队各一部，在十多天里不分昼夜地向我军阵地反扑。

中国驻印军部队正在向前线挺进。

由于第112团在高山密林中行军，无法携带重武器，此时该团防守芒平的一营官兵最初只能以轻武器与敌搏杀，战况非常激烈。最后日军除了在我军阵地前横七竖八地丢下许多尸首，还是一无所得。

第112团主力也经激烈战斗，歼灭日军第18师团55联队一部，相继攻占了瓦蓝外围的高利、奥溪等险要据点。

日军在孟拱谷地一败再败，不得不进一步收缩兵力，据险固守，以待雨季的到来。其孟拱河以西的第18师团56联队残部和第18山炮联队及第21重炮大队，退守马拉高以北及畏龙河以西之线；孟拱河以东的第18师团55联队残部、114联队一部和第56师团146联队则退守瓦蓝及西瓦拉等地。

中国驻印军部队正与日军激战。

　　右翼新 22 师主力攻占英开塘后，继续沿公路向南攻击前进，但遭到日军的猛烈抵抗，双方都有重大伤亡，我独立战车第 1 营也损失战车多辆。

　　廖耀湘师长及时调整部署，采用迂回穿插的战术，将各据点的日军分割包围，再次发动猛烈攻击。刚刚到达前线的我第 50 师 149 团也投入了战斗。日军在我包围圈内四处挨打，穷于招架，死伤惨重。

　　5 月 24 夜里，日军残部在滂沱的大雨中秘密突围，我军发现后当即予以痛击，消灭其大部，其余的敌人不得不重新缩了回去。到了 5 月 29 日，日军再也熬不住了，纷纷自动撤退，我军乘胜追击，于次日占领了马拉高。

　　左翼新 38 师除以 114 团向卡盟方向佯动，以牵制日军外，主力进攻位于大龙阳西北山麓的马蓝、沙牢和瓦蓝。5 月 10 日，新 38 师 112 团粉碎日军的层层阻击，进抵瓦蓝西南地区后，迅速切断了日军后方补给线，并攻占了瓦蓝外围的各个日军据点，随即对瓦蓝发起总攻。

据守瓦蓝的日军第18师团114联队1大队和55联队1大队残部，在日军第18师团步兵指挥官相田俊二少将的督战下，拼命抵抗，作困兽之斗。

由于瓦蓝的山势十分陡峭，敌人的工事也很强固，为避免重大伤亡，我军一面严密围困日军，一面以炮火和小部队日夜袭扰，让敌人片刻得不到安宁。这一招果然奏效，日军被困日久，弹尽粮绝，于5月24日夜间冒着大雨秘密向西南方向突围。新38师112团早有预料，敌人还没到达山下，就中了我军埋伏。由于夜间行动，日军队形密集，突遭我军火力猛袭，顿时大乱，互相践踏，溃不成军，当即被击毙一百余人。次日晨，我军将瓦蓝完全占领。

这时，新38师113团也相继攻占了拉克老河南岸二十余处日军据点，向西瓦拉和马蓝之敌发起猛烈攻击。5月26日，第113团经多日激战，突入马蓝，与敌反复白刃拼杀，前后毙敌一百余名，占领了马蓝。该团另一部于5月23日向西瓦拉之敌发起攻击，毙敌六七十人。这时天降大雨，后方无法向前方运送炮弹，该团只好将西瓦拉之敌牢牢围困起来，并将敌人外围据点完全清除。

中国驻印军在孟拱河两岸节节取胜，歼灭大批日军，对卡盟日军形成了包围瞰制的态势。这时缅甸的雨季已经来临。为了尽快打通滇缅国际交通线，驻印军总指挥部决心克服一切困难，冒雨作战，一鼓作气地夺取孟拱谷地战役的胜利。

为此，我新22师、新38师在战车部队和美空军的支持下，沿孟拱河两岸并进，目标直指卡盟。日军为了挽回败局，急将原来驻守瓦蓝的第18师团55联队、114联队一部转移到卡盟对岸的要点支遵集结。其56联队则退守卡盟西北的索卡道、南亚色等要点。另以第2师团4联队、第53师团151联队、128联队快速增援，准备在卡盟以北地区与我决战。双方大军云集，在卡盟以北的遍地沼泽中劈面相迎，展开了一场空前激烈的血战。

祖父为了鼓舞部队士气，不顾恶劣天气，亲自由列多军部乘飞机赶到卡盟前线，涉水前往新22师部督战。

这时我军正冒雨作战，积极清除卡盟日军主阵地外围的各前进据点，各处阵地枪炮声连成一片。由于连日大雨滂沱，洪水到处泛滥，低洼地面积水齐腰，前线官兵们终日在泥水中滚爬冲锋，很多人索性脱掉身上衣服，只穿一条短裤作战。我军阵地大都处在沼泽之中，部队无法埋锅造饭。一连多日，官兵们就以罐头拌着雨水充饥。尽管条件艰苦，但部队士气极为高昂，从师长到一般士兵，都摩拳擦掌，要打一场大漂亮仗。祖父看到这些情况，心中非常高兴。

从6月1日起，新22师正面加强攻势，占领了卡盟外围重要据点马丁沙坎。廖师长另派新22师65团大部和66团一营，及配属该师作战的第50师149团一营共一个加强团的兵力，沿沙逊山攀越高山绝壁，向卡盟日军西北地区的重要补给线南亚色、索卡道做深远迂回。

这支部队在滂沱大雨中攀越悬崖，拓木开路，艰难行军多日，终于到达南亚色及索卡道以南，强行切断了卡盟西北的公路、小路，以及卡盟至索卡道的公路，并将日军后方的电话通讯线路完全破坏。日军闻讯大惊，立即出动重兵反扑。我军早已严阵以待，将浓密的炮火倾泻在日军头上，敌人除了在我军阵地前留下大批尸首，毫无所获。

鉴于卡盟日军的退路已为我军切断，新22师正面攻击部队虚晃一枪，由该师参谋长刘建章亲率新22师64团、第50师149团两营和山炮一营、重榴弹炮两连及重迫击炮一连，沿公路及西侧谷地快速挺进，出敌不意地与我迂回部队协同攻击索卡道之敌。新22师66团主力及山炮一连，则沿公路以西山麓向南亚色前进，掩护公路正面攻击部队的侧翼安全。这两支部队击破日军的节节阻击，锐不可当，很快就兵临索卡道和南亚色附近。

日军原以为我军攻击重点放在正面，没有料到中国军队主力突然绕到自己西北侧翼，一时大乱，急由卡盟派出重兵前往增援，却被新22师迂回部队顽强阻击一周之久，始终无法前进一步。6月7日，新22师正面攻击部队在我迂回部队积极策应下，向日军发起全线猛攻，经三日血战，大败日军，一举攻占了索卡道和南亚色，随即挥戈南指，直逼卡盟。

此役我军毙伤日军四千余人，生俘日军大尉以下八十六人，缴获日军的重炮、汽车、骡马，以及枪支弹药等物资堆积如山。

据日俘供称，只有四百余名日军从索卡道、南亚色仓皇出逃，其第 18师团主力，包括 56 联队、114 联队 3 大队、18 山炮联队、21 重炮大队等，在这次战斗中几乎全被歼灭。

新 22 师在索卡道、南亚色与日军鏖战之际，在孟拱河左岸的新 38 师为策应新 22 师作战，也以灵活、果敢的行动，向日军发起凌厉攻势。该师除以 113 团主力由正面，经瓦蓝、大班向拉芒卡道攻击前进外，主力112 团、114 团则由日军配备缝隙间，锥形突进，秘密迂回南下，偷渡南高江，准备切断卡盟以南的日军后方主要交通线。

由于我军情报准确，行动隐秘，日军对新 38 师主力的迂回行动竟毫无察觉。5 月 27 日晨，新 38 师 112 团经过七天的艰苦行军，秘密抵达日军后方，当即以迅猛的攻击，一举夺取了卡盟以南的色当要塞，并迅速沿公路南北席卷，切断了日军仅剩下的一条重要补给线——孟拱至卡盟的公路，还占领了日军在这一地区的军用物资总囤积站。

驻守此地的日军各兵种部队不下千余人，由于远离前线，敌人毫无防备。我军发动突袭时，日军士兵正三五成群地吃早饭，顿时被打得狼奔豕突，四散逃命。这时日军指挥官还以为自己后方的麻烦，不过是小规模中国空降部队的偷袭行动，待发现这是一支数千人的中国军队时为时已晚。这一仗，我军毙伤日军七百余人，缴获重炮四门、满载军用物资的汽车四十余辆、骡马三百余匹、物资库房和弹药库数十座，取得意想不到的重大战果。

这一来，卡盟日军不仅面临着弹尽粮绝的困境，其后方的交通运输、通讯联络，以及指挥系统也都遭到破坏，顿时陷于混乱、动摇的境地。但这时担任切断卡萨地区铁路交通的英军空降第 77 旅，却被日军击溃，敌人得以抽调大批援军赶赴卡盟增援。

5月28日，日军集中新增援上来的第2师团4联队，及第53师团128联队、151联队、第18师团114联队各一部，在重炮、战车的支持下，向112团阵地南北夹攻，双方展开了空前激烈的战斗。

第112团虽然以寡敌众，又缺乏空军和地面炮火支持，却打得极其英勇顽强。其中该团1营3连，一天之内顶住了数倍于己的日军十余次疯狂冲锋，毙敌一百六十余人，自己也付出了沉重代价。连长周有良英勇牺牲。3连1排的战士们在打光子弹后，仍在阵地上与敌人肉搏五小时之久，最后全部壮烈殉国。就这样，日军使尽了各种进攻招数，却始终无法突破我军阵地。

为策应第112团作战，新38师113团冒着极大艰险，翻越高山绝壁，穿过兽迹罕至的无人区，一路披荆斩棘，不分昼夜地钻隙潜行，于6月1日袭占了拉芒卡道，随即左右席卷，攻克东西瓦拉各据点，日军猝不及防，被打得抱头鼠窜，遗尸遍野。我军乘胜追击，相继攻占了日军多处要点，毙敌三百余名。

6月15日，第114团1营前进至孟拱、密支那之间的交通要冲巴棱杜，与一个加强中队的日军激战。我军集中迫击炮火力将敌人工事击毁，继以步兵突入，与敌肉搏拼杀达八小时，日军伤亡过半，被迫丢下四五十具尸体狼狈溃逃，我军占领了这处南距孟拱城仅四英里的战略要点。

新38师主力在敌后的作战行动，使卡盟日军首尾难顾，处于纷乱、崩溃的状态中。同时，由于我军切断了孟拱至密支那的公路和铁路，使日军无法将兵力向密支那转运，大大减轻了我军已经在密支那发起的军事行动的压力。

担任正面攻击作战的新38师113团，这时也不断向前推进，肃清了西瓦拉、马蓝之间的残敌。6月4日，该团主力前进至拉芒卡道附近，经一夜激战，攻占了那昌康，并与第114团部队会合。这时，原在瓦兰附近地区被我军击溃的日军第18师团55联队1大队残部百余人，经西瓦拉附近向支遵秘密辟路逃窜，却被我军发现，当即予以痛击，歼敌大部，少数残敌继续西窜，该团2营则穷追不舍。

当时因连日暴雨，孟拱河东岸支遵地区积水没腹，我军行动十分困难。6月9日晨，第2营沿孟拱河东岸涉水南下，向支遵搜索前进，突与日军一个工兵中队遭遇，双方一交手，日军即被击溃，敌第56师团工兵联队少佐山中少长以下三十六人被击毙，该营乘势向支遵发起攻击。

支遵是紧傍孟拱河东岸的日军重要据点，与卡盟仅一水之隔，唇齿相依，互为犄角，地理位置十分重要。日军凭借坚固工事和对岸炮火支援，负隅顽抗。第2营官兵英勇顽强，在强大炮火支持下，突入敌人阵地，经四小时拼杀肉搏，全歼守敌二百余人，一举攻克了支遵。

第2营攻占支遵后，卡盟已在我军瞰制之下。该营本拟一鼓直下卡盟，但因孟拱河水暴涨，河宽流急，加上日军防范甚严，几次用竹筏偷渡未成。孙立人师长考虑第2营连日冒雨行军作战，过于疲惫，决定另以第113团3营，由支遵以南准备实施敌前强渡，并电令该师112团由卡清河之线向北猛攻，牵制卡盟之敌。

这时的卡盟日军，已陷于四面楚歌之中。我右翼新22师64团和第50师149团沿公路向南攻击卡盟之敌正面，该师65团由昆卡道向东南前进，攻击日军侧背。左翼新38师113团由卡盟东北渡河攻击，第112团于卡盟西南四英里之线发动攻击，牵制日军行动。

6月16日，新1军各部对卡盟发动总攻。新38师113团使用总指挥部刚刚配发的橡皮舟和七五山炮烟幕弹，在强大炮火和浓密烟雾掩护下强渡孟拱河，经与日军激战数小时，一举抢渡成功。该团3营立即抢占了卡盟东南的六三七高地，居高临下俯击卡盟之敌，日军只好缩进卡盟城内作困兽之斗。第3营官兵奋勇异常，追踪突入卡盟东北城区内，与日军展开激烈巷战。这时新22师64团、65团经过血战，也相继攻抵卡盟西北、西南城区，与敌白刃格斗，逐屋争夺。下午三时，新38师和新22师攻击部队在卡盟城内胜利会合，宣告缅北军事重镇卡盟已完全在我军的控制之下。

防守卡盟的日军死伤惨重，只有少数残敌窜往卡盟西北山地。另有一些零散日军，因奔逃无路，情急之下，只好抱着伐倒的树木跳入波涛汹涌的孟拱河中逃生，有的被淹死，有的被沿岸我军官兵击毙，还有一些被当地土著居民捕获，送交我军领赏。祖父在前线亲眼看到这些日军战俘，个个衣衫破碎，面黄肌瘦，有的还生满疥疮，一副肮脏不堪的样子，昔日"大日本皇军"的威风，早已荡然无存了。

我军攻克卡盟后，马不停蹄，新38师主力奉命立即向孟拱挺进，新22师则负责肃清卡盟西南山区的日军残余部队。至6月29日，新22师将卡盟附近的残敌大部歼灭，日军第18师团师团长田中新一仅率千余残众，攀越雪邦山落荒而逃。但田中新一的厄运并未就此终结。此后不久，日本军部下令将他押解东京审判，随后被枪决。这个日军"常胜将军"，终因缅北之败，落得最可悲的下场。

卡盟一役，仅新22师就毙伤日军不下五千人，其中先后发现的敌人遗尸就多达一千六百多具，生俘日军大尉以下官兵八十九名，缴获日军各种火炮三十门、汽车二百余辆、仓库三十余所，各种军用物资不计其数。日军屡经补充的第18师团，也基本上被我军消灭了。

日军于卡盟失守后，开始在孟拱城周围集结兵力，企图长期固守。守敌计有第53师团128联队主力，151联队一部，第18师团114联队残部，第56师团146联队3大队等，共计约两个联队兵力。

在新1军主力与卡盟日军决战时，英军空降第77旅乘虚进袭孟拱城，不料在孟拱城东南遭日军猛烈反击，全线发生动摇，急向我新38师求援，声称若二十四小时之内得不到增援，将自行撤退。孙立人师长担心英军一旦崩溃，影响整个战局，立命第114团星夜秘密向孟拱东北地区轻装疾进，支持英军，并相机夺取孟拱城。

第114团冒着倾盆大雨，踏着没膝的泥浆，经一夜强行军，于6月18日晨抵达距孟拱城东北二英里多的孟拱河北岸。这时的孟拱河水涨河深，河面宽达四百公尺，舟渡不易。为了迅速解救英军，该团还是决定冒险偷渡。当夜，第114团分批乘橡皮筏悄悄渡江，日军毫无察觉。次日晨，我

曾声言"不下孟关不剃须"的孙立人将军在距敌人阵地仅数十公尺的树上的掩体中观察敌情。

军犹如神兵天降，猛袭正在进攻英军的日军侧背，一举解救了英军的困境。

战斗中，第114团1营以一个排兵力接替英军一个营的战斗任务。

英军将领起初看了连连摇头，认为中国军队太轻敌了。但以后这个排攻击顺利，而且取得很大战果，这让英军大开眼界，对中国军队大加赞赏。战斗结束后，英军旅长还亲自带着众多军官到第114团战地实地考察，搜集作战资料。以后孙将军与祖父谈起此事，笑谓英国人平时军装笔挺，傲气十足，打仗却缺乏实际指挥经验。

情况也确实如此。像上面提到的战例，英军指挥官在不到二百米的攻击正面投入一营兵力，炮火准备后即以密集混乱的队形猛冲，结果在日军浓密火网下徒遭惨重伤亡，攻击却毫无进展。而我军则能依据地形和敌情情况，巧妙使用兵力，善于以少数兵力歼灭优势之敌。这些说明中国驻印军不仅具有坚强的战斗力，在战术运用方面也具备了较高的水平。

第114团解救英军后，立即向孟拱城包围攻击。经几日激战，相继攻占了孟拱外围的众多据点，并将通往孟拱的公路、铁路全部切断，日军被迫缩入城内固守。新38师113团也在南高江北岸积极扫荡日军，策应第114团方面的战斗。

6月24日，第114团向孟拱城发动总攻。我军先以强大炮火摧毁敌人工事，继以步兵突击，官兵们前仆后继，奋勇冲杀，经六小时激战，第1营首先突破孟拱城外围铁丝网和三个据点，随即冲入城内。日军则凭借城内房屋和城内即设工事拼死抵抗。我军官兵以白刃和手榴弹接战，逐步推进，到黄昏前攻占了火车站和半个城市，毙敌百余。第2营也由瓦铁西进，重创日军两个中队，占领了孟拱城西的大铁桥，切断了城内守敌的退路，日军陷于四面包围之中。入夜，日军集中兵力发动凶猛反扑，我军沉着应战，集中火力猛扫，大量杀伤敌人。日军反攻不成，只好退到城西北角作困兽之斗。25日晨，我军继续发动全线攻势，经一整天的激战，到下午五时占领了孟拱全城。城内残敌走投无路，只得泅水逃命，但大半被我军击毙于江中，另有一些被江水溺毙，只有个别敌人漏网。

当第114团攻击孟拱之际，有一个大队日军和炮兵赶来增援，在孟拱外围地区遭到该团第8连排哨阻击。日军欺负我军人少，利用夜幕掩护，在炮火支持下用密集队形冲锋七八次，企图一举冲垮该排阵地，打通道路。我军以寡击众，打得十分顽强。经一整夜激战，击退了敌人的一次次冲锋，毙敌炮兵联队长高见重太郎大佐以下官兵一百三十五人，缴获火炮三门，轻重机枪六挺，其他枪支弹药甚多。日军见势不妙，急忙掉头西逃，又遭第113团1营3连阻击，一场恶战之后，这股敌人几遭全歼。我军又毙敌二百七十五名，生俘十四名，缴获火炮五门、轻重机枪十挺、军马五十四、步枪数十支。

孟拱之战，新38师打得勇猛坚决，战果颇丰，前后共毙敌一千五百余名，俘虏二十一名，缴获轻战车五辆、各种火炮二十四门、轻重机枪五十七挺、列车九十七节、汽车四十七辆、骡马一百二十五匹、仓库二十余所，其他军用物资堆积如山。

打了大胜仗之后，新38师官兵无不喜气洋洋。

起初，新38师挺进孟拱谷地时，孙立人师长即发出誓言，不打下孟拱城绝不剃须。战役刚刚结束，祖父赶到新38师师部视察。孙将军坐在师部帐篷里的行军床上，绘声绘色地向祖父作战役简报。祖父望着他英俊的脸庞上，堆满了浓密的黑须，不禁打趣道："立人兄，你这个常山赵子龙，居然变成燕人张翼德了？"言毕，两人相对大笑。

整个孟拱谷地战役，我军经四个多月的激烈鏖战，基本全歼了日军第18师团，并重创其第2师团4联队、第53师团128联队、151联队、第56师团146联队，毙敌一万五千余人，日军伤亡总数达二万六千余名。我军还生俘日军大尉以下官兵一百一十七名，缴获各式火炮一百一十六门、轻重机枪三百余挺、各种机动车辆五百余辆、战车五辆，许多被日军自行毁坏或投入原始森林中的武器装备尚不在此数。

经孟拱谷地战役之后，卡盟、孟拱、密支那之间的公路、铁路均畅行无阻，为后来缅北反攻战役的胜利，奠定了坚实的基础。

1944 年 5 月 1 日，中国驻印军新 22 师师长廖耀湘（右二）在孟拱河谷地战役中与中美军官们研究作战方案。（此照片由晏欢先生提供）

这一时期，英军已在英帕尔战役中取得了决定性的胜利，日军第 15 军在遭受巨大伤亡后，被迫退往缅甸中南部。中国滇西远征军也在高黎贡山各隘口，以及龙陵、腾冲等怒江以西广大地区，与日军精锐的第 56 师团等部展开全线激战。驻缅甸的日军完全丧失了战争主动权，在战略上处于极其被动的境地。

中国驻印军总指挥部在取得孟拱河谷地战役胜利之后，为迅速歼灭缅北日军，早日打通滇缅路，立即全力部署、指挥对缅北战略重镇密支那的攻击作战。

密支那位于喜马拉雅山脉南端的缅北中心地区，是缅北公路、铁路的联结点，战略地位极为重要。其周围多山，东临伊洛瓦底江，中间是一个

1944 年 4 月中下旬，中美混合突击支队秘密地由孟拱谷地长途奔袭密支那机场。图为中美突击队员在泥泞的山路上急行军。（此照片由晏欢先生提供）

小平原，地形稍有起伏，遍地都是森林，隐蔽异常。城西北两方，各有一个飞机场。日军在此长期经营，构筑了大量坚固、隐蔽的工事，前后集结了三千余重兵防守。

早在中国驻印军进攻孟拱谷地之初，总指挥部便拟定了以攻取密支那为目标、代号为"威尼斯商人"的秘密作战计划。为此，史迪威将军命令美军梅利尔准将，率领一支中美联合先遣支队，由胡康谷地出发，穿越悬崖峭壁、森林茂密的库芒山区，一路辟道前进，深入日军后方，秘密奔袭密支那。

这支先遣支队分为两个纵队：K 纵队由美军加拉哈德支队第 3 营、新 30 师 88 团、新 22 师炮兵第 4 连组成，指挥官是美军基尼逊上校。H 纵队由美军加拉哈德支队（欠一营）、第 50 师 150 团、美军七五山炮一排组成，指挥官是美军亨特上校。以后，为了支持中美突击队攻击密支那的作战行动，总指挥部又调原在印度阿萨密省负责对英帕尔方向警戒的新 30 师 89 团，空运密支那作战，稍后第 14 师 42 团也空运至密支那前线。

经过半个多月的艰苦行军，其间也经历了一些小规模的战斗，先遣支队于 5 月中旬先后秘密抵达密支那附近。5 月 17 日上午 10 时，H 纵队率先向密支那西机场发动奇袭。防守该机场的日军仅百余人，事先对我军的行动毫无防范，经第 150 团第 1 营和第 3 营从两翼猛烈夹攻，敌人仓皇抵抗了一阵便落荒而逃，我军完全控制了机场，并乘胜追击，占领了江边跑马堤。

中国驻印军在密支那初战得胜，不仅我军将士倍受鼓舞，各方面反响也很大，连蒙巴顿将军也发来贺电表示祝贺。这时新 30 师 89 团已空运至前线，接替了西机场等处防务，第 150 团于 18 日继续向密支那市区推进，与日军激烈交战。K 纵队也在密支那以北地区与日军激战。

5 月 19 日，第 150 团向当面之敌发起凌厉攻势，经数小时猛烈攻击突入至车站附近，并破坏了日军设置的铁丝网。入夜后，日军凭借有利地势顽强抵抗，以浓密火网阻挡我军前进，第 150 团伤亡很大，第 3 营营长郭文乾英勇牺牲。不久，日军发动全线反攻，我军各部都陷于苦战中。激战持续至次日拂晓，日军反扑均被击退，第 150 团乘势向密支那市区和车站攻击，于上午八时半将车站攻克。

这时战局对我军十分有利。驻守密支那的日军仅第 18 师团 114 联队 3 大队及直属部队驻市区，第 56 师团 148 联队的两个中队和第 18 师团工兵 12 联队 1 中队驻西郊，原担任西机场防务的第 15 机场守备队密支那派遣队及气象分遣队退驻西郊，另有番号不明的两个中队驻北机场，其总兵力仅一千五百余人。倘我军抓住战机，趁第 150 团取得突破，日军全线动摇之际，迅速调动后方主力部队向敌纵深突破，则极有可能一举夺取密支那。可惜在这个战役关键时刻，梅利尔将军犯了致命的错误：他非但没有将留在西机场的新 30 师 89 团和美军加拉哈德支队主力调上去增援第 150

中国驻印军总指挥史迪威将军在缅北密支那机场观察敌情。（此照片由晏欢先生提供）

团，反而分割使用该团兵力，使日军获得喘息之机，迅速调整部署，实施反击，以致我军错失良机，形成了后来旷日持久的密支那攻防战，不仅拖延了战争进程，也使我军兵员受到极大损失。

日军从密支那车站失守的惊慌中镇静下来后，立即集中兵力和火力向我军反扑，第150团与后方的通讯联络被截断。在战斗的紧要时刻，美军总联络官孔姆中校又借故离开火线，以致无法要求机场空军和炮兵给予支持，驻守车站的第150团2、3营在日军的猛烈炮轰和步兵攻击下伤亡惨重，被迫撤出阵地。激战至晚，被困于车站附近的第150团已经弹尽粮绝，后方又补给不上，广大官兵只能趁夜幕掩护，奉命以白刃拼杀，于次日凌晨突出包围，撤回跑马堤附近。日军则趁机恢复了在市区的原有阵地。

5月23日，史迪威将军率参谋长柏德诺将军、祖父，以及新30师师

1944 年 7 月 18 日，在缅北密支那西打坡前线，史迪威将军与中美两国军官商讨作战方案。（此照片由晏欢先生提供）

长胡素、第 50 师师长潘裕昆飞抵密支那前线，立即撤换了梅利尔将军的职务，由上述五人组成临时指挥部，并规定在前线的中国部队分由胡素和潘裕昆两位将军指挥。

这时，日军已陆续从八莫和滇南抽调第 18 师团 114 联队 1 大队、第 56 师团 148 联队 1 大队前来增援，使守敌总兵力达到三千人以上。日军还在原有基础上，将密支那分成四个防御区，加强工事，纵深配备，协同固守。敌人的各种火器、掩体，多配置于丛林、树根、谷壑、岩穴中，位置不易发现，且能封锁道路。其在市区的工事，均以建筑物构成据点，利用民房及街道两侧，预先构筑各种坚固掩体，重要据点间还以交通壕相连接，在街道进出口、十字路口及民房屋角都配置了重武器，火网十分稠密，整个城市形成了完整的防御体系，因此我军攻击十分困难。

中国驻印军第 50 师的将士们正一面在密支那城郊掘壕作业，一面向日军发动攻击。

从 5 月 25 日起，中国驻印军再次对密支那发动攻势，陆续空运至前线的新 30 师、第 50 师主力成为主战部队，美军加拉哈德支队和美军战斗工兵部队也投入战斗。经一月苦战，我军虽有进展，但整个战事仍陷于胶着状态，而且伤亡很大。其间，史迪威总指挥又陆续撤换了柏德诺、麦根两任美军指挥官，将前线指挥权交给祖父等中国将领负责。

在严酷的战争中，中国驻印军的官兵们终于摸索出了克敌制胜的办法，就是采用陆空协同轰炸与地面掘壕突击并用的方式，逐步向密支那市区推进，日军一时对此束手无策。

中国驻印军攻克密支那后，我军官兵巡视已成一片废墟的城市。（此照片由晏欢先生提供）

胡康谷地战役结束后，祖父根据史迪威将军的指示，于7月6日再次飞抵密支那指挥督战。他亲到距敌不到五十米的火线视察战况，侦察敌人的火力配备和兵力部署，召集前线各将领听取情况汇报，研究改进作战方案，随后向各师下达了7月7日再次向密支那日军发动全面攻击的命令。

在中国抗日战争全面爆发七周年纪念日的这一天，即1944年7月7日下午1时，中国驻印军全线在空军、炮兵的掩护下，向密支那之敌发动猛烈攻击。广大官兵们前仆后继，奋勇冲杀，虽有较大伤亡，各师攻击部队都取得了重要进展。这时新30师90团、第14师41团、第50师149团陆续开抵前线，立即投入战斗。这几支生力军的到达使我军士气益振，攻击力也大为增强。自7月17日以后，我军掘壕攻击较为顺利，各师相继进入密支那街市村落战斗，日军虽屡经补充，但在我军沉重打击下伤亡奇重，被迫向市区退缩。至31日，除美军加拉哈德支队进展不大外，新30师、第50师、第14师都有重大战斗进展，占领了密支那大半个市区。

8月1日，密支那日军终于熬不住了，开始做突围的打算。我军不失时机地发起最后的攻击。第50师师长潘裕昆考虑密支那北段日军仍凭借坚固工事顽抗，正面强攻牺牲太大，于是以该师工兵连为基干，组成百余人的敢死队，携带轻便武器和通讯器材，分成十余个小组，趁夜幕掩护潜入敌人阵地后方，将日军通讯设施完全破坏，并于3日拂晓向敌指挥部和各据点猛烈攻击，日军顿时慌乱起来，第50师各部队应声而起，发起全线攻击，占领了日军在城北的阵地。日军残余部队数百人向江中逃窜，被该师大部追歼。新30师也攻占了日军准备作最后死守的据点营房区，日军密支那最高指挥官水上原藏大佐被迫自杀，其余守敌也大部以手榴弹自杀。8月5日，我军完全控制了密支那市区，并与刚刚打下城北西打坡的美军加拉哈德支队取得联络，密支那战役宣告结束。

密支那战役是整个缅北反攻战役中最为激烈艰苦的一役。我军以伤亡六千六百余人，其中阵亡两千四百余人的沉重代价，费时两月余，才攻下这座战略重镇。在这次战役中，我军击毙日军两千余人，生俘六十九人，缴获不计其数。更重要的是，由于控制了这座战略重镇，中印间空运自此可以直接由密支那及附近上空往返，不必再飞越那令人生畏的驼峰，而且空运物资的数量也可大为增加，因此对中国后期抗战贡献很大。

中国驻印军总指挥史迪威将军，这是 1944 年 8 月他晋升四星上将后拍摄的。

中国驻印军副总指挥郑洞国将军。

密支那战役结束后，中国驻印军进行了为期两个月的整训，所部改编为两个军：新编第 1 军，军长孙立人，辖新 38 师、新 30 师，集结于密支那；新编第 6 军，军长廖耀湘，辖新 22 师、第 50 师、第 14 师，集结于孟拱。

中国驻印军总指挥仍由史迪威将军担任，另成立中国驻印军副总指挥部，祖父升任副总指挥。

此后不久，史迪威将军奉调回国，由索尔登将军接任中国驻印军总指挥。

1944 年 10 月上旬，缅甸地区的雨季刚过，中国驻印军十万雄师和英军一部，分兵三路向南挺进。右路英军第 36 英印师，沿密支那至曼德勒铁路走廊，进攻卡萨。中路新 6 军由铁路以东之原始森林经和平迁回攻击伊洛瓦底江边的瑞古，切断八莫日军的退路，并拒阻日军经水路向八莫增援。左路新 1 军则沿密支那支腊戍公路，向八莫攻击前进。

發往地點

機關姓名　鄭洞國

發電日韻　玉艷侍參

原辦機關

發文號次　　字　　發

特急。鄭副總指揮。查史迪威將軍現已奉美國政

府電召返國並解除中國戰區參謀長及東南亞總部

副總司令兼中緬印戰區美國司令各職其繼任人

員已經本委員長任命現任蒙巴頓大將之代理參

謀長魏德邁亞中將為中國戰區參謀長又已

任命現任中緬印戰區副司令索爾登中將為中

華民國駐印軍總指揮除分別任命外仰即轉

飭知照。曲艷侍參印

1944年10月30日，蔣介石致電鄭洞國將軍，告知索爾登將軍接替史迪威將軍軍職等事。

中 国 远 征 军 缅 北 作 战 要 图

(1944年10月—1945年3月)

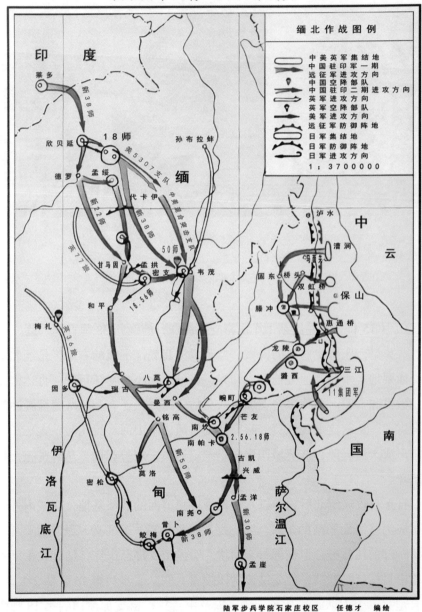

中国远征军缅北作战要图

1944 年 11 月 30 日，中国驻印军总指挥索尔登将军、副总指挥郑洞国将军（坐在小桌旁背对镜头者）、新 1 军军长孙立人将军（左一坐在小桌旁者）、新 38 师师长李鸿将军（右一小桌旁站立者），正在缅甸八莫前线研究战局。（美军通讯兵照片，源自美国国家档案馆，晏欢先生提供）

10 月 15 日，我左路新 1 军由密支那渡江，前锋新 38 师直扑八莫。

八莫是一座历史悠久的古城，位于伊洛瓦底江汇流的右岸，是缅北水路交通要地。水路南通曼德勒、仰光，也可以用小舟逆江行驶，直达密支那、孟拱和卡盟。陆路除密支那至八莫的公路外，还有一条八莫至腾冲的骡马古道。从密支那到八莫，除有南太白河、南山河、貌儿河、太平江等河川形成天然屏障，八莫城四周也是湖沼遍布，地势起伏、丛林密布，易于防守。

日军自攻略缅北后，即以八莫作为进犯滇西的战略基地，在城内外修筑了极为坚固而隐蔽的工事。密支那战役发生后，日军曾从缅南抽调第 2 师团一部前往救援，但该部行至南坎，听说密支那已失守，估计我军下一个攻击目标就是八莫，便集结该师团搜索兵联队、步兵第 16 联队 2 大队、混合炮兵一个大队、轻战车十辆，以及由孟拱、密支那溃回的第 18 师团残部共三千余人固守八莫。起初日军认为八莫城防坚固，起码可以固守三个月以上。

新1军前锋新38师113团沿密八公路向南攻击前进，一路动作神速，于10月27日进抵太平江北岸，随即以迅雷不及掩耳之势歼灭据守庙堤的日军一个中队，其余日军惊慌失措地退回太平江以南。

太平江正面河幅宽达四百英尺，水流湍急。日军依南岸险峻的山势，构筑了坚固工事，可以用火力控制所有渡口。而北岸却地势平坦，使我军的渡河行动处处受到日军的瞰制。为了避免敌前强渡造成过大伤亡，孙立人军长亲至江边视察，决定以第113团在太平江北岸佯攻，吸引日军注意力，另以新38师主力于11月1日，秘密从太平江上游的铁索桥渡江，向八莫、曼西侧后迂回，包抄日军后路。

在新38师主力秘密向八莫日军侧后迂回期间，第113团曾几次试图渡河，都因日军以强大火力封锁江面而未成功。团长赵狄破敌心切，于11月8日夜选派六名水性好的士兵，从庙堤正面跃入冰冷刺骨的太平江，偷偷游到对岸，寻找到日军防守上的空隙，然后接应该团3连悄悄渡江，接着全团也兵不血刃地渡过了太平江。

第113团一渡过太平江，立即扑向八莫城，日军做梦也没有想到我军偷渡成功，一时大乱，只得仓促抵抗。经几日激战，该团将八莫外围的大小村落和三个飞机场全部攻占了。后续新30师一部随即渡江跟进，包围八莫。这时新38师主力已迂回成功，会同第113团攻克了八莫外围的重要据点莫马克和曼西，切断了八莫通往南坎的道路，八莫日军完全陷入我军的重围之中，只好龟缩城内，固守待援。

中路新6军方面战斗进展也很顺利。10月中旬，前锋新22师自孟拱乘火车进至和平，随后在崇山峻岭中长途跋涉，于11月初到达伊洛瓦底江北岸，很快得到总指挥部配发的渡河器材，其先头部队利用夜幕掩护，乘坐橡皮舟悄悄渡江，建立了滩头阵地，掩护主力续渡。日军没有料到我军在此处渡江，仓促前来迎战，很快被击溃。新22师穷追不舍，追踪攻占了瑞古，驻守瑞古的日军第2师团16联队一部，慌乱抵抗一阵后，即逃往八莫。

为配合左路新 1 军攻击八莫，新 22 师仅以第 64 团防守瑞古，主力迅速向八莫方向挺进，一路击溃日军阻截，于 11 月 17 日与新 1 军新 38 师部队会合，加入对八莫的攻击作战。

尽管缅北日军主力都被中国驻印军吸引到八莫、瑞古方面，但在右路攻击作战的英军第 36 英印师却表现得大失水平。该师在向卡萨挺进途中，突遭日军铁道守备队的反击，当即大乱，纷纷溃退，几不成军。廖耀湘军长急调新 6 军预备队第 50 师迅速驰援，才将日军彻底击溃。这样不仅使英军转危为安，也保证了我军侧翼安全。以后英军虽然未能如期攻下卡萨，但对中国驻印军也起到了侧翼掩护作用。

我军包围八莫后，新 38 师主力在新 22 师一部的策应下，对八莫日军展开猛烈攻击，战况极为激烈。鉴于八莫日军的城垣工事非常坚固，敌人的火力也十分猛烈，新 38 师吸取强攻密支那的教训，采用陆空协同、步炮协同，并以战车掩护、逐点歼敌的战法实施攻击，一点一点地啃掉日军的阵地，战果非常显著。

我军进攻八莫期间，祖父多次乘坐美军小型侦察机，前往八莫上空视察督战。此时整个八莫城在我强大空军和炮兵的轰击下大火熊熊，浓烟滚滚，日军炮火几乎完全被压制，城内建筑物也大多崩毁。

日军虽然伤亡惨重，但抵抗却十分凶顽。敌人在城垣四周，利用复杂的地势，修筑了很多分散的抵抗巢，每个抵抗巢配备一名轻机枪射手、一名步枪狙击手、一名掷弹兵手，各抵抗巢之间以火力相互策应，使我步兵难以接近。我军更技胜一筹，前线各攻击部队使用迫击炮将其逐个定点清除，才渐次突入城区。

日军为确保城区各主要阵地，集中战车、火炮和战车肉搏队，轮番向我军发动自杀性反扑，敌我反复争夺，阵地犬牙交错，战斗呈白热化状态。由于彼此相距太近，有时各种火器都无法施展作用，双方只能以白刃相搏。一天，日军借早晨的浓雾袭入第 113 团 1 营阵地，敌我在狭窄的堑壕里展开殊死的搏斗。混战中，我军的一名机枪手被敌人刺死，副射手也受了伤。但这位勇敢的战士忍住伤痛，一手按住敌人刺过来的枪，一手紧

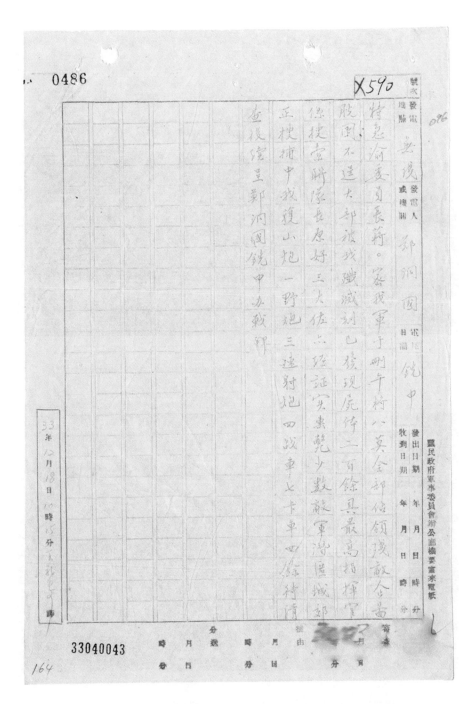

特急俞委员长蒋。窃我军于卅午午时八英全部攻占八莫，残敌全番

股溃，不逞大部被我歼灭，刘已后现尸约二百余具，最高指挥官

你捷宣附队长原好三大佐亦经证实业经少数敌军潜匿城郊

正搜捕中，我获山炮一野炮三速射炮四战车七卡车四条待清

查后谨呈郑洞国铣甲办战印

33040043

164

1944年12月18日，郑洞国将军致电蒋介石，报告中国驻印军克复缅北重镇八莫。

中国驻印军攻击八莫。（美国通讯兵照片，源自美国国家档案馆，晏欢先生提供）

1944年12月3日，中国驻印军新1军新38师重机关枪部队向八莫日军阵地猛烈射击。（美国通讯兵照片，源自美国国家档案馆，晏欢先生提供）

1944 年 12 月 8 日，驻印军新 30 师第 90 团第 2 营士兵正以迫击炮攻击八莫之敌。

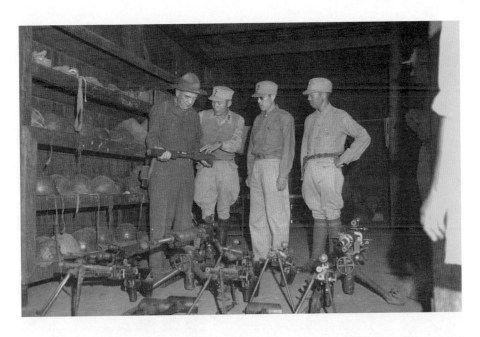

1944 年 11 月 30 日，中国驻印军总指挥索尔登将军（左一）与副总指挥郑洞国将军（右二）等，正在检视新 38 师在八莫战役中缴获的日军武器。左二为新 1 军军长孙立人，右一为新 38 师师长李鸿。（美军通讯兵照片，源自美国国家档案馆，晏欢先生提供）

被中国驻印军俘虏的日军战俘。（此照片由台湾秦风先生提供）

我军战士正在审讯日军俘虏。（此照片由台湾秦风先生提供）

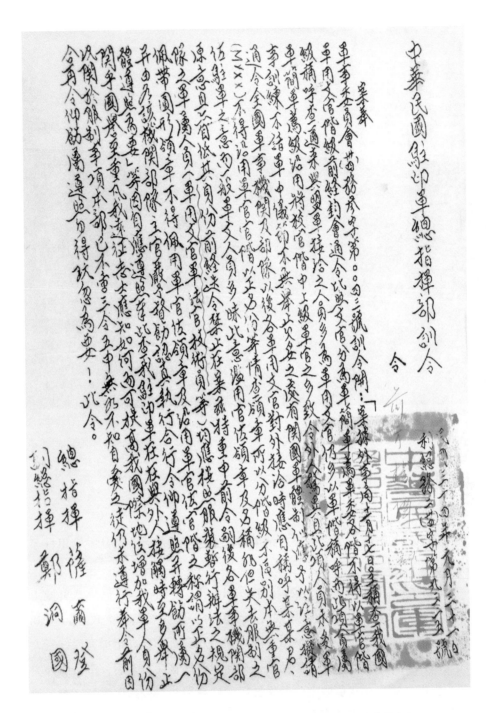

中国驻印军总指挥索尔登（萨尔登）将军、副总指挥郑洞国将军签署的作战命令。

1944 年 11 月 30 日，中国驻印军总指挥索尔登将军（前左一）与副总指挥郑洞国将军（前左三）、新 1 军军长孙立人将军（前左二）视察斯格瑞夫野战医院后匆匆离去。（美军通讯兵照片，源自美国国家档案馆，晏欢先生提供）

紧抓住敌人的喉咙，用力一拉，结果连这个鬼子兵的舌头都从喉管里扯了出来。

激烈的战斗持续了二十余日。12 月 14 日，中国驻印军已将八莫城南北主要据点及陆军监狱、宪兵营房、老炮台等坚固堡垒相继攻克，新 38 师主力乘胜向日军核心阵地突击。混战中，八莫日军最高指挥官原好三大佐被击毙，残敌数百人见大势已去，在强迫伤病官兵自杀后，拼命向外突围。当夜，敌我在八莫城南一带作最后的殊死战斗，枪炮声震耳欲聋，战火都映红了夜空。次日晨，我军攻入日军核心阵地，将残敌大部歼灭，城

1944 年 11 月 30 日，中国驻印军总指挥索尔登将军（右）、参谋长罗伯特·坎农（左）与新 6 军军长廖耀湘将军研究作战方案。

中国驻印军渡过瑞丽江。

内仅有的六七十名残兵败将趁黑夜泅水逃窜。正午时分，我军全部肃清了残敌，完全控制了八莫。

八莫之战是一次成功的攻坚战役，不仅打出了中国驻印军英勇顽强、善打硬仗的战斗风格，在战略战术的运用上，也体现出较高的军事水平。日军原拟在八莫死守三个月，结果我军仅用了二十八天就打下了这座坚城。此役我军击毙日军原好三大佐以下两千四百余人，俘敌池田大尉等二十余人，缴获零式战斗机两架、战车十辆，各种火炮二十八门、轻重机枪九十五挺、步枪一千二百余支。

在新 38 师猛攻八莫之际，我军为早日打通滇缅公路，命令左路新 1 军新 30 师，超越新 38 师，沿八（莫）南（坎）公路向南坎挺进。

南坎位于缅北最东端，紧挨中缅边境，西北通八莫，东北至龙陵，南达腊戍，为中缅交通要冲。其地势狭长，北有瑞丽江横贯全城，四周都是高山，犹以东南方更为险要。日军侵入缅北后，一直在此驻有重兵，储存了大量粮草、弹药，并构筑了半永久性工事，使该城成为日军东侵滇西和拱卫缅北的重要基地。

1944 年 12 月初，新 30 师在向南坎前进途中，突与由南坎出援八莫的日军山崎支队主力遭遇，爆发激烈战斗。这股敌人由南坎日军最高指挥官山崎四郎大佐亲自率领，计有第 18 师团 55 联队、第 56 师团 146 联队一部和刚刚从朝鲜调来的第 49 师团 168 联队，以及炮兵、工兵、辎重兵各一个大队。

新 30 师先头部队动作迅猛，一与敌人遭遇，就立即抢占了八南公路西侧的五三三八高地。这个高地至关重要，我军控制了此处，就把日军堵在了山脚下。起初日军仗着人多势众，摆开阵势向我冲击，但新 30 师先头部队打得十分顽强，像钉子一样牢牢地扎在阵地上，双方激战数日，日军一无所获。

12 月 9 日，气急败坏的日军集中二十余门火炮，在山崎大佐的亲自指挥下，发动全线猛攻。敌我激战整日，我军阵地虽然几度危殆，但由于官兵们奋勇作战，最终击退了日军的多次进攻。

这时新30师预备队89团也奉命赶至前线，孙立人军长还抽调新38师112团秘密向敌人侧后迂回包抄。

此后敌我连续恶战多日，彼此伤亡惨重，战事演成胶着状态。日军因连日受阻、迟迟无法救援八莫而变得更加焦躁疯狂。12月14日，日军再度向五三三八高地发动空前猛烈的进攻。一天之内，日军向这个高地发射了三千余发炮弹，整个阵地变成了一片焦土和火海。炮击一停，日军步兵便以密集队形向我阵地蜂拥冲击，连续发动自杀性冲锋。据守高地的新30师90团3营官兵非常沉着，敌人炮击时，他们镇静地躲在掩体里，炮击一过，立即跃入工事，集中轻重武器向敌人进攻队形猛烈扫射，把鬼子们一片片地打倒在地。敌人却是发疯了，前面的倒下了，后面的踩着自己人的尸首，杀气腾腾地继续往前涌。有几次日军已经冲上了我军阵地，第3营的战士们用白刃战，硬是将他们驱赶了下去。激战中，营长王礼宏阵亡，官兵们伤亡过半，仍死死守住了阵地。这一天，日军连续发动了十五次大规模的冲锋，都失败了，白白在我军阵地前丢下一千二百六十余具尸首。在这场战斗精神和意志的较量中，日本人最后崩溃了。由于伤亡太大，日军再也无力发动进攻，只得遗弃大批武器装备，纷纷向密林中溃逃了。

敌我在五三三八高地激战时，新30师88团在炮兵、工兵各一连的支持下，乘虚抄袭日军山崎支队侧背，相继攻占了马支、卡的克、卡龙等据点，先后歼灭日军一个大队。

这时担任敌后迂回的新38师112团已经越过南宛河，切断了八南公路，沿途歼灭了小股日军，随即在南宛河畔崇山峻岭中秘密疾进，一举袭占了南坎外围的据点般康、劳文及其机场，新30师主力也攻占了瑞丽江北岸的日军各据点。

南坎的地形特点是四周高山环绕，中间低洼平坦，攻取该城的关键在于控制南坎四周的制高点。根据我军掌握的情报，日军在地势最为险要的东南山地修筑了坚固的工事，其主力也配置在这里，准备长期固守。

为了避免正面攻坚伤亡太大，孙立人军长采用迂回、奇袭并用的战法，仅以新 30 师一部正面佯攻，牵制日军主力，新 1 军主力则由南坎西南侧实施大迂回突进，准备一举袭取南坎。

1945 年 1 月 5 日，新 30 师 89 团在前，新 38 师 114 团在后，攀越南坎以西的古当山脉，于西朗附近偷渡瑞丽江，向南坎南郊的高山密林中钻隙突进。新 30 师 90 团也秘密沿江南下，于 1 月 11 日拂晓在大雾掩护下悄悄渡过瑞丽江，由东北向敌南侧突进。这时天降大雨，山洪暴发，泥泞没膝，人马行动极为困难。但我军各迂回部队不避艰险，冒雨前进，分别按命令要求抵达秘密集结地点。只有正面新 30 师 88 团在瑞丽江北岸一面肃清残敌，一面佯作渡河准备。新 38 师 112 团也抵达瑞丽江北岸。

1 月 15 日，新 1 军主力在空军、火炮、战车强大火力支持下，对南坎发动突袭。据守南坎的日军简直无法相信自己突然陷入中国军队的重围之中，纷纷仓皇失措地抵抗，却在我军空中和地面强大炮火打击下损失惨重，无法抵挡我军从南北两个方向发动的凌厉攻势。上午 10 时，第 90 团 3 营 7 连最先突入南坎，其他部队也相继攻入市区，经过激烈巷战，我军于当日中午完全控制了该城。

这一仗，新 1 军毙敌一千七百八十余人，俘敌十余人，缴获火炮二十门、轻重机枪十五挺、步枪五百余支，另外还缴获了卡车十二辆、轿车一辆、仓库十余所。

重庆军委会接到中国驻印军攻克南坎的捷报后，大为振奋，立即电令滇西中国远征军迅速挺进，占领我边境城市畹町，以便尽快打通中印公路。

这时我滇西中国远征军经数月浴血奋战，相继攻克了松山、腾冲、龙陵、芒市等滇西重镇，其第 53 军、第 6 军、第 2 军等部，正分路向畹町挺进。英军第 14 集团军主力也在缅甸中部战略重镇曼德勒附近与日军激烈交战，整个战局对中国和盟军十分有利。

新 1 军攻克南坎后，来不及休整，就奉命乘胜继续向敌人猛攻。日军纷纷退守南（坎）芒（友）公路沿线的险峻山地，以及南坎以南牢笼山地区的即设阵地，据险死守。为了迅速打通滇缅路，新 1 军以新 30 师围歼老龙山之敌，新 38 师则沿南芒公路向芒友挺进。

在此之前，中路新 6 军于 1944 年 11 月底渡过瑞丽江，本拟直趋腊戍，切断腊戍至畹町的公路交通，拒止滇西、南坎日军退却，并截击腊戍之敌来援。但这时国内战局吃紧，日军实施"一号作战计划"，集中几十万精锐部队长驱直入我豫湘桂数省，正向贵州进犯，重庆震动。12 月 1 日，新 6 军主力新 22 师、第 14 师奉命紧急分批空运回国赴援。第 50 师转归新 1 军建制，接替了新 22 师在瑞丽江北岸的阵地。

第 50 师以 148 团担任西于至芒卡一带的防务，主力向南进击，与日军在万好地区激战。日军力不能支，急忙纠集第 18 师团 114 联队残部、第 56 师团 113 联队残部共八百余人往援，却被我军截成数段，首尾不得相顾。再经数日激战，第 50 师攻占万好，日军向茂罗方向溃退。该师乘胜追击，将瑞丽江北岸日军全部肃清。

新 38 师此时已将南坎东北河套的残余日军肃清，正以破竹之势沿南芒公路向芒友前进，连克色伦、般和、闹场、曼伟因、苗西等地，还于 1 月 21 日攻占了芒友西南的四五六一高地，并与滇西中国远征军第 53 军 116 师取得了联络。

1 月 23 日，日军为摆脱困境，集结重兵分三路向四五六一高地反扑，敌我激战一昼夜，日军被迫败退。这时日军第 56 师团残部已从滇西撤至芒友，企图会合原来驻守芒友的日军固守下去。新 38 师不等新 30 师在老龙山地区得手，即以第 114 团向南巴卡快速突进，切断了芒友日军的退路。新 38 师主力则沿公路南下，于 1 月 24 日向芒友发动猛烈攻击。经四日激战，我军一举攻克芒友，与攻克畹町后继续向前挺进的滇西中国远征军第 53 军胜利会师。这标志着中印公路至此全线打通。

当新 38 师攻击芒友之际，新 30 师也在老龙山地区与日军连日激战，歼敌一部。向南巴卡突进的新 38 师 114 团前进至康梭，包围了退守老龙

1945 年 1 月 22 日，中国驻印军新 1 军新 38 师第 113 团攻克中国边境城市畹町，与滇西中国远征军第 53 军第 116 师会师，第 113 团士兵与第 116 师士兵分享名叫温盖特（winggate）的食品。（美国通讯兵照片，源自美国国家档案馆，晏欢先生提供）

山地区的日军第 56 师团残部。

1 月 28 日，日军第 2 师团 4 联队附战车八辆、重炮四门前来救援，与日军第 56 师团残部夹击第 114 团。该团官兵奋勇应战，与敌血战一昼夜，阵地寸土未失。新 38 师主力闻讯由芒（友）南（巴卡）公路迅速南下驰援，双方激战五日，日军大败，且伤亡惨重，敌第 56 师团长松山佑三中将率少数残兵败将向南落荒而逃，我军于 2 月 8 日占领南巴卡。

中国驻印军与滇西中国远征军胜利会师。

　　中印公路打通后，滇西中国远征军循来路回国，中国驻印军为进一步扩张战果，确保滇缅国际交通线的安全，奉命继续掉头向缅中挺进。中国驻印军和盟军的部署是，西路第 36 英印师由卡萨南下，沿伊洛瓦底江东岸，攻取蒙米特；中路新 1 军 50 师由西于沿旧滇缅路以西的丛林地带，经南渡、细包，直取乔梅；东路新 1 军主力新 38 师、新 30 师由南巴卡、芒友循旧滇缅路向腊戍挺进。三路大军浩浩荡荡，以泰山压顶之势向日军压去。英军第 33 集团军也乘虚渡过更的宛河，向东出击，驱逐密支那曼德勒铁路沿线的日军，轻取温佐，即沿铁道走廊向瑞波前进，积极策应中国驻印军方面的作战。

　　在一年多的时间里，缅北日军屡遭毁灭性的打击，除第 2 师团 4 联队等部还保存着大部兵力以外，其他多是各师团的残部，且军心动摇。日本缅甸派遣军司令官河边正三将这些残兵败将纠集在一起，重新补充了一些

兴高采烈的中国驻印军与滇西中国远征军的将领们在滇缅边境前线会面了。

在中缅边境上，会师后的中美两国军队举行两国升旗典礼。(此照片由台湾秦风先生提供)

兵员和装备，让他们固守缅北战略重镇腊戍及附近各要点，力图将我军阻击在曼德勒以北地区，以争取时间掩护缅中日军向南撤退。因此在这以后，缅北对日作战的主攻方向在东路，犹以新 1 军主力新 38 师、新 30 师的攻击作战最为艰苦、激烈。

东路新 1 军主力的作战部署是，以新 30 师主力由南巴卡沿公路及其西侧地区向新维进攻；另以新 38 师 112 团自公路东侧经曼文一带高地，向新维方向挺进，掩护军主力左侧安全。

新维位于南杜河北岸，是旧滇缅路上的军事重镇，也是腊戍以北的重要支撑点。其地势狭长，周围高山耸立，十分险峻。新 1 军根据攻击南坎的成功经验，决定先拔除新维外围据点，在集中优势兵力一举夺取新维。

新 30 师主力自 2 月 8 日起，不断排除日军的小规模抵抗，沿公路节节前进，于 14 日占领新维外围重要据点贵街，接着又乘胜南进，次日进抵约温。我公路两侧部队也相继攻占曼爱、曼文各东西之线，随后渡过南图河，攻占洛班和西乌。2 月 18 日，公路东侧第 112 团由西乌西进，击溃日军抵抗，前进至新维南郊。正面新 30 师主力乘敌人恐慌，向据险死守的日军发动猛烈攻击。日军在我强大炮火轰击和步兵波浪式的冲击下，死伤惨重，阵地开始动摇。新维城内日军见势不妙，不惜孤注一掷，拼凑了两个中队的日军，在大炮和战车掩护下，向我攻击部队疯狂反扑。我军沉着应战，以炽盛火力迎头痛击，击毁日军战车八辆，毙敌甚众，敌人被迫溃退。新 30 师不失时机地发动总攻，于 20 日晨突入城内，经几小时激烈巷战，力克新维。

新维即下，东路新 1 军主力将下一个攻击目标指向腊戍。新 38 师主力在战车营支持下，沿公路南下，担任主攻；新 38 师 113 团和新 30 师 88 团分别沿公路西、东两侧前进，掩护主力两翼安全。

新维至腊戍，不过三十余英里，但都是绵延不绝的山地，正面非常狭小，易守难攻。紧急增援上来的日军第 56 师团搜索兵联队，前出新维以南，担任闹亨南北之线防御，第 56 师团 146 联队，加上炮兵一个大队和战车队，配置于腊戍，形成纵深配备。日军还利用新维至腊戍间的险峻地

1945 年 3 月 8 日，中国驻印军副总指挥郑洞国将军（左二）、美军约翰·威利准将（左三）、威利斯·塔克上校（右一）与从中国国内到缅甸前线劳军的于斌大主教（左一）合影。（美军通讯兵照片，源自美国国家档案馆，晏欢先生提供）

势，构筑坚固工事和各种障碍物，并埋设地雷，打算长时间地阻滞我军的进攻。

2 月 23 日，新 1 军主力分三路纵队向前推进。正面新 38 师主力经激战攻占闹亭，随后在战车和重炮支持下，逐一摧毁日军阵地，又相继攻占那修和芒利。两翼部队也占领了卡康姆、南道、曼提姆、汉杜等地。日军第 56 师团搜索兵联队、168 联队等部损失惨重，阵地也被我军摧毁，纷纷退守腊戌。

腊戌分新、旧两城，新腊戌建在海拔一千米的山顶，老腊戌则位于新腊戌东北的山脚下，火车站在老腊戌正面，三者以公路相连。由于新腊戌可以居高瞰制老腊戍和火车站，所以成为日军的防御重点。

3月2日，我正面攻击部队占领了朋朗、温他，次日又占领了曼坡，将腊戍外围的据点全部拔除，乘胜直逼南育河畔。5日晚，第112团由左翼偷渡南育河，向西突进，攻抵老腊戍附近。我两翼部队也先后渡过南育河，对腊戍形成包围态势，随后向老腊戍、火车站、飞机场等处发起猛攻。战斗仅持续了一昼夜，我军便将上述阵地完全占领了，残余的日军仓皇逃往新腊戍，与第146联队会合，再作困兽之斗。

3月7日晨，新1军对新腊戍发动总攻。我强大炮兵群向日军各主要阵地猛烈轰击，战车营继之出动三十余辆战车为先导，掩护步兵直扑新腊戍。起初日军凭借坚固工事，以稠密火网制压我军步兵冲击，使我军一度进展困难。在战斗关键时刻，战车营发挥了重要作用。我几十辆战车率先突入敌阵，纵横驰骋，如入无人之境，将敌人的堡垒和火力点逐一摧毁。日军气急败坏，集中各种火炮向我战车轰击，但立即遭到我军炮兵的猛烈还击，很快将敌人的炮火压制了下去。我军步兵乘势突入，当晚第112团就占领了新腊戍半个市区。

左翼第88团与右翼第113团也向日军发动钳形攻势，锐不可当，日军死伤枕藉、抵抗逐渐衰微。至次日晨八时，我军经彻夜激战，将守敌大部歼灭，彻底控制了滇缅路上的战略重镇——腊戍。

攻克腊戍后，新1军主力左右席卷，以新30师和新38师各一部分别追击向猛岩和细包逃窜之敌。3月24日，新38师与第50师会师于细包，新30师也于3月27日攻占猛岩。

1945 年 4 月 18 日，中国驻印军总指挥索尔登将军在向新 1 军将士授勋仪式上讲活，索尔登将军身后第二人为副总指挥郑洞国将军。（美军通讯兵照片，源自美国国家档案馆，晏欢先生提供）

中国驻印军攻克缅北战略重镇腊戍，意义极为重要。因为控制了腊戍，并歼灭缅北日军主力大部，不仅保障了中印公路的安全，而且使我军主力可以直下曼德勒，策应缅中英军作战，这对促使驻缅日军的总崩溃作用很大。

当新 1 军主力向腊戍攻击时，西路第 36 英印师击溃伊洛瓦底江东岸少数日军的抵抗，不断向前挺进，顺利占领了猛米特，然后继续南下扫荡残敌，掩护中国驻印军西侧背安全。中国驻印军中央纵队第 50 师也渡过瑞丽江，挥师南下，一路击溃日军抵抗，势如破竹，于 2 月 23 日力克日军重兵防守的南渡，然后沿着南渡至西徐的公路展开追击，占领西徐，接着又分兵向东西扫荡。东路军与新 38 师会师于细包，西路军于 3 月 30 日攻占乔梅，与进抵乔梅以北的第 36 英印师会师，英军第 33 集团军也由伊洛瓦底江西岸派出部队前来与我军联络。

至此，乔梅以东，腊戌以西公路、铁路沿线附近的日军，溃不成军地分路向景东、棠吉方向撤退。历时近一年半的中国驻印军反攻缅北战役，终于以中国军队的彻底胜利宣告结束了！

中国驻印军十万雄师，肩负着祖国的重托，与美英盟军协力作战，战胜了极其恶劣的气候条件和异常险峻的地理环境，修筑了一条全长五百六十余公里的公路，并铺设了一条当时在世界上最长的输油管道，使抗日作战物资再度源源不断地输入中国内地，有力地支持了全国的抗日战争。

同时，中国驻印军和滇西中国远征军在盟军的支援下，全歼了日军精锐的第 18 师团和第 56 师团，重创了日军第 2 师团、第 33 师团，并歼灭了日军第 49 师团、第 53 师团各一部，前后毙伤日军十余万人，不仅狠狠打击了日本法西斯军队，也有力地牵制了日本缅甸方面军的预备队，为收复缅甸及配合盟军在太平洋战场作战，做出了重要的贡献。在整个中国抗日战争中，中国军队在国境线以外，与美英军队直接进行战役上的协同作战，这还是第一次，而且取得了最后胜利。所以，中国驻印军反攻缅北战役不仅是中国抗日战争的重要组成部分，对取得全世界反法西斯战争的胜利，也发挥了积极的作用。

第十八章

在抗日战争胜利的日子里

郑洞国将军（前排左五）与出席国民党第六次代表会议的中国驻印军、中国远征军部分代表在昆明合影。（照片由晏欢先生提供）

1945年，世界反法西斯战争进入了最后阶段。5月2日，苏联红军攻克柏林，与美英军队会师于易北河，纳粹德国宣布无条件投降。在亚洲和太平洋战场上，日本法西斯军队连遭败绩，其逞凶一时的海空军和部分陆军被美英盟军消灭殆尽，占其总兵力60%以上的侵华军队也在中国愈陷愈深，战局日蹙。

进入5月份以后，侵华日军被迫开始从湖南、广西等省及湘桂路、粤汉路撤退，中国军队于正面战场乘胜节节进击，相继收复南宁、柳州、桂林、福州等重要城市，以及湖南、广西、福建、浙江、江西等省的广大地区。长期坚持敌后艰苦抗战的八路军、新四军和其他抗日武装，也积极向日寇发动局部反攻，收复了成片的国土。

郑洞国将军（前排右四）与中国远征军、中国驻印军出席中国国民党第六次代表大会的代表们合影。在这次代表大会上，郑洞国将军当选为中央候补执行委员。（此照片由晏欢先生提供）

在抗战胜利前夕，中国国民党决定在重庆召开第六次全国代表大会。作为这次大会的代表，祖父先于 4 月中旬奉召由八莫乘车，沿中印公路回国参加会议。

祖父一行人先到昆明，受到了昆明各界的热情款待。

休息几天后，祖父等人换乘飞机去重庆，再次受到了意想不到的热烈欢迎。冯玉祥先生亲自主持了有重庆各界代表参加的盛大仪式，庆祝缅北反攻战役取得伟大胜利，并欢迎祖父回到重庆。蒋介石、何应钦等也分别召见并设宴款待，对中国驻印军在缅北的英勇作战和祖父在这一期间的表现，给予高度的评价。中国驻印军的许多将士，都被授予军功章，祖父和孙立人、廖耀湘三人，被授予"青天白日勋章"。

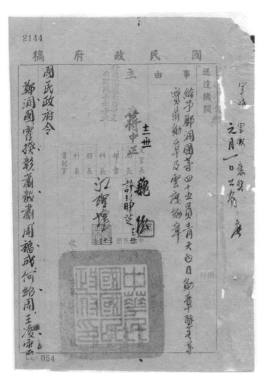
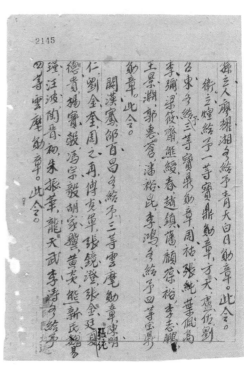

1944 年 12 月 31 日，国民政府为郑洞国将军等颁发"青天白日"勋章的公文。

抗战胜利前夕，郑洞国被授予的"青天白日"勋章。　　抗战胜利后，郑洞国被授予的忠勤勋章。

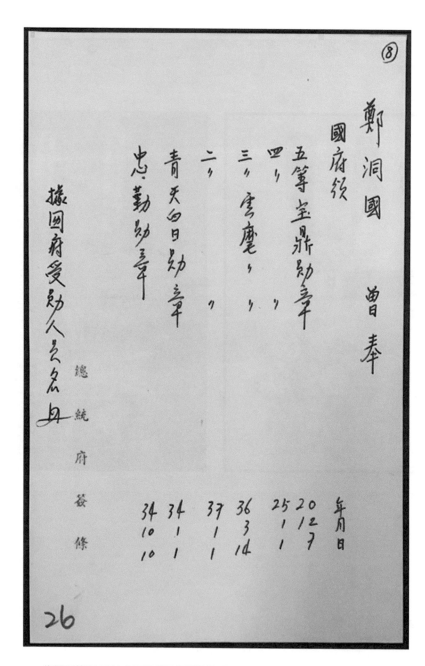

郑洞国将军 1931 年至抗战胜利授勋情况。

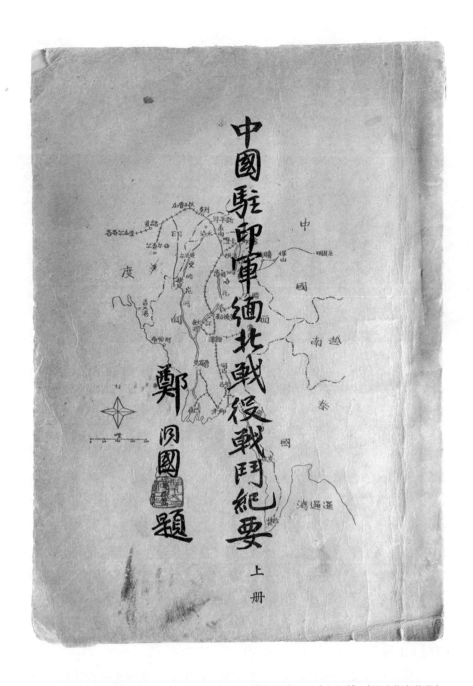

由郑洞国将军题写书名的《中国驻印军缅北战役战斗纪要（上册）》。（现由作者收藏）

1945年6月30日，中美将领们摄于昆明。前排左起为梁华盛将军、郑洞国将军、艾默里克·库契科准将、杜聿明将军。后排左二为赵家骧将军、左三为邱清泉将军、右四为李弥将军。

在重庆期间，祖父经常应邀出席讲演会、座谈会，介绍缅北反攻战役情况，听众甚为踊跃，重庆许多报章也纷纷载文称颂中国驻印军和滇西中国远征军的辉煌战果。大后方的人民坚信，中国军队在缅北、滇西取得的胜利，是全国抗战胜利的先声，最后胜利的日子就要到来了！

1945年5月5日至21日，中国国民党召开第六次全国代表大会。祖父在这次大会上，当选为候补中央执行委员。不过，祖父作为职业军人，对官场政治丝毫不感兴趣，因此从不参加国民党的党务工作。

幸运的是，作者收藏了一本由祖父题签的《中国驻印军缅北战役战斗纪要》（上册）。

这部作战纪要比较详尽地记叙了中国驻印军反攻缅北过程中所经历的胡康谷地战役、孟拱谷地战役、密支那围歼战等战役的具体作战部署和作

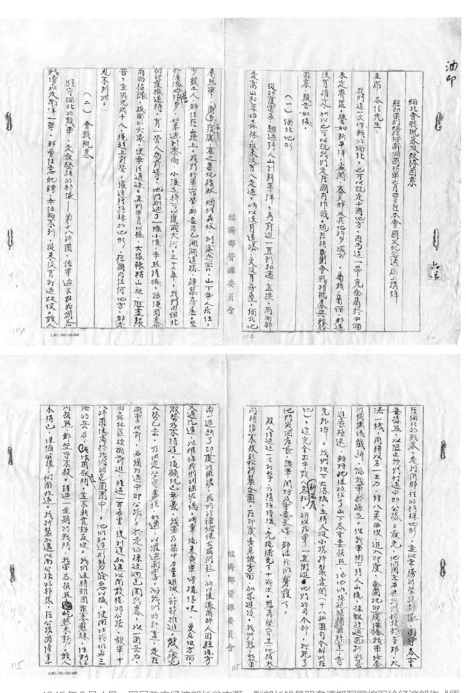

1945年6月4日，国民政府经济部长翁文灏、副部长钱昌照邀请郑洞国将军给经济部作"缅北会战概要及致胜因素"的演讲。这是演讲记录整理稿。

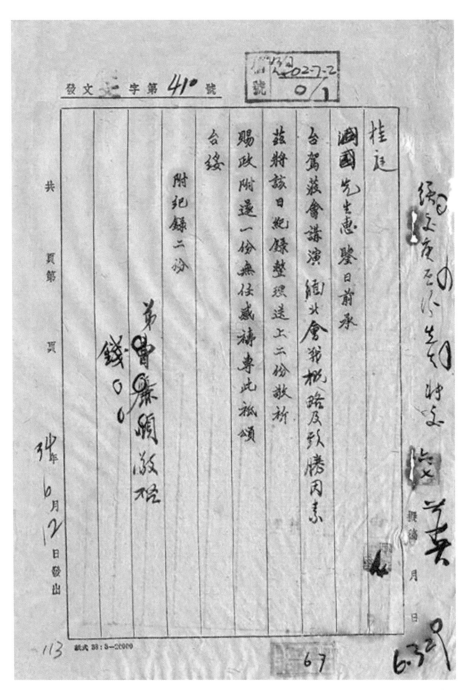

桂廷

澍國先生惠鑒日前承

台駕蒞會講演緬北會戰概略及致勝因素

茲將該日紀錄整理送上二份敬祈

賜政附還一份無任感禱專此祇頌

台綏

附紀錄二份

弟曹廉顧敬啟

錢〇〇

共 頁第 頁

卅年 6 月 日發出

式 38：5—20000

113

67

6.32

1945年6月4日，国民政府经济部长翁文灏、副部长钱昌照邀请郑洞国将军在经济部作"缅北会战概要及致胜因素"的演讲记录整理稿送审函。

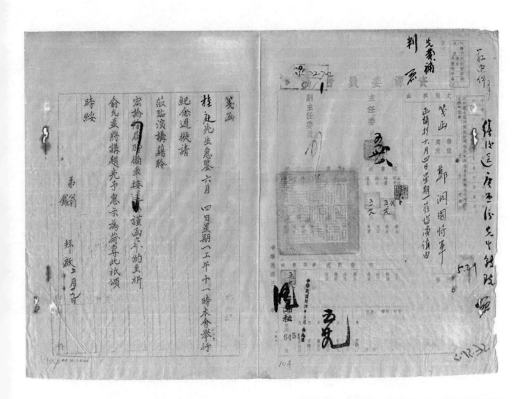

1945年6月4日，国民政府经济部长翁文灏、副部长钱昌照邀请郑洞国将军在经济部作"缅北会战概要及致胜因素"的演讲邀请函。

1945 年 4 月 15 日，中美两国将领悼念罗斯福总统逝世。前排左起：中国陆军总司令何应钦、美国第 14 航空队司令官陈纳德、云南省政府主席龙云、美军在华作战司令官罗伯特·麦克鲁、中国远征军副总司令黄琪翔、中国战区后勤供应总部主任吉尔伯特·西瓦斯、中国第 5 集团军司令官杜聿明等。（此照片由晏欢先生提供）

战过程，具有极高的军事史料价值。祖父原有的一册被中国人民革命军事博物馆收藏，我们手头的这一册是时任中国驻印军驻印度加尔各答办事处主任的作者外公焦实斋先生后来赐赠的。

可惜的是，我们始终没有发现这部作战纪要的下册。也许由于抗战胜利前夕，中国驻印军各部队先后奉调回国，总指挥部、副总指挥部旋即撤销，继续编撰这部作战纪要的工作也就无人问津了吧。

1945 年 4 月 15 日，中美两国将领在昆明悼念美国罗斯福总统逝世。

罗斯福先生作为美国战时总统，意志坚定而多有远见卓识，对促进美苏英中盟国间的战略合作贡献殊大，不仅是美国历史上杰出的领导人，也是闻名国际的世界反法西斯战争领袖人物，赢得了包括中国人民在内的全世界人民的广泛尊敬。

从1942年春中国远征军首次入缅作战，到1943年10月中国驻印军反攻缅北战役，先后有数万名抗日将士壮烈牺牲在异国他乡，其中大多数阵亡官兵至今还长眠在缅甸的崇山密林之中。一生不轻易将情感外露的祖父，晚年不知多少次动情地提到这些牺牲多年的战友和袍泽，心中充满无限的牵挂。2005年，时任中共中央总书记的胡锦涛同志在纪念世界反法西斯战争暨中国人民抗日战争胜利六十周年的重要讲话中，客观评价了中国抗日战争正面战场的历史功勋和作用。2015年，中共中央总书记习近平同志在纪念世界反法西斯战争暨中国人民抗日战争胜利七十周年大会上再次明确指出，无论正面战场，还是敌后战场，都是中国抗日战争的重要组成部分，均为取得中国抗日战争的最后胜利、赢得中华民族的独立和解放做出了重要贡献。近年来，又有许多反映中国军队远征印缅这一段史实的历史书籍和影视文学作品纷纷问世，引起社会的热烈关注。同时，政府有关部门和一些社会团体及志愿者，积极救助中国远征军、驻印军老兵，并陆续将一些当年在缅北阵亡的烈士遗骸迎回国内安葬。这些都说明历史和我们的人民，永远不会忘记抗日先烈们以及他们的功勋。由此，或可告慰那些可敬的英灵罢！

为了弘扬伟大的爱国主义精神，纪念中国远征军这段彪炳史册的历史功绩，缅怀云南人民为抗日战争付出的巨大牺牲和贡献，国家斥巨资在云南腾冲兴建了滇西抗战纪念馆。本书作者郑建邦、胡耀平夫妇有幸应邀出席了纪念馆揭幕仪式。

　　2012年，在北京举行的纪念中国远征军入缅作战七十周年座谈会上，本书作者之一、郑洞国将军之孙、民革中央副主席郑建邦发表演讲。

　　2013年8月，本书作者郑建邦夫妇（右二、右一）在出席滇西抗战纪念馆揭幕仪式后，与中国国民党副主席蒋孝严（左二）、中共云南省委统战部部长黄毅（左一）在中国远征军碑廊合影。

2014 年春，民革中央副主席郑建邦（前排左七）在云南腾冲出席迎接中国驻印军烈士骨灰回国安葬的"忠魂归国"仪式。

国民党"六大"闭幕后，祖父重返昆明。这时新 1 军和驻印军各直属部队奉命陆续班师回国。新 1 军空运回国后，先集中于南宁，然后出击广州湾，拟配合友军收复广州。先期回国的新 6 军则部署于湖南芷江，准备参加湘、鄂等省的反攻作战。中国驻印军撤军工作结束后，中国驻印军总指挥部、副总指挥部随即撤销，祖父留在昆明待命。

1945 年 8 月，战争进程出人意料地大大加快了。在远东和太平洋战场，美军庞大的舰队不断向日本本土迫近。6 日和 9 日，美军又先后在日本广岛和长崎投掷了两颗原子弹。苏联政府也于 8 月 8 日正式对日宣战，百万苏联红军挥师进入中国东北，迅速击溃了日本关东军。日本天皇被迫于 8 月 10 日召开御前会议，决定接受中美英三国发表的《波茨坦公告》，宣布日本无条件投降。

重庆各界民众集会，热烈庆祝中国人民抗日战争胜利了。

　　8月15日，重庆广播电台播音员以激动颤抖的声音播放出日本战败投降的特大喜讯，整个中华大地顿时沸腾了！据祖父回忆，他都记不清有多少个日夜，重庆、昆明等大后方城镇沉浸在一片节日的狂欢中。大街小巷挤满了载歌载舞的人们，锣鼓声、鞭炮声、人们的欢呼声昼夜不息，震耳欲聋。连祖父这个久经战阵的军人也激动得辗转难眠、不能自持。

　　那些天，祖父反复吟咏唐代大诗人杜甫的名句："剑外忽传收蓟北，初闻涕泪满衣裳；却看妻子愁何在？漫卷诗书喜欲狂。白日放歌须纵酒，青春作伴好还乡。"他兴奋地夜不能寐，甚至情不自禁地走上街头，加入到欢庆胜利的人流中。祖父后来说，当年欢庆抗战胜利的日子，是自己一生中最喜悦的时光之一。

抗战胜利后，就任国民党第三方面军副司令长官的郑洞国将军。（此照片由台湾"总政战部"原副主任陈兴国将军提供）

不多久，蒋介石电召祖父去重庆，打算委任他为自己侍从室的侍卫长。

侍卫长一职，是负责保卫蒋介石安全的警卫部队的最高军事长官，位置十分重要。在国民党高级将领中，觊觎这个职位的人可不在少数。蒋打算这样任用祖父，既是对他在印缅作战功勋的肯定，也体现了对祖父这个亲信学生的喜爱和信任。谁知祖父闻讯却千方百计地设法推托，让同僚们认为颇有些"不识抬举"。

其实，对蒋的用心，祖父当然清楚，心里也着实感激。不过祖父这个人一生极为自尊。他长期追随蒋介石，了解蒋在盛怒之下，辱骂、殴打身边属下之事常有之，因而担心以自己的性格，长期在性情暴戾的蒋介石身边工作会无法忍受。

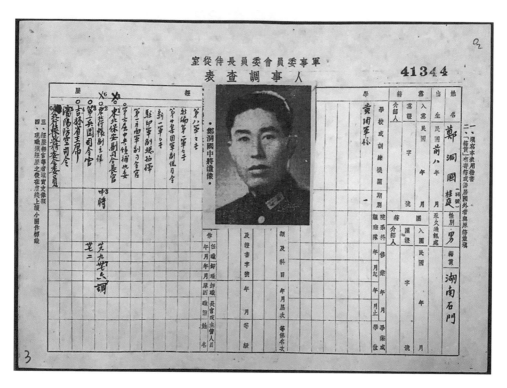

重庆军委会委员长侍从室保存的郑洞国将军人事调查表。

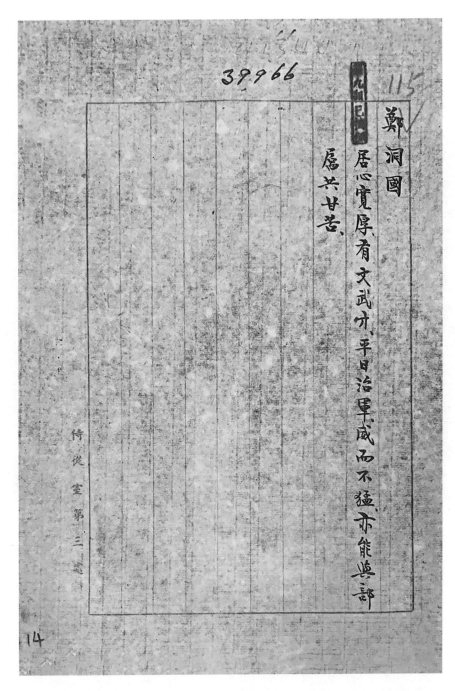

国民党总统府侍从室对郑洞国的考评语：郑洞国居心宽厚，有文武才，平日治军威而不猛，亦能与部属共甘苦。

昆明各界民众热烈庆祝抗战胜利。

Millions of Chinese farmers and citizens swarm through Nanking Road during celebration.

General Chang Sih Chung, and General Cheng Tung Kuo, in foreground on the right, watching their troops line up to join China's biggest parade in eight years.

左图：抗战胜利后，上海市民万人空巷，欢迎国民党军队新6军等部队接收上海。右图：1945年10月10日，国民党政府在上海举行盛大阅兵式，国民党第三方面军的两位副总司令郑洞国将军（主席台前右）和张雪中将军（主席台前左）准备检阅部队。（美国海军陆战队照片，源自美国国家档案馆，晏欢先生提供）

郑洞国（前排右二）与汤恩伯（前排中间）抗战胜利后摄于上海。（此照片由李季平同志提供）

　　祖父就是这样一个人：他当时奉蒋为自己的领袖，绝对忠诚于蒋，可以为他出生入死在所不惜，但也始终十分珍视做人的尊严，为了确保自己的人格不能受损，宁愿舍弃其他的一切。这在当时的国民党官场，确实也是不多见的。

　　为了避免引起蒋的误会和猜疑，祖父思前想后，最终找到了黄埔军校一期的老同学李及兰。此人的连襟便是蒋介石侍从室主任钱大钧。以后，钱以祖父性情愚直，不善内卫事务为辞，委婉地向蒋介石说项，才使他打消了这个念头。

　　祖父又回到昆明，很快就接到就任国民党第三方面军副司令长官的委任令，随即与司令长官汤恩伯一起，前往设在柳州的方面军司令部就职。

　　祖父晚年回忆，他就任第三方面军副司令长官，很可能是汤恩伯的主

1945年9月9日，在南京举行的中国战区日本军队投降签字仪式。郑洞国将军参加并亲眼目睹了中国近代历史上这庄严的一刻。

意。一来祖父曾几度是汤的部下，二来汤也想借助祖父在印缅战场的声誉和影响，将新1军、新6军这两支抗日铁军延揽到自己麾下。

这时第三方面军奉命接收上海、南京等地，祖父又兼任了京沪警备副司令，与第三方面军另一位副司令长官张雪中将军一起，于8月下旬首先率军开入上海。

上海市民万人空巷，从虹桥机场到设在外滩的第三方面军司令部，各界民众夹道欢迎，盛况空前。当时首先开入上海市区的部队是新6军。广大市民们目睹祖国经历了惨烈的十四年抗战之后，还拥有如此精强、威武的军队，无不欣喜万分！

9月2日，日本外相重光葵、参谋总长梅津美治郎分别代表日本政

日军投降签字仪式现场。

　　1945 年 9 月 9 日，在投降文本上签字后，日军冈村宁次一行神情沮丧地退出会场。

郑洞国将军与廖耀湘将军（右）摄于南京。

抗战胜利后，郑洞国将军摄于上海武康路寓所后院。

郑洞国将军在上海武康路寓所庭院散步。

第十八章 在抗日战争胜利的日子里

郑洞国将军在上海武康路寓所闲坐。

郑洞国将军与夫人陈碧莲携内弟陈泽森之女摄于上海武康路寓所。

府和军部，在停泊于东京湾附近的美军"密苏里"号战列舰上，签署了投降书。

9月9日，中国战区日本军队投降签字仪式在南京举行。祖父当时正在南京，也有幸与汤恩伯、王懋功、李明扬等高级军政人员一道，参加并亲眼目睹了中国近代历史上这庄严的一幕。

签降地点设在南京中央军校礼堂。

那天，礼堂大厅正中墙上高高悬挂着孙中山先生画像，大厅中央为受降席，受降席对面设较小的长案，为日军投降代表席。受降席和投降席均以白绸环绕。左侧是中国高级将领和盟军军官席，右侧为中外记者席。参加仪式的有千余人。整个会场气氛庄严、肃穆。

签降仪式于当日上午9时举行。8时57分，中国陆军总司令、一级上将何应钦率海军上将陈绍宽、陆军二级上将顾祝同、陆军中将肖毅肃、空军上校张廷孟等四名中方高级受降官入场，何应钦将军端坐于受降席正中，其余四名受降官分坐其两侧。稍后，一名中国将领引导侵华日军最高司令官冈村宁次大将、总参谋长小林浅三郎中将、副总参谋长今井武夫中将、侵华海军司令官福田良三中将、台湾方面军参谋长泽山春树中将等日方投降代表入场。

进入礼堂大厅后，面色阴沉、神情沮丧的日方投降代表面对受降席站好，规规矩矩地向中国受降官员鞠躬致敬，经何应钦示意允许后，才逐一坐在投降席上。

端坐在观礼台上的祖父，作为一名与日寇浴血鏖战了十余年的抗日军人，看到面色阴沉、神情沮丧的侵华日军最高指挥官冈村宁次大将等日方投降代表，规规矩矩地向何应钦将军等中国受降官员鞠躬致敬的情景，心中无限感慨。

9时整，司礼官宣布签降仪式开始，大厅内顿时肃静下来。仪式开始后，日方小林浅三郎中将上前呈交了日本大本营授予代表签降的全权证书和有关文件。何应钦认真审阅后，即命肖毅肃将中日两种文本的降书交付冈村宁次。冈村起立接过降书，显得有些慌乱，签字时手微微颤抖。签毕，再由小林将降书呈交中方受降人员，何应钦也在其上签字，代表中国战区接受日军投降，至是礼成。冈村宁次等日方投降代表在千余双目光的注视下，垂首鱼贯退出会场。何应钦随后即席发表了简短的广播讲话。整个仪式持续了20分钟。

南京受降，标志着中国人民最终取得了中国历史上最伟大的反侵略战争的彻底胜利。历时十四年的中国抗日战争，其战争时间之长，中国军民牺牲之巨大，是当时各反法西斯盟国所无法比拟的。中国人民正是以这样惨痛的代价，换取了中华民族的独立和生存，同时也为赢得世界反法西斯战争的胜利，做出了伟大的历史性贡献。

战后，国际上一些政治家和历史学者，对于中国抗日战争在世界反法西斯战争中的地位和作用，往往未能给予充分的肯定，甚至有人企图否定和抹杀中国人民为此做出的巨大贡献和牺牲，这是极不公正的。

客观公正地讲，在第二次世界大战爆发以前，中国就独立抗击了当时号称世界上最强大的法西斯军队之一的日本军队。整个二战期间，中国军民也始终使大部分或绝大部分日本法西斯军队深陷中国战场不能自拔。中国军民以自己艰苦卓绝的奋斗和悲壮惨烈的牺牲，有力地支援了以苏联为主要战场的欧洲反法西斯战争，使苏联不仅避免了陷入东西两面作战的困境，还得以从远东抽调大批兵力投入欧洲战场与强大的德国法西斯军队作战。同时，中国的抗日战争也长时间地拖延、遏制了日本法西斯军队的"南进"作战计划，并在太平洋战争爆发后，有力地支援了美英盟军在太平洋战场和亚洲战场的作战。

美国总统罗斯福当年曾对中国在二战中的地位和作用作出这样的评价："假如没有中国，假如中国被打垮了，你想一想有多少师的日本兵可以因此调到其他方面作战？他们可以马上打下澳洲，打下印度，——他们并且可以一直冲向中东——和德国配合起来，举行一个大规模的夹击，在近东会师，把俄国完全隔离起来，吞并埃及，切断地中海的一切交通线。"

今天我们重读罗斯福总统这段话，除了格外怀念这位中国人民的老朋友，也更为中华民族为争取世界和平所作出的重大贡献而自豪！

祖父在整个抗日战争期间，主要驰骋于国内正面战场和印缅战场上，参加了许多重大战役，立下了一些功勋，应该说尽到了一位中国军人对国家、民族的责任。

祖父在长篇回忆录《我的戎马生涯》一书中，对自己在抗日战争中的经历做了较为详尽的叙述，很多内容具有宝贵的历史价值。但他在书中也明确指出，以中国共产党领导的抗日人民武装为主的敌后战场，对于赢得抗日战争的胜利，做出了巨大的贡献。他认为，中国共产党领导的人民武装，在敌后战场极其艰苦困难的情况下英勇作战，付出了重大牺牲，不仅大大减轻了正面战场的压力，也牵制并消灭了大量的日伪军，其丰功伟绩永远彪炳史册。祖父特别强调，中国抗日战争的胜利，是国共合作的胜利，是整个中华民族的胜利！

第十九章
卷入东北内战

祖父担任国民党第三方面军副总司令期间，始终处于半赋闲状态。原因很简单，汤恩伯将军中事务多交于长期追随他的陈大庆、张雪中两位将军，对祖父则以客卿待之。后来第三方面军司令部迁往无锡，汤特别把祖父留在上海，处理一些在沪的军中杂务。

性情恬淡的祖父对此倒毫无怨言。自从军以来，祖父四处征战，很少过上安定的家庭生活。所以只要没有公务，他乐得在家中与亲人团聚，或换上便装，外出与朋友及沪上一些文化名流应酬往还，日子过得倒也惬意。

不过，祖父在沪期间，也做了一些汤恩伯将军交办的事情，如一度负责监管一个师团的日本战俘修整沪杭公路。尽管这项具体工作似乎并不需要祖父这样一位中将副总司令来亲自办理，但他还是非常认真地投入到工作中去。

前些年阅读祖父当年的作战参谋、著名历史学家黄仁宇先生的回忆录《黄河青山》，我们发现了这期间的一件从未引起人们注意过的往事：某日，一队日本兵生火造饭时，不慎将房东的茅屋焚毁。负责监管战俘的中国士兵起初还担心当地农民会报复这些曾经凶残无比的日军，引发流血冲突，但事情却出乎意料地和平解决了。第二天，一个联队的日本兵决定饿一天肚子，将全部伙食费赔偿给房屋受损的房东。

祖父闻知后心中不忍，他不想让日本战俘们饿着肚子干活，打算把这笔伙食费补发给他们，却被黄仁宇劝阻了。黄说，日本人在中国干了许多坏事，今天做了一件好事，就让坏事、好事并存在那里吧。

祖父生前从未对我们讲过这件事情，也许他早就把这件似乎不值一提的小事忘却了。我们却掩卷沉思了许久。

开始我们并不理解祖父的想法。想想看，残暴的日本法西斯军队在中国的土地上干了多少灭绝人性的事情，他们杀戮了我们多少无辜的同胞？他们是怎么百般虐待、摧残我们的战俘的？现在这些双手沾满中国人鲜血的日本兵，只饿了一天肚子祖父便心生怜悯，真是让人无法接受！

我们反复思索，最终还是体谅到祖父当时的心境。

祖父是一位在抗日战场上久经战阵的军人，作为胜利者，他不愿以暴易暴。日本军队只要放下武器成为战俘，就不应再视为敌人，而要给予人道主义的待遇。从祖父身上，我们充分体会到，绵延几千年的中华文明，铸就了中国人宽仁、善良、自信的基因。

祖父在上海的悠闲时光并没有持续多久，国共内战就爆发了。

早在日本宣布投降之初，国民政府一面命令在各个敌后沦陷区坚持抗敌斗争的共产党抗日武装"就原地驻防待命"，不得向敌伪"擅自行动"，一面以"接收"为名，在美国海空军的大力支援下，迅速将大批精锐部队由大后方源源输送到东南、中南、华北各省，还积极斡旋从苏联手中接收东北。中共方面当然不肯屈服，于是国共双方军队在陇海路、平汉路、平绥路沿线频频爆发激烈的武装冲突，内战的危机空前严重起来。

1945 年 8 月下旬，中国共产党为了争取抗战胜利后的全国和平，毛泽东主席亲率中共代表团应邀飞赴重庆。与蒋介石等国民党高级军政人士举行了闻名中外的"重庆谈判"，共商战后和平大计。经过国共双方四十余天的艰苦谈判，终于在 10 月 10 日签署了《政府与中共代表会谈纪要》，史称"双十协定"。

但是，这一丝被国人寄予莫大希望的和平曙光很快就烟消云散了。

以蒋介石为代表的南京国民政府决计要用武力最终解决中共及其武装力量，导致"双十协定"签订不久，国内的政治、军事局势再度紧张起来，国共双方争夺原沦陷区各战略区域的武装冲突逐渐升级，一场全国性的内战爆发在即。

抗战胜利后，祖父对国共之间可能发生的矛盾和摩擦，是有一定精神准备的，却未料到双方的冲突来得如此之快，如此严重。

祖父对内战的前景是深怀忧虑的。理智告诉他，战后国家的当务之急是休养生息，与民更始。一旦打起内战，必使国无宁日，黎民百姓再受战乱之苦，民族也将错失振兴的机会。祖父是不希望发生这样一场于国家民族有害无益的战争的。再者，祖父多年来与共产党人做过朋友，也在战场上厮杀过，深知共产党人是不好对付的。

但是，凭着自己的军事直觉，祖父也感受到国共内战势所难免了。作为蒋介石的亲信学生和他所器重的高级将领，面对内战，他该怎么办呢？参加内战，骨肉残杀，有些于心不忍；置身内战之外，又是对"党国"不忠。这是祖父在上海悠闲生活的时光里，内心中忍受着的一种煎熬。

1945年10月20日前后，报纸上的一则消息引起祖父的关注：杜聿明将军被任命为东北保安司令长官部司令长官，即日内将赴任履新。此前，杜刚刚因在云南用武力逼迫云南省主席龙云先生去重庆就任军事参议院院长一事受到"撤职查办"，事隔不久便再次受到蒋介石的重用，祖父不禁为自己的挚友高兴。但他怎么也没有想到，杜聿明的这项新任命，日后竟让其焦头烂额，祖父自己的命运也由此发生了根本的改变。

半个多月后的一天，杜聿明率长官部人员乘飞机经上海赴东北，祖父和张雪中等第三方面军高级将领们专程到虹桥机场迎接。临近中午，杜的专机在机场徐徐降落。不一会儿，杜聿明身着笔挺的军装，足蹬长筒马靴，笑呵呵地走下舷梯，与等候在一旁的祖父等人一一热情握手。

望着杜神采奕奕的样子，祖父不禁打趣起老朋友："光亭兄（杜聿明表字光亭——作者注），你真是春风得意呀！"

"哪里，哪里。"杜聿明一面微笑着回复祖父，一面快活地与周围的人们打招呼、开玩笑。

在机场的小客厅里坐定，大家又彼此寒暄了一阵，渐渐把话题引到杜聿明去东北的使命上来。杜一副踌躇满志的样子，很自信地说："目前时局对我们大为有利，根据中苏条约的规定，国府在短期内收复东北看来已无问题。兄弟不久前专门拜会过盟军（指美军——作者注）第七舰队司令金开德将军，他已承诺派军舰帮助我们向东北输送军队。只要美国朋友帮助我们解决了运输问题，在军事上迅速战胜东北共军就有把握了！"

杜聿明的一番话像一副兴奋剂，顿时使在场的人们活跃起来，纷纷表达自己的见解。

祖父对时局的看法远不乐观，但碍于众人在场，有些话也不便明说，可心里又很想与老朋友交换一下意见。略微踌躇了一会儿，祖父还是委婉地问道："光亭兄，国共两党之间的战争或许是早晚的事情了。不过，目下有人认为我们还要谨慎行事。过去在江西时，共产党仅有区区数万之众，我们'围剿'了几年尚不能消灭，现在他们已经拥有百万武装，万一内战重启，我们不一定能稳操胜券呢。不知你对此有何高见？"

"共产党的力量当然不可忽视，"杜聿明微微一笑，语气轻松地说，"不过彼一时也，此一时也，现在仗打起来，绝非当年江西的情况可比。如今我们拥有几百万装备精良的军队，再加上美国朋友的全力支持，整个形势都对我们有利。只要认真、慎重指挥，打败共军不是不可能的。"

少顷，杜又提高声调说："共党势力若不早'除'，今后必为根本'祸患'。为'党国'长远利益着想，即使为此冒些战争风险也在所不惜。最近'委座'（指蒋介石——作者注）曾当面向兄弟训示，将以最大努力，采取一切手段，务必实现国家军令、政令的统一。'委座'决心既定，我辈军人唯有服从命令，其他也就不能多计了！"

杜聿明言毕，众人皆点头称是。祖父从杜的乐观态度中，也多少受到一些感染。

谈着谈着，不觉飞机起飞的时间到了。祖父和张雪中等人将杜聿明一行人送上飞机。

登机前，杜乘人不注意，悄悄碰了一下祖父的臂肘，低声道："喂，桂庭兄，我看你在这里也没甚事情可干，不如屈就一下到东北去吧，我们也好再度共事喽！"

祖父毫无精神准备，一时不知如何回答，只好含糊应道："慢慢再说吧，我恐怕也帮不上你什么忙。"

"你若想来，可随时告诉我，'委员长'那里我去讲。"杜聿明含笑道。

两人的"私房话"还没说完，张雪中等人上前握别，杜聿明只好匆匆登机而去。

杜聿明去东北后，祖父在上海一直关注着东北的情况。

1945 年 11 月中旬前后，国共双方在东北的战争揭开了序幕。杜聿明指挥国民党精锐的美械部队第 13 军、第 52 军等部攻占了山海关，继而连

1021

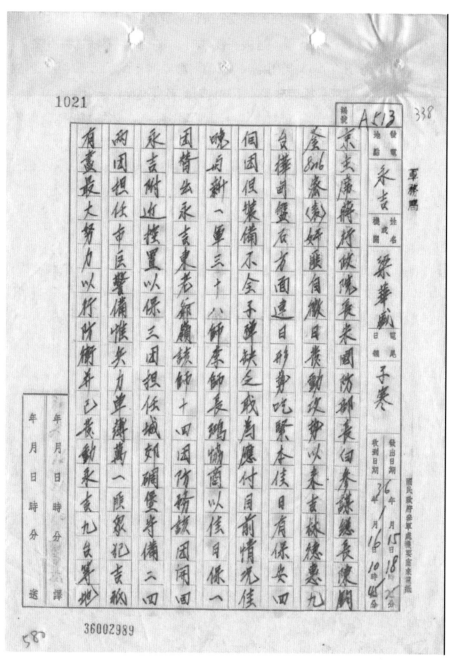

1946年1月16日，国民党东北保安司令长官部副司令长官梁华盛向蒋介石报告东北国民党军队与东北民主联军作战情况（Ⅰ）。

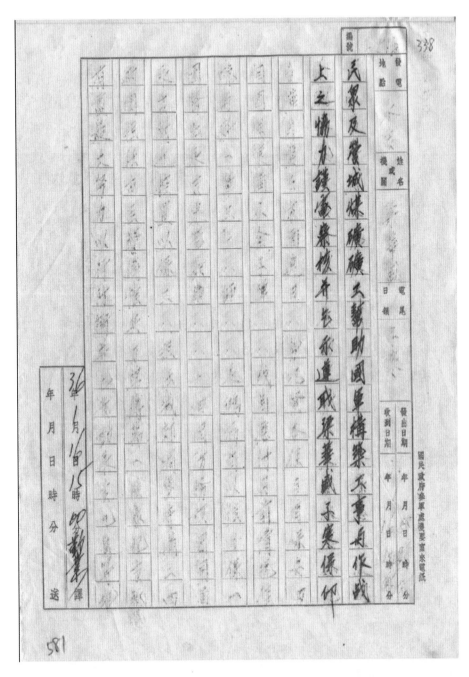

1946 年 1 月 16 日，梁华盛向蒋介石报告东北国民党军队与东北民主联军作战情况（Ⅱ）。

克绥中、兴城、锦西、锦州等城。

1946年元月5日，国共双方虽然达成了停战协定，但国民党方面坚持停战范围不包括东北地区，又将号称国民党军队五大主力之二的新1军、新6军，以及精锐美械部队第71军等部陆续空运东北，进一步加强了在东北的军事力量。不久，杜聿明指挥第13军等部一路向北进攻，占领了北票、朝阳、叶柏寿、凌源、建平、平泉等地。另一路国民党军队也攻占了北镇、黑山、盘山、营口等地，并派出第52军25师进驻沈阳铁西区，准备从苏军手中接收沈阳。

2月中旬，祖父忽然接到杜聿明拍发给他的一封急电，电文大意是：杜因患肾病，病势沉重，不得不去北平就医。目前东北战事紧急，军中不可一日无帅，已向蒋保荐祖父担任东北保安司令长官部副司令长官，并代理司令长官职务。望祖父念及同学手足之谊，切勿推却，并速往北平与他一晤。

杜聿明的这封急电让祖父彻夜难眠。

祖父意识到，是否参加内战这个原本就感到很困难的抉择，现在必须做出决断了。他闭门苦思了几天，思想斗争很激烈。

对于到东北去同共产党打仗，祖父确实缺乏信心，也有些不情愿。可反过来想，既然国共两党迟早要打仗，自己作为国民党一方的高级将领，只要在政治上效忠于"党国"事业，恐怕也很难回避。再者，祖父与杜聿明是至交，杜在困难中请他帮忙，如若推脱，也显得不够朋友。从这个"公"情私谊的角度上看，似乎去东北比不去好。况且祖父在抗战期间指挥过的新1军、新6军这时都调到了东北，第52军等部队中也有他过去的一些旧部和同事，在处理人事关系、掌握兵权等方面可比在汤恩伯这里强多了。至于国共两党胜负如何，民众怎样承受战争之苦等恼人问题，还是让"领袖"和"政府"去考虑吧。

祖父冥思苦想了几天，做出了一个让他终生懊悔的决定：接受杜聿明的邀请，到东北去！

2月20日，祖父向汤恩伯请了假，由上海飞往北平。一下飞机，祖父顾不上休息，马上驱车进城，前往位于白塔寺附近的中和医院。杜聿明在这里就医。

祖父走进病房时，杜聿明正在熟睡。

护士打算唤醒他，被祖父阻止了。祖父俯身看杜，见他神情憔悴、脸色蜡黄，病情看上去的确不轻，已经全然不是三个月前在上海虹桥机场见面时神采飞扬的样子了。护士在一旁轻声说，杜患的是肾结核病，已经非常严重，必须实施手术切除左肾，但手术效果如何很难预料。现在杜也不能下床行走，只能终日躺在床上休息。

过了片刻，也许是听到护士说话的声音，杜聿明醒来了。他一见祖父，马上高兴地挣着要坐起来。祖父赶紧趋前几步，扶他躺下，顺势握着杜的双手，坐在床侧。

"哎呀，桂庭兄，你可来了，我盼你盼的苦呦！"杜聿明快活地说道。

祖父见他病成这个样子，心中不免难过，但嘴上还是温言抚慰了一番。杜聿明对自己的病情倒还坦然，说自己要到3月份才能手术，蒋介石已经批准将他的母亲、夫人和孩子接到北平就近照顾云云。

病房里只剩下杜与祖父两人时，他迫不及待地将谈话转入正题。

杜神色焦虑地说，现在东北战事正处在关键时刻，一旦因他病倒影响战局，可能会丧失收复东北的绝好时机，这样也对不起蒋介石的信任等等。杜恳切希望祖父尽快到东北去，协助他指挥作战，他的病万一不治时，就替他负起全部指挥责任。

祖父对杜聿明给予他的信任十分感动，劝慰杜安心养病，同时郑重表示只要蒋介石批准，自己可以立即到东北指挥作战。

杜聿明见祖父态度明确，脸上又露出笑容，甚至还说了几句玩笑。

接着，杜聿明向祖父详尽介绍了东北国共双方军队的作战情况和国民党方面的内部经理人事等情况。杜坦率地告诉祖父，东北民主联军（中国共产党在东北的武装力量——作者注）的力量比他原来预料的要强大的多，作战相当艰难，他要祖父做好精神准备，切勿轻敌。不过，杜对整个东北局势还是乐观的，认为民主联军人数相对较少，装备低劣，在东北还未立足稳固，民众基础不如关内好；而国民党军队人数占优势，而且装备精良，只要果敢进攻，是有把握收复东北的。

杜聿明还与祖父谈起同苏军的交涉问题。杜说，蒋介石和东北行营主任熊式辉原本都希望根据中苏条约的相关规定，从苏军手中顺顺当当地把东北接收过来，为此杜曾奉蒋介石的命令，偕长官部参谋长赵家骧和东北外交特派员蒋经国飞赴长春，与苏军马林诺夫斯基元帅商洽。苏方本已同意国民党军队接收，甚至答应掩护国民党军队在营口登陆，但却在未通知国民党方面的情况下撤出营口等城市，让共产党军队抢先占领了这些地区。

"俄国人是靠不住的，今后收复东北只能指望美国朋友的帮助！"杜聿明愤愤地说。

生气归生气，杜考虑到沈阳、旅大等重要城市还在苏军手中，一再叮嘱祖父不要刺激苏方。还说已下令让第52军25师做好准备，等苏军一撤出沈阳，立即跟进接防，不能使沈阳这座名城落入共军之手。

鉴于当时国民党在东北的最高权力机关是东北行营，行营主任又是国民党军队中老资格的熊式辉上将，祖父对如何处理好与东北行营和熊式辉的关系心中无底。杜对祖父说，熊式辉阅历丰富，长于谋略，但遇事不够果断，常常变更主张。因此杜一再强调熊式辉虽然作为东北国民党最高军政长官而掌有党政军大权，但在军事上还是由长官部负责。

祖父则考虑自己对东北情况尚不了解，也不愿意给人造成初来乍到就与熊式辉不和的印象，所以略经考虑，还是向杜表示，作战方面还是按熊、杜二人共同拟定的部署进行，但在杜没有病愈之前，实际指挥还是请熊主任负主要责任，自己从旁协助。至于重大军事问题和人事变动，则一定征得熊、杜二人的一致意见后再执行。

杜聿明闻言点点头，不再说什么了。祖父见天色已晚，也担心杜的体力不支，便告辞回住地了。

以后祖父又到医院看望了杜聿明两次，也谈了些军事问题，但担心杜的身体吃不消，所以时间都不长。

国民党东北保安司令长官部副司令长官、代司令长官郑洞国。

2月22日，祖父接到第三方面军司令部发来的急电，要他迅速去南京出席高级军事会议。由于事情紧急，祖父第二天便径由北平飞往南京。临行前，杜聿明担心蒋介石在东北的人事安排上另有考虑，一再嘱咐祖父要当面向蒋转达杜的意见。杜也再次给蒋去电，促请尽快发表对祖父的任命。

祖父一到南京，看到各方面军的高级将领们也陆续云集到这里，马上预感到会议要做出什么重大决策。果然，这次军事会议是国民党发动全面内战的总动员，充满了战争的火药味。

蒋介石在会议上发表了言辞激烈的讲话，指责中共方面没有和平诚意，处处"破坏""政府"接收，"抢占"地盘。他强硬表示，为确保国府军令、政令统一，已经决定不惜采用武力来解决中共问题。接着，何应钦又就全国各大战区的"剿共"军事部署做了安排。国民党发动"反共"内战的气焰一时甚嚣尘上。

会议期间，祖父单独去见了蒋介石，向他面陈了杜聿明的意见。蒋的态度出乎意料地干脆，说："杜长官的几份电报我都知道了，已经决定派你去东北，你不必等任命发表，会议结束后即可先行到锦州视事。"随后，蒋又就收复东北的一些具体问题做了一番交代。

南京高级军事会议结束后，祖父又分别拜会了何应钦、白崇禧、顾祝同等人。祖父在何、白那里仅是礼节性拜会，顾祝同因是他私交甚好的老上级，两人聊得内容深入多了。顾对即将发动的全国规模的"剿共"战争表现出很大的信心，以为凭借强大的国民党军队和美国人的帮助，短期内就可以解除中共武装。对于祖父流露出的对内战的忧虑，显得很不以为然。

由南京匆匆飞返上海后，祖父很快将军务及家事交代完毕，3月初便由上海直接飞抵东北行营和长官部所在地锦州，就任国民党东北保安司令长官部副司令长官，并代理司令长官职务。

从此，祖父就卷入到国民党发动的内战的泥潭中。

第二十章
首战四平街

国民党东北保安司令长官部为郑洞国将军举行欢迎酒会。

祖　父一到锦州，马上拜会了东北行营主任熊式辉。

论起在国民党军政界中的资历，熊式辉无疑是祖父师长一辈的人物了，所以相见之下，祖父说了一些仰慕之类的话，诚恳表示要好好服从熊主任的领导，军事上也请他多指点。

"这个好说，这个好说，只要大家和舟共济，必能不负'委座'厚望，早日收复东北！"熊显然很满意祖父的这个态度，脸上立刻堆起笑容，口里连声说。

当天晚上，在长官部为祖父举行的欢迎酒会结束后，熊式辉又在官邸设宴为祖父接风，出席作陪的除了行营的几位高级幕僚，还有长官部参谋长赵家骧等人。

席间，大家一面慢慢饮酒，一面漫谈几个月来东北的政治、军事和外交情况。熊式辉一人说话最多，他借古喻今，谈笑风生，极力描绘他在东

1946 年郑洞国将军在机场迎接外交特派员蒋经国。

　　1945 年抗战胜利后，为实现向北发展的战略任务，中共中央派彭真、陈云、张闻天等率两万干部和十万大军挺进东北。图为东北民主联军开赴东北途中。

来中国东北调处内战的美国特使魏德迈将军（右二），与国民党东北行营主任熊式辉将军（右一）、东北保安司令长官部代司令长官郑洞国将军（左一）、第6军军长廖耀湘将军（左二）。

北的功绩和今后局势的乐观前景，气态颇为自得。周围几位幕僚也在一旁不停地随声附和着。

"依兄弟之见，自榆锦战斗以来，共军虽累遭挫败，但主力尚存。且共军作战向来机动灵活，不事死守，加之东北区域广大，更使其有回旋余地，今后欲'剿灭'共军，困难恐怕不少，我们最好多从坏处着眼，切忌骄傲轻敌！"祖父想起杜聿明在北平一再说过的"今后在东北与共军作战切勿轻敌"的告诫，感觉到熊式辉等人对共产党军队的力量估计不足，对形势的看法也过于乐观，因此不顾自己初来乍到，对情况还不十分熟悉，忍不住这样插上一句。

1946 年初夏，国民党新 6 军开进沈阳城内。（此照片由台湾秦风先生提供）

熊式辉和几位幕僚借着酒兴正说到兴头上，听祖父这么一说，不免有些尴尬。赵家骧赶紧在一旁打圆场道："我军实力强大，加上熊主任雄才大略，收复东北当无问题。不过郑副长官的话也十分有理，共军作战狡猾多端，我们必须多加提防，否则难免要吃大亏呀！"

熊式辉也趁势哈哈笑道："桂庭说得对呀，自古骄兵必败，对今后东北局势的发展，必须要有充分估计，切勿大意！"于是大家欢笑如初，复开怀畅饮，很晚方散。

次日，熊式辉和祖父召集东北行营和保安司令长官部的部分高级将领和幕僚们开会，积极部署军队，准备进攻北满、南满的各个城市，同时研究如何应对在东北调处国共军队的国共停战三人小组。

鉴于已有迹象表明苏军可能很快撤出沈阳，东北行营和东北保安司令

1946 年 4 月 22 日，国民党军队趁苏军撤出，正式进驻沈阳。(此照片由台湾秦风先生提供)

长官部决定由第 52 军 25 师密切关注苏军动向，一俟苏军撤出立即接防，然后派遣新 1 军等精锐部队沿中长路向铁岭、开原前进，以占领四平街、长春、永吉（今吉林市——作者注）为作战目标。同时，命令新 6 军等精锐部队分别由辽中、盘山等地进占辽阳、鞍山、海城、本溪等重要城市，拱卫沈阳安全。命令占领朝阳和平泉一带的第 13 军负责掩护北宁路西侧安全，并做好进攻承德的准备。

对于如何应对三人停战小组问题，大家意见不一致，熊式辉也很伤脑筋。因为熊正准备在东北大动干戈，这个时候三人停战小组来了，国民党一旦展开大规模的军事行动，会在国际国内社会舆论上产生很不好的影响。会上有人坚持既然"东北区域不在军事调处范围之内"，可以拒绝三人小组到东北来。祖父等人则认为如果采取强硬拒绝的态度，对国民党方面的社会舆论和社会观感都不利，也无助于争取美国方面更多的同情和援助。

祖父的这个态度打动了熊式辉，会议最后决定采取"拖"的办法，力争三人停战小组缓来。在此之前，国民党军队尽量扩大占领区域，特别是控制铁路沿线的重要城市，造成既成事实，以便将来进行停战谈判时，使国民党方面处于有利地位。

1946年3月13日，苏军果然撤出了沈阳，国民党第52军25师立即抢占了该城，东北行营和保安司令长官部也随即由锦州移驻沈阳。

此后，国民党军队按原作战计划，以沈阳为中心，积极向沈阳以南、以东、以北地区展开进攻。至3月22日，第52军占领抚顺，新1军占领铁岭，新6军占领辽阳。在很短的时间内，沈阳外围的重要城市，除本溪外几乎全部被国民党军队所控制。

国民党军队在东北的一连串"胜利"，使熊式辉等国民党军政官员和前线各将领头脑开始发涨了，以为共产党军队不堪一击，东北全境指日可下。

祖父对此十分焦虑。他打仗向来谨慎，对对手的作战方式和风格也有一定了解，因此常以秀水河子战斗（1946年2月14日，东北民主联军集中一师又一旅的兵力，在彰武、法库间的秀水河子，一举包围、歼灭了轻敌冒进的国民党第13军89师一个团——作者注）为例，反复告诫前线将领们戒除"轻敌意识"，并提出稳妥指挥、谨慎作战的指导方针，还亲自到各部巡视，检查作战部署。不过，后来的事实证明，即使是祖父本人，对后来东北战局的严峻性，也是严重估计不足的。至于对国民党军队最终在东北的惨败，就更是始料不及了。

国民党军队进占沈阳后不久，蒋介石给熊式辉和祖父下达了一道密令，限他们于4月2日以前攻占北满战略重镇四平街。这时东北民主联军在沈阳东南的重要据点本溪集结着数万重兵，对沈阳构成严重威胁，熊式辉和祖父本来打算先解决掉本溪的麻烦，再集中兵力北上。现在蒋介石亲自下达了命令，自然不好违背，于是决定由另一位副司令长官梁华盛将军

国民党军队进驻沈阳城后，东北保安司令长官部司令长官杜聿明（中）出席集会时的情景。（此照片由台湾秦风先生提供）

指挥新1军和第71军沿中长路北上，先行进攻四平街。稍后再派第52军军长赵公武将军指挥第52军25师和新6军14师，分别由抚顺、辽阳夹攻本溪。

北线新1军、第71军沿中长路两侧的进攻，一开始就遭到了东北民主联军的激烈抵抗，进展十分迟缓，直到4月初才占领昌图和法库。但国民党军队还没站稳脚跟，东北民主联军便集结了近两个纵队的兵力，在昌图以北地区突然发动了一次凌厉反击，一下子就击溃了国民党军队左翼第71军87师，连该师副师长、参谋长等都被生俘了。

民主联军乘势扩大战果，接着便向正朝着四平街方向挺进的新1军新38师发动猛攻。该师猝不及防，顷刻间便被消灭了三个连，民主联军一直突入到新 38 师师部，趴在院墙上向内打枪，高呼"缴枪不杀！"祖父的老部下、新 38 师师长李鸿表现得还算沉稳，他亲自指挥师部人员拼死抵抗，又命令师特务连等部队发动逆袭，经过一番激战才将民主联军击退。

东北国民党军队刚在北线挨了打，南线又传来败报。4 月 7 日前后，东北民主联军 3 纵、4 纵将进攻本溪的新 6 军 14 师、第 52 军 25 师击溃，第 52 军副军长郑明新、第 25 师师长刘世懋和新 6 军 14 师一位副师长也负了伤，两个师共损失了 1800 余人，其中第 25 师有一部因厌战放下了武器。

败报传来，熊式辉和祖父大吃一惊。部分军队在火线上集体放下武器，当时在东北尚属首次，特别是连号称国民党五大主力之二的新 1 军、新 6 军都挨了打，这一切让东北国民党军队的将领们真正领教了东北民主联军的厉害，自榆锦战斗以来的骄狂之气顿时不翼而飞了。

那些天，熊式辉急得吃不下饭、睡不着觉，犹如热锅上的蚂蚁，当初那种志得意满的气势再也看不到了。看着熊式辉着急、难过的样子，祖父突然想起顾祝同、杜聿明私下里对熊的评价"此公多谋而寡断"，心中也觉得有些好笑。

严峻的军事事态让熊式辉和祖父意识到，他们现在没有足够的兵力在南北两线同时向东北民主联军进攻。经过计议，决定暂时放弃对本溪的进攻，集中兵力攻打四平街。同时，由于坐镇昌图指挥的长官部副司令长官梁华盛在新 1 军、第 71 军受挫时惊慌失措，曾一再向沈阳发电求援，熊式辉对其十分不满，决定要祖父到前线把他替换下来。

顺便提一下，20 世纪 90 年代，梁华盛将军某次从台湾来北京参访时，本书作者之一郑建邦特地前往他下榻的酒店看望。那时他大概已有九十余岁年纪，精神尚健，走路却已步履蹒跚了。

梁老将军与祖父同为黄埔军校一期同学，见到故友后人去看他，显得格外高兴，滔滔不绝地说个不停，郑几乎插不上什么话。但其谈话内容，多是吹嘘自己大半生的军旅生涯未尝有过败绩，还特别提到自己在东北战场上与共产党军队作战所向披靡云云。郑猛地想起自己小时候旁听到的一些杜聿明等与祖父交谈时对梁华盛的评价，不禁暗自发笑。

话归正传。

俟祖父赶到开原指挥所时，中长路正面的民主联军主力突然去向不明。祖父反复分析，估计民主联军很可能将主力转移到右翼，打击国民党军队左翼比较薄弱的第 71 军。于是命令新 1 军继续向四平街推进，并反复叮咛正由法库向八面城前进的第 71 军（欠第 88 师）务必谨慎小心，提防民主联军主力的突然袭击。为了指挥方便，祖父把指挥所也前移到了昌图。

新 1 军军长孙立人此时正前往英国受勋，并游历欧美，不在军中。所部自在昌图以北地区受挫后，士气不振，进攻畏首畏尾，行动不甚得力。祖父心中着急，亲到前线协调各兵种协同作战，指挥该军各师积极进攻。谁知中长路正面的战事刚有了一些进展，左翼第 71 军又出了大麻烦。

原来，第 71 军 87 师于 4 月 15 日在金家屯以北、大洼以南地区中了东北民主联军的埋伏。民主联军集中近十四个团的兵力，一口吃掉了第 87 师一个团，另外两个团也被击溃，师长黄炎仅以身免。前往救援的第 71 军 91 师一部也被击溃。

第 71 军的这次惨败让祖父大为恼火。说起来，该军在国民党军队中算是不错的部队，全军都是美械装备，战斗力也较强，抗战后期曾在滇西中国远征军序列中英勇作战，屡立功勋。不料初到东北，便遭两次大败，不能不让他心中沮丧。

第 71 军在大洼惨败时，该军军长陈明仁尚在沈阳，不在军中。蒋介石闻讯大怒，声言要查办他。祖父为此十分不安。因为这位性情倔强、颇具胆识的湖南籍将领，在国民党军队中素以骁勇善战著称，是不可多得的将才，祖父不愿失去这样一位得力助手。况且，祖父与陈明仁同为黄埔军校一期同学，平日交谊很好，也不忍见其因小过而受累。于是一面给蒋介石复电说明在大洼战斗发生前，陈明仁已在返部途中，一面让他星夜赶回部队。

陈明仁返回第 71 军后，努力振作，重新整饬了士气低落、人心浮动的部队，于 4 月 25 日攻下八面城，与从中长路正面攻击四平街的新 1 军遥相呼应，形成侧击之势。

在此期间，孙渡率领的云南部队第 60 军、第 93 军陆续奉调到东北战场。对于如何使用这两个军的兵力，熊式辉和祖父开始还颇费了一番脑筋。从军事战略上看，如将这支有生力量集中使用于中长路方面，作用要大得多。但出于对非嫡系部队的猜疑，二人又不敢这样做。最后还是决定将这两个军分开使用，命令第 60 军先头部队第 182 师驻防铁岭，担任中长路的护路任务，以后整个第 60 军基本上就使用在中长路方面。第 93 军则驻防于锦州、热河一带，使他们始终各在一方，无法形成一个集团的势力。

四平街是当时国民党辽北省省会所在地，位于中长、四洮、四梅铁路的交点，为东北的交通枢纽，和工业、军事重镇。四平街东北郊山峦重叠，西南郊河流纵横，形势险要，历来是兵家必争的战略要地。

这时，东北民主联军已接连控制了北满的长春、哈尔滨、齐齐哈尔三大城市，为了在北满建立起巩固的根据地，提出要把四平街变成东方的马德里，集结了主力十四个师（旅）防守四平街，组成一条东西蜿蜒百余华里的防线，做好了与国民党军队决战的准备。

在中长路前线作战的国民党军队有新 1 军和第 71 军，外加新增援上来的第 52 军 195 师，兵力与防守四平街的民主联军大体相等，但装备、火力则远胜于民主联军。祖父认为，要击败北满民主联军，攻占长春、永吉，四平街势在必争。北满的国民党军队虽在昌图以北地区遭受到两次挫败，但主力没有受到致命损伤，以现有兵力尚可一战。况且民主联军不惜采用打阵地战的方式死守四平街，正好可以发挥新 1 军等部队装备精良、火力强盛的优势。所以决定按原作战计划强攻四平街。

可是仗一打起来，情况并不如祖父所愿。

担任主攻的新 1 军 50 师猛攻四平街多日，战况虽然非常激烈，却几乎毫无进展。其间该师有两个连一度突入市区，因前线指挥官没有及时策应，结果很快被反扑上来的民主联军全部歼灭。民主联军部队在新 1 军的

1946 年 5 月底，正在沈阳视察的蒋介石、白崇禧与东北国民党军队将领们合影。

1946 年 5 月底，正在沈阳视察的蒋介石与郑洞国、廖耀湘等国民党东北保安司令长官部主要将领合照。

1946 年 5 月底，正在沈阳视察的蒋介石与国民党东北保安司令长官部代司令长官郑洞国合影。

强大炮火轰击和步兵轮番攻击下，虽然伤亡很大，有的部队甚至成建制地损失掉了，但坚守的决心毫不动摇，哪怕阵地上只剩下一个人，也要战斗到底。反观进攻方的第 50 师，却再也看不到当年强攻密支那的雄姿了。面对坚守如山的民主联军，似乎既无办法，也无决心。无奈的祖父只好用新 30 师替换下疲惫不堪的第 50 师，继续进攻。谁知该师师长唐守治顾虑重重，所部行动迟缓，表现更加糟糕。

急于将功补过的第 71 军军长陈明仁，这时表现得倒是十分积极。他见民主联军主力被吸引到四平街正面，督率所部迅猛冲击，很快占领了旧四平。新 1 军新 38 师也突击到四平街西北附近。祖父觉得这是打下四平街的最好时机，便亲自赶到四平街前线指挥督战。但防守四平街正面的民

第一次四平街会战后，中共东北局召开会议，检讨前一阶段军事行动得失，并作出了在东北解放区大规模开展土改运动的重要决定，中共从此在东北站稳了脚跟，为后来的胜利奠定了坚实的基础。从左至右：林彪、高岗、陈云、张闻天、吕正操。（此照片由台湾秦风先生提供）

主联军又增加了一个纵队兵力，并加强了防御工事，新30师又打了几天，除了增加了一些伤亡，全线没有取得多大进展，战事演成胶着状态。

祖父正在焦虑不安的时候，刚刚在北平动了手术的杜聿明将军，拖着尚未痊愈的病体，匆匆赶到了北满前线视察。这是他们三个月前北平别后的第一次见面。望着满面病容、虚弱不堪的老友上司，祖父顾不上寒暄，好意劝道：

"光亭兄，你病还没好，怎么跑到前线了？还是赶快回到沈阳休息吧，这里有我呢！"

杜一脸苦笑，"桂庭兄，你还不了解我吗？当初是我在'委座'身边力主收复东北的，现在仗要是打不好，我怎么向老头子（指蒋介石——作者注）交代呢！"

两人经过一番计议，觉得以四平街战事现状，不增加新的兵力，很难打开僵局，但南满民主联军主力现在集结在本溪，对沈阳威胁极大，使沈

中共东北民主联军在东北广袤的白山黑水之间艰苦行军。(此照片由台湾秦风先生提供)

阳附近的国民党军队无法向北满移动。倒不如先集中南满兵力打下本溪，确保沈阳门户的安全，再抽调一个军以上的兵力北上，支持四平街方面的战斗较为妥当。

两人还商定，由杜坐镇沈阳，全面指挥指挥中长路方面的作战，祖父则以"前敌总指挥"的身份，继续留在前线，负责具体的指挥、协调和督战。

为了确保这次行动的隐蔽性，杜聿明将军让东北的国民党宣传机构大肆报道他到四平街前线视察的消息，暗地里却密令驻在辽阳的新6军和驻在抚顺的第52军主力，突然于4月29日晨向本溪进攻。南满民主联军进行几天的激烈抵抗后，由于伤亡过大，被迫撤退了，国民党军队终于占领了本溪及附近地区。

可能是为了策应本溪方面的战斗，东北民主联军也抽调了两个纵队，

1946 年国民党军队占领长春后，东北保安司令长官部副司令长官郑洞国将军（右二）到长春向部队官兵训话。左一为新 6 军军长廖耀湘，右一为长春市市长尚传道。

由西丰南下，直逼国民党军队在中长路后方的联络线，驻防于开原、铁岭的第 60 军 182 师等部队连连告急。杜聿明急调第 52 军 195 师和第 71 军 88 师星夜开往开原和铁岭，算是勉强稳住了局面。后来国民党军队顺利攻下本溪，杜才从容调动新 6 军及青年军 207 师，转运到中长路开原附近集结，部署对四平街的战略攻势。

就这样，国共两党的几十万大军云集中长路，开始了东北内战以来最大规模的一次正面大搏杀。

1946 年 5 月中旬，东北国民党军队以击破四平街东北民主联军主力，一举收复长春、永吉为目标，分三个集团向四平街民主联军再度发动大规模攻势：左翼兵团第 71 军主力两个师向四平街以西进攻，造成民主联军侧翼威胁；中央兵团新 1 军三个师继续担任正面强攻；作为战役攻击重点

国民党军队占领长春后，蒋介石到长春与各界人士座谈。后排左一坐者为郑洞国将军。

的右翼新6军等五个师，则向四平街以东实施迂回突击。

5月14日夜，国民党军队右翼兵团在威远堡门附近遭到民主联军主力部队的猛烈攻击。双方彻夜大战，拂晓前民主联军因战事不利主动撤退了。

天亮后，新6军新22师65团从阵亡的民主联军士兵服装上意外发现，与该团激战一夜的民主联军，竟有整整一个纵队的番号。这个情况让十天前刚刚攻下本溪的新6军军长廖耀湘志得意满，更加骄横起来了。廖指挥的新6军似乎发了疯，紧接着一气连下西丰、平岗，突破了民主联军在四平街外围的重要防线，随后于5月18日对坚守四平街东南塔子山的民主联军部队实施三面猛攻。

守塔子山的民主联军部队顽强死战，与新6军反复拉锯式争夺，最后几乎伤亡殆尽，这处极为重要的制高点还是失守了。国民党军队右翼兵团第52军195师也于当晚攻占了哈福屯，并进出于老爷岭。

这样一来，防守四平街的民主联军主力后路被包抄了，陷于三路国民党军队的合围之中，形势极为危殆。5月18日夜，东北民主联军司令员林彪当机立断，命令防守四平街的民主联军主力主动弃城，迅速四散撤退。

次日，新1军冲入四平街市区，民主联军早已人去城空。历时一个月的第一次四平街会战，至此算是尘埃落定了。

东北国民党军队攻占四平街后，蒋介石为了缓和一下国内外对他悍然发动内战的指责，同时也担心北满民主联军主力继续坚守长春，可能会再次形成像四平街战役那样的僵持局面，曾打算让军队就地休整，暂不北进，并派副参谋总长白崇禧将军亲自赶到沈阳和祖父设在开原的前进指挥所视察。

杜聿明和祖父从军事角度，担心一旦失去这个有利战机，东北战局将会前功尽弃，因而坚决反对蒋的意见。他们以攻占长春、永吉的作战命令已经下达，临时变更部署会使前线部队发生混乱为由，千方百计地试图说服白崇禧。但白只是沉默不语，不肯明确表态。这时前线陆续报告，各路大军追击顺利，没有遇到民主联军大规模的有力抵抗。杜还得意地告诉白崇禧，新6军有的炮兵用卡车拖着门炮，都在超越步兵大胆追击，现在右翼兵团已迂回到赫尔苏附近，正向公主岭前进，战场形势表明民主联军没有在长春与我决战的打算。白崇禧这才同意杜和祖父继续沿中长路两侧放手进攻。

白崇禧走后，蒋介石曾有电报给杜聿明，嘱其攻占四平街后，暂不进入长春。杜研究来电日期，是白崇禧飞返南京以前发出的，便未依令行事，而是按原定作战计划，与祖父一起指挥各部沿中长路两侧齐头并进，向长春、永吉进攻。

5月22日，国民党右翼兵团新6军等部占领长春，接着又占领东丰、海龙和永吉、小丰满、桦甸等地；左翼兵团也占领了辽源和双山，直抵松花江南岸。中央兵团新1军前锋第50师也到达辽河南岸。

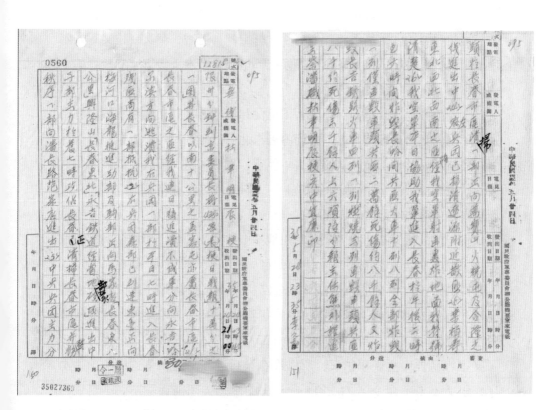

1946 年 5 月 24 日，杜聿明致电蒋介石，报告国民党军队攻占四平街后追击东北民主联军战况。

蒋介石听到国民党军队占领了东北名城长春的战报，十分高兴，特于6月3日飞抵长春视察。祖父这时已将指挥所移驻长春，闻讯立即率领在长春的将领、幕僚们，和地方士绅前往机场迎接。

蒋的专机刚一在机场停机坪上停稳，他便满面春风地走下舷梯，高兴地与祖父和廖耀湘等高级将领们握手、打招呼。随后，蒋又在祖父等人陪同下来到机场大厅，接见了早已等候在那里的众多中下级军官和长春的士绅们，讲了一些勉励之类的话。

众人散去之后，蒋介石单独留下祖父和廖耀湘等几位高级将领，秘密通报了国民党当局即将与中共方面签署东北停战令的决定，要祖父等人抓紧在停战期间整训部队，调整部署。他还特别叮咛祖父等人，要严防中共方面"破坏停战"。似乎战争要打要停，均应操之在他蒋某人之手，别人要想谋得主动，便是"破坏和平"。

临行前，蒋介石还指着东北军用地图上拉法的位置，对祖父和廖耀湘说："拉法这个地方很重要，你们要派兵防守。"

拉法是永吉以东的一个铁路、公路交叉点，控制此处可以切断永吉至哈尔滨的铁路交通，军事作用的确很重要。但先前祖父考虑拉法地势低洼，无险可守，且与后方联络补给都不便，守军放多了不值得，放少了又很容易被民主联军消灭，所以没有派兵进驻。现在蒋这样明确指示了，祖父不得不命令第71军88师派出一个加强团前往驻防。不料该团到达拉法刚三天，便遭民主联军主力全歼，团长也被打死了。民主联军到底是仁义之师，特地将这个团长的尸体用棺材装殓好，派人给国民党军队送了过来。

从守备拉法这件事，也可看出蒋介石一贯的僵死、刻板的军事指挥风格。以后国民党政权在东北的彻底失败，也无不与战线拉长、被迫处处设防，军队失去军事机动和战略主动有关。

蒋介石离开长春不久，东北战场的停战令于6月7日生效。以后停战期限一再延长，东北战场基本上维持了四个多月的沉寂状态。

后来的历史进程表明，从国民党军队进兵东北，到占领长春、永吉，

1946年夏，时任东北保安司令部副司令长官、代司令长官的祖父郑洞国将军（右二）陪同东北保安司令长官部总顾问、东北中正大学教授兼教务长焦实斋先生夫妇（左四、左三）等游览沈阳北陵公园。

1946 年夏，祖父郑洞国将军（前右二穿军装者），陪同焦实斋（前右一）等游览沈阳北陵公园。

国民党东北保安司令长官部副司令长官郑洞国将军（左二）在长春出席集会。左三为新 6 军军长廖耀湘将军，左四为长春市长尚传道先生。

和稍后祖父率军攻略热河，尽管其间累有损失、挫败，但还算始终保持着战略进攻态势，不失为国民党政权在东北的全盛时期；1946 年 10 月中旬以后，东北国民党军队在南满重新挑起战火，东北民主联军则"三下江南""四保临江"，交替使用南拉北打、北打南拉的机动战略战术，使国民党军队在广袤的白山黑水之间南奔北跑，疲于奔命，虽然也取得了诸如第二次四平街会战、德惠保卫战等胜利，在战略上却陷于穷于应付的境地，逐渐失去了军事主动权，直至最后彻底失败。

近年来读到不少两岸学者有关这一段历史的著述，颇有收获，但对某些问题的看法，也许还有讨论的空间。如有的台湾学者认为，当年国民党军队占领了长春、永吉后，没有乘胜越过松花江，北上"攻略"哈尔滨、齐齐哈尔等地，实在是军事上一大败笔，由此埋下了在东北乃至整个中国大陆最后失败的祸因，还说蒋介石到台湾后也曾为此懊悔不已。

祖国大陆的有关史料也披露，中共东北局和东北民主联军南满主力部队，当时在南满几乎失去了所有重要据点，不得不退守紧靠朝鲜的临江、蒙江、长白、抚松四个狭小偏僻的小县苦苦支撑；在北满的东北民主联军主力则被迫退守松花江以北，甚至做好了放弃哈尔滨和齐齐哈尔，继续退往靠近中苏边境的黑河等地的打算。这些表明，1946 年春夏之间，确实是东北民主联军在整个东北内战期间最为困难的时期。

不过，我们始终认为，国共两党在东北的战争，是政治、经济和军事的综合较量。战争的最后胜负，很难单纯地由一两次军事斗争的得失来决定。

抗战胜利后，中共中央立即作出了"抢占东北，巩固华北，稳定华中"的战略决策，派出大批干部和八路军 3 师、新四军 3 师等精锐部队十余万人抢先进入东北，赢得战争先机。反观国民党方面，虽然先后派遣新 1 军、新 6 军等精锐部队到东北作战，但主要精力还是经营以南京、上海为中心的长江中下游地区，对东北的重要战略地位和中共武装的力量估计得远远不够。顺带说一句，纵观中国历史上历朝历代，但凡专力经营长江中下游地区的政权，大多都是短命的；

再者，中共方面一在东北站住脚跟，便发动农民，实行土地革命，慢慢赢得了广大人民群众的坚决拥护。而国民党在东北，却几乎没有实行过能惠及人民的政策措施，有的倒是吏治腐败、贪污横行，一片乌烟瘴气，很快让东北人民对其丧失了信心；

军事方面，中共武装历来有机动灵活的传统。民主联军进入东北后，从榆锦战斗之初的"放开大路，占领两厢"，到四平街的果断撤退，以及"三下江南""四保临江"，直至最后在辽沈战役中的锦州之战，无不力求取得最大的战略主动，体现出极高的军事智慧。而国民党军队则以攻城略地为战争目标，结果占领的地方愈多，自己的包袱愈重，反而陷于被动，处处挨打，直到最后失败。

退一步讲，即使从第一次四平街战役后的军事情势上看，内部矛盾重重的北满国民党军队，能否长驱直入打过江北，也许还是个问题。这里我们不妨披露一点当时的战场秘闻：

国民党军队打下四平街后，分三路追击民主联军。左右两翼进展迅速，唯有中路新 1 军前进到公主岭以西地区后，便逡巡不前了。当时民主联军急于撤退，否则集中兵力打击一下国民党军队相对薄弱的左翼第 71 军，说不定还会取得一次局部胜利呢。要知道，杜聿明和祖父那时为此正急得团团转呢！

读者不禁要问，大胜之后的国民党军队怎么会出现这样低智商的问题？原因很简单，新 1 军军长孙立人闹情绪了。

孙从欧美游历归来，正赶上四平街战役进入尾声，他很想借攻占东北名城长春，让新 1 军再次名扬天下。一代名将打算再立新功，从一个职业军人的角度看，应是可以理解的。可是杜聿明将军却偏偏将占领长春的任务划给了新 6 军。

孙、杜二人在 1942 年春中国远征军入缅作战期间便已有隙。况且新 1 军、新 6 军之间，尽管在作战方面一向配合不错，但彼此之间，也还多少有些瑜亮情结。现在杜如此部署，孙便认定杜有意偏袒其第 5 军时期的老部下廖耀湘。于是这位才华横溢、却也颇具个性的王牌军将领使出小性子，以军队作战日久，亟须整补为由，竟让所部站住脚不动了。

祖父夹在杜、孙两位老友中间好生为难。杜见祖父劝说孙不成，亲自赶到祖父设在泉头的指挥所，一起去四平街前线催促孙立人迅速进兵。岂知三人见了面，孙仍旧百般推托，要求暂缓追击，说什么也不肯执行命令。杜聿明不禁勃然变色，威胁孙若抗命不遵，将以军法从事。孙立人虽未当面顶撞杜，以后也只是派少量部队应付一下，照样我行我素。幸亏民主联军主力无心恋战，纷纷撤到松花江以北，杜聿明和祖父紧提着的心，总算落了地。

事情到此还没有结束。这时南满的东北民主联军为了牵制国民党军队北上，集中 3 纵三个师兵力，发起"鞍海战役"，向鞍山、海城、大石桥一带进攻。驻防这一线的，只有国民党第 60 军 184 师，兵力十分单薄。东北民主联军于 5 月 25 日攻克鞍山，全歼第 184 师一个团，随后南下海城，

代号 2438

發電地點 無线

姓名 杜聿明

電尾韻目 巳元辰潚發

主席蔣 6312 密 生於十二日午抵長春視察部隊業務

代表鈞座撫慰萬當地居民並招待執行小組美方

人員擬寒日赴永吉視察謹聞 長春生杜聿明叩巳

元辰瀋發印

35年6月13日18時20分頁元譯 送

年月日時分

1946 年 6 月 13 日，杜聿明致电蒋介石，报告其视察长春情形。

1946年6月，国民党新1军征用大量民夫，加紧巩固长春城防。（此照片由台湾秦风先生提供）

驻守海城的师长潘朔端纷电告急。

南满的战局这下骤然吃紧。当时蒋介石正在沈阳视察。鞍山一失，沈阳门户洞开，沈阳城中也没有什么正规部队，倘民主联军前来攻城，岂不连蒋的安全都成问题了？杜聿明情急之下，只得将在北满的新1军主力星夜调回，驰援海城，并相机收复鞍山。

杜料定孙立人不会痛快地执行他的命令，还特地为此去见了蒋介石。蒋满口允诺督促孙部迅速行动，谁知过了一夜，蒋又通知杜，已照准孙部休息三天，要184师死守待援。杜聿明听了叫苦不迭，却也无计可施。三天后，当新1军主力大张旗鼓地前往救援时，走投无路的潘朔端早已在海城宣布起义。民主联军随后主动撤出海城，继续南下攻占大石桥、营口，再歼第184师另一个团。

战场上将帅失和，历来为军事大忌，古今中外概莫能外。在东北内战期间，这个问题却始终像噩梦一样缠绕着国民党军队，后来这些又与东北撤守等重大战略分歧交织在一起，更将几十万国民党军队推向绝境。

1946年8月初，为了确保北宁路的安全，杜聿明又派祖父赶到锦州设立指挥所，指挥国民党第13军、第93军、第71军91师，和一些地方保安部队，扫荡热河境内的民主联军。

起初，祖父还担心停战期间在热河采取大规模军事行动，会引起社会舆论的非议。杜聿明不以为然地笑笑说："桂庭兄不必多虑，停战仅限于东北地区，热河本不属于调处范围，共产党奈何不了我们。况且共军李运昌部五万人正在那一带积极活动，对我北宁路威胁极大，必须迅速消灭，否则后患无穷啊！"

祖父一到锦州，便按着杜聿明亲自拟定的作战部署，开始了军事行动。国民党军队的作战计划是，第13军及保安骑兵支队，先以一部兵力扫荡平泉以东、锦州古北口铁路以北地区的民主联军，再以主力一举攻略承德，相继占领隆化、围场等重要据点；第93军主力先肃清凌源、绥中公路以东地区的小股民主联军，再集结于朝阳附近，接替朝阳地区第13军的防务，并向赤峰方向警戒，掩护第13军侧背。等待第13军攻克承德后，再相机向建平、赤峰进出，进而控制热河全省。

在东北战场上，祖父大大领教了东北民主联军集中兵力、寻机歼敌的机动灵活战术，生怕部队稍一分散便被吃掉，因而在整个热河地区作战期间，都注意相对集中地使用兵力，并加强各部队之间的通讯联络，还特别要求各部在作战中务必互相呼应，彼此救援，避免被解放军各个击破。

热河的解放军在强敌面前，不计较一城一池的得失，既不事强攻死守，兵力集散又十分灵活，善于避强击弱，因此除了8月下旬第13军与晋察冀解放军第1纵队在承德附近发生一场激战，以及9月初第93军在建平附近的华子里沟，与解放军一支七千人的主力部队曾发生大规模的激战以外，双方主力没有进行决战。所以祖父得以顺利结束了在热河的作战任务。事实上，由于热河解放军只是相机撤退，实力并未受损，因此国民党在北宁路的安全，也只是暂时缓解罢了。

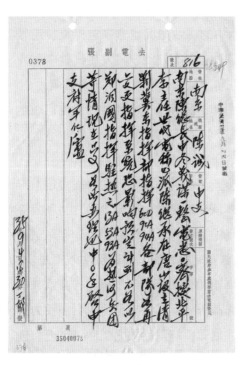

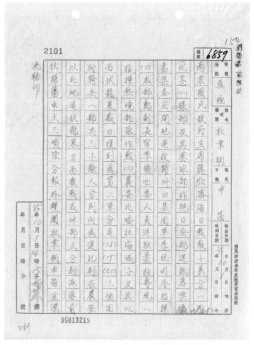

1946年9月4日，蒋介石致电参谋总长陈诚，指示由郑洞国将军指挥第13军、第53军、第93军在热河作战。

1946年10月1日，杜聿明将军向蒋介石汇报热河战况电文。

东北战场经历了四个多月的停战以后，整个形势和国共两党的力量对比悄然发生了显著变化。中共方面在解放区积极肃清匪患，发动土改，深受广大农民群众拥护，军事力量也大大增强。国统区内却充斥着贪污、受贿、倾轧、欺诈等丑恶现象，人民的生活每况愈下，让人民群众逐渐失去了对国民党政权的信心。当时东北国统区流传着这样的歌谣："想中央，盼中央，中央来了更遭殃。"国民党军队中的腐败情况也愈来愈严重，连号称"王牌军"的新6军，在长春驻防期间也时有违纪事件发生，杜聿明为了平息社会舆论非议，只好将该部与驻防于鞍山、海城的新1军对调。

东北局势的发展让熊式辉、杜聿明和祖父等人忧心忡忡，但他们还是幻想凭借国民党强大的武装力量，打垮东北民主联军，进而夺取整个东北。

当时的情形是，国民党政府已经废止了国共两党签订的停战协定，再次挑起全国范围的内战。大批国民党军队分别集结在中原、华北、东南等战场上作战，短期内不可能向东北战场增加兵力。东北的国民党军队虽然占领了东北中心区域的战略要地，但要同时向北满、南满民主联军进攻，兵力则深感不足。为此，熊式辉、杜聿明和祖父等人反复研究、商议，拟定了一个"先南后北，南攻北守"的作战方针，其主旨是：先集中兵力进攻南满，消灭力量相对弱小的南满民主联军，解除后顾之忧后，再全力进攻北满民主联军。

根据这个方针，杜聿明主持拟定了一个军事方案，其要旨是：

（一）辽西方面，国民党军队应有效控制热河，截断民主联军在辽西走廊的交通线，确保北宁路的安全；

（二）辽南方面，根据蒋介石"旅顺、大连问题，通过外交途径解决"的指示，国民党军队拟将南满的民主联军压迫于貔子窝、普兰店之线以南，然后在貔子窝、普兰店间的狭仄地带，构筑强固阵地，封锁旅大与内陆的交通；

（三）辽北、辽东方面，国民党军队拟将民主联军压迫到长白山及松花江以北，沿长白山和松花江布置防线；

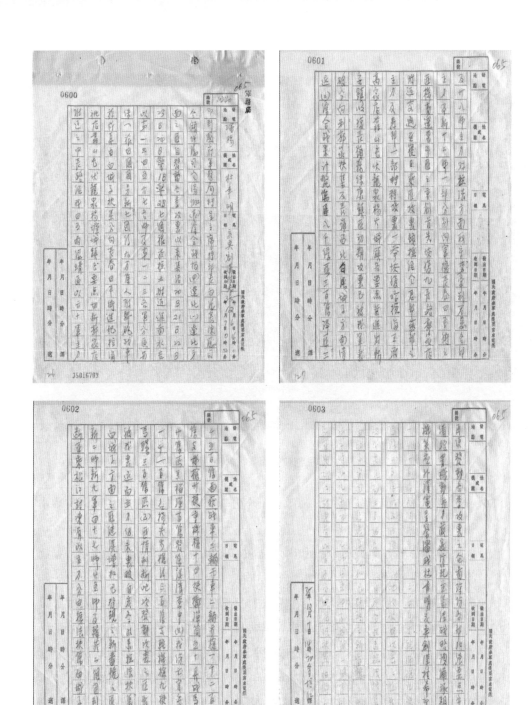

1946 年 12 月 7 日，杜聿明致电蒋介石，报告东北国民党军队在北满与东北民主联军作战情况。

1946年10月，被东北民主联军俘获的国民党军第25师师长李正谊、段培德等。

（四）完成上述部署后，东北国民党军队集中主力进攻北满，实现占领整个东北的军事目标。

这个军事方案经蒋介石和南京国防部批准后，杜聿明坐镇沈阳，指挥新6军、第52军、第71军共八个师部队，于1946年10月19日，分三路向南满进攻。沉寂了四个多月的战火，又重新在东北大地上燃烧起来了。

在南满的民主联军主力3纵、4纵和两个独立师且战且退，诱敌深入。国民党军队不知是计，继续分路突进。10月31日，民主联军4纵以迅猛的动作，将轻敌冒进第52军25师合围于本溪东南的宽甸新开岭地区。该师措手不及，只能仓促抵抗。因孤军无援，经三天激战后，终于遭到全歼，师长李正谊以下六千五百人被俘。

败报传到沈阳，熊式辉和祖父等人极为震惊，杜聿明更是大发雷霆。第52军是国民党的一支战斗力很强的老牌嫡系部队，抗战期间更是功勋

东北内战期间，国民党东北保安司令官长官部副司令长官郑洞国将军（中）与新 6 军军长廖耀湘将军（右）、第 71 军军长陈明仁将军（左）合影。

卓著。国民党军队抗战后号称拥有"五大主力"，有台湾军事专家认为，如果当时国民党军队再加一支主力部队，变成"六大主力"的话，那么这个第六主力必是第 52 军无疑。

杜和祖父自北伐时期起就在第 52 军服役，杜还担任过第 25 师的副师长，现在一个整师的全美械的部队，居然被民主联军一举歼灭，确令杜和祖父等痛心不已。

在南满的国民党军队经过整顿继续进攻，一直将民主联军主力向长白山方向压缩。

12 月底，国民党新 6 军、第 71 军正与民主联军 3 纵、4 纵一部和两个独立师，在通化、辑安一线激烈交战，民主联军 4 纵主力突然跃到国民党军队后方，直插安东、沈阳铁路两侧，十余日内横扫二百余里，连续攻克国民党军队大小据点二十余处，搅得南满天翻地覆。

杜聿明措手不及，急调新 6 军 22 师和第 71 军 91 师往援。南满民主联军主力乘机向通化、辑安两侧的第52军195师展开反击。几天激战下来，第195师伤亡惨重，被迫败退，国民党军队的第一次进攻临江战役随之瓦解。

当国民党军队重兵进犯临江的时候，北满民主联军采取"南打北拉"的作战方针，于1947年1月5日，出动1纵、2纵、6纵和三个独立师，沿中长路两侧渡松花江南下，先后歼灭新1军两个团，直逼长春、永吉，迫使南满的国民党军队向北增援，减轻了南满民主联军的压力。

心急如焚的杜聿明不甘失败，抽调新6军、第52军主力共四个师，于1月30日在通化以东分三路再犯临江。第52军195师刚刚抵达通化以北高丽城子附近时，突遇民主联军3纵、4纵一部，爆发激烈战斗，该师孤军难支，被迫溃退。随后连号称"虎师"的新22师也打了败仗，无力再进，第二次进攻临江又告失败。

十几天后，杜聿明又集中第52军、第71军等部五个师兵力，分三路进攻临江。南满民主联军以两个师的兵力在老爷岭、四道江等地据险阻击，另以4纵主力和独立师向国民党军队侧后迂回包抄，击败各路敌军，国民党军队第三次进攻临江再告败绩。

2月21日，北满民主联军趁杜聿明南顾不暇，集中1纵、2纵、6纵及独立师部队共十二个师的兵力，二下江南，以迅猛的动作突然包围了九台程子街，进逼九台、农安。驻守程子街的新1军新30师89团猝然应战，很快被消灭，九台、农安也相继失守，民主联军乘胜进兵包围了德惠。

驻守长春和德惠的新1军连电向沈阳告急，杜聿明闻报大惊，一面严令德惠守军拼力死守，一面不得不把进攻临江的第71军91师调回四平街，同时抽调第71军主力87师、88师及几个保安支队，号称四个师的兵力虚张声势地驰援德惠。

这时民主联军攻城甚急。防守德惠的新1军50师主力在师长潘裕昆指挥下，依靠坚固的"城寨堡垒"式防御工事奋力死守，使担任攻坚的民主联军6纵蒙受很大损失，攻击一再受挫。双方大战三天后，孙立人率新1军援兵和远道驰援的第71军即将赶到，民主联军主动撤围向江北退去。

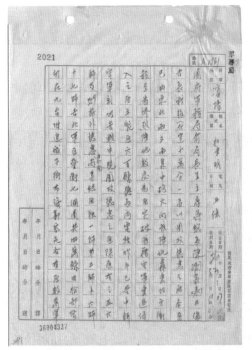

1947 年 3 月 1 日，杜聿明向蒋介石等报告东北民主联军进攻德惠战况。

杜聿明为了鼓舞士气，趁机大造舆论："德惠大捷，歼灭共军十万！"

谁知最先受此欺骗的居然是蒋介石，他真以为北满民主联军已经溃不成军了，竟直接命令正在追击中的新 1 军和第 71 军渡松花江追击。杜聿明知道了这个消息万分紧张，急电孙立人和陈明仁立即撤回原防。岂料孙、陈二将杀得性起，哪里肯服从命令？杜聿明只得亲自赶到德惠，言明真相，才将二人当面劝止。

但民主联军已经摸清了国民党军队的底细，于 3 月 8 日向冒险过江的国民党保安部队发起反击，这些乌合之众如何抵挡得住，马上鼠窜逃回江南。北满民主联军主力趁机三下江南，向德惠以南迂回，企图包抄第 71 军退路。

恰在此时，杜聿明带着几卡车卫队从德惠赶回长春布防，途中与大批由东向西挺进的民主联军主力遭遇，立即爆发激烈战斗。民主联军也不知道现在迎面撞上的，竟是国民党军队在东北的最高军事指挥官，所以仅以一部兵力包围杜的车队，其余部队继续向前挺进。杜聿明亲自指挥卫队与民主联军苦战良久，才冒险冲了出来。

惊魂未定的杜聿明一到长春，即匆忙在城内布防，担心民主联军前来攻城。当时新1军撤进德惠城内，第71军匆忙退入农安县城，长春城内只有少数新1军留守部队和地方保安部队驻防，杜只好急调新6军和第13军主力，火速开到长春应付危局。只是民主联军当时正忙于包围农安，企图围歼第71军，来不及攻击长春，杜才又逃过一劫。

新6军和第13军主力还未赶到北满，北满民主联军就将中长路四平长春段、长春德惠段，以及长春吉林段等铁路严重破坏，然后撤去农安之围，于3月16日主动退回江北。

杜聿明还没有来得及松口气，南满民主联军又采取"北打南拉"的战术，趁国民党在南满兵力空虚，向梅河口、海龙、新宾、柳河等重要据点全面进攻，截断通化与沈阳的交通线，并以主力包围了驻扎在通化的第52军195师。

这一连串的战场变局，让杜聿明心力交瘁，终于旧病复发，再次躺倒在病床上。事情到了这个地步，祖父只好接替杜聿明，披挂上阵，指挥刚从北满调回的新6军和第13军主力，第四次进攻临江，以解通化之围。

3月底，祖父指挥新6军主力，沿抚顺营盘至通化的公路攻击前进，一路排除民主联军的抵抗，于4月初打到通化附近，通化守军见援兵开到，立即出击，民主联军主动撤围而去。但在新6军左侧山区中前进的第13军89师，却被民主联军3纵及4纵一部在通化西北地区包围歼灭。活跃在国民党军队后方的民主联军4纵主力，又将驻守新宾的第52军2师一个团歼灭。一向处事谨慎的祖父见势不妙，不敢再轻率进攻，只好下令将进攻临江的军队撤回来了。

从1946年12月下旬至1947年4月上旬，东北国民党军队四次进攻临江，却接连损兵折将，都遭到惨败，实力大为削弱，其"先南后北，南攻北守"的作战方针彻底破产了。此后，国民党军队再也无力在东北向民主联军发动大规模战略进攻，而东北民主联军则由此从战略防御转入战略进攻。整个东北的军事形势开始发生了根本性的变化。

东北国民党军队四次进攻临江都遭失败，损失惨重，兵力捉襟见肘。熊式辉和杜聿明担心北满民主联军再度南下时无法应对，于1947年5月上旬派祖父去南京晋见蒋介石，请求蒋向东北战场增调援军。

临行前，杜聿明特地将祖父请到住处。

躺在病榻上的杜聿明心情沉重地说："桂庭啊，现在局势非常严重，据现在掌握的情报判断，不久北满共军很可能又要举行大规模攻势，依我们现有的这点兵力，恐怕很难对付，弄不好不仅北满守不住，整个东北都有'沦落'共军之手的危险。"

"桂庭，你这次去见'委员长'，一定要陈明利害，无论如何要请'委员长'再给我们增加两个军的兵力，如果这一点做不到，那至少也要把第53军调回东北战场（第53军原属东北国民党军队作战序列，临时调归华北第十一战区指挥——作者注）。"杜聿明顿了顿，又加重语气强调。

祖父心情沉重，一到南京，直接前往蒋介石在中央军校的官邸晋见。

通报之后，一位年轻的侍从副官将祖父引到一间墙上挂满巨幅军用地图，显得十分宽敞的房间里坐下，便退了出去。少顷，蒋介石身着便服，推门走了进来。祖父连忙起身鞠躬行礼，蒋略点点头道："哦，你来啦！"便走到对面沙发旁坐下，挥挥手示意祖父也坐下谈话。

祖父悄悄望去，见蒋介石面容严肃，也有几分憔悴，已不是去年6月初在长春机场召见他们时那种容光焕发的神色了。

"东北的情形怎么样，你们有什么打算？"祖父正待开口，蒋介石先直截了当地问道。

祖父一五一十地向蒋介石面陈了这一时期东北战场的作战情形和国民党军队面临的严峻局势，郑重地提出增兵东北的请求。

祖父讲话时，蒋介石口中"嗯""嗯"地应着，眉头越皱越紧，一副十分不悦的神情。

等祖父把话说完了，蒋沉思了一会儿，态度很坚定地说："东北的情况确实很严重，你们一定设法稳住局面。但目前我派不出部队到东北去，一切要你们自己想办法！"

祖父一听就更焦急了，壮着胆子强调起东北战场的重要性。蒋耸着眉头打断他的话，申斥道："你只说东北重要，难道南京不重要吗？现在全国各个战场的兵力都不够用，我不但不能给你们增加两个军，第53军也不能调回东北去。"

见祖父垂首不语，蒋起身踱到室内的军用地图前，端详了半晌，继续说道："你回去告诉熊主任和杜长官，根据目前情况，我军在东北应采取'收缩兵力，重点防御，维持现状'的方针，将来再伺机出动。现在要增加兵力是绝对没有办法的。"

祖父见蒋的态度里没有丝毫回旋的余地，只好向蒋行礼退出，怏怏地飞返东北。

回到沈阳，祖父顾不上休息，匆匆赶去见杜聿明。杜已病得很重，脸色蜡黄，正一面输液，一面与刚从南京到东北就任新6军169师师长的郑庭笈谈话。

见祖父回来，杜聿明露出一脸期待的神情，也不避讳郑庭笈在侧，急切地听取了祖父南京之行的汇报。可以想见，祖父此行的结果让杜大为失望，脸色顿时黯然下来。

沉默良久，杜聿明方长叹一声："唉，眼下也只有按"委员长"的指示苦撑喽！"

按着蒋介石的指示精神，熊式辉和杜聿明被迫在东北战场上采取战略防御的军事方针，以一部沿松花江布防，一部部署于北宁路和热河，主力则控制在东北中心区域机动作战。

第二十一章
再战四平街

国民党第 71 军军长、四平街守将陈明仁

祖父从南京回到东北不久，熊式辉、杜聿明和祖父一直最担心的事情还是发生了。

1947 年 5 月中旬，东北民主联军在晋察冀解放军一部的配合下，发起了大规模的夏季攻势，分别从北满、南满、东满、西满和热河、冀东等六个方向向国民党军队进攻，其中南满、北满民主联军主力向长春、四平、吉林之间实施突击，力图打破南满、北满分割的局面。

5 月 15 日，北满民主联军主力 1 纵、2 纵和两个独立师渡江南下，于 18 日攻克长春外围重要据点怀德，继而分兵两路，一路北进长春，另一路南扑公主岭。

不久，长春市郊和机场附近发生激战，枪炮声在市区内清晰可闻，一时人心惶惶。

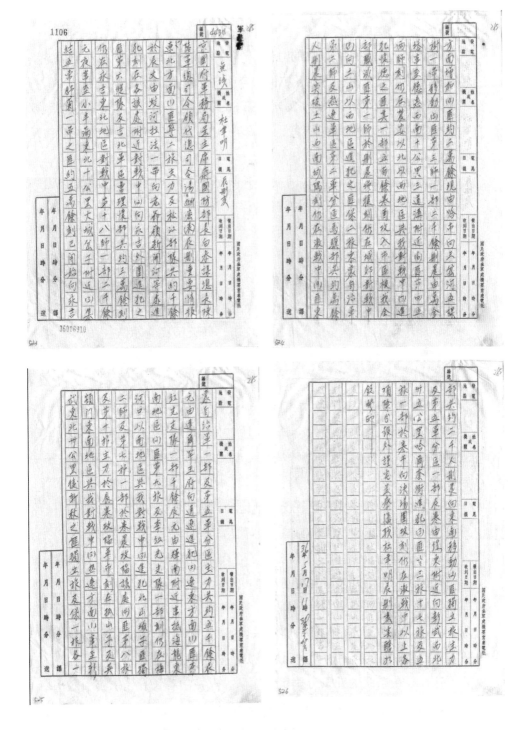

1947 年 5 月 17 日，杜聿明向蒋介石等报告东北战况。

在怀德被民主联军围攻的时候，第71军88师奉命由四平街出援，不料在公主岭以北大黑林子地区中伏，全师覆没，师长韩增栋阵亡。

这时陈明仁率所部第87师尾随第88师，刚行进至公主岭，就接到杜聿明紧急电话，才知大事不好，也顾不上接应第88师溃兵，匆忙撤往辽河南岸布防。

陈部前脚离开公主岭，民主联军先头部队后脚就冲入市区，再迟一步，陈明仁恐怕也要做了民主联军的俘虏了。

5月20日，东丰、西丰、西安（今辽源市）等地纷电告急，驻长春的美国领事馆也匆匆撤退。24日至29日，民主联军又连续攻克康平、法库、昌图，从南北两个方向进逼四平街。

南满民主联军3纵、4纵10师和独立师，也于5月13日对沈阳、吉林铁路中段的山城镇、草市发起攻击，歼灭国民党军队驻防草市的一个工兵团，还设伏击溃了前往增援的新6军新22师，缴获了一批重炮和装甲车。

随后，南满民主联军沿梅河口、四平铁路向西进攻，连克东丰、西安等城，与北满民主联军主力会师。5月27日，4纵一部围攻梅河口，全歼守军第60军184师（原部在海城起义后重建者——作者注），师长陈开文被俘。

这期间，活跃在冀察热辽交界地区和冀东地区的解放军，也分别向锦承路和北宁路出击，积极牵制国民党军队。

东北战局急转直下，大大震动了在南京的蒋介石。他急忙于5月30日飞抵沈阳视察，并亲自主持了有熊式辉、杜聿明和祖父等人出席的高级军事会议。会议的结果，没有如熊、杜所愿向东北增兵，而是根据蒋的指示，进一步收缩兵力，陆续放弃安东、通化、赤峰等城市。蒋介石本来打算连永吉也一并放弃，因杜聿明的极力反对而作罢。

这样，在东北的几十万国民党军队，仅控制着长春、永吉、四平街、沈阳、锦州等几个大城市和周围的小城镇，处境岌岌可危。

蒋介石刚离开沈阳，东北民主联军又给他送上了一份"大礼"。

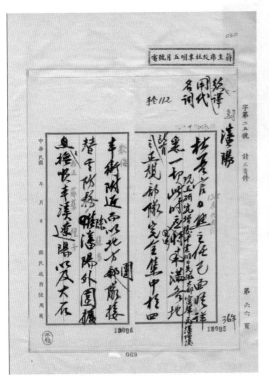
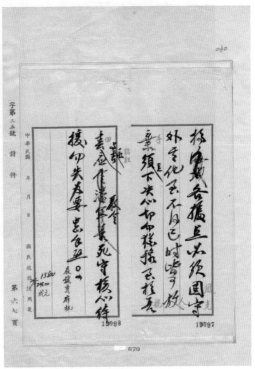

1947年5月20日，蒋介石电令杜聿明集中南满国民党军队主力于四平街附近地区，应对东北民主联军发动的夏季攻势，确保沈阳附近要点及长春、永吉安全。

1947 年 5 月底，到沈阳视察的蒋介石与国民党东北保安司令长官部副司令长官郑洞国合影。

6 月 2 日，民主联军主力猛攻开原，守军第 71 军 54 师抵敌不住，被迫弃城逃往铁岭。

开原一失，中长路被切成两截，沈阳和四平街的联系顿告中断。熊式辉、杜聿明和祖父等闻讯万分焦虑。他们估计，民主联军下一步可能会对四平街发动大规模进攻。几人在杜的病床前进行了一番紧急磋商，决定抽调新 6 军主力新 22 师、第 14 师，分别从清原和辽南反攻开原。同时再次命令防守四平街的第 71 军军长陈明仁，加紧整补部队，加固工事，准备大战。

6 月 7 日，新 6 军重新夺回开原。

熊、杜二人还没来得及高兴，东北民主联军主力 1 纵全部，6 纵、7 纵各一部，辽热保安 1 旅、2 旅，松江军区三个独立师和四个炮兵团共十余万人，已经完成了对四平街的外线包围。

6月14日，民主联军从南、西、北三面对四平街发动了总攻。

四平街攻防战一开始就空前激烈。担任主攻的民主联军1纵在邓华辽吉纵队（即东北民主联军七纵——作者注）配合下，先以强大炮火在城西南角轰开一个大缺口，随后大批步兵突入，与守军展开激烈巷战。

双方血战三天，陈明仁率部据城顽强死守，加上东北地区已进入盛夏时节，昼长夜短，不利于民主联军夜间攻击，致使民主联军1纵蒙受伤亡三、四千人的重大损失，也未取得大的战斗进展。

危急时刻，民主联军司令员林彪果断将作为总预备队的6纵投入战斗。该纵17师官兵多是山东矿工出身，善于爆破攻坚作战，是民主联军攻坚作战的王牌部队，此刻一投入战斗，战局立刻大为改观了。

6纵17师采用穿墙打洞的方式，避开守军交叉火力，一边用炮火逐点清除守军火力点，一边逐房逐屋攻击推进，只用了一天多的时间便攻占了四平街城西区大部。

双方激战至20日晚，民主联军第6纵17师不顾重大伤亡，终于将四平街铁西地区和第71军军部核心阵地的强固工事彻底粉碎，该军88师（被歼后重新整补成立者——作者注）和军直属特务团崩溃，连陈明仁的胞弟、特务团团长陈明信也被生俘。陈明仁被迫率军部退到铁东地区死守，一天数电向沈阳告急。

四平街命悬一线，让蒋介石大为震惊，这才同意将第53军调回东北，但严令杜聿明必须在6月30日前解四平街之围。

杜聿明躺在病榻上与祖父等连夜商议，最后决定由第53军先占领不久前被民主联军攻占的本溪，巩固沈阳门户，再集结大军驰援四平街。

杜聿明特别提议，攻打本溪和驰援四平街的军事行动，由祖父统一指挥。

祖父开始不太情愿担这个风险。谁都知道，在如此严峻的局势下，这一仗可是千难万险。万一作战失利，很可能全军覆没。那样不仅自己身败名裂，连国民党在东北的这小半壁江山也要葬送了。但转念一想，杜聿明病得如此沉重，也实在不能再亲临前线指挥了。除了他，唯有自己最熟悉情况，各部也肯服从命令，的确是最合适的人选。为了"党国利益"，祖父略微推让了一下，便硬着头皮接受了任务。

6月17日前后，祖父亲自指挥第53军周福成部攻打本溪。经几天苦战，第53军总算重新夺占了本溪。祖父到本溪匆匆布防完毕，就转到铁岭，部署大军北上解四平街之围。

随祖父北上驰援四平街的国民党军队有新6军、第93军、第53军、第52军195师，以及总部直属重炮团、战车营等部队。为了隐蔽作战意图，祖父命令第53军暂驻本溪，等正面攻击部队打响后，再转到中长路方面作战。

由于民主联军善用"围城打援"的战术，让东北国民党军队多次吃了大亏。这次祖父汲取了教训，把战斗力最强的新6军，控制在开原以东及威远堡门南北之线，命令该军随着正面攻击部队的战斗进展，逐步向四平街以东地区推进，以此专门对付民主联军的打援部队。祖父亲自指挥第93军和总部重炮团、战车营，实施正面攻击作战。第52军195师为预备队，在第93军侧翼向八面城攻击前进。第53军为总预备队，准备由左翼迂回到四平街西北地区，侧击包围四平街的民主联军。

6月26日，第93军投入正面攻击，民主联军则以近两个纵队兵力，凭借昌图附近地区的丘陵地带顽强抵抗，双方相持不下。

这时，民主联军果然祭出了看家法宝，集中大批主力部队，向担任战略掩护任务的新6军发起猛烈进攻。

新6军169师原由国民党交警总队改编而成，此时刚刚开到东北归入该军建制，虽然装备精良、训练有素，但从未经历过东北战场如此排山倒海般的凶猛、残酷的进攻场面，一下子被民主联军打懵了，很快将负责防守的八棵树一线阵地差不多全部丢光，还有很大伤亡。

廖耀湘大为光火，严令第169师限期夺回阵地。

第169师师长郑庭笈是祖父过去的老部下，在国民党军队中是一员打仗不要命的悍将。此刻，郑摆出与民主联军拼命的架势，在空军和地面炮火的掩护下，发起凶猛反攻。经数小时空前惨烈的争夺战，民主联军伤亡殆尽，被迫撤退了。此后，新 6 军又在貂皮屯、威远堡门、莲花街、平岗等地与民主联军连日激战。

北上驰援四平街的国民党军队与民主联军激战犹酣之际，在四平街的陈明仁已危在旦夕。民主联军攻城部队占据铁西地区后，迅速突入铁东地区，与第 71 军 87 师、54 师残部展开激烈的争夺战。

民主联军惯于夜间攻击，守军则于白天在飞机、大炮的掩护下夺回失去的阵地。双方你来我往，在铁东地区打得天昏地暗，彼此伤亡惨重。最后，陈明仁被压迫至市区一角的几个工厂里，做困兽之斗。陈情急之下，一面将为自己准备的棺材放到指挥部外，激励部属与城共存亡；一面将储存的整麻袋大豆一批批地撒在阵地前，借以迟滞民主联军官兵的进攻。后来民间传说的所谓"陈明仁撒豆成兵"的故事，便指此事。

但陈明仁知道，即便如此，守军也撑不了多久了，于是每天将雪片般的电报发往沈阳，哀请杜长官火速救援。

躺在沈阳病榻上的杜聿明急得如坐针毡，只好派出大批飞机轮番轰炸四平街民主联军阵地，支援守军死守。同时一天数电，催促祖父尽快击破民主联军的抵抗，速解四平街之危。

杜聿明一道道十万火急的电报传到祖父手中时，第 93 军正在泉头一线与民主联军阻击部队激烈交战。祖父心中焦虑万分，他心里清楚，陈明仁已经熬不住了。尤其是那几日四平街方向传来的枪炮声相对沉寂，更让他心急如焚，以为四平街的战事快要结束了。一旦四平街失守，十几万攻城的民主联军主力部队会迅速南下，与在开原以东的另一部民主联军主力前后夹击，那么自己率领的这支增援大军将会在旷野之中进退失据，很可能被一举聚歼，后果不堪设想。

祖父愈想心里愈焦急，6 月 28 日天刚亮，便与第 93 军军长卢浚泉一起赶到火线上，亲自组织空中和地面炮火向民主联军阵地狂轰滥炸，接着命令战车营全部出动，掩护步兵突击。激战至午后，第 93 军左前方传来隆隆炮声，原来是驻本溪的第 53 军已经迂回成功，正与第 52 军 195 师一道，向八面城方向攻击前进，给正面的民主联军 2 纵和邓华纵队主力两个

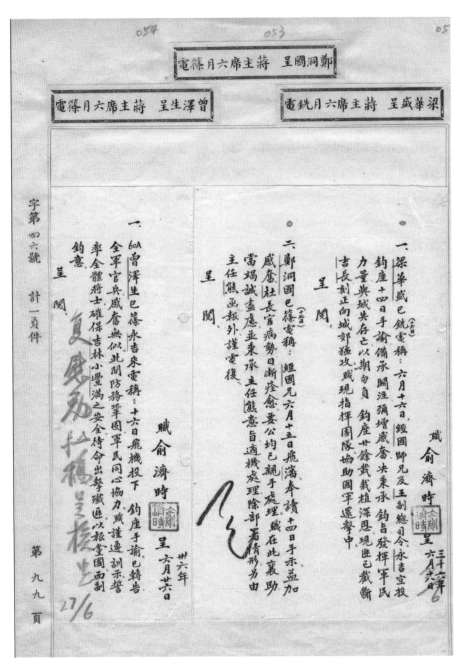

電銑月六席主蔣　呈盛華梁
電篠月六席主蔣　呈生澤曾
電篠月六席主蔣　呈國洞鄭

職　俞濟時呈　卅六年六月卅六日

一、梁華盛巳銑電稱：六月十六日，經國師兄及王副總司令、永吉空投，鈞座十四日手諭備承關注彌增感奮，決乘承鈞旨發揮軍民力量與城共存亡，以期勿負鈞座廿餘載栽植深恩。現世巳截斷吉長，刻正向城郊猛攻。職現指揮圍隊協助國軍還擊中

呈閱

職　俞濟時呈

二、鄭洞國巳篠電稱：經國兄六月十五日飛瀋奉讀十四日手示益加感奮。杜長官病勢日斷痊愈，要公均巳親手處理，職在此襄助，當竭誠盡慮並乘承主任熊意旨適機處理。除部署情形為由主任熊函報外謹電復

呈閱

職　俞濟時呈　卅六年六月卅六日

一、60A曾澤生巳篠永吉來電稱：十六日飛機投下鈞座手諭巳轉告全軍官兵感奮無似，此間防務鞏固軍民同心協力。職謹遵訓示督率全體將士確保吉林小豐滿之安全，待命出擊殲進以報壹國而副鈞意

呈閱

復慰勉　擬稿呈核

27/6

1947年6月27日，蔣介石在俞济时呈报的郑洞国、梁华盛、曾泽生等东北军情报告上批示："复慰勉 拟稿呈核 中正。"

436

师等阻击部队造成很大的侧翼威胁。祖父大喜过望，命令第93军各师发动全线猛攻，终于在下午五时突破了民主联军2纵和邓华纵队主力的阵地，随即迅速展开追击。

祖父直到晚年回忆此次战役，一直以为担任昌图一线阻击作战的民主联军2纵和邓华纵队主力等部之所以放弃阵地，是被他指挥的国民党第93军、第53军、第52军195师等部队击溃的。后来我们挖掘相关史料，才发现事情也不尽然如此。

历史的真实情形是：四平街国民党守军第71军尽管已经灯枯油尽，陈明仁自知末日将近，已经做好了随时自戕的准备。但陈明仁不知道的是，民主联军作为攻击的一方此刻也是伤亡惨重、精疲力竭了。

由于战前对四平街国民党守军的兵力判断有误，陈明仁指挥下的国民党守军的抵抗意志也大大出乎民主联军意料之外，导致攻坚作战时间过长，攻城部队伤亡惨重，疲惫不堪，特别是炮弹和其他弹药接济不上，如不增加兵力、火力，很难再兴攻势。

偏偏这个时候，祖父率领的国民党增援大军猛攻泉头、八棵树一线，民主联军阻击部队作战格外艰困。

为避免腹背受敌，民主联军司令员林彪临时变更作战部署，他以四平街急切难下，决定让攻城部队继续佯攻四平街，并命令2纵和邓华纵队主力主动从昌图一线后撤，诱使祖父率领的国民党援军快速向四平街推进，以便集中民主联军主力南下作战，分割、围歼进出于威远堡门、貂皮屯一线的国民党右翼兵团新6军。

这确实是一记狠招，充分体现了民主联军惯有的机动灵活的战略战术。如果民主联军能一举聚歼国民党援军中战斗力最强的新6军，则可顺势击垮祖父指挥的其他国民党援军，最后四平街便是民主联军的囊中之物了。

不过在当时的战场情形下，林彪司令员如此用兵虽是出敌不意，但以民主联军久战疲惫之师，能否迅速南下，一口吃掉拥有三个精锐师，且士气正旺的国民党新6军，似无绝对把握。从这一点看，也不能不说这是一

　　1947年7月1日，郑洞国将军（前右二）陪同国民党总参谋长陈诚（前右三）视察长春。前右四为新1军军长孙立人。（此照片由台湾邱智贤先生提供）

　　1947年7月12日至20日，郑洞国陪同参谋总长陈诚视察国民党军队（右二郑洞国、右四为陈诚）。

1947年7月12日至20日，郑洞国陪同参谋总长陈诚视察国民党军队（左二为郑洞国、右二为陈诚）。

步不得已的险棋。

　　果然，民主联军主力因路途遥远，且白天不断受国民党空军袭扰，很难准时集结到位，各部先后抵达战场后，即仓促地相继投入与敌人的混战，加上祖父指挥国民党第93军攻占泉头后行动迅速，很快与新6军等部连成一体，敌我双方形成胶着状态，遂使民主联军南下打援的计划落空了。

　　双方激战至6月29日，国民党增援大军三面逼近四平街，与城外民主联军激烈交战，战局对民主联军已经极为不利了。

　　奄奄一息的四平街守军得知日盼夜想的援军打到眼前了，士气复振，陈明仁特派出一支部队向外出击接应。次日，第93军前锋部队攻至半拉

1947 年 7 月，陈诚（前右二）、熊式辉（前排中）、郑洞国（前左一）在会议上。

国民党东北行辕主任熊式辉离任仪式结束后，陈诚（前左一）、郑洞国（前右一）等致敬欢送。

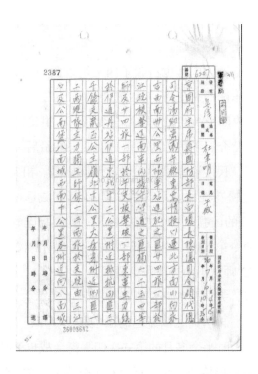

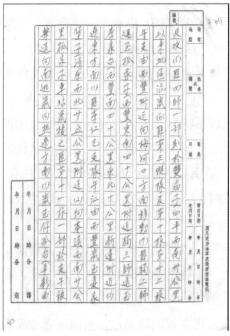

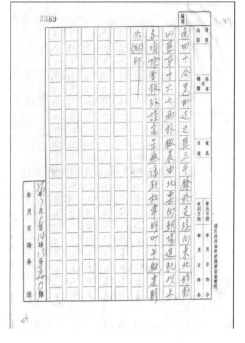

1947 年 7 月 6 日，杜聿明向蒋介石等报告东北战况。

山门，终于与四平街守军会师。

第 53 军和第 52 军 195 师也占领了四平街以西的八面城，新 6 军先锋部队攻占了四平街东南的莲花街。

6 月 30 日，围攻四平街的民主联军全线撤退，祖父这才长舒了一口气。

这一天，正是蒋介石下达的四平街解围期限的最后一天。

四平街解围后，民主联军主力纷纷向北满撤退。祖父本想指挥各部全线追击，相机打过松花江北。不料新 6 军 14 师在威远堡门遭到民主联军一部主力不惜代价的凶猛反扑，损失惨重，廖耀湘连电告急。祖父只好放弃追击计划，命令第 53 军从泉头车站向威远堡门的民主联军实施侧击，廖耀湘也指挥新 22 师从正面进攻民主联军。

经一昼夜激战，完成了战略牵制任务的民主联军主力且战且退，向西丰、西安方向转移。再看向北满撤退的民主联军，早已走得无影无踪，祖父只好收兵复命，历时半个多月的第二次四平街会战也就结束了。

四平街解围的战报传到南京，蒋介石十分高兴，先后授予陈明仁、周福成、廖耀湘等"有功"将领和官兵"青天白日"勋章和云麾勋章，慰勉有加。沈阳城内也接连举行所谓"庆祝"活动，着实"热闹"了一番。

祖父心里明白，这次四平街虽然侥幸解围，但国民党军队的损失是很大的，今后的日子会更加难过了。

事实上也确实如此，在东北民主联军持续五十天的夏季攻势中，国民党军队先后有八万余人被歼，丢失县以上城市四十余座，民主联军已将其东、南、西、北的根据地连成一片，而国民党军队仅控制着沈阳、长春、锦州、四平、永吉、本溪等十余个战略据点，完全失去了东北战场的战略主动权。

这次四平街战役结束后不久，陈明仁被陈诚借故给予处分，并解除了军职，只好辗转回到老家湖南。至此，他对腐败黑暗的国民党政权已经心灰意冷。

1949 年 8 月，身为国民党军队兵团司令官的陈明仁，与湖南省主席程潜先生一道弃暗投明，通电起义。新中国成立后，陈明仁成为中华人民共

張　副　電　去

軍務局

號大　手令201

發住地點　瀋陽

機關或　姓名　熊式輝

發電日韻　未支

原辦機關　手令

發文號大　機秘甲字第一○四二九號

國民政府參軍處機要室□□　收　□□電割碼□□

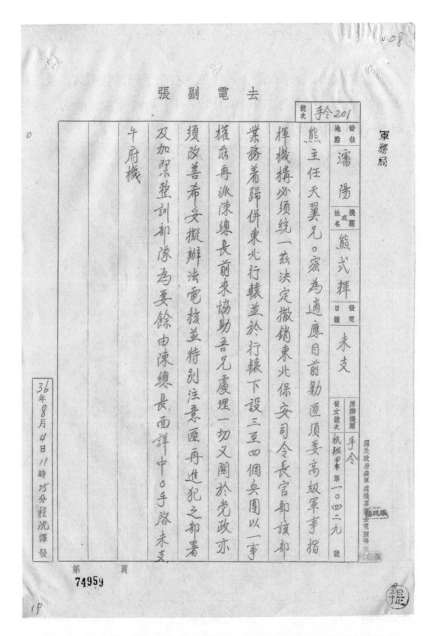

午府機

熊主任天翼兄。密為適應目前勦匪須要高級軍事指揮機構必須統一茲決定撤銷東北保安司令長官部該部業務著歸併東北行轅並於行轅下設三至四個兵團以一事權薦再派陳總長前來協助吾兄處理一切又關於黨政亦須改善希妥擬辦法電復並特別注意匪再進犯之部署及加緊整訓部隊爲要餘由陳總長面詳中○手路未支

36年8月4日11時35分程瀋譯發

第　頁
74959

1947年8月4日，蔣介石致電國民黨東北行轅主任熊式輝，告知陳誠將赴東北視事。

和国的开国上将，还受到毛泽东主席的亲切会见，终于走上了光荣的人生道路。

东北民主联军的夏季攻势，不仅沉重打击了国民党军队，也彻底拖垮了杜聿明的身体。杜不得不于1947年7月上旬离开东北治病，他的司令长官职务再次由祖父代理。

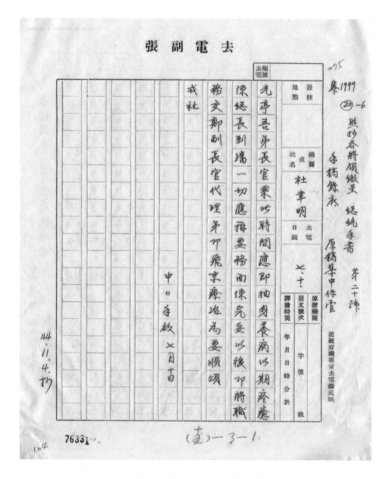

1947年7月10日，蒋介石致电杜聿明将军，嘱其前往北平治病，职务由郑洞国将军代理。

第二十二章
陈诚到东北后的"杰作"

1947年9月，陈诚将军（前排左二）与郑洞国将军（前排左一）等国民党军队将领在东北行辕大楼前合影。

杜聿明刚走，参谋总长陈诚就来了。

陈诚说是来东北视察，但其即将来东北主事的传闻早已不胫而走。这就引起熊式辉的很大不满，于是一连七次上书蒋介石，请求辞职。蒋先是不准，后又突然要他交卸在东北的工作。

熊式辉怀着一肚子的怨气和牢骚，愤愤离开了东北。

1947年8月初，陈诚果然来到东北，接替熊式辉就任东北行辕主任。他一到，立即撤销了东北保安司令长官部，独揽了东北党政军大权。祖父名义上改任东北行辕副主任，实际上靠边站了，几乎所有的东北军事事务，都由另一位刚到东北的行辕副主任，也是陈诚的心腹罗卓英处理。

陈诚到东北后，把国民党军队以往在东北的失利，都归罪于熊式辉和杜聿明等人，公开批评东北的国民党高级官员和将领们政治腐败无能，军事指挥失当，使东北"国军"成了瓮中之鳖等等，还大言不惭地宣称："要在六个月内恢复东北优势，收复东北一切失地！"看上去还真是踌躇满志，打算在东北有一番大的作为。

很快，陈诚在东北大刀阔斧地实现了两大"政绩"：

一是趁东北战场暂时平静锐意整军。陈诚在正规军和地方部队混编的基础上，新扩编了新 3 军、新 5 军、新 7 军、新 8 军、第 6 军和一个军级规模的骑兵师，还增加了一些炮兵、战车、汽车等部队。加上原在东北的新 1 军、新 6 军、第 52 军、第 71 军、第 53 军、第 13 军、第 93 军、第 60 军等，使东北国民党军队一共拥有了十四个军。不过军队经过这样一番强弱搭配，优劣掺杂，又没有时间进行充分的训练和磨合，看上去人数倒是增加了，实际上战斗力却不增反减，此为后话。

二是以整饬军纪、政纪为名，处分和撤换了一大批军政官员。最滑稽的是陈明仁刚因死守四平街有功，被授予"青天白日"勋章。陈诚一到反被撤差查办，罪名是他守四平街时"贪污"了作为军粮的大豆，让人啼笑皆非。一批国民党军政官员刚刚倒台，陈诚的众多亲信立刻蜂拥而上，抢占了各处肥缺。这种假公济私、排除异己的做法，不仅没有让贪腐、走私、任用亲信等国民党官场恶习在东北稍减，反而让更多的国民党军政官员离心离德，连祖父也萌生了退意。

经过这么一番折腾，大权在握的陈诚自以为得计，开始调兵遣将，准备在东北战场上大显身手了。他的第一个目标，指向了热河。为此陈诚指挥新由苏北调来的第 49 军和由华北抽出的第 43 师，进攻热河东部地区，力图先将北宁路沈锦线以西的民主联军一举歼灭，确保东北与华北的联系畅通。

陈诚的雄心固然不小，但一打起仗来，此公志大才疏、优柔寡断的弱点便暴露得淋漓尽致。

1947 年 9 月初，第 49 军和第 43 师奉命分路进攻热河以东地区，但遭到热河民主联军 8 纵等部的猛烈反击，部队损失很大。坐镇沈阳的陈诚，闻讯急得如热锅上的蚂蚁，仓促决定派第 49 军 105 师向锦州以西杨家杖子出击，以策应各部作战。

祖父在陈诚主持的军事会议上极力反对此议，其他一些将领也都附和祖父的意见。因为那时锦州西北已有民主联军大批主力部队在活动。以祖父在东北的作战经验，第 105 师孤军深入，很有遭围歼的可能。陈诚听了也觉得有道理，郑重表示要取消这道作战命令，另做打算。孰料会议一散，他照命第 49 军军长王铁汉亲率 105 师出击无误。

事情还真被祖父等人言中了。第 105 师一到杨家杖子，果然立刻陷入民主联军 8 纵的重围之中。该师待援无望，只好分路突围。民主联军哪里肯放走这块嘴边肥肉？8 纵马上挥兵追杀，第 105 师在败逃途中全部覆没，仅军长王铁汉率百余骑侥幸生还。

民主联军消灭了第 105 师后，乘胜再次切断了北宁路。陈诚忙活了半日，非但没有歼灭民主联军主力，自己倒损兵折将，连北宁路也不通了，真是赔了夫人又折兵。

北宁路一断，让陈诚坐卧不安，却又无计可施，只好请求蒋介石让华北的傅作义出兵援助。不久，黄埔军校一期出身的宿将侯镜如，奉命率第 92 军和第 104 军出击，重新打通了北宁路。

北宁路是通了，但陈诚觉得很没面子。他决定以沈阳和周围城市为依托，指挥由新 6 军、新 5 军、第 49 军等部队组成的战略机动兵团，在南满、特别是北宁路西段与民主联军决战，企图打一个漂亮仗，来彻底扭转东北的战局。

陈诚的如意算盘还没来得及实施，东北民主联军却抢先发动了秋季攻势。

为了策应北宁路方向的作战，从 10 月 1 日起，东北民主联军集中 1 纵、2 纵、3 纵、4 纵、10 纵，分路向中长路快速出击，猛攻四平街南北地区的国民党军队。驻守西丰、昌图及威远堡门地区的第 53 军 130 师遭全歼，师长刘润川被俘。防守开原东南八棵树的守军一个团，也被消灭了。随后，法库、彰武等地也相继失守。

面对危局，陈诚束手无策，只得硬着头皮向南京连连告急。

蒋介石闻报匆匆赶到沈阳，提出"巩固沈阳及其与关内的交通联系，加强沈阳以北各据点的守备力量，以求确保"的作战方针。为此，蒋亲自下令将新6军调守铁岭，并命华北的傅作义抽调第92军21师、第94军43师、第13军54师、暂3军10师、11师和骑兵第4师六个师的兵力，紧急出援东北。

东北民主联军见大批国民党军队向沈阳及以北地区增援，马上跳开，将主力又移到北满，兵锋直指长春、永吉方向，相继攻克了德惠、农安等城，永吉也遭到围攻。

活跃在热河的民主联军与北满的民主联军遥相呼应，主动出击，先后重创了国民党军队暂51师、暂57师和第43师，一度占领了新立屯、黑山、阜新等地。

陈诚这回也学乖了。无论各地烽烟四起，民主联军攻城甚急，他都指示守军坚守不动，避免被民主联军围城打援。这样一直挨到11月初，东北民主联军的秋季攻势结束，陈诚才算缓过气来。

不过，在民主联军的打击下，陈诚当初到东北来的宏伟战略计划，彻底宣告破产了。此时的国民党军队，在东北完全处于被分割的被动状态，连以前尚能维持的北宁路和中长路沈阳长春段也难以畅通了。陈诚的威信更是随着战争的失利而大跌，无论是国民党的官场，还是在东北民间，充斥着许多关于他的笑料，其中就有沈阳老百姓送他的一段朗朗上口的歌谣："陈诚陈诚真能干，火车南站通北站。"

为了应对东北危殆的战局，陈诚被迫采取"保持军力，重点防守，确保沈阳"消极作战方针。这完全是一个消极被动，随时准备挨打的战略，但陈诚也没有其他办法了。

转眼到了1948年元旦，陈诚发表"告东北军民书"，居然宣称"目下国军已完成作战准备，危险时期已过"云云，随后命令作为东北行辕战略机动兵团的第9兵团所辖新6军、新5军、第49军，分别从铁岭、沈阳、

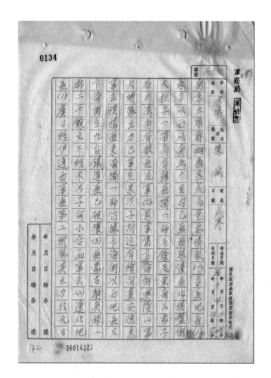

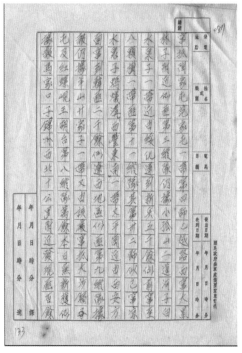

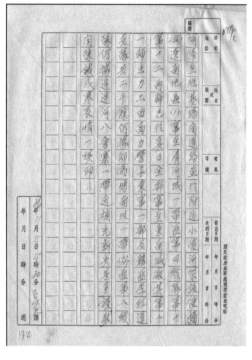

1947年11月14日，陈诚向蒋介石报告东北战况。

新民三路向沈阳以西公主屯地区的民主联军出击，以巩固沈阳的安全。

老天似乎有意与陈诚为难。他的军事部署刚刚启动，已由东北民主联军更名为东北人民解放军的冬季攻势又开始了，一下子打乱了他的计划。

当新5军进抵公主屯时，发现解放军2纵、3纵、6纵、7纵等大批主力部队迅速向其合围。军长陈林达紧急要求率部退守设有坚固防御工事的巨流河。在这个紧要关头，陈诚优柔寡断的老毛病又犯了。他在新5军撤守问题上举棋不定，整整拖延了一天多时间，待最后下决心让该军撤回沈阳时，陈林达早已四面楚歌，被数倍于己的解放军一举聚歼，军长陈林达、师长谢代蒸、留光天等都被生俘。

俗话说祸不单行，在辽西彰武、新立屯的第49军79师、26师也先后被解放军歼灭。陈诚苦心经营的所谓国民党东北战略机动兵团，顷刻间便报销了大半。解放军乘虚兵临沈阳城外，用大炮轰击铁西区，沈阳城内一时风声鹤唳。

陈诚吓得病倒了。躺在病床上，他除了急调驻辽阳的第52军和驻四平街的第71军星夜驰援沈阳，还能做的就是连连向蒋介石求救。

蒋介石于1月10日再次飞抵沈阳，马上召集师以上将领开会。会前，蒋找陈诚单独谈了话，陈把东北国民党军队近期的几次惨败，特别是新5军被歼灭的责任，都归咎于众将领不肯服从命令，还要求惩办第9兵团司令官廖耀湘、新6军军长李涛等人。

会前，祖父和众将领看着蒋介石铁青的脸色，心中都暗暗叫苦，揣测着这次又该轮到谁倒霉了。祖父估计廖耀湘在新5军被消灭这件事上，多少要担些风险，会前还特地找了随蒋同来沈阳的国防部作战次长刘斐，请他在必要时为廖耀湘讲讲情。刘犹豫了一下，才答应试试看。

距规定开会时间的最后一分钟，脸色铁青、表情严厉的蒋介石在陈诚的陪同下步入会议室。一看这阵势，祖父他们心中暗暗叫苦，心想今天算是在劫难逃了。

果然，会议一开始，蒋便操着尖细的宁波口音，痛责东北的众将领昏庸无能，把一批批好端端的队伍都送掉了。蒋愤愤地责问众人："你们当中

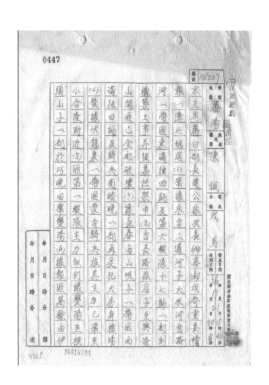

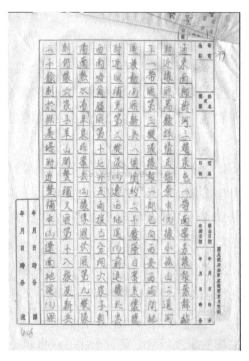

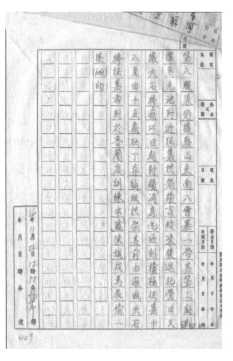

1947年11月21日，陈诚向蒋介石报告东北战况

绝大多数是黄埔学生,当年的'黄埔精神'都哪里去了?简直是腐败!像这样下去,要亡国了!"

由于过于愤怒,蒋尖细的声音都有些发颤了,在场的人吓得无一人敢出大气。

蒋介石一口气整整骂了十余分钟,大家觉得也骂得差不多了,谁知他话锋一转,又大骂起驻守铁岭的廖耀湘和李涛,指责二人拥兵自重、见死不救,才导致新5军全军覆没,声言要严加惩办。

祖父心里明白了,看来正如他事前所料,今天倒霉的一定是廖耀湘和李涛无疑了。他素与廖耀湘等交情深厚,看到他们成了陈诚的替罪羊,又不敢贸然出来说话,正暗自焦急。孰料蒋的话音刚落,廖、李二人像吃了豹子胆,立刻挺身申辩说,他们从未接到救援新5军的指示,所以无法对此事负责。陈诚在旁插话说,他曾让罗卓英给廖打电话下达过救援命令。可这样的事情又到哪里去考证?蒋介石大概也没有料到会议开成这个样子,怔怔地不知说什么好,场面极为尴尬。争执到最后,还是陈诚神情沮丧地站起来,无可奈何地说:"新5军的失败,完全是我自己指挥无方,不怪各将领,请总裁按党纪国法惩办我,以肃军纪!"

蒋介石原本要惩办廖耀湘和李涛,现在陈诚自己承担了责任,只好改口说:"仗正打着,等战争结束后再评功过吧。"言毕即离席而去。陈诚又当众做了检讨,最后表示:"我决心保卫沈阳,如果共产党攻到沈阳的话,我决心与沈阳共存亡,最后以手枪自杀!"随后宣布散会。一场追究军事失利责任的会议,就这样不了了之地草草结束了。

稍后,蒋介石又召见各将领点名,态度和缓地勉励大家要服从陈主任指挥,好好完成东北"剿共"任务。

蒋介石离开沈阳前,还做了一项比较重要的决定:成立东北"剿匪"总部,并在锦州成立冀辽热边区作战机构,联系华北、东北两个战区。1月17日,国民党军队中的资深名将卫立煌走马上任,就任东北行辕副主任兼东北"剿总"总司令。祖父和范汉杰等同时被任命为副总司令。卫立煌于1月22日走马上任。

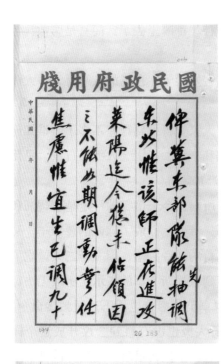

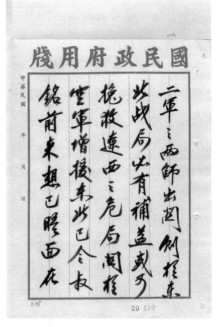

1947年12月23日，蒋介石致电陈诚，拟增调华北国民党军队支援东北。

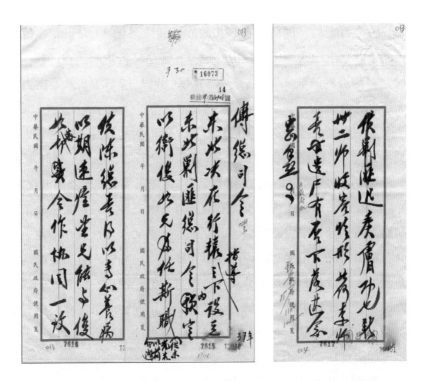

1948年1月15日，蒋介石致电华北"剿总"总司令傅作义，通报拟命卫立煌接替陈诚主持东北战事。

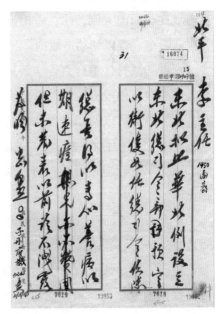

1948年1月中旬，蒋介石向国民党北平行营主任李宗仁通报，拟任卫立煌为东北"剿总"总司令。

蒋介石走后，国民党在东北的战局继续恶化。1月下旬，解放军相继占领了新立屯、沟帮子、盘山等地，北宁路又告中断。在辽西、辽南的国民党军队遭到解放军1纵、2纵、4纵、6纵、7纵、8纵等主力痛击，几无还手之力。

焦头烂额的陈诚这下彻底灰心了，借口疾病缠身，通过夫人谭祥女士到蒋夫人宋美龄那里做工作，总算得到蒋介石的"恩准"离开东北。

一反当初到东北时的嚣张气焰，陈诚是灰溜溜地悄然离开沈阳的。

离开沈阳前，陈诚一反惯有的矜夸自傲态度，对祖父格外亲近。祖父初始尚觉诧异，很快就明白了，原来他要祖父作为证人，陪他去南京向蒋介石汇报情况。祖父对陈诚的军事指挥能力，心中一直颇有微词，对其在东北的所作所为，更是十分反感，哪里肯为他说项？但陈诚催逼得紧，卫立煌也有意让他去南京了解一下各方面的情况，而祖父此时也有了伺机向蒋介石当面提出从东北脱身的想法，所以思前想后，勉强同意了与陈诚同机飞往南京。

到达南京当晚，陈诚就拉着祖父一起去晋见蒋介石。

见面之后，陈诚先说了几句"仗没有打好，对不起总裁"之类的话，接着就在蒋面前大倒苦水，垂泪诉说起东北的军事失利，都是众将领们不肯服从命令、难以调动造成的。

别看陈诚打仗不行，告状倒是巧舌如簧，一切说得头头是道，仿佛在东北的失败与他没有丝毫关系。说话间，他还不断示意祖父为之做证，说某某事，总裁可以问郑副司令，他可以证明。祖父此刻对陈诚的为人更加鄙夷，心想当初你把持一切，凡事不容别人过问，现在却要自己证明这个、证明那个，岂不可笑？所以就是不肯与他一起"演戏"，坐在一旁默然无语。

蒋介石沉着面孔听着陈诚的诉说，始终没有什么表示，末了仅轻描淡写地让陈诚安心养病，就将话题转到东北战场的态势上来。听了祖父的扼要汇报后，蒋神情严肃地说："郑副司令，你在东北时间久些，情况熟悉，要好好协助卫总司令扭转局势。目下东北局势很紧张，你若没有别的事，

國民政府用箋　中華民國　年　月　日

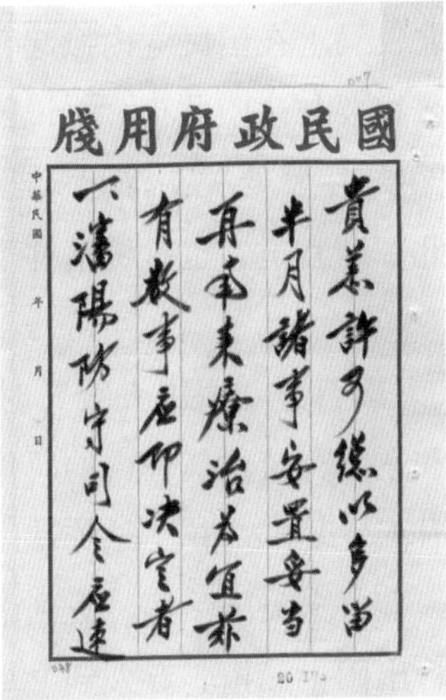

（以下为蒋介石致陈诚手书电文影印件，共六页，自右至左、自上而下）

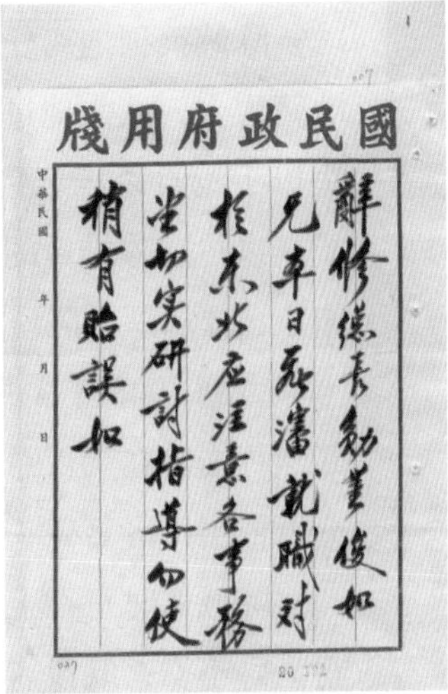

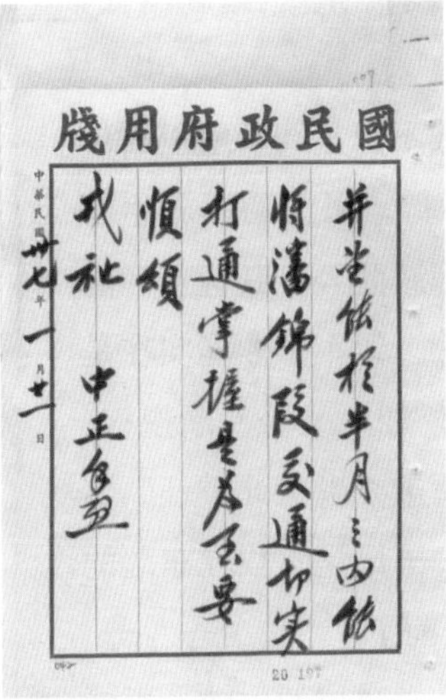

1948 年 1 月 21 日，蒋介石致电陈诚，嘱其支持卫立煌妥善安排东北军政事宜。

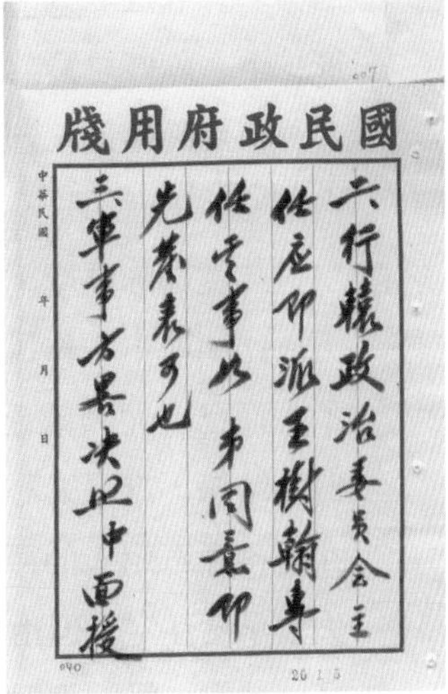

就赶紧回去吧！"

蒋介石这样一说，为人老实的祖父，只好把请求调离东北的话从嘴边咽了回去。第二天，他便匆匆飞返沈阳。

陈诚狼狈地离任东北，马上在国民党内掀起轩然大波。特别是一些东北籍人士，认为他过去夸口要与沈阳共存亡，说什么一旦沈阳不能守，他决以手枪自杀云云，现在却在紧要关头溜之大吉，纷纷骂他是草包、骗子。以往遭陈排斥的东北军政官员，也趁机落井下石，联络各方人士上书南京，要求惩办陈诚。

直到1948年4月，南京召开"国民大会"时，几乎所有的代表还在猛烈抨击陈在参谋总长和东北行辕主任任内的所作所为，有些人还要求蒋介石依当年诸葛亮"挥泪斩马谡"故事，"杀陈诚以谢国人"。

陈诚那时正在上海，准备去美国治病。听到南京传来的这些消息，吓得坐卧不安，既没有面目出国，又担心有人到上海来围攻他，干脆便以治病为名，躲进联勤总部上海陆军医院，再也不敢露面了。最终在蒋介石的庇护下，陈诚总算熬过了这一场大风波。

祖父晚年回忆这段往事，曾半开玩笑地说，陈诚不愧是阎罗殿里的催命判官。有他在，国民党想在东北晚倒台几天都不行。祖父的军旅生涯中，几度在陈诚麾下做事，对其还算熟悉。他认为陈诚此人有其优点和能力，比如他本人作风比较清廉，搞政治也有一套等等，但军事才能实在是平平而已，尤其缺乏指挥大兵团作战的决断和能力，加上又好专断擅权，四处结怨，难得人心，只因与蒋介石的关系密切，便被委以东北重任，实在是蒋介石用人的严重错误。事实也的确如此，尽管国民党政权在东北的失败早已注定，但由于陈诚的狂妄无能，倒是大大提前了。

其实，纵观那时的东北乃至整个中国大陆，国民党政权的失败，固然源于政治上失去前途，丧尽人心，但其从上到下任人唯亲，裙带风盛行，又何尝不是一个致命原因？

第二十三章
国民党内在东北撤守战略上的纷争

陈诚一走，支撑国民党在东北残垣断壁的重任，理所当然地落在了卫立煌身上。卫上任后，日子并不比陈诚好过些。

这时解放军在辽西、辽南的攻势正急如暴风骤雨。

1948年2月6日，东北解放军4纵、6纵攻克辽阳，全歼守军新5军54师（被歼后重新成立者——作者注），随后再克鞍山，歼灭第52军25师（被歼后重新成立者——作者注）。东北解放军3纵、10纵也攻占法库，追歼守军新6军暂62师，接着乘胜南进，威逼营口，驻守营口的暂58师师长王家善率部起义。在华北的解放军也派重兵切断了榆关至锦州的交通。在东北的国民党军队一时阵脚大乱，各地迭电告急。南京的蒋介石闻讯，也再三电令卫立煌迅速出兵解围，打通沈锦线。

老谋深算的卫立煌倒显得很沉稳。他认定东北解放军的真实意图是围城打援，在野战中寻求战机，一口口吃掉国民党军队主力。因而不管四方如何风云变幻，一概不为所动，只将国民党军队主力集中在沈阳附近，大肆收拢人心，补充兵员，埋头整军经武，以待战机。

但蒋介石坐不住了。此时蒋已失去了占领全东北的信心，对卫立煌"以不变应万变"的做法也很不满意，决意将东北国民党军队主力撤至锦州一线，与原在锦州、山海关的军队联为一体，再图与解放军较量。为此，蒋介石于2月20日，派国防部第三厅厅长罗泽闿、副厅长李树正专程飞抵沈阳，提出仅留第53军和青年军第207师驻守沈阳，其余主力尽快撤往锦州。

蒋介石的这个决策让卫立煌大吃一惊。因为当初蒋曾许诺全力支持他守住东北，卫也为经营沈阳这个战略基地，下了很大本钱，现在说变就变，他如何能接受？但卫立煌也不敢公然违抗蒋的意旨，只好分别找身边的高级将领和幕僚商议对策。

在罗泽闿、李树正到达沈阳的当晚，祖父已经睡下，忽接卫立煌随从副官打来的电话，要他即刻去卫下榻处，有要事相商。待祖父匆匆赶到卫立煌的寓所时，卫已在一间小客厅里等候。祖父刚一坐下，卫立煌就将蒋介石的决定做了传达。

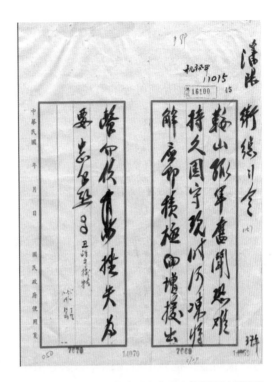

1948 年 2 月，蒋介石电令卫立煌迅速驰援国民党鞍山守军。

卫立煌（右二）、郑洞国（左二）视察长春城防。

"桂庭，你的意见是怎么办？"卫立煌目不转睛地盯着祖父问。

"还是先听听总司令的意见吧！"祖父因事出突然，一时不好回答，便推辞道。

卫立煌沉吟了一下，态度有些犹豫地说："如果'委员长'坚持这样决定，我们当然也只好服从。不过，现在放弃沈阳去打通锦州，途中要通过几道河流，加上共军设有几道坚固的阻击阵地，依我军目前的士气，很有可能会全军覆没。"

少顷，他又试探地劝导祖父："我们最好还是一起说服'委员长'，暂时固守沈阳，整训部队，再待机出击，还是有希望扭转战局的。况且沈阳有兵工厂，抚顺有汽油，本溪有煤，粮食也可以想办法，完全可以坚持下去，你看如何呢？"

祖父内心矛盾重重。其实，他对卫立煌力图固守沈阳的主张是有看法的。很明显，把几十万国民党军队分散困守东北十几个孤立的据点，等着挨打，从军事战略上讲是非常消极被动的。不如正视军事失利的现实，把主力设法拉出去，将来或许还能卷土重来，否则后果是不堪设想的。但是，卫氏强调的那些困难和危险倒是事实。几年下来，东北的国民党军队已经打得精疲力竭，士气非常低落，倘一旦失去城市依托，向锦州方向运动，确有可能在途中被解放军主力包围歼灭。

祖父反复思忖，也觉得不如先在沈阳守上一个时期，看情况再打通锦州稳妥些。

见祖父如此表示，卫立煌脸上立刻绽出笑容，"好啊，桂庭也这样想，我就放心了！明天我们与其他将领商议一下，如果大家意见一致，再向'委员长'报告罢。"

祖父告辞卫立煌，回到自己寓所时，已是午夜时分了。

次日，卫立煌又征询了赵家骧、廖耀湘等将领们的意见，大家都觉得目前不宜向锦州撤退。卫心里有了底，决定派祖父随罗泽闿、李树正二人去南京，当面向蒋陈述他的主张。

2月23日，祖父和罗泽闿、李树正等人等人同机飞往南京，但蒋介石正在庐山休息，祖父一行人在南京住了一夜，次日又飞往江西九江，再由九江乘汽车去庐山。那时庐山上尚无公路，汽车无法通行，车子开到山脚下，一行人改乘轿子上山。

江西这时已是早春时节，庐山上春意点点。

蒋介石的别墅"美庐"，是一座精巧别致的二层灰色洋楼，坐落在牯岭中的一片翠竹和树丛中。门前不远处有座小桥，清澈的溪水从桥下潺潺流过，景致格外怡人，比起冰雪覆盖、烽火连天的东北大地，截然是两个世界。

祖父坐在轿子上，根本无心欣赏山上的景致，一路盘算着如何说服蒋介石暂缓撤离沈阳。他知道，蒋性情刻板固执，脾气也十分暴戾，今天这趟使命不会很轻松，心情始终忐忑不安。

一行人进入"美庐"，刚在楼下客厅里坐定，身着长袍的蒋介石便从楼上踱了下来，祖父等人慌忙起立行礼。也许是休息了几日，蒋介石的面容不似祖父前两次在南京晋见时那般憔悴了，但神情依然十分严肃。

蒋介石坐到沙发上后，示意大家一同坐下，用犀利的目光向众人脸上扫了扫，轻轻地咳嗽了两声，便转向祖父问道："郑副司令，罗厅长他们已经把我的意见转达了吧？卫总司令如何打算，你说说看。"

祖父稍思忖了一下，便将卫立煌拟暂时固守沈阳的意图陈述了一遍。蒋介石听了很生气，皱紧眉头不假思索地说："这样不行，大兵团靠空运维持补给，是自取灭亡。只有赶快打出来才是上策，况且锦州方面又可以策应你们。你回去再与卫总司令商议一下，还是想办法打到锦州罢！"

祖父赶忙小心地强调说，东北解放军主力已经占领了沈阳至锦州间的要隘沟帮子，巨流河、大凌河等河流也已解冻泛浆，大兵团辎重太多，很难通过。加上沈阳的部队兵员尚待补充，不经过一段时间整补，很难经历大战。祖父本来想说，现在部队士气太低落，一出沈阳就可能被解放军击溃。只是话到嘴边，才换了一种较为委婉的说法。

蒋介石显然连这些话也听不进去，不耐烦地挥挥手，很不高兴地训斥祖父道："北伐前，樊钟秀带着几千人，从广东穿过几省一直打到河南。你们这些黄埔学生怎么连樊钟秀都不如，唵？"

蒋介石的责备当然不能让祖父心中服气。抗战胜利后短短几年，祖父亲眼目睹了国民党内部腐败日甚一日，早年的朝气和革命精神已经丧失殆尽。而共产党却日益强大，深得人心。如果在作战指挥上不考虑这些实际情况，不分析眼前的敌我态势、兵力对比，以及军队士气、战斗力等客观条件，一味凭主观想象来支配行动，军事上焉有不失败之理？他心里是这样想着，嘴上哪敢顶撞？只好垂首不语，其他人也都默默无言。

蒋见状站起身，挥挥手说："你们都回去罢！郑副司令，你回去告诉卫总司令，不要再迟疑了，赶紧准备由北宁路打到锦州，否则会后悔不及的。"

这是祖父到东北后，第二次在蒋介石那里碰壁，也是他一生中，最后一次与蒋介石会面了。

祖父于 2 月 25 日飞返沈阳，立即将情况向卫立煌做了汇报。卫十分焦虑，当天下午就召集在沈阳的将领们开会，研讨蒋介石的指示和方案。

大家根据蒋的指示反复讨论、权衡，觉得现在让沈阳的国民党军队打到锦州的把握确实不大，况且就是撤退，也不能丢下远在长春、永吉、四平街的十几万部队不管。

最后所有将领们都表示赞成卫立煌的计划。卫立煌当场拍板，决定再派东北"剿总"参谋长赵家骧、第 6 军军长罗又伦去南京见蒋，重申他和东北的将领们的主张。

蒋介石大约感到一时难以说服卫立煌和东北的将领们，这次总算稍稍让了些步，勉强同意卫立煌"在东北暂保现状"，但要卫加紧补充训练部队，一俟部队整训完毕，尽快从沈阳、锦州同时出击，打通沈锦线，将主力移至锦州。

进入 3 月份以后，东北解放军又相继占领了四平街和永吉。至 3 月中旬东北解放军持续三个月的冬季攻势结束时，在东北的国民党军队仅剩下长春、沈阳、抚顺、本溪、锦州、葫芦岛等几个孤立据点，而且沈阳、长春军民的补给全靠飞机运输。

卫立煌这时倒显得十分镇静。他一面打算将增调东北的部队和补充兵员运到葫芦岛登陆，并在锦州和沈阳就地补充兵源；另一方面督促各部加紧训练，准备长期固守沈阳。

蒋介石却始终没有忘记将沈阳的国民党军队主力撤到锦州的主张。3月底，他电召卫立煌去南京，准备亲自说服他。二人会见过程中，蒋介石以长春、沈阳交通断绝，单凭空运无力维持补给为由，坚持要卫立煌将沈阳主力撤到锦州，在沈阳、长春留少数部队防守。卫立煌则力陈沈阳部队残破，未能整训完成，不可能打到锦州，反有途中被消灭的危险。二人争来争去，最后卫立煌表示，只要蒋同意不将主力撤出沈阳，东北部队的全部补给由他设法请美军顾问团帮助运输，蒋无奈只好让了步，但还是再三叮嘱卫立煌，一旦补充整训完成，仍要率主力尽快打通沈锦路。

卫立煌见过蒋介石后，又在南京活动了一番，果然得到美军顾问团的大力支援，他人一回到沈阳，兵员装备补给也源源而来。卫立煌打定主意，埋头整军经武，加紧训练部队，打算固守长春、沈阳、锦州，长期经营东北。

到了5月初，蒋介石见卫立煌根本没有撤离沈阳的意思，不免着急起来，再次下令让卫打通沈锦路，将主力撤到锦州。卫立煌依旧以各种借口搪塞着。

蒋介石见始终难以说服卫立煌，干脆直接下令，决定以第53军和青年军第207师留守沈阳，其余各军及战车、炮兵、骑兵等特种兵团，统编为机动兵团，归第9兵团司令官廖耀湘指挥，随时准备打往锦州。

这样一来，岂不是将卫立煌架空了？卫立煌因此强烈反对，使这项计划始终未能实施。但卫立煌与廖耀湘之间，从此有了嫌隙。

蒋介石见此计不成，又下令将属华北"剿总"和东北"剿总"双重指挥的冀辽热边区司令部，由秦皇岛移驻锦州，同时从山东抽调第9军、第54军在秦皇岛登陆，统归东北"剿总"副总司令、冀辽热边区司令部司令官范汉杰指挥。蒋指示范加紧准备打通沈锦路，将沈阳主力拉到锦州。

以后在卫立煌的坚持下，蒋同意将冀辽热边区司令部改为东北"剿

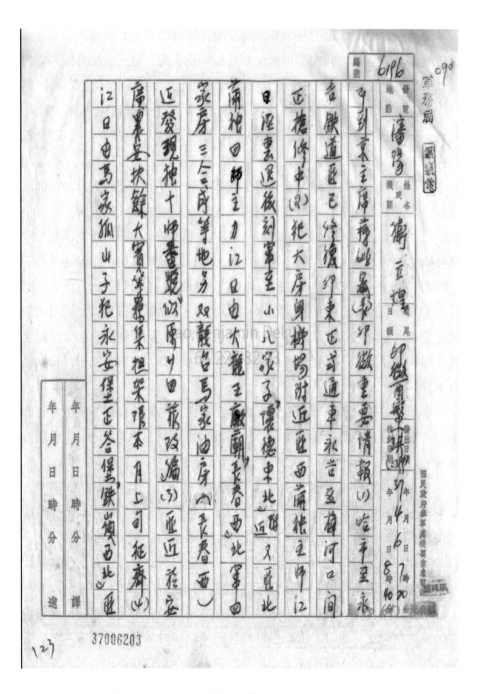

編號 6196　090　軍務局　職號

發電地點　瀋陽
擬題　姓名　衛立煌
發出日期　收到日期　卯微
國民政府參軍處譯電室來電
卅七年四月六日　七時二十分
卅七年四月六日　八時四十分

子刻到京主席蔣（卫）叩微重要情報（1）哈平至永

香鐵道匪已修復卯東正武通車永吉至□□河口間

匪搶修中（2）犯大房身□附近匪西端張主師江

日經雲退後劉軍主力江日由大龍王□□長春西

蒲河口師主力江日由家油房（長春西）

家房三合成□筆地方雙城□馬家油房

近發現被十師查敗原□日□□（3）□近□□

廣豐農聖坎鎮大□筆□□集擔架□本月上司□□

江日由馬家孤山子犯永安□□保□鐵嶺□北匪

1948年4月6日，卫立煌向蒋介石报告东北战况（Ⅰ）。

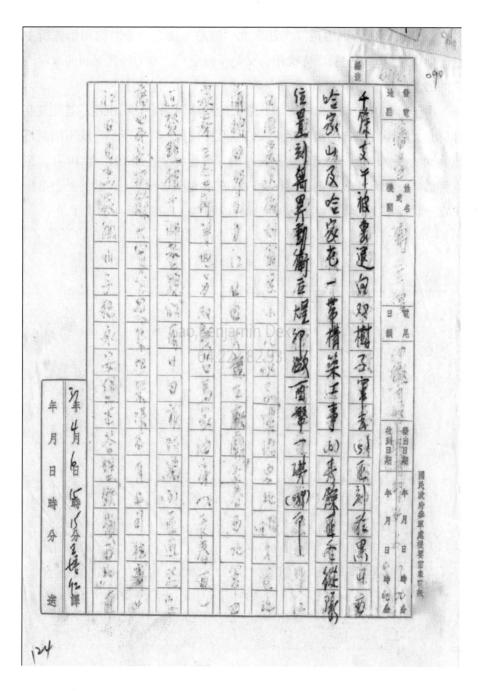

1948 年 4 月 6 日，卫立煌向蒋介石报告东北战况（ Ⅱ ）。

总"锦州指挥所,仍由范汉杰任东北"剿总"副总司令兼锦州指挥所主任。但由于卫立煌坚持固守沈阳,又与手握重兵、专力经营锦州的范汉杰之间的矛盾日益加深了。

由于蒋、卫在东北撤守等如此重大的战略问题上意见相左,彼此又互相拆台,搞得在东北的国民党将领们也互怀成见,各有所私,既不能制订出明确的战略决策,也无法实施统一的军事指挥。直到1948年10月,东北解放军发动辽沈战役前,国民党政权在东北撤守问题上,始终处于举棋不定、犹疑不决的状态中。可见其最后的败亡,实在是不足为奇了。

第二十四章
困守长春的煎熬

从庐山回到沈阳后，祖父的心情一直很不好。

祖父对东北的局势早就失望了，现在以他多年的军事经验，预感到蒋、卫之间，在有关东北撤守这些重大战略问题上的分歧一时很难解决，像这样消极地拖延时日，国民党在东北的几十万军队肯定不会有什么好的结局了。陈诚在时，祖父本已萌生退意，现在的情形更让他心灰意冷，决意乘早离开，否则将来要走也走不成了。

正巧这时祖父的胃病复发，他觉得这是一个机会，于是在 3 月初的一个晚上，单独去见卫立煌，当面提出到北平医治胃病的请求。

卫立煌毫无思想准备，听了祖父的话顿时一怔，稍犹豫了一下，使劲摇头表示不同意。卫接着百般挽留，说他会设法为祖父延请名医治病，劝祖父一定要留下。祖父主意早就拿定了，哪里听得进这些话？所以一定要走，非要卫同意不可。二人谈了近两个小时，卫立煌见实在无法挽留，才长叹一声，算是勉强同意了祖父的请求。

祖父告辞时，卫立煌亲自送到寓所门外，紧握着他的手道别，语气也有几分凄凉："桂庭啊，希望你的病情好转后，还是赶紧回来罢，不然你们都走了，我一人实在是孤掌难鸣呦！"

卫立煌是一代名将，在国民党军队中功勋卓著，待人也亲和诚恳，祖父对他素来敬重，听了老长官的这番话，一股凄楚的思绪不禁涌上心头，但随即想到现在也许就是自己的生死关头了，不容再有迟疑，便默默地紧握了握卫立煌的双手，敬了个礼后决然地转身登车而去。

回到自己的寓所，祖父不由地长长舒了口气，心想自己在东北苦熬了整整两年，费尽心力，总算可以离开这个倒霉的地方了，心里顿时轻松了许多。他一面连夜发电报通知在上海的家人，要他们先到北平等候见面；一面赶紧打点行装，差人购买机票，准备马上走人。

岂知祖父正要启程，东北战局又出现了重大的变化：1948年3月上旬，据国民党空军侦察报告，刚刚在辽西、辽南获得大胜的东北解放军主力，正纷纷向四平街方向运动，看样子是要再次攻打四平街。

当时驻守四平街的仅有第 71 军 88 师主力两个团，兵力过于单薄。卫立煌担心四平街一旦失守，分散在长春、永吉的部队也很容易被解放军各个击破，于是决定放弃永吉，将驻扎在永吉的第60军撤到长春，以加强长春的防务。考虑到祖父对长春、永吉的情况熟悉，人事关系也很好，卫立煌临时决定派他和参谋长赵家骧一道，部署永吉撤退。

军情紧急，祖父身为军人不好推辞，只能懊丧地退掉机票，通知家人暂缓去北平，然后与赵家骧匆匆飞往永吉。

临行前，祖父还郑重向卫立煌建议，在放弃永吉的同时，也放弃长春。他认为，长春距主力太远，与其将来坐待被歼灭，不如主动放弃，将东北的国民党军队主力集中于沈阳、锦州之间，这样还能战、能守、能

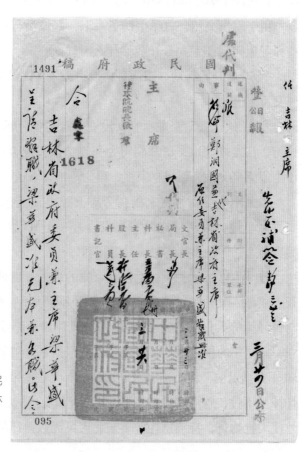

1948年3月24日，国民党当局任命郑洞国将军兼代吉林省政府主席的公文。

退，也可以保存一部分有生力量。

卫立煌听了不置可否，表示事情重大，须先请示蒋介石再说。稍后，卫郑重告知祖父，蒋考虑放弃长春国际影响太大，认为固守长春可以吸引解放军一部分兵力，掣住解放军南下的衣襟，减轻沈阳、锦州的压力。况且从长远看，今天放弃长春容易，以后再占领就困难了。

祖父对蒋介石的这番主张颇不以为然。道理很简单，打了胜仗，不仅长春可以收复，整个东北也可以占领；仗打败了，一切都完了，还谈得上什么国际影响？不过祖父很清楚，蒋介石已经决定的事情，他作为部下说什么也是无用，无奈之下，只好奉命行事去了。

3月8日清晨，祖父和赵家骧秘密飞抵永吉，当即前往第60军军部，向军长曾泽生等军师将领传达了立即向长春撤退的命令。

由于事出突然，曾泽生愣了一下，好像没有听清楚祖父的话，神情有些狐疑地问："卫总司令让我们什么时候撤？"

"今晚就开始行动，限两日内取道放牛沟之线到达长春！"祖父加重语气又重复道。

"这，这也太紧张啦！官兵没有一点准备，暂21师还有两个团驻在乌拉街、江蜜蜂等地，请郑副司令和赵参谋长能否稍微宽限一下时间？"曾泽生望望祖父，又望望赵家骧，很为难地请求道。

祖父刚要答话，赵家骧在旁搭上腔："不行啊，曾军长。永吉距长春二百余里地，周围都有共军出没，万一走漏风声，第60军就出不去了。兵贵神速，还是出其不意，马上行动好些！"

曾泽生思忖了一下，觉得赵家骧的话确有道理，遂表示服从命令。军长表了态，其他各师将领也就没有什么异议了。祖父让赵家骧取出地图，与曾泽生等人仔细研究了第60军的具体撤退路线、行军序列，以及长春守军新7军的接应地点等问题。祖父根据东北"剿总"的指示，还命令第60军在撤退前，将小丰满水电站和所有无法携带的军需物资全部焚毁或破坏掉。不过，曾泽生以避免暴露军事行动企图为由，没有执行这道命令，才使大批物资，特别是耗费了东北人民无数血汗的小丰满水电站，得以完好地回到人民手中。

一切布置停当，祖父和赵家骧又急忙飞往长春，安排长春方面的接应工作。当飞机在长春大房身机场徐徐降落时，时间已是当日中午，新7军军长李鸿等将领和长春市长尚传道等已在机场迎候。

从机场回到城内新7军军部，祖父和赵家骧立即召开军政会议，通报了第60军将在一两日内由永吉撤到长春的情况，命令李鸿立即派出新7军有力部队，抢先占领放牛沟一带险要阵地，策应第60军行动。同时又让长春市长尚传道紧急在市内准备好第60军的营房，以及随军撤退人员的食宿。

祖父考虑到第60军是云南部队，素来受中央军排挤和歧视，所以在会上再三告诫李鸿等新7军将领，不得以王牌军自居，要考虑到第60军远道仓促而来，缺乏物资辎重，新7军应当多予照顾等等。

当时，祖父最担心的是第60军撤退途中遭遇解放军攻击，不能安全抵达长春，所以一面电请东北"剿总"不间断地派出飞机侦察长春、永吉间的解放军动向，一面要李鸿随时报告新7军接应部队的情况，还要他向第60军撤退方向派出便衣谍报人员进行侦查活动。那一两天，祖父和赵家骧都是在高度紧张和焦虑的状态中度过的。

3月8日夜间，第60军和吉林保安旅开始依照命令撤退，省府（当时国民党吉林省政府设在永吉——作者注）官员和部分事先知道消息的地方豪绅、学生等也掺杂在队伍中行动。由于撤退路上积雪很厚，车马不易通行，第60军各部几乎将所有汽车、重武器都破坏或丢弃了，其他装备和物资也扔掉不少，许多官兵及家眷甚至连多余的衣物都未及携带，状况极为狼狈。

由于第60军行动迅速，特别是未在市区和小丰满水电站进行大规模的破坏行动，解放军最初并没有察觉。但第60军于10日傍晚行至太平岭附近时，遭到解放军大约一个旅兵力的猛烈阻击，在第60军右翼行进的吉林保安旅当即被击溃。曾泽生指挥第182师、暂21师一部和军属特务营经数小时激战，才冲破解放军阻击，全军脱离了险境。但负责殿后的第

1948 年长春被围时，郑洞国将军在市内集会时发表讲话。

60 军输送团在战斗中损失很大，连团长潘尧也被解放军生俘了。

3 月 11 日晨，饥疲交加的第 60 军和吉林保安旅涉过饮马河，在放牛沟一线与史说指挥的新 7 军新 38 师部队会合，并于当日中午陆续开进长春市内。至此，祖父的心总算落了地。

祖父和赵家骧费尽周折，终于将第 60 军安全转移至长春。这次行动让远在南京的蒋介石十分高兴，说"吉林撤退是最成功的一次战略撤退"。一些中外右翼媒体和国民党宣传机构也趁机大肆吹嘘，把它誉为"东方敦刻尔克"大撤退。但祖父心里很清楚，第 60 军虽然是安全撤退，部队未遭受重大损失，军心士气却大受打击，整个东北国民党军队内部的悲观失望情绪也更加严重了。

就在第 60 军撤至长春的第二天，即 3 月 12 日晨，东北解放军 1 纵、3 纵、7 纵和炮兵部队，在 2 纵、8 纵、10 纵及独立师部队的配合下，向四平街发起总攻。解放军攻城部队首先夺取了四平街市郊的制高点，接着

长春围城期间处境悲惨的长春市民们。（此照片由台湾秦风先生提供）

用大炮猛轰城内，压制住守军回击炮火，随后以步兵突破四平街东南端城墙，涌入市区，双方展开巷战。至13日晨，守军第71军88师主力两个团和新1军、第71军留守部队均被消灭，解放军完全占领了四平街。国共之间惨烈争夺了三次的四平街会战，终以国民党军队的惨败告终。

四平街失守后，中长路被切断，长春成了悬于北满的战略孤岛，完全处于孤立无援的境地，处境更加危险。

第60军撤到长春后，赵家骧先期飞返沈阳，向卫立煌汇报情况，祖父则留下来布置长春防务。等他完成相关军务，正准备返回沈阳，继续他的"治病"计划时，却意外接到卫立煌的电报，要他留在长春，兼任刚刚组建的第1兵团司令官，并接替梁华盛的吉林省主席职务。

性情一向平和的祖父这回可被惹恼了：卫立煌明知他有去北平治病的安排，却事先不打招呼，强行让他镇守孤悬在北满的长春，不是故意将他置于危险的境地吗？所以，祖父不理睬卫的命令，又匆匆飞返沈阳。

卫立煌见祖父回来，佯作惊讶地问："桂庭，不是要你留在长春吗，你怎么又回来了？"

"请卫总司令还是另择良将罢，长春我不去，我还是要到北平治病去！"祖父生硬地回敬。

卫似乎并不介意祖父的顶撞，只是有些难堪地笑笑，语气和缓地说："桂庭，目前这种形势，你还是不要走了罢。要你去长春，不是我个人的意见，'委员长'也是这么主张的。"

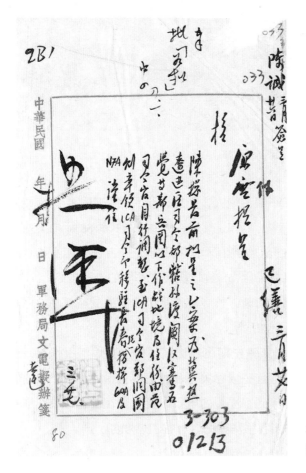

1948年3月27日，蒋介石电令国民党第1兵团司令官郑洞国将军移驻长春。

476

祖父赌气地说："不管怎么说，长春我是不去的！"言毕便板着面孔，起身告退了。

这是祖父与卫立煌共事以来唯一的一次不愉快谈话。

祖父没有想到，几天后蒋介石的电报到了，明确命令他到长春去，负起全部军政责任。

这下轮到祖父为难了。卫立煌的话他可以不听，但蒋介石的话就不敢不听了。可是去长春，又明知是死路一条，心里颇不情愿啊！

祖父在东北国民党军队中的部属好友，诸如第9兵团司令官廖耀湘、第52军军长覃异之、新6军副军长舒适存等人闻听消息急忙赶来，一致劝阻他不要去长春。廖、舒二人还献计道：可以要求卫立煌让梁华盛继续主持长春军政事务，或请求将锦州的范汉杰与祖父对调。祖父反复思忖，觉得也只有这样碰碰运气了。

卫立煌听了祖父的请求，一脸为难之色："桂庭呵，梁副司令与第60军曾泽生军长关系紧张，你是知道的，他到长春不方便指挥呀。范副司令对长春情况又不熟悉，我们反复考虑了，只有你去比较合适嘛！"

卫说着站起身，在室内踱了几步，重坐在祖父身旁，恳切道："桂庭啊，我们是多年的朋友，彼此都很了解。说实话，我也知道长春很危险，不大情愿让你去担这个风险。可现在局面坏到这种地步，实在是没有别的法子好想呦！我辈身为军人，应以'党国'利益为重，请不要再推辞了。况且长春工事坚固，兵力雄厚，只要认真防守，是可以坚守下去的。你去之后，有什么困难都可以提出来，我一定全力支持你！"

事已至此，祖父无话可说了，只好默默地起身告辞了。

那天夜里，祖父翻来覆去地睡不着觉。想起白天卫立煌讲的那一番话，不能说没有道理。从维护国民党在东北统治的角度上看，他去长春确实比范汉杰、梁华盛等人合适些。一来他情况熟悉，二来在长春的新7军将领们，如新7军军长李鸿、新38师师长史说、暂61师师长邓士富、新7军参谋长龙国钧等人，多是他在第52军或驻印军时的部属们，平日私交甚好。至于曾泽生等第60军将领，也与他素无矛盾，所以坐镇长春指挥确实比较便利。这大概就是蒋介石、卫立煌派他去长春的用意所在吧。

祖父又想，就他个人来说，去长春固然很危险，但在沈阳、锦州又何尝不危险？实际上整个国民党政权都在危险之中，国民党一旦垮台了，我们这些人有谁能走得脱呢？作为国民党军队的高级将领，在这种困难的时候，自己不负责，让谁去负责？相反，自己若坚决不去长春，就算今后能侥幸保全性命，但他个人在国民党里的声誉、地位，就可能都完结了，这在当时，可是比死都让他难以接受的事情啊！

祖父愈这样想着，就愈觉得长春非去不可了，于是咬牙下定了去长春的决心。

次日上午，祖父去见卫立煌，表示愿意接受去长春的任务。卫闻言大喜，高兴地搓着两只手连声说："桂庭，好，好啊，真是太好了！"接着又勉励了祖父一番，还留祖父在他的办公处吃了一顿丰盛的酒饭。

为了组建新成立的第 1 兵团司令部，祖父在沈阳又耽搁了几日，网络了兵团副参谋长杨友梅等一批军官，直到 3 月下旬，他才怀着"临危受命，明知不可为而为之"的悲凉心境，飞赴长春去了。

祖父飞赴长春前，朋友们纷纷前来看望。大家知道局势凶险，彼此都有些生离死别的感觉，场面相当凄凉。那个廖耀湘还私下埋怨不止："桂公（部属们对祖父的尊称——作者注）为人也太厚道了，长春是不该你去的。卫总司令这样决定，不是把您往虎口里送吗？"见祖父摇首苦笑，他自觉失言，又改口道："将来万一事情不可为，请桂公率队伍向西南方向突围，那里共军兵力空虚，我到时一定设法接应你们！"

1948 年 3 月 25 日，祖父在长春"励志社"大礼堂宣誓就职。为了鼓舞士气，他在就职仪式上向在场的长春文武官员宣布了蒋介石"固守待援，相机出击"的指示，还讲了一番要求众人精诚团结，共守长春，等待蒋委员长指挥大军出关增援，转入战略反攻等等的空话。

这个就职仪式结束后，祖父便开始了自己一生中最为艰难和痛苦的一段时光。

祖父到长春时，这座东北名城已处于解放军的四面包围之中。除城郊仅有的大房身机场外，与外界的一切联系都被切断了，城内粮食、燃料匮乏，军队士气低落，民众惶恐不安。

城内的守军主要是新7军和第60军，加上第1兵团直属部队、长春警备司令部所属部队、新1军留守处部队、青年教导第1团、吉林师管区、联勤16兵站支部、驻长空军部队等部，此外还有一些地方保安部队，一共有十万余人。

十万守军中，号称王牌军部队的新7军，是陈诚于1947年冬以新1军的新38师为基础，加上由原保安第12支队改编的暂61师，和由原刘德溥的保安区改编的暂56师扩编而成，总兵力三万余人，由原新38师师长李鸿任军长。

新7军所辖三个师中，也只有原新1军基干部队新38师最为精锐。该师开入东北后，虽然累遭损失，但基本上保存了驻印军时的老班底，经补充后兵员达到12000余人，装备也很好，由新1军原参谋长史说任师长。暂56师的前身是原伪满铁石部队，经国民党收编后由关内空运东北，在战场上屡遭败绩，改编为暂56师时虽有7000余人，但战斗力极差。该师师长原为刘德溥，后因与暂56师原同为伪满部队的暂58师王家善部在营口起义，担心其不稳，遂调新7军参谋长张炳言接任师长。暂61师是国民党地方团队改编的，也有7000多人，虽经训练，战斗力也仅略强于暂56师而已，由原新38师副师长邓士富任师长。因此，号称国民党"王牌军"的新7军，只有新38师尚称能战，其余两师则徒有虚名。

第60军是历史较久的云南部队，全军约三万余人，军长为曾泽生。该军进入东北战场后，屡受损失，特别是1947年冬永吉守备战中损失惨重，后虽经过补充，却始终没有恢复元气。第60军下辖三个师，其中第182师是该军基干部队，约一万人左右，实力较强。师长为白肇学。暂21师约9000余人，战斗力稍弱。师长为陇耀。暂52师是第60军在永吉时由交警总队改编后拨归该军指挥的，虽有6000余人，但内部成分复杂，训练很差，基本上没有什么战斗力。师长是李嵩。第60军还有一个预备师，约7000人左右，多是新兵。

祖父到长春后，立即着手整顿防务，安定人心，制定了"加强工事，控制机场，巩固内部，搜购粮食"的守城方针，打算长期固守下去。

早在3月中旬祖父部署第60军撤退至长春时，曾做出过长春的城防部署，即新7军与第60军以长春中山路、中央大街（长春解放后改称斯大林大街，今为人民大街——作者注）为界，新7军防守西半部，第60军防守东半部。他再度到长春后，命令新7军暂56师加强在西郊大房身机场及西门至机场一线的守备力量，并让第60军派出暂52师控制东郊城防工事外的一些高地和独立据点。

长春位于东北腹地，是贯通中长路、长图铁路及东北境内各铁路线的交通枢纽，战略地位十分重要。东北沦陷后，伪满洲国曾以这里作为"首都"。在日本侵华战争期间，日军在城内街道和近郊区修筑了许多永久性、半永久性工事，如碉堡、壕沟、坑道、瞭望台等。城市中心的关东军司令部、在乡军人会、空军司令部和大兴公司等四个高大建筑物，矗立在十字路口的四角上，前三座建筑物的地下室，都有钢筋水泥筑成的坑道通过宽阔的马路彼此相连。更有笨重的铁闸门，可以彼此隔绝。四座建筑物的地上部分，都是厚墙铁窗加上钢筋水泥屋顶，连中型飞机的炸弹都无法奈何。再往南去的中央大街西侧，还有伪满洲国的"中央银行"。这是一座非常坚固的建筑物，全部外墙均用花岗岩砌成，厚度达一米以上。室内可储存大批弹药、粮食、淡水，还可自行发电。在长春和平解放前夕，祖父的兵团司令部就设在这里。

长春市内各主要街道都宽约六十米左右，街与街之间和各大建筑物之间都有许多草坪、花园空地，足够发扬火力。重要的街口还筑有水泥地堡。国民党军队占据长春后，于1947年秋季起，又环市构筑了很多钢筋水泥地堡，并用战壕连接起来。城市四周还设有宽三米、深二米的外壕，壕内有纵射火力点，壕外则架设铁丝网等障碍物，使整个长春在日本军队遗留工事的基础上，形成了一个具有现代化防御体系的城市。

祖父到长春后，本着持久防御的方针，亲自到市内外各处阵地视察。他在原有防御体系基础上，又督促各部加紧以长春市中心为核心，层层设

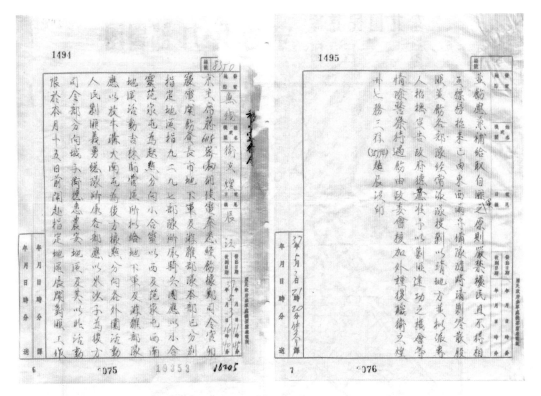

1948年5月3日，卫立煌致电蒋介石，报告长春守军整饬地方游杂部队情况。

东北国民党军第一兵团 守备兵力部署图

1948年5月26日至10月19日长春国民党守军军事态势图。

防，在市内外组织了多道防线。按着祖父的要求，各处阵地都加设了隐蔽的侧射、斜射火力，力图最大限度地发挥各种轻重火力的威力，以备将来可能发生的巷战。

为了恢复和提高第60军的战斗力，加强长春东半部的防御，祖父亲自下令将新7军的一些汽车、大炮等重装备拨归第60军，并将新7军的一个重炮连配属该军指挥。

在整顿长春防务的过程中，祖父最头疼的是如何处置那些国民党地方游杂部队。这些部队多是地主武装，没有什么战斗力，打起仗来一哄而散，平时祸害百姓倒是无恶不作。为了巩固城内秩序，祖父到任之初曾下令一律不准他们进城。这些游杂部队的"司令"们每人都号称拥有几千甚至几万部队，整天围着祖父要钱要粮，弄得祖父不胜其烦。他下令调查了一番，发现许多人要么是无兵司令，要么是谎报人数，骗取钱粮。互相之间为了争夺地盘和部众，还常常内讧冲突，把长春搞得乌烟瘴气，混乱不堪。祖父不得已下了决心，将其中素质稍好的编成两个骑兵旅，新7军也收编了一个骑兵团，让他们参加市区防务，其余的干脆撵出城外，任其自生自灭。这些反动地主、胡匪，纪律本来就坏，一旦断了粮饷，就更要以劫掠为生了，他们到处烧杀抢劫，可让城外百姓们遭了殃，但此时祖父已经顾不上这些了。

不过经过这样一番整顿和布置，祖父自认为长春城防固若金汤，可以长期固守下去了。

为了提高士气，巩固内部，增强长春军政官员们长期固守的信心，祖父还学习蒋介石办中央训练团那套办法，举办各种短期干部培训班，轮流抽调军政干部受训。祖父到长春的第二个月，便开办吉林省军政干部训练班，他自任主任，省政府秘书长崔垂言、长春市长尚传道、省保安副司令李寓春等任副主任。学员多是从永吉逃亡来的一批国民党吉林省政府、永吉市政府、吉林省政工大队等机关人员，共四百余人。这批人结业后，有的被派充吉林省保安旅的下级军官，有的安插在长春市政府里。

5月份，新7军也举办干部训练班，培训该军的连排级军官。到了7

1948年5月，新7军和第60军在长春联合举行阅兵典礼。

月至9月，祖父又在励志社开办了三期兵团干部培训班，培训兵团和新7军、第60军师以下干部。在这些培训班上，祖父每次都亲自出席讲话，笼络人心，力图维系守军士气。直到9月下旬，由于长春局势极度恶化，这种培训班就再也办不下去了。

此外，祖父还以省政府主席的身份，下令整顿长春市内的各个学校，避免学生们闹事。后来因为粮食困难，大多数学校无形中停课了。祖父让崔垂言、尚传道等人把各地逃亡来的学生们组织起来，与长春城内中小学生集中到一起，成立"幼年兵团"，既防止他们饿死，又可保持城内的"弦歌之声"，以安定人心。

1948年5月20日，蒋介石在南京的"国大"选举闹剧中获胜，就任了中华民国"总统"。为了宣传鼓舞士气，祖父特地在长春组织了一次庆祝大会。会后，在长春警备司令部的主持下，由新7军和第60军联合举行了阅兵典礼。那天，祖父和在长春的所有国民党高级军政官员都出席了仪式。参加阅兵的部队主要是新7军新38师和第60军182师等部队。阅兵典礼表面上搞得很热闹，其实所有人心里都感到前途渺茫，忧虑重重。祖父作为长春最高军政长官，也只能强打精神，讲些虚无缥缈的豪言壮语，为部下们打打气而已。

进入5月份以后，长春四周的解放军调动频繁，还有大批部队源源开来，连同原来的围城部队，大概有四个纵队以上兵力。祖父判断，东北解放军极有可能先打长春，然后再掉头南下，对付沈阳、锦州。

为了在解放军攻城前争取军事主动，确保机场安全，也为了到城外搜购一些粮食，他于5月21日晨，亲自指挥长春守军主力新7军新38师和第60军182师等部，沿大房身机场方向，突然向外大规模出击。

战斗一打响，围城的解放军便边打边撤，新38师很快攻占了距长春西北六十华里外的小合隆镇。祖父闻讯很高兴，还亲自带着兵团副参谋长杨友梅等人，到小合隆镇巡视了一番。

祖父只高兴了一夜，第二天战局就大大逆转了：解放军趁长春守军主力北调，集中大批兵力由东西南三面围攻长春，另以两个师的兵力攻打大房身机场。防守机场的新7军暂56师一个团，很快被解放军消灭，机场失守了。防守机场至长春西门一线的该师其他部队，也遭到解放军猛烈攻击，损失大部，残部仓皇逃回城内。

这时长春四郊都在激战，炮声隆隆，城内人心浮动，各部纷纷告急。祖父方知中了解放军的诱敌之计，急将出击部队撤回，并命新38师和暂61师一部转攻大房身机场，企图趁解放军立足未稳，再把机场夺回来。

新38师正掉头倾全力猛攻机场，却未料到另一部解放军主力从侧翼拦腰袭来，攻势极为凶猛，在该师右翼担任掩护的暂61师部队，顷刻间便被冲垮溃散。解放军趁势猛打猛冲，一直迫近到新38师师部附近，双方的重武器都失去了作用，只以短兵相接，战况极为激烈。打着打着，解放军不断前来增援，新38师直属部队有点顶不住了，开始打算撤退。

该师师长史说是祖父在中国驻印军时期的老部属，打仗很有经验。他知道自己率部队一撤，就算能侥幸逃回城内，前面攻打机场的两个团可就

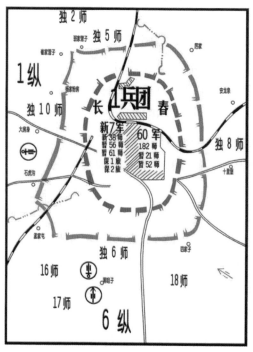

东北人民解放军 围长部队前进位置略图
一九四八年六月四日

独2师　独5师
1纵
独10师
长1兵团 春
新7军　60军
新38师
暂56师
暂61师　182师
保1旅　暂21师
保2旅　暂52师
独8师
独6师
16师　18师
17师
6纵

东北人民解放军
第一兵团 围长部队部署示意图
一九四八年六月二十一日

7SD
8SD
1CA
60A
N7A 182D
T56D T21D
T61D T52D
1B
2B
18SD
9SD
6SD

图例
国民党军防御地域
解放军围困域阵地
解放军军事分界线

1948年6月初，东北野战军第1兵团围困长春军事部署态势图。

1948年6月下旬，东北野战军第1兵团缩紧对长春包围军事部署态势图。

彻底报销了。于是命令部队继续坚决抵抗，并传令担任后卫的一个团火速前来增援。

无奈军心已经动摇，左右都无心恋战了，准备先将炮兵撤下去。史说气得大怒，命卫士将铺盖在公路上就地打开，睡到了上面，还破口大骂："丢你们妈的，老子就睡在这里了，看你们哪个要退？！"众人见了，只好返身拼力再战。少顷，后卫团赶到，组织了几次冲锋，将解放军打退，史说才得以撤下前面攻打机场的部队，并收拢了暂61师溃兵，匆匆退回城内。

解放军见攻占大房身机场的目的已经达到，而长春城防坚固，一时难下，且已有了相当伤亡，也就退兵而去。

这次大规模出击的结果，让祖父极为懊丧，不仅粮食颗粒未得，守军还蒙受惨重损失，连机场也丢掉了。从此，长春、沈阳间这唯一的空中交通也彻底断绝了，守军只好龟缩城内，再也不敢轻易大举出击了。

进入6月份以后，解放军转而采取长围久困的办法，进一步收缩了对长春的包围，改远困为进逼，双方火线距离最近处仅百余公尺，远处也不过千余公尺，并不时发生零星炮战和小规模交火。以前长春守军还可以依靠空运维持补给，并不时派出小部队四处劫粮，现在被卡在城中，动弹不得，粮食和燃料问题日趋严重了。

祖父奉命防守长春时，哨卡线内外居民据说有五十余万人，加上军队、军眷、公教人员及警察等近七十万人。他当时就意识到，今后要长期固守，粮食绝对是关键的问题。所以一上任，他就乘解放军尚未合围长春，加紧抢购军粮。除拨出"东北流通券"，由新7军、第60军及保安旅等部队自行采购外，还让吉林省粮政局和长春田粮管理处分别代为抢购。从3月下旬到5月下旬之间，先后购买了三百万斤左右军粮。新7军由于驻扎长春较久，自1947年冬以来已积储了一些粮食，后来又从商人手中购买了一大批因交通中断、无法外运的大豆、豆饼做马秣。尚传道也购买了一批大豆作为市属公教人员的粮食储备。第60军因从永吉撤至长春，没有粮食储备，除了现购现吃外，只好从新7军存储的马秣中分出一半备用。

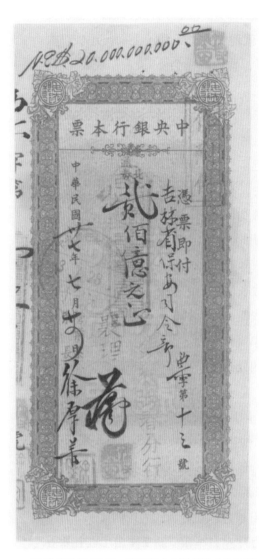

　　1948 年 7 月 20 日，国民党中央银行发出的面额 200 亿的本票（正面）。

　　1948 年 7 月 20 日，国民党中央银行发出的面额 200 亿的本票（背面）。

　　1948 年 6 月 5 日，国民党中央银行发出的面额 5000 万元的"东北流通券"（正面）。

　　1948 年 6 月 5 日，国民党中央银行发出的面额 5000 万元的"东北流通券"（背面）。

大约在 4 月中旬，祖父让市长尚传道在长春市内进行了一次户口清查和余粮登记，其统计数字表明，按当时市内的居住人口和存粮数量，市内存粮只能吃到 7 月底为止。祖父急得夜不能寐，一面绞尽脑汁地在市内和四郊搜购粮食，一面电请卫立煌加紧并增多粮食空运。

以后长春四周被解放军彻底合围，郊区粮食断绝，市内存粮日益减少，粮食投机倒把随之盛行，城内粮价一日数涨，市场混乱，人心更加不安。最初高粱米仅几元一斤，后来竟要几亿元一斤，甚至几十亿一斤的天文数字。由飞机空投的一万元一张的钞票已经没用了，祖父不得不要中央银行长春分行发行本票，票面数字最初是几十万元一张的，后来提高的几十亿元一张，甚至几百亿元一张。

长春和平解放前夕，市内用一两黄金，也换不得几斤高粱米，货币实际上已经失去作用了。当时市内的税款收入，尚不够税务人员的伙食开支，徒然扰民而于财政无补，祖父干脆下令撤销了一切税收。另外，祖父作为吉林省主席的政令当时也仅限于长春市内，省政府徒有虚名，他把省政府工作人员也一并遣散了。

最让祖父恼火的是新 7 军个别军官竟然背地里倒卖军粮，事发后影响极坏。为了稳定市场和人心，祖父不顾新 7 军军长李鸿、第 60 军军长曾泽生的一再求情，下令枪毙了这几个人，借此杀一儆百。但对其他人也不敢深究，担心操之过急而激出事变。

当时新 7 军的日子还好过些，第 60 军的处境就非常困难了。自长春被解放军合围后，该军官兵们先是吃豆饼掺高粱米，以后高粱米吃光了，只好去酒坊挖陈年酒糟来吃。由于没有粮食，军纪也不好维持了。该军暂 52 师曾劫掠防区内百姓们的粮食，一时民怨沸腾。长春市长尚传道在《中央日报》《长春日报》载文批评此事，宣传饿死不抢粮，冻死不拆房。这件事引起曾泽生军长的不满，气愤地找祖父抗议。祖父一方面替尚传道做了些解释，一方面对曾温言抚慰，委婉地劝他尽量设法约束士兵，免生意外。

在粮食紧张的同时，城内燃料也快用尽了。一些部队、机关开始拆无

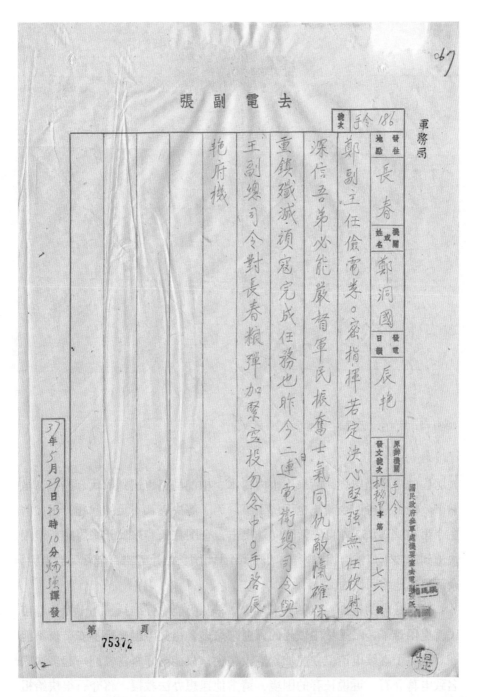

張副電去

軍務局

號　手令 186

發住　長春
地址

機關　鄭洞國
或姓名

發電　辰艷
日韻

原辦機關　手令

發文號次　机秘甲申第二二七六號

艷府機

王副總司令對長春糧彈加緊空投勿念中〇手洛艷

重鎮殲滅頑寇完成任務也昨今二連電衛總司令與

深信吾弟必能嚴督軍民振奮士氣同仇敵愾確保

鄭副主任儉電悉。密指揮若定決心堅強無任欣慰

國民政府參軍處機要室去電渝

37年5月29日23時10分炳瑞譯發

第75372頁

1948年5月29日，蔣介石致電鄭洞國將軍，允加緊空投糧食的電文。

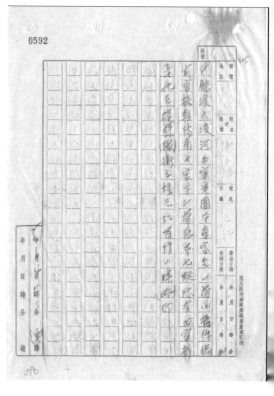

1948年6月4日，卫立煌向蒋介石报告东北战况。

人居住的房屋当柴烧，后来连市内树木、柏油马路也遭到砍伐、挖掘，虽然市政机关一再明令禁止也无济于事。为了解决燃料不足的问题，祖父曾命令第60军暂52师自农学院向外出击，企图在长春东郊开采煤矿，但很快遭到解放军痛击，损失惨重，该师第3团团长彭让等二百余官兵被击毙，余部狼狈地缩回城内。

鉴于城内的粮食、燃料愈来愈少，军队尚能勉强维持，几十万长春市民就更困难了，眼见城内饿死的人愈来愈多，祖父急得坐卧不安，夜不能寐。他除了继续电请卫立煌加紧空投粮食，只能与守军将领们一起多次联名致电蒋介石，诉说长春的困境，请求他速想办法救援。蒋介石很快给祖父和各位将领们分别复电，除了好言抚慰以外，还是命令祖父等人要调控

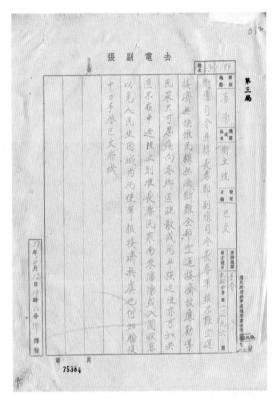

1948 年 6 月 12 日，蒋介石电令卫立煌、郑洞国可向长春市外疏散人口。

好长春粮食，做好长期坚守的准备，等待他率大军前来救援。

先是在 1948 年 5 月 29 日，也就是长春大房身机场失守一个星期后，鉴于长春外援断绝，城内人心浮动，蒋介石曾致电祖父，称已指示东北"剿总"总司令卫立煌和空军副总司令王叔铭加紧对长春的粮弹空投，敦促祖父确保重镇长春安全。

6 月 12 日，蒋介石再次致电卫立煌和祖父，强调长春"军粮或可保证，唯民粮无法，断难空运接济，故应劝导民众向各乡区疏散，或用半强迫性亦可"。

8 月 17 日，蒋介石又电令祖父，要求立即强制购买长春城内民间存粮，然后计口授粮，并征集城内青壮从军，强行向城外疏散老弱民众，以

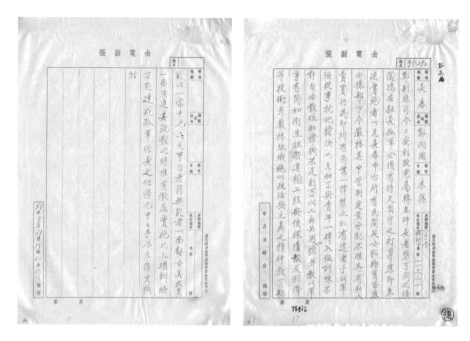

1948年8月17日，蒋介石电令郑洞国将军，强行征集长春市内粮食，并向市外疏散人口。

度时艰。

　　祖父心里连连叫苦，这明明是让他"杀民养军"啊。如此行事，城内必定大乱了！但为了应对危局，他还是与吉林省政府秘书长崔垂言、长春市长尚传道一起，研拟了一个《战时长春粮食管制暂行办法草案》。其中规定，允许长春市民留自备粮到9月底，剩余粮食一半卖做军粮，一半可在市场上自由买卖。买卖粮食必须按当局规定的价格交易，不许哄抬粮价，违者处以极刑。这样总算又苦撑了一段时间。

　　到了8、9月份，长春真是山穷水尽了。守军因长期以酒糟、豆饼果腹，很多官兵得了夜盲症、浮肿病，虚弱得难以行走。普通市民就更悲惨了，许多家庭靠食用草根、树叶度日，常常有饿死的人横尸街头，也无人打理。街市上一度还出现了卖人肉的惨剧，祖父下令追查，最后也不了了之。最让人撕肠裂肚的是街头出现了大量弃婴，有时一天多达近百名，祖父只好发动军官眷属们抱养，却又如何抱养得过来？许多孩子就这样悲惨

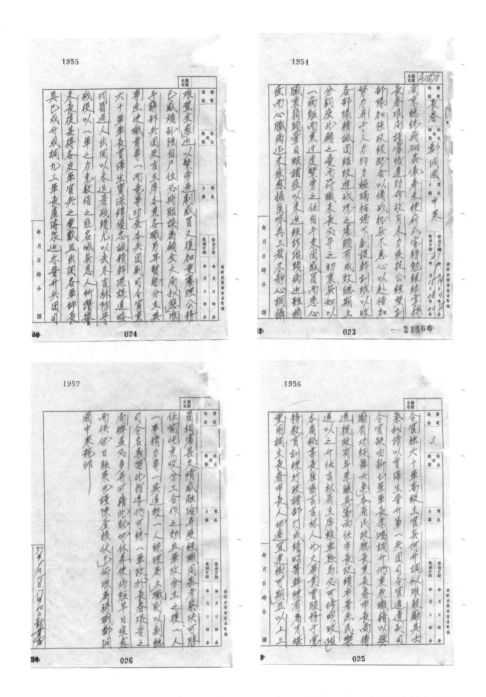

　　1948年9月15日，郑洞国将军致电蒋介石，请辞国民党第1兵团司令官及吉林省政府主席的电文。

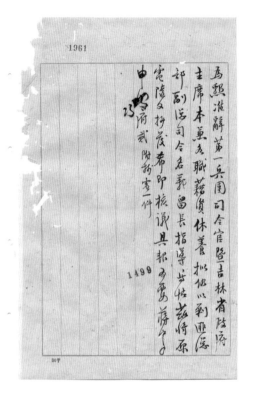

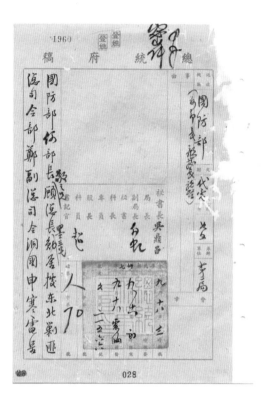

1948年9月18日，国民党当局拟批准郑洞国将军请辞第1兵团司令及吉林省政府主席的公文。

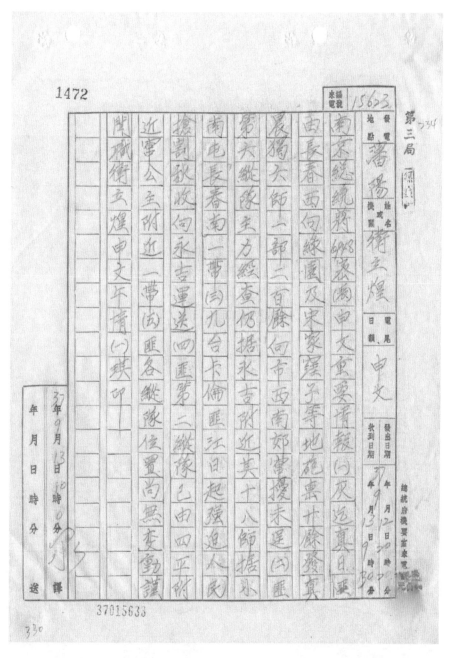

1472

承编电报 | 15623

發電地點 **瀋陽**

第三局

继或罚名 **衛立煌**

發報 日顧、尾 **申文**

南京總統蔣：6448基酉申文重要資報（一）及渻真日匪

由長春西向綏圍及宋家窪子零地施裏十縢發真未遲（二）匪

晨猶大師一部二〔百藤何市西南郊蠶援未遲〕匪搖永

蒙大縱隊尖方經查仍據永吉附近其十八師搖永

南屯長春南一帶〔三〕九台卡偷匪江日起強迫人民

擄割秋收何永吉運送四匪第二縱隊已由四平防

近軍公主附近一帶〔四〕匪各縱隊位置尚無變動議

慸城衛立煌申文未責（二）璣印

27年9月13日10時0分

年月日時分 送

37015633

330

1948年9月13日，卫立煌向蒋介石报告东北解放军动态。从电文上看，国民党东北"剿总"
对东北解放军即将发起的辽沈战役毫无察觉。

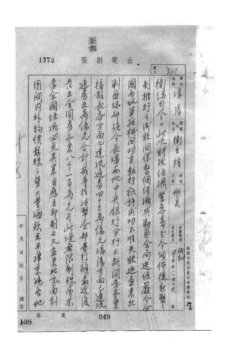

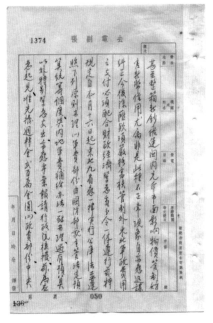

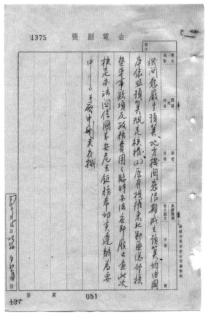

1948 年 9 月 15 日，蒋介石致电卫立煌，责令东北"剿总"停止强令中央银行在沈阳、长春滥发"东北流通券"的做法，缓解由此导致的国统区经济紊乱和投机倒把盛行现象。

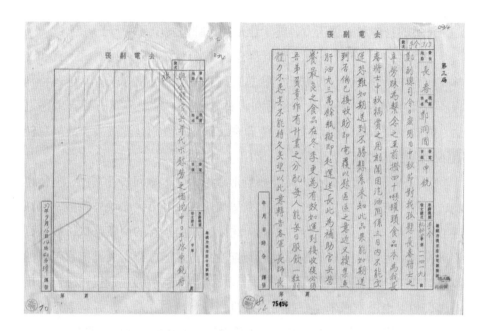

1948 年 9 月 16 日，蒋介石于中秋节前夕致电郑洞国将军，慰问长春国民党守军。

地死去了。

　　绝境之中，祖父唯有一再哀请蒋介石和卫立煌增加空投粮食。奇怪的是，你催得愈急，飞机来得愈少，而且一遇阴天下雨，空投就停止了。这点粮食，对十万大军和几十万市民来说，简直是杯水车薪。更让祖父气恼的是，以往新 7 军与国民党空军曾有摩擦，飞行员们现在就以随意投掷来报复，结果一些粮食反投到解放军阵地上去了。由于空投不准确，一些米包落到城内指定地点以外，引起成群的军民哄抢，甚至彼此械斗，祖父虽严令弹压，也难以制止。这些饥饿到了极点的人们，已经不受命令和死亡威胁的约束了。

　　祖父在沈阳的朋友和部属们，深为他和长春守军的境况焦虑，群起要求卫立煌救援长春。卫难违众意，确曾考虑于 9 月初，从沈阳派大军北上，接应长春守军突围，曾使祖父在绝望之中有了一丝希望。后来东北战局逆转，这点希望也很快破灭了。

沉重的身体和心理压力，终于让祖父心脏病发作，一下子病倒了。

1948年9月15日，祖父致电蒋介石，恳请辞去第一兵团司令官和吉林省政府主席职务，仅以东北"剿总"副总司令职务留守长春。他还特别保荐曾泽生继任第一兵团司令官和吉林省政府主席。蒋介石认真考虑之后，最初同意了祖父的请求，但随即东北解放军发起辽沈战役，战局急转直下，这件事也就无从谈起了。

9月16日中秋节前夕，蒋介石特地致电祖父，慰问长春军民，但他也知道长春很难熬下去了，特别要求祖父加快将长春市民向城外疏散，以减轻守军压力。祖父马上下令开放南向沈阳、东向永吉的两条路口，放老百姓出城。但老百姓到解放军阵地前要查验身份才能放行。大批拖家带口的市民，麇集在南郊和东郊两军阵地间被称为"卡空"的地带里，想出又出不去，想退也退不回来。一些胡匪乘机强奸、抢劫、杀人，弄得老百姓们惨状百出，终日哭号之声不绝。一座长春城，俨然成了人间地狱！

长春陷于亘古少有的劫难中，身为长春守将的祖父，心中痛苦、绝望极了。用他自己的话说，那时天空中的太阳，在他眼中都失去了光芒。尽管如此，在封建的愚忠愚孝思想束缚下，他还努力地保全自己对蒋介石、对"党国"的忠诚和他认同的军人"气节"，决意苦撑到底，终使长春民众又多付出了多少血泪和生命！

祖父的后半生，一直对1948年长春之战，使无数百姓们遭受的惨祸，充满愧疚之心。20世纪80年代，吉林省的党政领导多次邀请祖父回长春看看，都被他婉言谢绝了。祖父不愿回去，也不敢回去。因为几十年来，当年长春惨绝人寰的境况，常常出现在他的睡梦中。他不知道自己怎么面对长春的父老乡亲！

第二十五章

兵败卸甲 走向光明

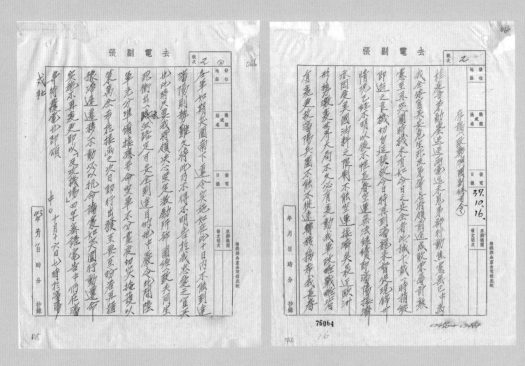

1948年10月16日，蒋介石致信郑洞国将军，催促长春国民党守军立即突围。

1948

年9月中旬，东北解放军发起了声势浩大的辽沈战役。从9月12日起，解放军各路大军云集北宁路，猛袭北宁路锦州段至唐山段的国民党军队，相继攻克昌黎、北戴河、绥中、兴城、义县等城，随即以雷霆万钧之势合围锦州。

东北解放军主力下决心先攻打锦州，是一项极具风险，但又极其高明的战略决策。因为锦州是东北国民党军队的战略门户，也是东北与关内联系的陆路要冲、咽喉要地。锦州一旦失守，沈阳、长春的国民党军队的陆路退路就断绝了，顿成瓮中之鳖，必遭覆没。所以在南京的蒋介石得知锦州危殆，大惊失色，立即飞抵北平、沈阳，亲自指挥华北和沈阳的大军驰援锦州。

锦州被围的消息传到长春，祖父心里猛地一沉。他知道等待援军已无可能了，再拖下去唯有全军饿死、困死。现在只有一线生机，就是趁东北解放军主力南下锦州，孤注一掷，不顾一切地拼死向沈阳突围。为此，祖父集中长春守军中最有战斗力的新7军新38师和第60军182师，于10月3日晨向长春西北方向突击，企图先占领大房身机场，再在空军配合下，全军向沈阳突围。

10月3日天刚亮，新38师率先发起攻击，激烈的枪炮声瞬间响彻西郊。战斗持续了两个多小时后，新7军军长李鸿打来电话"郑司令官，共军好像有了准备，我们攻不上去呀！"

"李鸿军长，你要有信心，不要怕牺牲，一定要打出去，没有我的命令不准后撤！"祖父祖父态度严厉地命令道。放下电话听筒，他紧急驱车前往新38师师部亲自督战。

在新38师师部，李鸿和新38师师长陈鸣人向祖父报告，自凌晨起，他们已经发动了几轮攻击，但没有丝毫进展。祖父听了很生气，认为是他们缺乏信心、指挥不力所致，命令他们重新调整兵力，组成几支梯队，轮番向解放军阵地攻击，同时命令第182师也投入战斗。

过了片刻，新38师和第182师在炮兵支援下再度发起进攻，战斗十分激烈。祖父通过望远镜观察，发现己方炮火虽然猛烈，但步兵因饥饿过久，体力不济，运动很慢，有几次突击部队已经接近解放军前沿阵地，马上又被反击下来，伤亡不小。李鸿在一旁急得唉声叹气，祖父装作听不见，依然下令不间断地攻击。战至中午，新38师在付出重大代价后，仅将阵地向前推进了几里地，便再也打不动了。

回到兵团司令部，祖父将曾泽生请过来，命他再由暂21师派出一个团助攻。曾听了半晌无语，最后鼓足勇气说："桂公，现在部队士气非常低落，城外共军有一个纵队、六个独立师的兵力，围得很紧，我们根本突不出去，这样打下去只能徒遭伤亡。"

"那你说怎么办，难道我们就坐以待毙？"祖父有些生气地反问。

曾泽生无可奈何地叹了口气，沮丧地说："桂公要打就打吧，反正我们60军是没有办法了。"

祖父见他一副无精打采的样子，也只好用"谋事在人，成事在天"之类的话慰勉了他一番。曾返回第60军军部后，勉强增派了一团兵力，但也只是应付一下祖父，并未认真打。其实那时曾泽生已经有意举行起义，本想试探一下祖父态度，争取一起行动，见祖父态度顽固，只好收住不说了。

激烈的战斗持续了四五天。让祖父绝望的是，守军始终没有冲出长春一步，却徒增了许多伤亡。任凭祖父和各级官长如何督战，士兵们也不肯卖命了，只要解放军一反击，进攻部队就自动退回原阵地。祖父又气又急，却毫无办法。这时东北"剿总"指示祖父可以使用毒气弹突围，被他拒绝了。此前东北"剿总"也有类似指示，他始终未执行。那时祖父虽然在政治上冥顽不化，但做事底线还是有的。他知道，打内战已经不好了，如果使用连国际上都禁用的武器打内战，就更不人道了。

7日下午，解放军在长春东郊发起一次较大规模的反击，第60军阵地一度吃紧。祖父偕李鸿闻讯匆匆赶到设在一家面粉厂内的第60军临时军部。他们一进门，曾泽生便气呼呼地朝祖父说："郑司令官，弟兄们都饿着肚子，实在打不下去了。这几天伤亡这么大，再打就把队伍拼光了。请您下令无论如何要在今晚把部队撤回来吧！"

打了几天，祖父也知道突围没有多大希望，可又不甘心就此作罢，便扭头问李鸿："李军长，你的意见如何？"

"郑司令官，看来突围是不行了，先把队伍撤回来再说吧！"李鸿早就没有突围信心了，只是不敢向祖父言明，现在见曾泽生已经公开表示了意见，也连忙附和道。

祖父见李鸿、曾泽生都无意再强行突围，担心自己固执己见会激出事

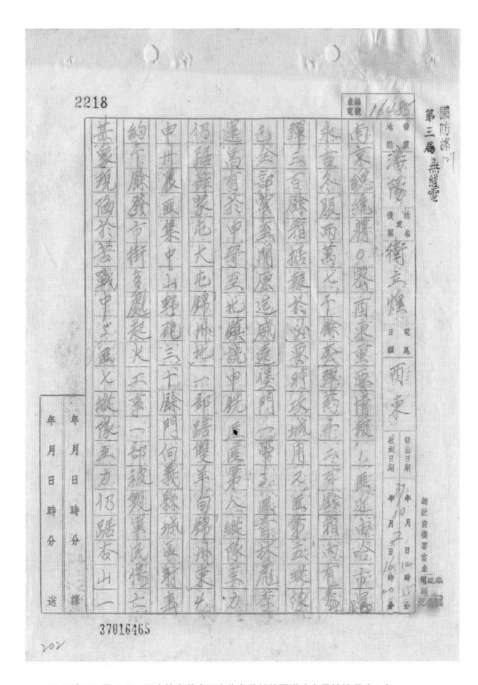

1948年10月2日，卫立煌向蒋介石电告东北解放军进攻义县等战况（Ⅰ）。

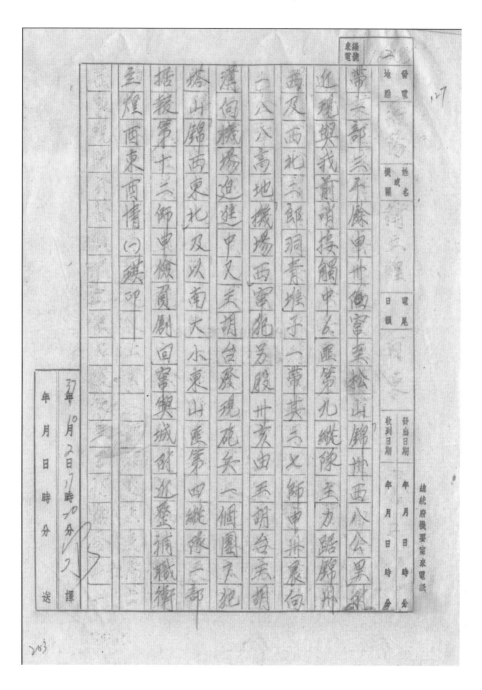

京□電報 地點 機成姓題名 電尾 日領 發出日期 收到日期 年 月 日 時 分 總統府機要室來電紙

第一部三不廉甲廿□向當系松山錦州西八公里系
近現與我前哨接觸中△匪第九縱陳主力路錦州
蔚及西北六郎洞青推子一帶其三又師申共晨向
□八八高地機場西當犯另股廿亥由天明台末明
蒼向機場迫進中又天芮台發現砲兵一個團太犯
塔山錦西東北及以南大小東山匪第四縱隊一部
據第十二師申偵員劇回當與城防近整補職衛
至煌西東西情（一）蕨卯

37年 10月 2日 11時 10分 年 月 日 時 分 送 譯

1948年10月2日，卫立煌向蒋介石电告东北解放军进攻义县等战况（Ⅱ）。

1948 年 10 月 14 日，东北野战军向锦州发起总攻。（此照片由台湾秦风先生提供）

变，只好长叹一声，无奈地下令收兵。祖父这才痛切地感到，军心已经彻底涣散了，纵然是以往骁勇善战的新 38 师，现在也已兵无斗志了。他心里最焦急的是，从整个东北战局看，现在是长春守军突围的最佳时机。现在突不出去，恐怕再也没有机会了。

10 月 10 日午，几架飞机飞临长春上空，投下蒋介石致祖父和李鸿、曾泽生的亲笔信。信中说："目前共军主力正在猛攻锦州，东北局势十分不利，长春的空投物资亦难维持。望吾弟接信后迅速率部经四平街以东地区向东南方向转进。行动之日将派飞机掩护，沈阳方面亦有部队在路上接应。"

接信后，祖父马上召集曾泽生和已升任新 7 军副军长的史说代替生病的李鸿开会。李鸿在前几天的军事行动中偶感风寒，回来便高烧不退，已经卧床难起了。

曾、史二人看过蒋的信函，都默然无语。半晌，曾泽生说道："总统

郑洞国将军当年在长春最后的指挥部——长春中央银行（今中国人民银行）。

（指蒋介石——作者注）下命令容易，真正突围谈何容易？现在城外共军兵力雄厚，我军却是兵无斗志，根本突不出去的！"

"就是突出去，这中间七八百里地，中间没有一个'国军'，官兵又都腿脚浮肿，不要说打仗，就是走路都成问题呀！"史说也插话道。

会议无果而终，祖父只好把情况电复给蒋介石。

10月15日，东北解放军攻克锦州，全歼守军十五万人，国民党东北"剿总"副总指挥范汉杰、第93军军长卢浚泉等被俘。

次日上午，蒋介石再次空投下来一道措辞严厉的"国防部代电"。电文中说：

> 长春郑副总司令并转曾军长泽生李军长鸿：酉灰手令计达，现"匪"各纵队均被我吸引于辽西方面，该部应遵令即行开始行动。现机油两缺，尔后即令守军全成饿殍，亦无再有转进之机

会。如再延迟，坐失机宜，致陷全盘战局于不利，该副总司令军长等即以违抗命令论罪，应受最严厉之军法制裁。中本删日已来沈阳指挥，希知照。中正手启。

随"代电"一起空投的，还有蒋介石给祖父的又一封亲笔信，内容与电令大致相同，只是口气略缓和些。蒋说长春守军如不能在十日内突围至沈阳则势难久持，并称已命令沈阳陆军和空军充分接应，自己也在沈阳停留三日，要祖父务必果断地率长春守军突围，否则将不能等候了。

读完蒋的电令和亲笔书信，祖父心里烦乱极了。事情明摆着，现在突围是不可能的。但身为军人，又必须服从命令。他思前想后，最后心一横：突围是死，不突围也是死。横竖是死，干脆拼死往外突吧，死了也能落个"忠臣"名声。

想到这里，祖父立即召唤曾泽生和史说来开会。史说很快来了，曾泽生却推说正在吃饭，在电话里支吾了半天。经祖父一再催促，才有些神色异常地赶过来。

"桂公召我什么事，这么急？"曾泽生一面点头与史说、杨友梅致意，一面略显拘束地在祖父对面的沙发上坐下。

祖父顺手将茶几上的电令和蒋介石的亲笔信递给他，并告诉他："昨天锦州已经消息断绝，情况不明了，唉！"祖父因心情焦虑、吸烟过多，声音沙哑，说话很费力。

"郑司令官准备怎么办？"曾泽生拿起电报和蒋的信件很快看了一遍，抬头问祖父。

"现在没有别的选择了，只能按命令突围，我决定今晚就开始行动，明天四面出击，后天（指10月18日——作者注）突围。你们看如何？"祖父激动地站起身，一边来回踱步，一边以不容置疑的口气表达了意见。

曾泽生望望史说，又望望祖父，低声说："我没有意见。不过，部队士气非常低落。突围，第60军没有什么希望。"

"新7军的情况也差不多，这些桂公很清楚。如果桂公决定突围，我们服从。"史说在一旁轻轻抚着祖父养的一只小花猫，也慢吞吞地表了态。

"好吧，突围的事情就这样决定了，你们先回去准备一下，下午再开会拟定突围计划。"虽然眼前这两位将领的态度很勉强，但他们还是接受了突围的决定，祖父心里的一块石头仿佛落了地。

"我们打算从那条路走呢？"曾泽生似乎不放心地问了一句。

祖父想了想，心事重重地说："还是从伊通、双阳这条线走吧，实在突不出去，就拉上长白山打游击。"

"桂公还真打算在共产党的天下打游击么？"曾泽生苦笑道。

"唉！"祖父重重地叹了口气，没有做声。他心里何尝不清楚，突围就是为了服从命令，结果就是战死在城郊。所谓到长白山打游击之说，不过是自欺欺人罢了。

大家又默坐了片刻，曾泽生起身告辞："桂公，下午开会讨论如何行动，我会派徐树民参谋长来参加，他可以代表我决定一切。情况我已经了解了，一切服从您的决定。"言毕匆匆离去，稍后史说也跟着离开了。

祖父怎么也没有料到，此刻自己的内部正酝酿着严重的分化：曾泽生已派人与解放军联络，正式决定第60军起义了！多年后，一次曾泽生来家中探望祖父，谈起这段往事，笑着对祖父说："那次桂公召我开会，催得很急，我好紧张呦，还以为您发现了第60军联络起义的事，要将我扣起来呢！"

当天下午1时，兵团副参谋长杨友梅、新7军副军长史说、参谋长龙国钧、第60军参谋长徐树民准时来到祖父住处开会。

会议的气氛很沉闷。祖父先宣读了蒋介石的电令，询问大家有什么意见。众人面面相觑，默默无言。末了，史说慢吞吞地说道："李鸿军长正病着，我们也提不出什么意见，还是请司令官决定吧！"

"对，还是请郑司令官决定吧！"徐树民也在一旁附和着。

祖父考虑了一下，神情忧郁地站起身道："总统既然要我们撤退，我们就只好走吧！"

随后，杨友梅取出地图，与大家一起伏在桌子上研究起突围的路线、时间和部署。

祖父拟定的撤退方案是：将长春守军分为左右两个纵队向清原转移。左纵队由第60军担任，先沿吉长公路向永吉疾进，待先头师通过岔路河后，先头师即担任纵队后卫转向永吉、磐石铁路线，跟随军主力向海龙、清原前进；右纵队由新7军担任，新38师先向长春南郊大屯方向佯攻，打破缺口后即掩护暂61师向南占领伊通伊巴当，担任右纵队侧翼掩护。然后新38师作为纵队先头师，再向东南经双阳向烟筒山、磐石铁路线前进。暂56师先任长春守军的后卫，固守长春城防工事，等新38师撤出长春后，改任后卫，随军主力前进。暂61师等暂56师到达双阳后，即向双阳转进，担任右纵队后卫，掩护兵团退却。兵团司令部和直属部队随右纵队前进。

右纵队新38师行动时间定在午夜12时，暂61师于次日凌晨2时前向伊通方向前进；左纵队也在当日午夜同时行动。

一切商定之后，祖父宣布散会，要众人赶紧回去做好夜间突围准备。自己则与杨友梅驱车来到兵团司令部，亲自部署司令部人员和直属部队的突围事宜。

祖父一直忙到天黑。回到柳条路住所，他草草用过晚饭，便闷闷地躺在床上不停地吸烟。他清楚地知道，突围凶多吉少，如果突不出去，自己只有杀身成仁了。想到今夜自己和十万部属们将走上绝境，一种说不出的悲凉、绝望情绪又袭上心头。也许劳累了一天，想着想着，不觉昏然睡去。

晚上10时许，床头电话突然铃声大作，祖父刚抓起听筒，里边就传来第60军暂52师副师长欧阳午急促的声音："喂，喂，郑司令官吗？第60军已经决定起义了，今夜就行动！"

祖父刚要问个究竟，那边已把电话挂断了。

祖父心里顿时泛起一阵惊悸：第60军担负着半个城区的防务，要真是反叛还得了？但转念一想，暂52师师长李嵩、副师长欧阳午，素与曾泽生等滇系将领不和，会不会是有意给曾栽赃？为了避免自乱阵脚，影响突围，祖父不敢声张，只打电话给杨友梅，请他设法了解一下情况。

不多久，新7军副军长史说、参谋长龙国钧、新38师师长陈鸣人，匆匆闯进祖父的卧室，急切地报告："桂公，第60军情况有变，已经失去电话联系了！"

祖父心一沉，赶紧要曾泽生和第60军徐树民参谋长的电话，但许久都没人接，这证实欧阳午的话没有错，第60军确实是起义了。祖父无力地放下听筒，重重地叹了口气说："算了罢，他们（指第60军——作者注）要怎么干，就由他们干去好了！"

"那突围的事情怎么办？"史说忧心忡忡地问。

在这种情况下，突围已不可能，祖父只好下令中止突围，并要新7军迅速对第60军方向实施警戒。

史说等人走后，他又将长春的情况紧急电告给沈阳的卫立煌，请示今后行动机宜。

天刚放亮，祖父总算联络到第60军新闻处长，对方告诉他："郑司令官，曾军长让我转告您，第60军已经决定光荣起义了。如果您赞成我们的主张，欢迎您与我们一道起义；若不赞成，我们也不勉强，大家各行其是好了。"祖父要求与曾泽生通话，被拒绝了。

过了一会儿，一向与祖父和李鸿、史说等人十分熟识的天津《民国日报》青年特派记者杨治兴，又打来电话："桂公，第60军已经起义了。曾军长刚刚给我打来电话，要我转告您，说他绝不向您开第一枪，希望您带头率大家举行反蒋起义。您看怎么办？"少顷，他又补上一句："桂公，要赶快拿定主意呀！"

"知道了。"祖父烦躁至极，应付了一句便放下听筒。

17日上午，祖父与幕僚们正紧急商讨对策，第60军政工处长送来一封曾泽生给他的亲笔信。信中说：

桂庭司令官钧鉴：

长春被围，环境日趋艰苦，士兵饥寒交迫，人民死亡载道，内战之残酷，目击伤心。今日时局，政府腐败无能，官僚之贪污

512

横暴，史无前例，豪门资本凭借权势垄断经济，极尽压榨之能事，国民经济崩溃，民不聊生。此皆蒋介石政府祸国殃民之罪恶，有志之士莫不痛心疾首。察军队为民众之武力，非为满足个人私欲之工具，理应解民倒悬。今本军官兵一致同意，以军事行动，反对内战，打倒蒋氏政权，以图挽救国家之危亡，向人民赎罪，拔自身于泥淖。

公乃长春军政首长，身系全城安危。为使长市军民不做无谓牺牲，长市地方不因战火而糜烂，望即反躬自省，断然起义，同襄义举，则国家幸甚，地方幸甚。竭诚奉达，静候赐复，并祝戎绥！

曾泽生　敬启

读罢曾泽生的信，祖父心情很复杂。内战给国家带来的破坏，给人民造成的痛苦，他深有同感。但作为追随了蒋介石二十几年，深受蒋的器重和信赖的学生和嫡系将领，让他与曾泽生这些地方军队将领一起反蒋起义，这是当时他绝对接受不了的事情。所以，祖父冷冷地对来人说："信我留下，就恕不作复了。请你回去转告曾军长，他要起义，请他自己考虑；要我同他一路，我不能干！"

祖父与曾泽生虽曾在抗战初期的徐州会战期间共同与日寇血战，彼此原本并不熟识。东北内战期间，第60军调到东北战场，祖父与曾将军开始有了交往。祖父奉命镇守长春后，蒋介石特地专电给祖父，嘱他要特别注意协调好李鸿的新7军与曾泽生的第60军之间关系。祖父也充分考虑到国民党嫡系部队与地方部队间的矛盾，故而在李鸿等新7军将领和曾泽生等第60军将领之间，做了不少协调工作。军务之余，祖父也常与曾将军推诚叙谈，彼此交谊不错。后来祖父还专门报请上级，晋升曾泽生为兵团副司令官兼第60军军长，继之因自己身体不好，又向蒋介石举荐他为兵团司令官和吉林省政府主席，曾泽生为此十分感动。曾泽生对祖父也十分敬重，觉得这位郑长官为人正直、诚恳，丝毫没有蒋介石身边那些天之骄子们惯有的骄横和自大。据说曾泽生将军与解放军方面联络起义时，对方曾希望第60军起义前出其不意地攻击祖父的兵团司令部，以示起义诚意，但被曾将军婉言谢绝了。尽管他对国民党政权已经绝望，决心走上起义的光明之路，却实在不忍心对自己这位敬重的老长官下手。而且，曾泽生将军起义后，几乎断绝了与所有原来在国民党阵营中朋友们的联系，却始终保持着与祖父的友谊，这是后话了。

所以，打发走第60军信使，祖父还幻想着凭自己与曾泽生的交谊，促他回心转意。又派杨友梅和崔垂言等前去说项。但几人见曾后，很快就垂头丧气地回来了。见事情已无转圜余地，祖父心一横，下决心破釜沉舟了，命令史说等人立即着手准备突围。

正忙碌间，记者杨治兴心事重重地来了。这个杨治兴，当时只有20余岁，东北内战初期被天津《民国日报》派到东北做长驻记者。出于采写新闻的需要，他与杜聿明和祖父等国民党高级将领混得很熟悉。以后相处久了，他与祖父彼此感情十分深厚。祖父经常带他出席一些公私活动，他到祖父住处，一般也不需通报，犹如家人一般。据杨回忆，祖父在沈阳时，他便是家中常客，很多应酬场面，祖父也带上他。某次祖父偶尔得闲，希望杨陪他上街理发，吓得杨急忙摆手："这个我可不去，万一城内有共产党的便衣队打你黑枪，岂不连我也捎带上啦？"祖父受命去长春时，特别把杨治兴也邀了来。现在祖父在长春陷入绝境，让杨心急如焚。他犹豫了半晌，才避开他人，悄悄对祖父进言："桂公，您一向待我亲如子侄，现在我不能不向您进一忠言。目前长春的局势已很难挽回，下面都不肯打了，再打也没什么希望，请您还是早做妥善主张吧。"

"唉，这些情况我都知道，但目前只有打下去，我没有别的路可走啊。"祖父叹了口气说。

杨一听激动起来："桂公，我大胆说一句，您不是以前也说过国民党政府腐败，不得人心吗？现在您却执意为这样一个政权打到底，就是战死了又能怎样？我看还是退出内战吧，免得再作无谓的牺牲。"

"你不要再说了，我不愿意听这些话！"祖父一听到反蒋的事，马上强

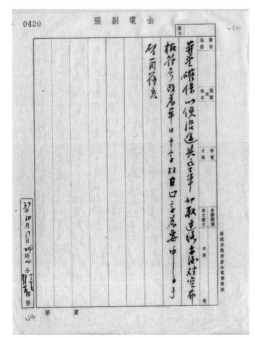
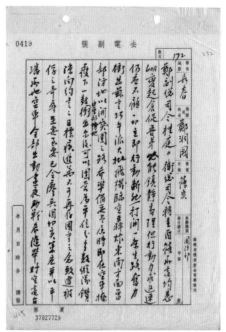

1948年10月17日夜，蒋介石闻第60军起义后，电令郑洞国将军立即突围。

硬地制止他。

可想到眼前的这个年轻人，可能很快会与自己一起，死在突围的路上，祖父心里又很不忍，就酸楚地说："小杨啊，跟着我走是浊水，跟着共产党走是清水。你与我不同，还是留下吧，我让人给你留下袋米。"

"这个时候我不能走，我陪着您！"杨痛哭失声。

17日傍晚，祖父将第60军起义，新7军军心动摇的危殆军情向蒋介石做了汇报。午夜时分，蒋介石电令祖父于次日上午在空军掩护下，"一鼓冲出曾部防地，尔后可以团、营为单位，分多数纵队钻隙向约定之目标疾进，万不可再图固守之念"云云。沈阳方面亦发来电令，要祖父于18日上午从第60军防地向外突围，到时会派飞机轰炸掩护。祖父立即到设在中央银行的兵团临时司令部召开会议，研究突围部署。

会上，新7军的将领们都默默无言，唯有省政府秘书长崔垂言、军统长春站站长项迺光坚持突围。祖父知道，突围的关键要看实际带兵的将领

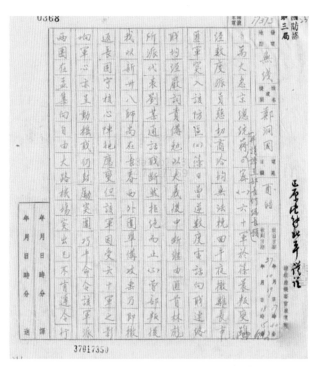

1948 年 10 月 17 日，国民党长春守军一部起义，一部军心动摇后，众叛亲离、山穷水尽的郑洞国将军给蒋介石拍发的电报。

们意见，遂问史说："史副军长，突围的事你看怎么办？"

"郑司令官，现在突围是突不出去的，不过是又要无辜地死伤几万人罢了。"史说无精打采地答道。

史的话音刚落，项迺光冲到他跟前，厉声喝道："我们必须突围，拖也要把队伍拖到长白山区去打游击。难道新7军就这么无用吗？！"

史说满面愠色地站起来，拂袖而去。会议不欢而散。

晚上，长春市长尚传道又来到祖父住处，祖父留他一起用过晚餐，两人正默然相对间，室内电话铃声大作，原来是曾泽生要求通话。祖父拿起电话听筒，他却只说了一句："有人要与您讲话。"

接着，一位自称姓刘的陌生人说："我是解放军的代表。现在长春的局势你是知道的，我们的政策是放下武器，可以保障生命财产的安全。希望你考虑，不必再作无益的牺牲。"

"既然失败了，除战到死以外，还有什么可说，放下武器是做不到的！"祖父愤愤说毕，将听筒重重摔在电话机上，以示回绝。

尚传道见祖父要坚持抵抗到底，便推说要部署市府人员突围事宜，也告辞离开了。其实他对祖父突围的前途早就绝望了。他既不肯起义投诚，也不想与祖父一道无谓地牺牲生命，所以一出祖父住处，就设法藏匿到一位朋友家中去了，长春解放后很快被解放军捕获，直到1975年才被特赦出狱。后来谈及此事，祖父不无遗憾地对我们说，尚传道要是一直跟着他就好了。我们笑道："您当时那么顽固，还有谁肯跟着您走呢？"

事情确实如此，打算和祖父一起负隅顽抗的人真是愈来愈少了。

当夜，记者杨治兴又去史说住处探望。谈及当前的处境和今后打算，史说唉声叹气不止。杨趁机说："目前突围和战守都没有前途，您是否有意率部声明退出内战？"

史说和其他将领们早就不想打了，只是碍于祖父反对不敢言明。见杨如此说，忙问："桂公意下如何呢？"

"咳，桂公当然也有此意，不过以他的身份怎么好讲呢？"杨治兴急于促成和平，就依据祖父平时私下对国民党政权的一些不满言论佯称道。

"倘桂公同意，一切就好办了！"史说以为是祖父授意杨治兴来传递消息，大喜过望。次日一早，便派人出城与解放军谈判。

这段情由祖父浑然不知，长春和平解放后，还为此与史说和新7军参谋长龙国钧等人产生误会，有段时间彼此互不讲话。直到1962年，身为全国政协委员的祖父随团到上海视察，与在上海工作的史说谈及这段往事，才弄清杨治兴从中"假传圣旨"的缘由，不禁相对大笑，尽释前嫌。

10月18日晨，沈阳方面如期派来一队轰炸机，机上指挥官一再催促突围，祖父只好说突围尚未准备就绪，请求延期。机上指挥官又说，发现城东区正有大批部队向城外运动，问是些什么人。祖父回答可能是第60军部队。机上人员一听，立即要求轰炸，祖父劝阻道："算了罢，那些以前都是自己的人，况且现在轰炸已无意义，徒使老百姓遭殃，不要轰炸了。"

当天下午，焦虑万分的祖父来到新7军军部主持开会，督促突围。但会开了很久，大家都哭丧着脸，谁也不肯讲话。末了，还是从抗战全面爆发前就跟随祖父的老部下、暂61师师长邓士富，大胆地站起来说："目前情况，突围已不可能，建议郑司令官暂时维持现状，再徐图良策吧。"

祖父无奈，只得宣布散会。史说、龙国钧等推说天色已晚，执意请祖父留在军部吃饭、过夜。他心里大惊：局势凶险，莫非这些老部下也要挟持、出卖自己？于是冲门而出，头也不回地登车而去。其实，那时史说等都以为祖父已有意放下武器，担心他回到兵团司令部为特务所害，想将他置于新7军的保护之下，并无恶意。

祖父在极度的痛苦、迷惘中挨过了一夜。19日天刚亮，杨友梅等蹑手蹑脚地走进卧室，轻轻唤道："桂公，桂公！您睡醒了？"

"唔——"祖父含糊地应了一声，躺着不动。

杨友梅小心翼翼地说道："刚才接到新7军史副军长和龙参谋长电话，他们已与解放军方面接洽，决定放下武器了，解放军同意保证郑司令官以下全体官兵的生命财产安全。李军长和史副军长他们都希望由您来率领大家行动，解放军方面也再三表示了这个意思。您看我们——"说到这儿，他停住了，声调里却充满了期待。

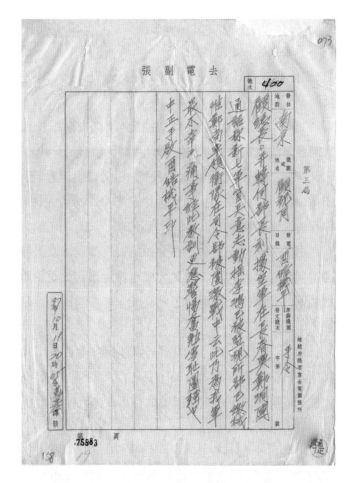

1948年10月19日，蒋介石致电顾祝同、何应钦，通报长春国民党守军新7军投诚消息。

"完了，一切都彻底完了！"祖父躺在床上，悲哀地想着。尽管新7军投诚已在预料之中，但一旦成为事实，他还是接受不了。

见祖父久久不说话，坐在床边的杨友梅有点不知所措。一会儿，听到门外有人轻轻讲话，杨闻声快步走了出去。少顷，又进来附在祖父耳边小声说："龙国钧参谋长来了，他有事向您报告。"

祖父依旧躺着不动，杨只好又小声地重复了一遍。

"龙参谋长有什么事？"半晌，祖父才有气无力地问。

"现在军部正在开营以上干部会议，希望郑司令官去主持一下。"龙国钧举手敬礼后，平静地说。

"你们李军长呢？史副军长呢？他们为什么不去主持？"祖父气恼地反问。

"李军长正在生病，无法主持会议。史副军长现正主持会，但有些重大问题无法决定，倘若您能亲自参加，就容易解决些。"龙国钧答。

"哼，他们果然是要出卖我！"祖父恨恨地想着，满腔的痛苦和怨恨终于像山洪一样暴发了！他猛地撑起半身，指着龙国钧厉声痛斥："龙国钧，你和史说跟随我多年，我待你等不薄，今日为何要卖我求荣呢！"

祖父一向待人平和，很少如此责骂部属。众人吓得不敢出声，屋子里的空气好像都凝固了。祖父大概也自觉出言太重，重重地叹了口气，又颓然躺下。龙国钧怔怔地站了一会儿，怀着满腹的委屈和失望，也返回军部去了。

10月19日上午，新7军全体官兵自动放下了武器。国民党驻长春的其他各部队也相继集体投诚。只有祖父率领兵团特务团，据守着中央银行大楼，成了解放军重重包围中的小小孤岛。

山穷水尽，大势去矣。

祖父将全部情况电告了东北"剿总"。很快，刚刚被蒋介石从徐州"剿总"重新派到沈阳收拾残局的杜聿明发来电报，称已请求蒋介石派直升飞机接祖父出去，问有无降落地点。祖父怀着既感激又沉痛的心情，电复这位昔日的老友上司："现在已来不及了，况亦不忍抛离部属而去，只有以死报命。"

到了如此绝境，祖父仍想着宁肯战死，不愿投降，顽固可知！

其实，即使时机来得及，祖父也走不了啦，因为当时国民党空军根本就没有装备直升飞机。蒋介石倒是惦记着自己的这位亲信学生，曾特别指示空军副总司令王叔铭，要他迅速研拟将祖父搭救出长春危城的办法。王叔铭与祖父同为黄埔军校一期同学，平素私交也好，接到蒋的命令后自然格外用心。他与几位空军飞行员曾尝试从飞机上抛下绳索，待飞机减速低

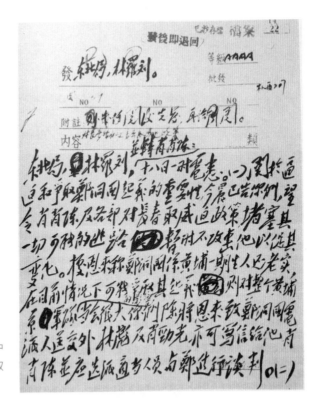

1948年10月18日，中共中央军委致东北局关于争取郑洞国起义的电文。

飞至长春市内时，让祖父抓住绳索后再升空逃走。后来几经试验，终无可能，此事也就不了了之了。这段情由我们以前曾听说过，皆以为是无稽之谈，最近委托朋友在台湾查阅史料，被证实还确有其事。

让我们再把话题拉回1948年的长春。

10月20日，解放军并未像祖父预料的那样，猛烈攻打中央银行大楼。

事实上，两天前，也就是10月18日，中共中央军委专电东北局，指示肖劲光、肖华的第1兵团，对长春取威迫政策，争取郑洞国起义。电文还特别转述周恩来副主席意见，说郑洞国系黄埔一期生，政治上不坏，人也老实，在目前情况下可能争取其起义，则对整个国民党黄埔系军队的影响当会很大。并嘱将周恩来同志写给祖父的电信尽快送达给他。

中共中央的宽大政策得到了困守在长春最后孤岛中央银行大楼的兵团

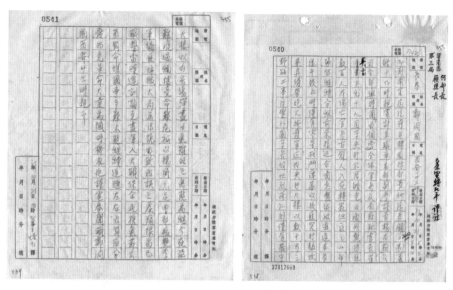

1948年10月21日凌晨，郑洞国将军向蒋介石发出的最后电报。

副参谋长杨友梅等人的积极响应。实际上，杨友梅和其他幕僚们已经暗自与解放军接洽投诚了。祖父没注意到这些，他万念俱废，准备着自己的结局——自裁。

深夜，祖父签发了一生中最后一次致蒋介石的电报：

十月十九日下午七时亲电谨呈，职率本部副参谋长杨友梅及司令部与特务团（两个营）全体官兵及省政府秘书长崔垂言共千人，固守央行，于十九日竟日激战，毙伤"匪"三百人，我伤亡官兵百余人。入夜转寂，但"匪"之小部队仍继续分组前来接近，企图急袭，俱经击退。本晨迄午后五时，仅有零星战斗。薄暮以后，"匪"实行猛攻，乘其优势炮火，"窜占"我央行大楼以外数十步之野战工事。我外围守兵，均壮烈成仁。刻仅据守大楼以内，兵伤弹尽，士气虽旺，已无能为继。今夜恐难度过。缅怀受命艰危，只以德威不足，曾部突变，李军覆灭，大局无法挽回，致遗革命之羞，痛恨曷已。职当凛遵教诲，克尽军人天职，

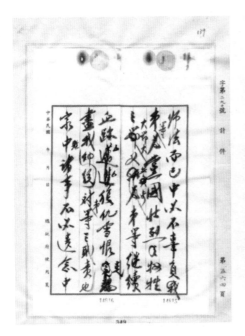

蒋介石致电郑洞国将军，要求他为"党国"竭尽最后忠诚。

1948 年 10 月下旬，长春和平解放后，郑洞国将军（中）在解放军干部（右）陪同下抵达哈尔滨。左为郑洞国的卫士李国桢。（此照片由台湾秦风先生提供）

保全民族气节，不辱钧命。惟国事多艰，深以未能继续追随左右，为钧座分忧，而竟革命大业为憾。时机迫促，谨电奉闻。职郑洞国十月二十日二十三时亲印。

10 月 21 日凌晨，中央银行大楼外突然响起密集的枪声，绝望中的祖父，以为最后的时刻来了，决意立即"成仁"。此前，蒋介石曾给祖父发来诀别电报，要求他为"党国"竭尽最后忠诚，蒋亦表示必不辜负祖父等之牺牲，将以祖父等之亲属为他之亲属妥加照料云云。

祖父穿好军装，平躺在床上，伸手到枕下去摸手枪。奇怪，摸了又摸，枪居然不见了。祖父准备自戕的手枪到哪里去了？几十年后，杨友梅副参谋长的女儿杨方羽女士告诉我们，当时她的父亲见祖父神色异常，特地嘱咐祖父的卫士们悄悄将手枪藏了起来。

手枪找不到，祖父就慌了，怕再迟延就做了俘虏，赶紧到处翻找能结束自己性命的器械。卫队长文健和卫士们闻声破门而入，一边呼喊，一边将祖父紧紧抱住。祖父在省政府工作的侄子郑安凡，直挺挺地跪在地上，连声哀求："二叔，不能啊，您千万莫走绝路呀！"

祖父求死不成，气急败坏，恨恨地跌足叹气，颓丧地倒在床上。正纷乱间，杨友梅等人匆匆闯入房内，含泪道："桂公，事情已到最后关头了，请您赶快下去主持大计！"

说着，命人不由分说，将祖父从床上扶起，拥向楼下。来到一楼大厅，祖父怔住了，大厅内外早已布满了荷枪实弹的解放军。杨友梅等人紧紧环拥着祖父，满脸的期待神情。他明白了，面对木已成舟的现实，只得勉强同意放下武器，听候处理。

事后得知，杨友梅和司令部的幕僚们，先已通过与解放军秘密接洽，悄悄迎来了解放军的代表及少数部队。然后朝天开枪，伪装抵抗，造成猝不及防、解放军兵临司令部的假象，促祖父与他们一道走向光明。这样既避免弃他于不顾，又使他颜面上略可接受，可谓用心良苦！

10月21日天大亮后，祖父带着已经放下武器的兵团司令部直属部队出城途中，迎面碰上正率大批部队进城的解放军兵团司令员肖劲光和政委肖华。肖华立即停下车子，走过来热情地问候祖父，没有一点胜利者的骄矜之色，使他冰冷的心底，油然泛起一股钦敬。

当晚，两位肖将军在位于长春郊区四家子的司令部里，设下丰盛的酒菜款待祖父。身为败军之将，祖父的心情坏透了，席间只顾低头喝酒，不肯讲话。两位肖将军看出他的敌意，并不介意，仍旧不停地为他斟酒、夹菜，一团和气。

酒过数巡，祖父才抬头说："我在国民党里搞了二十几年，现在失败了，当然听凭处理；至于部下官兵，如有愿意回家的，希望能让他们回去。"

"关于这些我们党有政策规定，都没有问题，请郑将军放心。要回家的人我们一定要帮助他们回家，愿意留下的也一定给予妥善安置。"肖华政委笑着回答。

国民党第 60 军起义后，东北解放军第 1 兵团司令员肖劲光将军（中）、政委肖华将军（左）与原国民党第 60 军军长曾泽生亲切交谈。（此照片由台湾秦风先生提供）

1948 年 10 月底，东北解放军在黑山、大虎山地区围歼从沈阳出援锦州的廖耀湘兵团。（此照片由台湾秦风先生提供）

　　1948年11月，东北解放军攻占沈阳，东北全境宣告解放，图为东北军民欢庆解放。（此照片由台湾秦风先生提供）

　　1948年底，郑洞国将军在哈尔滨解放军官教导团学习。左为廖耀湘，右为范汉杰。

"既然过来了，大家都是一样的，都还可以为人民服务嘛。郑将军今后的打算如何？是愿意回家还是愿意留下来？"肖劲光司令员在一旁微笑着问。

面对善意的询问，心如死灰的祖父固执地表示，什么事都不想做，只想当个老百姓。还生硬地提出：一不去广播、登报；二不参加公开的宴会。两位肖将军爽然应之，并不勉强。

筵席快结束时，肖华政委委婉地建议："你不愿工作，是否愿意到后方哈尔滨去多看看，休息休息，或者学习一段时间，请任意选择。"

祖父想了想，觉得去解放区也好，看看人家共产党是什么样子，免得自己输得糊里糊涂的。

临别前，祖父没忘了向主人道谢，因为几个月来，这是他吃到的最丰盛的一餐饭。

在解放军的司令部里睡了一夜。次日天明，祖父和杨友梅及史说等投诚将领们，离开战火刚刚熄灭了的长春，经永吉前往哈尔滨。

在哈尔滨，祖父等人一直住了三个多月，1949年1月又移到抚顺。

祖父在解放区虽然生活优待，行动自由，但心情非常苦闷。想想自己二十多年的戎马生涯，与新旧反动军阀血战过，与日本侵略者血战过，最后竟败在共产党的手下，真是很难接受。尤其是看到为之奋斗了近半生的"党国"事业，已经穷途末路、回天乏术了，心里更是空虚、绝望。痛苦之余，他还想保持他心目中的军人气节，愚忠于国民党政权。

这期间，中共党内高级干部何长工等人，多次找他谈话，希望祖父参加人民政权的工作，都被他以各种理由拒绝了。

"文革"后期，祖父住北京西郊花园村，晚饭后习惯在儿孙陪伴下到寓所附近散步，常常路遇一位老者，也在家人簇拥下遛弯儿，两人相视，彼此点头示意，却不说话。问起老者是谁，祖父答是何长工。当时家人奇怪，祖父怎么会认识中共党内这位老资格的著名人物？后来方知，这两位湖南同乡，早在1948年底就在哈尔滨相识了。可惜限于当时"文革"的特定环境，相互间无法再深入交往啊。

杜聿明（右）、舒适存将军照片正面。

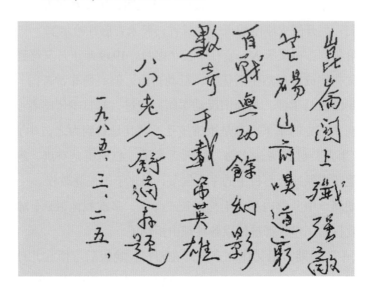

杜聿明、舒适存将军照片背面。

祖父到哈尔滨不久，东北形势发生了天翻地覆的变化。长春和平解放后，蒋介石飞到北平，亲自指挥驰援锦州未果的廖耀湘第9兵团向辽西撤退，但在黑山、大虎山地区陷入解放军的重重包围，全军覆没，廖本人及部下八万余官兵被俘。11月初，解放军相继攻克沈阳、营口，东北全境宣告解放。

曾在最后关头打算把祖父救出长春的杜聿明，结局也是一样：1949年1月上旬，身为国民党徐州"剿总"副总司令的杜聿明，在淮海战场兵败被俘，作为战犯被关押改造，直到1959年蒙政府特赦，成为新中国的公民。

2010年春节长假，我们在家中整理祖父过去的书信，意外发现一封祖父过去的老部下、曾任台湾陆军"副总司令"、时年八十八岁的舒适存，1985年3月由台湾写给祖父的充满怀念之情的长信。信中还附着一帧极为珍贵的历史照片。

这帧照片的历史背景是淮海战役后期，在华东解放军的重围中，身着臃肿棉军装的杜聿明（右）与时任徐州"剿总"副参谋长的舒适存（左），坐在一堆散乱的庄稼秸秆前吸烟，场面凄凉肃杀。后来，杜顾念老友，以催要粮饷为名，一再逼舒氏飞往南京，才使后者免遭军败身死或被俘，从此天各一方。信的背面，舒适存将军用遒劲的笔迹题诗一首：

昆仑关上歼强敌，芒砀山前叹道穷。

百战无功余幻影，数奇千古吊英雄。

一位当年的抗战沙场老将，晚年身居海岛，与家乡亲人和昔日旧友，咫尺天涯。回首一生，命运多舛，情感凄凄，确令人闻之唏嘘。但若将杜聿明、祖父，抑或廖耀湘、舒适存等昔日抗日名将，当初在中国大陆那段刻骨铭心的失败，仅仅归结为数奇，则恐怕大大失之简单了。

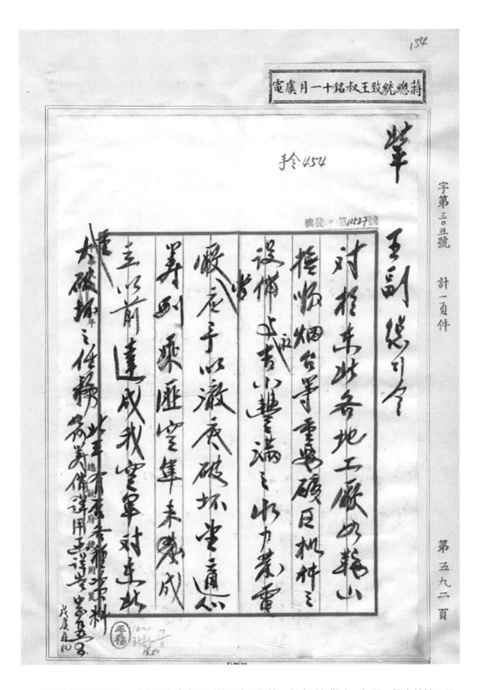

手令454

字第三〇五號　計一頁件

第五九二頁

1948年11月7日，蔣介石电令空军副总司令王叔铭，彻底破坏鞍山、抚顺、烟台等地工厂、矿山及小丰满发电厂等工业设施。

第二十六章
参加新中国建设

祖父在哈尔滨、抚顺居住时，也参加了解放军官教导团的学习。这个教导团是由东北国民党投诚将领们组成的，后来范汉杰、廖耀湘等在辽沈战役中被俘的国民党军队将领们也加入其中。

最初，祖父情绪低沉，思想也很抵触，根本学习不进去。后来在中共党组织的耐心帮助引导下，心情慢慢平复了许多，开始阅读一些报纸，了解国内外形势的发展。

在阅读报纸的过程中，祖父始终思考着一个问题：共产党为什么能够成功？国民党为什么失败了？这个思考的过程是相当艰难、痛苦的。祖父朦朦胧胧地似乎明白了一些道理，但又不甚了了。为此，他要求阅读毛泽东主席的著作，很快得到一部东北版的《毛泽东选集》。

毛主席的著作，为祖父打开了全新的思想境界，他从不知道毛主席有这样大的学问。譬如毛主席对当时中国时局的分析，特别是国民党与人民之间的矛盾、失败的原因等等，对他深有触动和启发。当然，身为军人，祖父也格外喜欢读毛主席的《中国革命战争的战略问题》等著作，从中了解到毛主席创造的农村包围城市、武装夺取政权的基本战略方针，以及游击战、运动战等军事战略战术。通过这些学习和思考，祖父初步明了了国民党在政治上军事上失败的原因。

后来，祖父又阅读了《列宁文选》、斯大林的《列宁主义基础》《联共（布）党史》和普列汉诺夫的一些著作，对于马克思列宁主义的理论，有了一个初步的了解。

就这样，祖父读书的兴趣愈来愈浓厚，现在我们家中的许多图书，都是那时他学习时留下的。在这个认真学习的过程中，祖父逐步地建立起对中国共产党和毛泽东主席的敬重和信仰。

祖父潜心读书的时候，解放战争的形势也在迅猛发展，解放军相继取得淮海战役和平津战役的伟大胜利后，又打过长江，解放了南京、上海，全国的解放已经指日可待了。

对祖父思想影响特别大的是，按历史地位是他前辈的一些国民党高级将领和官员，如张治中、邵力子、程潜等都毅然脱离国民党政权，投向人

20世纪50年代初，郑洞国将军（前中）与陈赓将军（前右）、侯镜如（后左）、唐生明（后右）等黄埔军校同学在一起。

民怀抱；连祖父的黄埔军校一期同学、曾在四平街与解放军苦战的陈明仁等，也都勇敢起义了。祖父由此认识到，国民党政权确已穷途末路、众叛亲离了，这个阵营中凡有良知的人，都应当以鲜明的行动，作出正确的政治抉择。但是，受封建愚忠思想的束缚，祖父当时还无法彻底斩断与蒋介石和国民党政权的情感联系，思想上还是很矛盾、苦闷的。

这一时期，许多思想和政治立场转变较好的长春国民党投诚将领陆续分配了工作，最后几乎只剩下了祖父一个人，心中一时非常惆怅。

这里要提及一件小事：史说离开解放军官教导团履新时，在室外踱步等车子很久。祖父误认为他是因身上没有盘缠跚踬难行，特地取出心爱的莱卡照相机送他变卖，被史说谢绝了。

当时，祖父因新7军投诚这件事，对史说一直存有误解，彼此互不讲话。现在老长官对自己如此关切，倒让史说十分感动。几十年后，史说与我们说起此事，由衷感叹道："桂公真是一位厚道人啊！"

祖父在抚顺一直住到 1950 年 8 月，后因身体不适前往上海就医，沈阳军区政治部特地派了一位名叫刘更欣的同志一路陪送。

不久前，我们有幸读到刘更欣同志的两位女儿刘惠英、刘惠敏，发表在中共河北省委党史研究会主办的杂志《党史博采》2019 年第 10 期上的一篇题为《父亲伴郑洞国见周总理》的文章，对祖父的这段往事做了生动、详尽的介绍。

她们在文章中说，周恩来总理对祖父赴沪就医行程十分重视，指示解放军总政治部做出周到安排，还以军委名义邀请祖父途径北京时参观数日。

这时中华人民共和国已经成立近一年了，神州大地气象一新。祖父一到北京，肖劲光和肖华将军就到车站迎接，并到东安市场附近的一家湖南餐馆就餐，随后下榻北京饭店。在途经北京小住时，祖父特意看望了自己几十年的老友、后来成为我们外公的焦实斋先生。早在 1933 年长城抗战前后，外公就与祖父等人相识。抗战爆发后，他一度随祖父所在的国民党第 52 军转战各地。中国远征军、中国驻印军入缅抗日作战期间，又先后担任杜聿明将军和祖父驻印度加尔各答的办事处主任。东北内战初，在杜聿明的坚邀下，外公还一度担任国民党东北保安司令长官部的总顾问，后因不满国民党政权的腐败统治，弃官回到北平教育界任教。北平和平解放前夕，他应邀出任国民党华北"剿总"副秘书长，积极协助傅作义将军与解放军和谈，为北平和平解放做出过贡献。

现在老友相见，彼此都很愉快，外婆还亲自下厨做了一桌丰盛的酒菜款待祖父。尽管祖父当时胃病严重，食欲很差，但席间外公谈到新中国成立以来的种种令人振奋的新气象，以及对新中国建设辉煌前景的展望，都深深感染、打动了祖父的心。从老友身上，他似乎看到了自己的榜样。

过了两天，肖劲光和肖华两位将军又请祖父去北京著名的全聚德餐厅吃烤鸭。这两次见面，全然不像上次在长春见面时的气氛了，大家有说有笑，谈古说今。肖劲光和肖华将军特别转达了周总理对祖父此行的关切和问候。并指示肖华将军的秘书李贵与刘更欣全程对接，安排好祖父的各项行程。祖父特别为过去见面时的生硬态度道了歉，两位肖将军大度地表示能理解当时他的心境。话题转到新中国的建设，两位肖将军希望祖父参加解放台湾的工作。那时祖父的思想虽已有了很大转变，但仍未完全摆脱旧的封建思想的束缚，闻言犹豫了半天，才袒露心扉。他表示通过学习，已经认识到国民党政权的反动本质，拥护共产党解放台湾的决策。但碍于海峡彼岸多是自己过去的故旧、袍泽，彼此有着多年的情谊，个人碍难与他们兵戎相见。两位肖将军则说，他们希望祖父出来为人民做一些事情，至于做什么、怎么做，完全尊重他个人的意愿，绝无勉强之意。这种宽宏开阔的胸襟和态度，着实让祖父感动和钦敬。

多年后，祖父与两位肖将军一直保持着朋友般的友谊。肖劲光将军晚年在回忆录中谈及祖父时，称他是一位"正统的军人"。1989年冬，肖劲光将军在北京病重，特地托友人捎话，希望与祖父见上一面。祖父闻讯，在母亲陪同下，立即赶往解放军总医院，两位曾经在战场上相互厮杀的老将军，双手紧紧地握在一起。不久，肖劲光将军就病逝了，这次见面，成了彼此间的永诀。

2018年6月，中共长春市委、市政府、市政协在北京举行纪念长春解放七十周年座谈会，肖劲光将军的女儿肖凯夫妇与许多当年参加解放长春的原东北解放军将领们的后代出席了会议，本书作者之一郑建邦也应邀出席并讲话。郑建邦在讲话中向当年参加解放长春的革命前辈们表示了崇高的敬意，还特别代表去世多年的祖父郑洞国将军，向当年在长春之战中饱经苦难的长春人民致上深深的歉疚之情！此言一出，全场动容，会场上一片哭泣之声。年近八十岁的肖凯女士走上台来，激动地与郑建邦紧紧拥抱在一起。与会同志们表示，那一页历史已经翻过去了，我们要在中国共产党的领导下，坚定不移地走中国特色社会主义道路，建设好祖国，让我们的人民永远过上幸福、安康的好日子！

在北京逗留期间，祖父还受到周恩来总理的接见和宴请。开始祖父很意外，怎么也想不到时隔多年，政务繁忙的周总理还记挂着他这个不成器的学生。

话说到这里，我们必须特别补述一件事情：1948年10月18日，祖父在长春已经山穷水尽，到了最后关头。为了将他从黑暗中挽救出来，时任中共中央军委副主席的周恩来亲自写信，分析形势，晓以大义，劝祖父顾念当年黄埔之革命初衷，毅然举行反蒋起义，回到人民的行列中。信件原文是：

洞国兄鉴：

欣闻曾泽生军长已率部起义，兄亦在考虑中。目前，全国胜负之局已定。远者不论，近一个月，济南、锦州相继解放，二十万大军全部覆没。王耀武、范汉杰先后被俘，吴化文、曾泽生相继起义，即足证明人民解放军必将取得全国胜利已无疑义。兄今孤处危城，人心士气久已背离，蒋介石纵数令兄部突围，何能逃脱。曾军长此次举义，已为兄开一为人民立功自赎之门。届此祸福荣辱决于俄顷之际，兄宜回念当年黄埔之革命初衷，毅然重举反帝反封建大旗，率领长春全部守军，宣布反帝反蒋、反对国民党反动统治，赞成土地改革，加入人民解放军行列，则我敢保证中国人民及其解放军必将依照中国共产党的宽大政策，不咎既往，欢迎兄部起义，并照曾军长及其所部同等待遇。时机紧迫，顾念旧谊，特电促速下决心。望与我前线肖劲光、肖华两将军进行接洽，不使吴化文、曾泽生两将军专美于前也。

周恩来

十月十八日

据说这封充满黄埔师生情谊的信件是用电报转达到前线的。次日上午，解放军进驻长春时，交给了新7军副军长史说，请他交给祖父。可惜当时祖父的兵团司令部附近枪声四起，秩序混乱，史说派去的人未能把信送到。祖父到哈尔滨解放区后，才知道这件事，对周总理的这番亲切关爱，始终怀着无比感激之情。

那天，祖父准时来到周总理家中，他在黄埔军校时的另一位老师、时任中国人民解放军总参谋长的聂荣臻元帅先已在座。一见祖父走进客厅，周总理连忙起身，快步迎了过来，一双炯炯有神的目光注视着祖父，紧握着他的手说道："洞国，欢迎你，我们很久没有见面了，难得有这个机会呀——"

一瞬间，百感交集的祖父连视线都有些模糊了，两行热泪几乎夺眶而出。眼前和蔼可亲的周总理，还是当年东征途中的周主任啊！祖父嘴唇嚅动了半天，才哽咽地说："周总理，几十年来，我忘记了老师的教诲，长春解放前夕，您还亲自写信给我，我感谢您和共产党的宽大政策——"

周总理摆了摆手，打断了他的话，微笑着说："过去的事不提了，你不是过来了吗？今后我们都要为人民做点事嘛！"

落座之后，周总理问祖父在北京是否有熟人。祖父想了想说，有位黄埔军校一期的同学李奇中，彼此交谊深厚，据说现在北京。周总理听了略一思忖说，这个人我知道，他现在是政务院参事嘛。随即吩咐工作人员快去请来。过了片刻，李奇中匆匆赶到，师生四人相见，分外亲热。

吃饭的时候，周总理详尽地问其祖父的身体和家庭情况，关切的神情犹如家人一般，使祖父如沐春风，心底泛起阵阵暖流。聊着聊着，周总理又和蔼地问起祖父今后的打算。祖父想了想，有些颓丧地表示，自己别无所长，人也老了，打算回家乡种地去。

"好啊，你在老师面前也敢称老？"李奇中在旁插话道，一桌人闻言都大笑起来。

"洞国，你还不到五十岁嘛，还有很多时间可以为人民作贡献啊。现在国家建设刚刚开始，有许多事情等着我们去做呀。"周总理亲切地说。

周总理诚恳的态度让祖父非常感动，就表示准备先回上海治治病，料理一下家务，再听候安排。

"你先回家休息一下也好嘛，身体养好后随时可以来。"周总理说。

席间，周总理还询问起当年中国驻印军在缅北与盟军联合作战时的情形。

当时，朝鲜战争正在激烈进行着，美军已将战火烧到鸭绿江边。祖父比较详细地介绍了美军的作战特点，指出美国人打仗主要依靠武器，打不了硬仗，为此还特别举了几个实际战例加以说明。周总理和聂帅听得很认真，不时插话询问。

祖父讲到美军非常依赖空中补给，过去中美军队共同执行作战任务时，美国兵行军走累了，就先丢弃武器弹药，然后再丢弃衣服，待到达目的地时，浑身只剩下一条短裤了，活像一只只大毛猴，以致空运的装备只好先全部补充给美军，搞得一些中国军官大发牢骚，不愿与美军一起行动。周总理听得有趣，几次仰首大笑。据说在后来的一些会议上，周总理多次引用祖父讲的这几件事，激励大家要从战略上藐视敌人，坚定抗美援朝、保家卫国的决心。

过了两天，祖父的同乡前辈、时任中央人民政府秘书长的林伯渠同志又在中南海会见了祖父。林伯渠同志是湖南临澧县人，大革命时期就是名重一时的著名政治家，后来作为杰出的共产党人长期奋战在中国革命的第一线，曾被誉为"延安五老"之一。那天林老谈兴很浓，从追随孙中山先生参加同盟会一直谈到 1949 年新中国的成立，让祖父深受教育和启发。

1950 年 8 月中旬，祖父回到上海，仍旧住在武康路原来的寓所里。上海解放后，人民政府没有将这栋房子收回，让祖父的家眷一直住在这里。

这次到上海，祖父主要是想医治胃病。此病源自他长期艰苦的军旅生涯，本来并无大碍。但困守长春的半年多，精神苦闷，心力交瘁，就使病情严重了，平时不仅没有一点食欲，还经常剧烈疼痛，搅扰得祖父苦恼不已。在有关部门的安排下，他住进上海公济医院，接受公费医疗。经过医生一个多月的精心治疗，祖父又回到家中静养，以后竟慢慢痊愈了。祖父直到晚年，我们再未听说过有胃部不适的情形。

祖父在上海一直休养到 1952 年 6 月。这期间，他一面养病，一面关注着国家的建设与发展。

上海本来是祖父很熟悉的地方，抗战胜利后，他在这里住了半年多。解放前，这座号称"东方巴黎"的城市，可是个名副其实的花花世界、冒险家的乐园。谁知解放刚刚一年多，上海居然大变了样：昔日常见的那些恶霸、流氓、娼妓等等，几乎涤荡殆尽；物价飞涨、商人囤积居奇，导致人们投机、抢购商品、普通百姓痛苦煎熬的社会现象也不见了，整个城市在人民政府的管理下井然有序、生机勃勃，人民安居乐业。

当时境内外一些对新中国缺乏认识的人士，鼓噪什么共产党人可以马上得天下，但未必能马上治天下。祖父对此虽不相信，不过还是认为上海这个地方境况复杂，短期内恐怕很难治理好。现在在事实面前，祖父真是叹服了！以后住得久一些，他目睹经过社会改革和经济建设的迅速发展，这个被帝国主义列强盘踞百年之久，被官僚买办用来奴役人民的作恶渊薮，彻底获得了新生，不仅彻底扫除了旧社会的习气，还使人民生活水平大为提高，并成为我国新型的经济、文化大都市，这让祖父愈加清醒地认识到，自己通过学习作出的政治抉择是正确的，中国只有在共产党的领导下，走社会主义道路，才能实现孙中山先生当年的遗愿，完成中华民族的伟大复兴！

1951 年冬，祖父写信给李奇中，谈到对新中国各项建设成就的认识和振奋心情，准备春节期间再到北京看看。李奇中将此事告诉了周总理。周总理很快给祖父发来电报，邀他去京。

春节前夕，祖父到了北京，日理万机的周总理在政务院再次会见并宴请了他。一见面，周总理还是嘘寒问暖，对祖父关怀备至。祖父也坦诚地向周总理汇报了对中国共产党的新认识，郑重表示愿意参加新中国的建设事业。

听了祖父的汇报，周总理高兴地说："你的思想又有了新的进步，这是值得庆贺的，我代表大家欢迎你。你的年纪还轻些，完全可以多为人民服务嘛。"

"感谢周总理的关怀，我把上海家中的事情安置好，很快来京工作，听候总理安排。"祖父恳切地表示。

周总理爽朗地笑了起来，说："好，好，你可以边学习，边工作嘛。"

1952年5月下旬，祖父给周总理拍发电报，表示一切准备妥当，随时听候周总理安排。周总理很快复电，要他尽快去京。

不久，在周总理的亲切关怀下，刚刚由上海迁居北京的祖父被任命为水利部参事。看到新中国成立仅几年，水利建设工程规模之大、收效之宏，已让世人瞩目，祖父格外振奋，决心竭尽自己的全力，为新中国的建设事业添砖加瓦。

1954年9月，在第一次全国人民代表大会第一次会议上，经毛泽东主席亲自提议，祖父又被任命为中华人民共和国国防委员会委员。

过了不久，祖父收到一张套红的烫金请帖。打开一看，原来是毛主席要在家中宴请他！祖父的心情真是既激动又不安，毛主席是党和国家最高领导人，日理万机，还想到他，甚至要设宴款待，这该是多么荣幸的事情呀！但想到自己过去曾一度与共产党为敌，参加工作以来还没有给国家做出什么贡献，却身受种种优厚的待遇，现在又蒙毛主席亲自接见，心里甚觉愧疚。见了毛主席，该说些什么呢？

那天，祖父赶到中南海毛主席家中，贺龙元帅和叶剑英元帅，还有原冯玉祥将军的旧部鹿钟麟将军等早已在座。祖父刚到，毛主席就迎了上来，热情地握手、寒暄、让座。

坐定之后，毛主席操着浓重的湖南乡音，诙谐地笑道："郑洞国，郑洞国，你的名字好响亮呦！"顿时引起大家一阵大笑，祖父原本有些紧张的心情，在笑声中顿时轻松了许多。

接着，毛主席又问祖父吸不吸烟。祖父应声说"吸"，顺手在茶几上取了一支烟。没想到，毛主席十分敏捷地擦着一根火柴，站起身替他点燃了香烟。

毛主席这个不经意间的动作，却在祖父心中掀起巨大的波澜。他没有想到，这位深受亿万中国人民敬仰和拥戴的共和国领袖，竟是如此亲

1954 年 9 月，毛泽东主席（前排右七）在北京中南海，与中华人民共和国第一届国防委员会委员合影。后排左起第一人为郑洞国将军。

切随和、平易近人，没有一点旧社会达官显贵那种虚伪矫饰、盛气凌人的样子。

"看来，共产党与国民党就是不同啊！"祖父在心底对自己说。

言谈间，毛主席亲切地询问其祖父全家的生活情况，并鼓励他说："你的家庭生活安排好了，还得多为人民做点工作嘛！你今年才 51 岁，还很年轻呦！"祖父很惊讶，原来毛主席这样了解他，连自己的年龄都知道。他真诚地表示今后要好好为人民服务。

大家愈谈愈投机。祖父那些年已经读了不少毛主席的著作，对毛主席的思想和学问极为敬仰，也在探讨着如何更深入地掌握好马克思主义世界观。因此谈着谈着，他突然问了个不甚"得体"的问题："毛主席，您的马列主义为什么学得这样好呢？"

毛主席闻言，略怔了怔，似乎没有料到祖父会提出这样的问题。祖父自觉问题问得唐突，也颇有些不好意思。

毛主席却不在意，爽朗地笑道："我当年接受马列主义以后，总以为自己已经是个革命者了。哪知道一去煤矿，和工人打交道，工人不买账。因为我还是那么一副'学生脸''先生样'，也不知道怎么做工人的工作。那时我整天在铁道上转来转去，心想这样下去怎么行呢？想了很长时间，才有些明白，自己的思想立场还没有真正转变过来嘛！——"

毛主席又加重语气说，自己也不是生而知之的圣人，而是在向社会学习、向群众学习的过程中逐步走上革命道路的。他还说，一个人的思想总是发展的，立场是可以转变的。只要立场转变了，自觉地放下架子，拜人民为师，这就灵了，学习马列主义也就容易学好——

祖父心里明白，毛主席是在以自己的切身体会开导他，鼓励他进一步转变立场，走上为人民服务的道路呀。

毛主席在宴席上讲的这些话，影响了祖父整整后半生。从那以后，他一直牢记着这些谆谆教诲，努力改造世界观，全身心地投身于社会主义革命和建设事业。

这帧在海内外广为流传的照片，拍摄于 1959 年 10 月 19 日。那天，周恩来总理在北京颐和园亲切会见各位黄埔校友。今天，我们仍不难从照片中看到，绽放在每位黄埔师生脸上的发自心底的欢笑，洋溢着浓浓的黄埔深情！前排左起：李奇中、周恩来、陈赓、邵力子、张治中、郑洞国。中排左起：黄雍、唐生明、覃异之、侯镜如、杜聿明、周振强。后排左起：王耀武、杨伯涛、郑庭笈、周嘉彬、宋希濂。

上面这张照片中的黄埔学生，多是国民党军队中声名赫赫的战将，却在解放战争中先后被俘。1957 年，祖父曾随张治中、卫立煌、邵力子等，前往北京德胜门外功德林的国民党战犯管理所，看望这些旧友、袍泽。昔日沙场生死别，今日北京重相逢，彼此都有恍如隔世之感。

特别是祖父与杜聿明东北一别，转眼十载。祖父简直不敢相信，眼前的杜聿明神清气爽、健康焕发，再不是当年躬腰跛腿、满面病容的样子了。他真是由衷地感叹共产党政策的伟大。在党和政府的关怀、教育下，杜聿明等人于 1959 年蒙特赦，成为新中国的公民，从此忘我地投身于社会主义革命和建设的事业中。

长期的军旅生涯，养就了祖父朴素平实的生活习惯。他一生不置私

　　1959 年 10 月 19 日，周恩来总理与他的黄埔学生们在北京颐和园合影。左起：郑庭笈、宋希濂、周恩来、周振强、杨伯涛、杜聿明、王耀武。

　　1959 年 10 月 19 日，周恩来总理（右）与郑洞国（中）、周振强（左）等在北京颐和园。

　　1960年10月19日，周恩来总理在北京颐和园介寿堂会见黄埔校友及其亲属。前排左起：郑洞国夫人、张治中女儿、邓颖超、张治中夫人、邵力子夫人、唐生明夫人、张晓梅（徐冰夫人）、侯镜如夫人。二排左起：周恩来、陈赓、郑洞国、张治中、邵力子、傅涯（陈赓夫人）。三排左起：屈武、黄雍、唐生明、覃异之、侯镜如、杜聿明、周振强、童小鹏。后排左起：李奇中、平杰三、王耀武、杨伯涛、郑庭笈、周嘉彬、宋希濂、高登榜。

　　1961年6月，部分黄埔校友与亲属游览北京潭柘寺。右起：杨伯涛、覃异之、杜聿明、郑洞国。（此照片由台湾秦风先生提供）

周恩来（第二排左五）、邓颖超（第二排左四）夫妇与黄埔师生及家属同游颐和园。前排右起第三人为郑洞国。

郑洞国夫妇（第二排左二、左一）与杜聿明（第二排左三）、黄翔夫妇（第二排右一、右二）及家人合影。当年大战昆仑关的第 5 军军长、副军长、参谋长，都定居北京，过着幸福、安定的生活。

20世纪50年代初，郑洞国先生与原国民党起义将领侯镜如（左）、覃异之（中）在北京寓所亲切交谈。

20世纪50年代初，郑洞国先生与黄埔军校同学、老友侯镜如（左）、黄翔（右）在北海公园合影。

20 世纪 50 年代中期，郑洞国先生（前左）与覃异之（前中）、唐生明（前右）等民主人士，前往北京模式口参加农业生产劳动。

郑洞国先生（前左起第二人）在北京模式口参加田间劳动。前右起第一人为覃异之，第三人为周嘉彬（黄埔军校毕业生、原国民党起义将领、张治中将军长婿）。

1956 年 10 月，中央社会主义学院第一期学员郑洞国先生在学习。

1956 年 10 月，中央社会主义学院第一期学员郑洞国先生在学习休息时，以打弹子自娱。

郑洞国先生（右二）在北京模式口参加劳动时小憩。在这几张照片中，人们可以从郑洞国先生等人脸庞上洋溢的笑容，感受到他们在新中国的幸福生活。

　　1957 年 3 月，在第二届全国政协三次会议期间，部分黄埔校友在北京欢聚一堂。左起：覃异之、陈铁、郑洞国、傅正模、肖作霖、彭杰如。（此照片由台湾秦风先生提供）

　　1965 年 7 月 20 日，原国民党政府代"总统"李宗仁（前左三）及夫人（前左五），
辗转从美国回到祖国首都北京，在机场受到周恩来（前左四）、彭真（前左一）、贺龙
（前左二）、郭沫若（第二排右一）等党和国家领导人的热烈欢迎。第二排右三戴墨镜
者，为祖父郑洞国。

　　1965 年 7 月 20 日，周恩来总理在北京人民大会堂举行盛大宴会，欢迎李宗仁夫
妇回国。第二排右起第十五人为郑洞国先生。

产，不追求奢华，最大的爱好就是读书，从青少年起直到晚年，始终手不释卷，以诗书相伴。我们家中现有的藏书中，很大一部分都是祖父遗留下来的。

祖父还有一个爱好，就是鉴赏、收藏中国书画。他从何时开始成为此道中人，已不得而知。但其一生最重要的收藏时期，无疑是在东北内战期间。

抗战胜利后，被伪满"皇帝"溥仪携带出宫的大量散佚书画，沦落于长春等地，成为国内外古玩商人争相追逐之物。酷爱中国书画收藏的祖父，痛感国宝流失，就于军书旁午之暇，设法收购了一部分。1948 年 3 月，他奉命去长春前，预感前途难测，曾委托友人、某报纸著名记者李某某将其中一部分送回上海家中，孰料此人不良，竟将其私藏，后乘战乱又拐带出境变卖，至今下落不明。长春和平解放后，剩余的书画除个别由祖父随身携带离开长春外，其余大部分混杂在军事地图和军事资料中，一直无人问津。

20 世纪 50 年代后期，始终牵挂这批文物下落的祖父，以全国政协委员的身份，向国家文物部门正式反映了此事，并表示愿意将其全部捐献给国家。

这件事引起了时任国家文化部文物局局长的郑振铎同志的高度重视，他亲自与沈阳军区联系，终于在沈阳军区副政委周桓的主持下，使这些稀世珍宝陆续地重见天日。

这批书画包括：《王羲之一门书翰》（又称《万岁通天帖》——作者注）、元代大画家王蒙的《太白山图》，以及五代杨凝式的《夏热帖》、辽代胡瓌的《卓歇图》、明代沈周的《仿王蒙山水》等，现均藏于辽宁省博物馆。

我国著名书画鉴定家、辽宁博物馆名誉馆长杨仁恺先生，就是当年根据祖父提供的线索，具体担任寻找和鉴定上述散佚书画的负责人，后来他在《国宝沉浮录》一书中，对此做了详尽的记载。2004 年 10 月底，本书作者之一郑建邦率团赴台参访归来途经香港，在一次宴会上与因公来港的杨老邂逅。谈起这段往事，当时已年届九旬的杨老，连连称赞祖父当年保

元·赵孟頫绘《浴马图》卷。这张绘有十三匹骏马和九名奚官的绢本重彩画，是赵孟頫的中年力作。图中人物、马匹栩栩如生，满卷唐风宋韵，意境幽远隽美，现为国家一级文物。

护和捐献这些国宝的义举。

1964年前后，祖父又将一直珍藏在身边的两件稀世国宝，即元代大书画家赵孟頫的《浴马图》长卷，以及赵孟頫与其子赵雍的《上中峰札》合卷，全部捐献给北京故宫博物院。2019年6月，故宫博物院专门邀请本书作者之一郑建邦观赏了这两件稀世艺术珍品。看到祖父的旧藏在故宫博物院里得到精心呵护，并能经常向公众展出，我们感到十分欣慰，深为祖父当年的义举而骄傲！故宫博物院的同志们很客气，还专门将这两件艺术珍品的精美复制品送给我们留作纪念。

祖父对向国家捐献文物这些事情看得很开通。他始终认为，这些珍贵的国宝，是我们中华民族数千年灿烂文化的结晶，它们源自于社会和人民，最终也属于社会和人民。他和他的子孙，不便私自拥有。

20世纪50年代中后期，在周恩来总理的提议下，全国政协专门成立了文史工作委员会，聘请了许多包括末代皇帝溥仪和原国民党起义投诚将领在内的文史专员，并鼓励各界相关人士，以其亲历、亲见、亲闻撰写了大批文史资料。全国政协文史工作委员会将其中有重要史学价值的资料陆续编辑出版，这些史料的时间跨度从清末到中华人民共和国成立前后，内

容则涵盖了清末至整个民国时期的政治、经济、军事、文化等诸方面的情况，是今天我们了解和研究那一段历史的极其珍贵的历史资料。现在回顾起来，我们不能不由衷地敬佩周总理作为一位伟大的无产阶级革命家的宽阔胸襟和远见卓识，如果不是周总理在日理万机的国务活动中特别提议并关注这项工作，许多历史真相便会淹没在时光的尘埃中去了。

祖父也有幸亲身参与了这项工作，他或独自撰写，或与杜聿明、覃异之等共同撰写了一批重要回忆文章，如《长城古北口战役始末》《徐州会战始末》《中国驻印军始末》《困守长春八个月》等等，都是非常珍贵的史料。有意思的是，祖父自己也是这项工作的受益者。20世纪80年代，我们帮助晚年的祖父撰写回忆录，此时老人家的记忆力已经大不如前了，限于当时的资讯条件，许多史料都是参考或佐证《文史资料》中的相关内容整理的。

1968年2月1日（农历正月初三），郑洞国先生（后右）和夫人顾贤娟女士（前右）看望老友、亲家焦实斋先生（后左）和夫人金一清女士（前左）。当时"文革"极左路线搞得人人自危，老朋友间已很少走动，但由于是亲家的缘故，郑洞国先生与焦实斋先生还保持着正常的往来。

　　在中国这样一个有着几千年封建主义传统的贫穷落后国家，探索社会主义革命和现代化的道路，注定不会是一帆风顺的。继1957年"反右"扩大化后，1966年"文革"浩劫开始肆虐神州大地。

　　实事求是地讲，对这场铺天盖地而来的政治运动，祖父尽管有不少不能理解和接受之处，但出于对共产党和毛主席的忠诚和信仰，他还是认为这是实现社会主义伟大理想的必要途径，为此认真学习，努力改造思想，极力不使自己在政治上掉队。直至1971年林彪外逃事件发生，祖父才开始意识到，国家前进的方向可能出了问题。"文革"后期，有人叫嚷"批林批孔批周公"，将矛头指向周总理，祖父十分反感。对"四人帮"鼓吹的"宁要社会主义的草，不要资本主义的苗"之类的荒诞逻辑，他也颇不以为然。1976年初，敬爱的周恩来总理病逝，一向喜怒不形于色的祖父数度失声痛哭，他既为自己失去一生最为敬仰的恩师而万分悲痛，也为祖国和人民未来的命运而担忧！

20 世纪 70 年代初，郑洞国先生，摄于北京花园村寓所。

“**文革**”期间，祖父由于受到周总理的保护，除了一度被红卫兵小将们抄家外，本人没有受到直接的冲击，但也还是处于朝不保夕的逆境之中。难能可贵的是，尽管身处逆境，祖父却始终保持着自己一贯的做人准则，既不攀附权贵求闻达，更不构陷他人图自保。

贺龙元帅是湖南桑植人，与祖父的家乡石门相邻。土地革命时期，贺老总曾带领红军在湘西北石门、桑植一带坚持武装斗争。石门夹山寺的墙壁上，至今还保留着当年红二方面军书写的革命标语。中华人民共和国成立后，或因彼此同为军人，又是小同乡的缘故，性情爽朗的贺老总在一些公开活动场合经常主动与祖父攀谈，祖父也非常敬仰这位“两把菜刀闹革命”的中国“夏伯阳”式的传奇英雄，两人相处十分投缘，贺老总曾主动留下联络方式，邀请祖父去他家中做客。但祖父考虑贺老总身为国家元勋，事情也忙，始终未曾去打扰他。“文革”中，贺老总落难了。于是有人出来，要祖父揭发贺老总的“罪行”。祖父如何肯做这等事？便以与贺老总没有私下交往，不了解情况为由而拒绝了。

不久，海军中的造反派又找上门来，让祖父证明海军司令部副参谋长张学思是叛徒、内奸。说起来，给张学思定的罪名真似天方夜谭：据讲在东北内战期间，身为东北军调组中共一方负责人的张学思，准备投降国民党，还让其兄张学良派人前来受降。

祖父听了颇为诧异，当年他是东北国民党政权的重要军事负责人，还两度代理过全面的军事责任，似这类军机大事，自己为何丝毫不知情？来人提醒，也许是人老了，日久健忘，况且此事张学思本人也招认了，让祖父无论如何也要多回忆一下。可是这种没影儿的事情，怎么能凭空"回忆"得起来？对方来了多次，祖父被纠缠得万般无奈，只好表示实在无法再回忆了，自己也不能平白无故地冤枉好人。

"什么？你不冤枉好人，难道是我们冤枉好人了？！"那伙人一反往日的客气态度，大声咆哮起来，顿时凶相毕露。

"你们冤枉没有冤枉好人我不知道，反正我不能冤枉好人。对不起，我累了，要去休息一下！"向来自尊自重的祖父冷冷地回答，然后起身离去，将那伙人尴尬地留在客厅里。

祖父很清楚，这样做的结果可能会是什么，但他有自己做人的标准和底线，决不会因个人安危而放弃。

不能冤枉好人这句话，也让祖父的老部下田申感触良深。他的父亲田汉，也就是中华人民共和国国歌的词作者，在"文革"中因遭迫害而惨死。前文说过，田申曾作为中国人民解放军战车团团长，在开国大典上指挥战车群雄壮地驶过天安门广场，接受毛主席等党和国家领导人的检阅。但在"文革"中，由于是田汉的儿子，他也注定在劫难逃，身陷囹圄，受尽折磨。

一次审讯中，在专案组人员出示的外调材料中，他意外地发现了曾十分熟悉的祖父笔迹："陈惟楚（田申曾用名——作者注）曾在我部下参加了反攻缅甸的抗日战争。"两行热泪顿时在这条铮铮硬汉的脸膛上滚滚而下。要知道，在那个特定的年代里，为田汉的儿子实事求是地作出这样的证明，可是需要一定勇气的！

20 世纪 80 年代中期，担任黄埔军校同学会副秘书长的田申同志（左）与时任黄埔军校同学会副会长的郑洞国先生正在商议工作。

后来田老多次深情地回忆说：桂公是一代名将，部下袍泽僚属众多，我仅在他帐下供职数年，又非亲非故，想不到在经历数十年政治风云变幻之后，身处逆境的他，还记得陈惟楚其人，并顶住压力如实地证实了陈惟楚其事。在那个人妖颠倒、是非混淆的时期，这该是多么高尚的品德！

"疾风知劲草"。十年"文革"，是对每一个人灵魂的拷问。以上几个事例，不过是祖父在"文革"期间经历的点滴。但一叶知秋，以祖父这样的风骨与良知，应不愧为仁者矣！

1973 年夏，郑洞国先生（右前）在福建厦门鼓浪屿观察金门岛。

1973 年夏，郑洞国先生（左）在福建厦门鼓浪屿。

1973 年夏，郑洞国先生（后排右二）与杜聿明（后排右一）、侯镜如（前排左一）、宋希濂（后排站立者）、程思远（前排右一）等摄于广州白云山。

"**文革**"初期的混乱局面稍定，全国政协于 1973 年夏组织在京的部分全国政协委员到京外视察。行前，周恩来总理百忙中拨冗来看望大家，并亲切地讲了话。

自"文革"以来，祖父已经几年没有近距离地见到周总理了，欣喜之余，望着周总理因过度操劳而日见消瘦、苍老的脸庞，心头不由泛起一阵酸楚，他多希望这位人民的好总理，能够为国珍重啊。

1973年，郑洞国先生（右二）与杜聿明（右一）、宋希濂（左二）、侯镜如（左一）摄于湖南长沙爱晚亭。

　　1974 年 10 月 18 日，郑洞国先生（左二）等与旅居日本回国观光的原国民党高级将领商震先生（左三）会见。左一为侯镜如先生，右二为杜聿明先生。（此照片由台湾秦风先生提供）

　　1975 年，根据毛泽东主席的指示，政府有关部门宣布特赦关押的最后一批国民党军政人员。这是 3 月 29 日杜聿明、郑洞国会见特赦人员时，郑洞国先生与在淮海战役中被俘的文强先生合影。

1972 年 2 月 21 日，郑洞国先生出席了周恩来总理在北京人民大会堂举行的欢迎美国总统尼克松访华的盛大宴会。图为郑洞国先生（右）与尼克松总统（左）在宴会上。

进入 20 世纪 70 年代以后，毛泽东主席和周恩来总理等老一辈无产阶级革命家，以非凡的胆略和气魄，开启了对美外交的大门。此举深刻地影响和推动了当代国际格局的重大演变，也使我国的国际生存和发展空间变得更加有利。

1972 年，美国尼克松总统访华，引起举世轰动。祖父在北京人民大会堂，参加了周恩来总理为欢迎尼克松总统访华而举行的盛大宴会，见证了这一历史性的时刻。

1976 年，是我们共和国历史上最为沉重，也最为关键的一年。周恩来

1977年，郑洞国先生（左二）与杜聿明（右二）、宋希濂（右一）、侯镜如（左一），在全国政协的组织下前往湖南、广东视察时，摄于广州黄埔军校孙中山先生故居前。祖父生前格外珍视这张照片，因为这是他们四位黄埔一期的老友最后一次结伴出行。三年后的1981年，杜聿明将军就在北京病逝了。

总理、朱德委员长、毛泽东主席先后辞世，泰山其颓，举国悲恸。"四人帮"一伙，却趁机兴风作浪，加快了篡党夺权的步伐。祖父与全国人民一样，深深地为祖国的未来忧虑着。

1976年10月，党中央一举粉碎了"四人帮"反革命集团，全国上下一片欢腾。随着中国改革开放的总设计师邓小平同志再度复出，党中央确定了改革开放的基本国策，神州大地展现在建设有中国特色社会主义的宏伟蓝图中。

人到晚年，躬逢盛世，祖父的心情格外振奋，人也仿佛一下子年轻了许多。他们这代人，几经探索，饱经忧患，总算看到了实现中华民族伟大复兴的希望！

上图中的这四位毕业于黄埔一期的原国民党高级将领，都曾是抗日战场上叱咤风云的人物，今日一起回到军校，重温当年孙中山先生的谆谆教诲，目睹祖国的社会主义革命和建设事业又走上正轨，心情格外高兴和激动。

1977年，祖父郑洞国先生（右三）与杜聿明（左一）、宋希濂（右一）、侯镜如（左二）等，在黄埔军校大门前合影。

1981年3月18日，郑洞国先生前往北京协和医院，看望因病住院治疗的杜聿明先生（右）。

1980年，民革中央领导人与由美国回国观光的已故民革中央副主席龙云先生之子龙绳德先生一家亲切会见。前排右起：郑洞国、程思远（著名无党派爱国人士）、朱学范、傅学文（邵力子先生夫人）、钱昌照；后排右起：乔奇（龙云先生外甥）、龙绳德、甘祠森、贾亦斌、龙绳德之女、全如珣（龙绳德先生夫人）。

1981年5月6日，杜聿明先生病逝北京。

年近八旬的祖父，从杜夫人曹秀清女士电话中得知噩耗，顿时泣不成声。杜与祖父，同为黄埔军校一期同学，自1933年长城抗战订交始，彼此交谊近五十载，其间几度合作共事，渐成刎颈之交。杜病重后，祖父已知其将不治，但杜的离去一旦成为严酷现实，仍让他大恸不已。杜夫人曹秀清女士为此深受感动，每逢老友便云："桂庭不容易，桂庭不容易呀！"

先前，杜聿明在淮海战役中兵败被俘，杜夫人曹秀清扶老携幼地带着一家人去了台湾，以后又为生计辗转到了美国。1959年杜聿明蒙党和政府特赦后，杜夫人立即赶回祖国大陆与其团聚。杜去世后，杜夫人一时失去生活来源。祖父知道后，又马上向有关方面反映，曹秀清女士不久当选为全国政协委员。这种政治安排，体现了党和政府对杜一家的褒扬和关怀，但祖父对老友的一片拳拳之心，亦从中可见矣！

以后，祖父又在全国政协文史委的安排下，与侯镜如、覃异之、文强、郑庭笈、杨伯涛等人合著了《杜聿明将军》一书，也算是对这位一生挚友的追忆吧！

20世纪50年代中期，祖父在老前辈张治中、邵力子先生的介绍下，加入了民革。1979年10月，在民革五届一中全会上，祖父当选为民革中央副主席。当时，国家正处于拨乱反正、百废待兴之时，祖父以近八旬之年，积极建言献策、参政议政，忘我地投入到民主党派的工作中。

1981年1月14日，在北京的部分黄埔军校校友就叶剑英元帅1979年发表的《告台湾同胞书》举行座谈会。祖父在座谈会上发表了热情洋溢的讲话。

1981年1月14日，在北京的部分黄埔军校校友就叶剑英元帅1979年发表的《告台湾同胞书》举行座谈会。正面沙发左起第三人正在发言者为郑洞国先生。（此照片由台湾秦风先生提供）

1981 年 6 月 3 日，郑洞国先生（左一）在宋庆龄同志追悼大会上。

1981 年 5 月 29 日，孙中山先生的夫人、国家名誉主席宋庆龄同志不幸逝世，享年八十八岁。祖父作为宋庆龄同志治丧委员会委员，出席了 6 月 3 日在北京人民大会堂举行的宋庆龄同志追悼大会。

1981年10月14日，郑洞国先生（左一）在黄埔军校同学座谈会上发言。（此照片由台湾秦风先生提供）

20世纪80年代中期，郑洞国先生在中共中央统战部召开的座谈会上发言。

1987 年 11 月 20 日，郑洞国先生与陈再道将军（左），共同出席第六届全国运动会开幕式时摄于广州。

20 世纪 80 年代初，耗费祖父很大精力的一件事情，就是协助党和政府，为那些在极左时期受到不公对待的原国民党起义投诚官兵落实政策。那段时间，来信来函者、登门上访者不计其数，祖父倾其所能，不遗余力地帮助那些昔日的袍泽故旧。当时祖父的工资待遇是行政九级，每月 245 元人民币，在当时可谓高薪阶层了。可有相当一个时期，每月为协助原国民党起义投诚人员落实政策、出具证明等耗费的邮资，竟达他月工资的三分之一。还经常有些身无分文的上访老兵找上门来，祖父吩咐家人留饭留宿，走时再馈赠一些钱物。民革中央知道后，提出有些开支可以由公家负担。祖父却执意不肯，他希望尽量为国家减轻一些负担，也愿意用这种方式为过去的部属们尽尽心力。

祖父与陈再道将军何时稔熟，我们已无从得知。记得 20 世纪 70 年代末，每逢周末，我们孙辈们轮流陪同祖父去全国政协礼堂观看电影，几次见到一位身体健朗、行动敏捷的老者，远远望见祖父，便热情地打着招呼，快步走来，与祖父站在过道边，亲热地交谈着什么，直到开演的铃声响起，才各自匆匆返回座位。

1987 年冬，郑洞国先生与民革中央主席屈武（左）在民革"七大"上。

1987 年冬，郑洞国先生（左一）与屈武（右二）、朱学范（左二）、贾亦斌（右一）等民革领导人在民革"七大"开幕式上。

郑洞国先生（右一）与朱学范（中）、黄翔（左一）等民革老友在一起。

郑洞国先生（右一）与朱学范（左二）、钱昌照（左一）、孙越崎（右二）等民革领导人在一起。

20世纪80年代中期，国家副主席乌兰夫同志亲切会见郑洞国先生。

郑洞国先生（右）与侯镜如（左）、孙越崎（中）亲切交谈。

20 世纪 80 年代中期，郑洞国先生与全国政协主席邓颖超同志互致问候。

20 世纪 80 年代中期，郑洞国先生（右）看望黄埔军校一期同学李奇中。

1986 年，郑洞国先生（前左）与著名剧作家吴祖光（后右）、著名戏曲表演艺术家新凤霞（前右）夫妇及其女儿吴霜亲切交谈。

1986 年 3 月，郑洞国先生（右）与全国政协副主席、中国佛教协会会长赵朴初先生摄于深圳。

1986 年 3 月，郑洞国先生与全国政协副主席、著名科学家钱伟长同志（左）摄于广东深圳。

20世纪80年代后期，郑洞国先生（左）在北京木樨地寓所与老友、著名书法家萧劳先生愉快交谈。

一次电影散场后，我们终于忍不住问起，那位经常与祖父攀谈的老者是谁？祖父略显惊奇地说："哦，你们不认识他吗？他就是陈再道将军嘛！"

"啊！"我们惊讶得几乎叫了起来。要知道，陈再道其人，当时在神州大地几乎是家喻户晓。我们小时候，在学校的课本里，红军长征强渡大渡河的十七勇士中，就有这个响亮的名字。"文革"中一道社会传闻，更让陈再道声名显赫：当时湖北的造反派受人指使，欲将担任武汉军区司令员的陈再道将军置于死地。据说毛主席闻讯说了一句"中国没有杀陈再道的刀！"他立刻化险为夷。

我们至今成谜：祖父是知识分子出身的原国民党将领，陈再道将军则是解放军中由放牛娃成长起来的一员猛将，两人政治背景、社会经历、性格秉性大不相同，为何如此投缘呢？也许就是两位身经百战的军人之间的惺惺相惜罢！

据我们的朋友、王近山将军之子王少峰同志介绍，他的父亲在抗美援朝战争期间也曾与祖父多有往通，探讨如何在朝鲜战场上打败武器装备占尽绝对优势的美国军队。

前两年我们与王少峰同志几次聚谈，他都说起自己的父亲很尊敬郑洞国将军。起初我们以为是客套话，并不以为意。后来他说得多了，我们才探问究竟，结果了解到一件我们以前从未知悉的事情：抗美援朝战争五次战役后期，志愿军在北撤途中，王近山将军所属三兵团60军180师遭受严重损失。毛泽东主席电召王近山将军等人回国，亲自了解有关战况。在京期间，王近山将军特地找到祖父，几次就如何对付美军统帅李奇微的"磁性战术"[1]征求他的意见。祖父反复察看朝鲜地图，认真思考了几天，才向王近山将军提出，鉴于美军已经熟悉我军擅长迂回、穿插、分割、包

---

[1] 磁性战术：抗美援朝战争期间，美军将领李奇微接替麦克阿瑟将军出任"联合国军"总司令后对中朝军队采用的一种新战术，其核心是凭借美军装备优势和高度机动性，在面对中朝军队大规模进攻时，仅以少数兵力与我正面接触，节节抵抗后撤，而在后方集结强大机动兵团，待我军战线拉长，后勤补给不济时，从侧翼大规模抄袭我军后方，并寻机给我军主力部队造成较大伤亡。我志愿军在发起抗美援朝第五次战役后期，李奇微运用这种战术曾给我军造成一定损失。

围的打法，又拥有很强的机动和补给能力，我军不如利用朝鲜北部多山的地势，依托坚固工事与敌久持，再伺机破敌。祖父这个意见，与我志愿军各部后来凭借坑道抗击美军，积小胜为大胜，最后再举行大规模反击的打法不谋而合。这些当然是后话了。

还有一位曾任共和国粮食部副部长的解放军高级将领邓飞，二十世纪八十年代与祖父都住在木樨地24楼的同一单元。一次我们陪同祖父外出散步回家，在电梯间与邓老巧遇，邓飞主动自我介绍曾是四野6纵的政治部主任，所在部队在战场上与祖父指挥的国民党军队多次交手。

不打不相识，有了这份当年战场上的缘分，两位老军人便亲热地攀谈起来。

"郑老，我想请教你一个问题。你说林彪这个人会不会打仗？"邓飞直率地问道。

"林彪不会打仗谁会打仗？他非常能打仗！"作为林彪昔日战场上的对手，祖父无疑有着发言权，尽管这个话题当时在政治上有些禁忌，他还是直截了当地回答道。

"就是，就是。可现在有人居然说林彪不会打仗，不实事求是嘛！"邓飞忿忿地说道。

转瞬间电梯到了祖父居所，邓飞谈兴未尽，提出能否到祖父家中坐坐，祖父当然欢迎，两位老将军一聊就是两个多小时，从此成了要好朋友。

不久"两会"召开，祖父和邓飞将军都是全国政协委员，所在小组驻地也均在京西宾馆，与木樨地居所近在咫尺。会议间歇时，祖父约了同为政协委员的覃异之、文强、郑庭笈、史说、李以劻等原国民党起义投诚将领来家中喝茶，邓飞不知何故也来了。当年在战场上殊死厮杀的国共两党的老军人们欢聚一堂，笑声朗朗。

交谈间，曾在淮海战役期间任国民党华中"剿总"副参谋长的文强突然向邓飞发问："邓老，有一事我至今不明。当初在徐蚌战场（指淮海战场——作者注），解放军把我们围得很紧，攻打甚急，后来一度又围而不打，搞得我们和杜老总（指杜聿明——作者注）都摸不着头脑，不知何故啊？"

邓飞将军笑答说，那是毛主席和中共中央的英明决策。二野、三野将华中杜聿明集团围而不击，是要稳住华北的傅作义集团，为四野彻底解决傅作义集团赢得时间。当时部队干部战士想不通，华中前委不得不将两个野战军师团级领导分别集中起来开会做工作。

文强听罢猛然以掌击膝："哎呀，原来如此，当初我们早些突围就好了！"

众人顿时哄然大笑。

文强是位传奇式的国民党旧军人，一生经历极其丰富，1975 年蒙特赦后，为祖国社会主义建设和祖国统一大业做了不少工作。他与邓飞将军之间的这番对话，完全是职业军人之间的就事论事，并无他意。我们倒是能从这些军人身上，看到许多纯真之处。

1984年6月，郑洞国先生在纪念黄埔军校成立六十周年大会上发表《继承发扬黄埔精神，实现振兴中华宏图》的讲话。

1984年6月，黄埔军校同学会在京成立，祖父当选为副会长。他非常重视这项工作，不顾自己年迈体弱，积极联络海内外黄埔同学，共同推动祖国的和平统一大业。

1984年6月，祖父郑洞国先生在纪念黄埔军校成立六十周年大会上，发表题为《继承发扬黄埔精神，实现振兴中华宏图》的讲话。他在讲话中真诚地希望台湾和海外校友，重温孙中山先生的教导，正视历史和现实，继承和发扬真正的黄埔精神，为实现祖国统一大业，共建振兴中华的宏图而做出新的贡献，也为自己的一生写下最后的，也是最光辉的篇章。

1986 年，郑洞国先生与黄埔军校同学会副会长程子华同志（右）正在商议工作。

1986 年 11 月，郑洞国先生与黄埔一期同学、原国民党高级将领黄维先生（左）亲切交谈。

1986 年 11 月，时任中共中央领导人的胡耀邦同志，在北京亲切会见黄埔校友。

20 世纪 80 年代后期，郑洞国先生与香港著名爱国人士徐四民先生（左）在一起。

1986年夏，郑洞国先生在木樨地家中接受媒体采访。

祖父晚年，经常接受媒体的采访，他最大的愿望，就是早日实现祖国的统一。他曾指出，当年的黄埔精神，从根本上讲，就是爱国和革命的精神。他希望两岸校友和骨肉同胞，捐弃前嫌，以诚相见，以国家民族利益为重，共同促进祖国和平统一。

祖父晚年接待了许多从台湾和海外回祖国大陆探亲、观光的昔日部属、袍泽们。台湾退役将领刘立忠便是其中的一位。不久前，刘立忠将军

　　1989年冬，郑洞国先生在家中会见由台湾回祖国大陆观光的旧属、台湾退役将领刘立忠先生夫妇（右一、左二）及其家人。

1990 年春，郑洞国先生与从台湾率团来访的黄埔军校第一期同学邓文仪（左），摄于北京钓鱼台国宾馆。

陪同邓文仪与昔日黄埔军校一期同学徐向前元帅合影。右起：邓文仪、郑洞国、侯镜如、徐向前。

的女儿刘贤芬夫妇从台湾来京，我们回忆当年两家人欢聚时的情景宛如昨日。我们也相约，老人们虽然都不在了，但我们两岸黄埔后代的情谊要代代相传。

　　1990 年 5 月，祖父与率团从台湾到祖国大陆参访的黄埔军校一期同学邓文仪，在北京钓鱼台国宾馆见面。黄埔军校同学会成立后，在联络海内外校友、促进祖国和平统一方面，做了大量工作。这次邓文仪率团来访，在海峡两岸之间，引起了很大反响。

陪同邓文仪拜会昔日黄埔军校的老师聂荣臻元帅。右起：聂荣臻、侯镜如、郑洞国、张瑞华（聂帅夫人、黄埔军校五期学生）。

孙立人将军1947年奉调去台湾担任军职，20世纪50年代中期，台湾当局以莫须有的罪名将其解职软禁，从此销声匿迹达三十余年，1988年才恢复人身自由。

几十年不见，祖父与孙将军始终彼此挂念着。孙立人将军恢复自由后，经常委托昔日旧部潘德辉、揭钧等，往返两岸间传递相互讯息。他临终前，曾对潘德辉等人感叹道："我一生只敬佩两位长官，一位是宋子文先生，一位是郑洞国将军。"

熟悉孙立人经历的朋友都知道，宋子文曾对孙立人有知遇之恩、再生之德，而祖父与其不过是在印缅、东北两度共事而已，但孙立人将军对祖父的尊敬程度，几与宋子文等同，且终生不渝，着实令人感佩。

1990年春，年迈的孙立人将军曾亲笔给本书作者之一郑建邦复函说："令祖为当代儒将，四十余年不见，积念至深，起居时幸为致意，立人敬爱之忱一如往日也。"

祖父几次邀请孙立人回乡扫墓、探亲，孙也欣然表示，愿在健康和时机允许的情况下尽快成行，不料却于1990年11月在台溘然长逝。重病中的祖父闻此噩耗，十分悲痛，特命家人代致唁电曰："惊悉仲能（孙立人表字仲能——作者注）将军病逝，至为痛悼。遥想当年鏖战缅北，痛歼日寇，共建殊勋。往事历历，至今难忘。近年来两岸往来日多，正期相见有期，渠料遽尔永诀，憾何似之！"两个多月后，祖父也在北京病逝。

几十年来，两位曾在抗日战场上一道出生入死的战友，隔着一道窄窄的海峡，相互苦苦思念，却始终未能再见上一面，留下了永久的遗憾！

　　1990 年 9 月，郑洞国先生在医院会见台湾孙立人将军义子、加拿大侨界人士揭钧先生（左），他是祖父晚年最后会见的几位台湾和海外客人之一。

第二十七章
家庭生活

祖父自青年时代起，便开始了动荡不宁的军旅生涯，除了抗战胜利后在上海安稳地住了半年多，前半生几乎没有体验过幸福的家庭生活。

我们的祖母覃腊娥，也是湖南石门人。她与祖父的结合，完全是父母之命、媒妁之言。

祖父与祖母定亲时，只有十三岁，而祖母则年长祖父八岁。这在今天的年轻人看来，似乎是不可思议的，但以当时的湘西北风俗来说，却是相当普遍的事情。

祖父与祖母的第一次见面，也是相当戏剧性的。

双方定亲之后，按照乡间风俗，祖父作为未来的女婿，要到岳家拜望。那时祖父年幼，尚不知结婚为何事，一切系听父母安排而已。到了岳家，祖父少不了受到非常热诚的款待，小小年纪的他，那里禁得起这种场面？几杯酒便被灌醉，只得在岳家早早安歇了。

到了午夜时分，祖父被屋外的嘈杂声吵醒，爬起身往外一看，顿时吓得魂飞魄散。只见院外立着十余个手执长矛大刀的大汉，正喝令开门。祖父意识到这是土匪打劫，惊慌得不知如何是好。片刻间，七八个土匪已经破门而入，将岳家全家人连同祖父一起赶到堂屋。为首的一个精壮汉子，将手中明晃晃的大刀朝屋角一摆，厉声喝道："都莫动，站到那里去，哪个动一下我就杀了他！"

大家哪里敢动，都乖乖地站了过去。其余土匪趁机涌入室内，将祖母的几箱子嫁妆洗劫一空，然后扬长而去。惊恐之余，祖父发现身边一位姑娘是岳家从未见过者，心想这位必是自己未来的媳妇了。祖母发现祖父在注视她，赶紧深深地埋下头，缩到家人身后去了。

在那个荒唐的年代，我们的祖父祖母就是这样见了第一面。

两年后，十五岁的祖父与二十三岁的祖母成了婚。

祖母没有什么文化，不过性情温厚贤淑，持家勤勉节俭，虽然与祖父聚少离多，彼此的感情却相当深厚。以后祖父在军队中当了团长，按规定可以携带家眷，祖母便带着孩子们走出大山，随祖父四处漂泊。某次我们

郑洞国将军与夫人陈碧莲新婚不久后的合影，摄于 20 世纪 30 年代。

陈碧莲摄于抗战初期。   20 世纪 50 年代初的陈碧莲。

打趣地问起，那时祖父祖母上街购物如何同行？祖父想了想，略有些难为情地说："她跟在我身后嘛。"

1930 年，担任中央军团长的祖父，正参加中原大战。祖母携子女们在武汉居住，不料一场伤寒病，过早地夺去了她的生命。大战结束后，在陕西潼关驻军的祖父方从家人口中得知噩耗，当即昏厥于地，苏醒后恸哭不已。

限于当时条件，祖母除了一张画像，没有留下其他任何让祖父和子孙们怀念的物件。父亲七岁丧母，在兵荒马乱、颠沛流离的年代里，他始终将这张母亲的画像珍藏在身边，却不幸毁于"文革"浩劫中。

1933 年，正在南京中央军校高等教育班第一期受训的祖父，经石门同乡、国民党中央候补执行委员肖忠贞先生介绍，与肖夫人的堂妹陈碧莲小姐结婚。

继祖母是江西上犹人，当时年方十七，美丽聪颖，祖父与她婚后虽未育有子女，但感情还是相当融洽的。据继祖母陈碧莲后来回忆说，当时祖父四处征战，只要军队一有短暂驻扎时间，她便赶去与祖父团聚。

20 世纪 50 年代初，郑洞国先生在北京寓所书斋中看画报。

　　这位继祖母与祖父的婚姻维系了二十年。20 世纪 50 年代初，祖父应周恩来总理之邀迁居北京，陈氏以不服北方水土为由，向祖父提出离婚。两人经协商，友好地分了手。

　　长辈们的离异，是否还有什么别的原因，我们不得而知。不过看得出，这件事对祖父精神上的伤害还是不小的。尽管两人离异后还保持着朋友般的往来，但"文革"后期，陈氏再婚的男人亡故，她听说祖父也已单身，曾几次试图与祖父破镜重圆，儿孙们也极力从旁推动，但都被倔强的祖父拒绝了。

　　2006 年，身为上海市文史馆员的陈碧莲以九十高龄辞世。陈氏晚年居住在上海，孙辈们每逢去沪，都要看望她。大家一见面，谈得最多的话题永远是我们的祖父。陈氏多次痛悔地表示，祖父是她一生的慈兄和师长，与祖父二十年的婚姻生活，是她生命中最值得珍视的纪念，而当年轻率、任性地与祖父离异，则是自己一生中犯下的最大错误。

郑洞国先生与顾贤娟女士新婚合影。

1955年，经黄埔军校一期同学、民革中央主席李济深先生的秘书周泽甫介绍，祖父与自幼生长在西子湖畔的女子顾贤娟女士结婚。顾氏当时三十五岁，带着与前夫养育的一女，同祖父组成新的家庭。婚后一年，祖父与继祖母顾氏生有一女，取名安玉，祖父非常高兴，将她视若掌上明珠。

　　不久，我们的父亲郑安飞和母亲焦俊保也结婚了。祖父与外公焦实斋先生是多年的老友，现在又成为亲家，郑、焦两家为此格外高兴。祖父自幼生活贫苦，后来又经历了二十余年漂泊不定的戎马生涯，直到这时，才过上一生从未有过的幸福、安定的家庭生活。

1961 年，郑洞国先生与全家人合影。后排右起：长子郑安飞、长女郑凤云、郑洞国先生、夫人顾贤娟、长媳焦俊保。前排右起：长孙郑建邦、小女郑安玉、次孙郑耀邦。这张照片是郑洞国先生的老友、著名摄影家黄翔先生亲自拍摄的。

祖父与我们的祖母覃腊娥育有一女二子。由于祖母早亡，祖父又四处征战，姐弟三人自幼就过着寄人篱下、漂泊不定的生活。

1938 年，姑母郑凤云高中还未毕业，便嫁给了其表兄陈某。据说两人尚在襁褓中，双方长辈便说定了这门亲事。及姑母临出阁时，闻悉未来的丈夫是个连大字都不识几个的粗俗农夫，找到祖父闹着退婚。祖父拍案大怒道："难道我做了师长，就不认亲了吗？郑家绝不准出陈世美！"姑母大哭了三日，最后还是屈从祖父，嫁到了陈家。以后她一直生活在石门乡间，由于是地主成分，历次政治运动饱受磨难，一生过着凄苦的生活。

这件事成了祖父心中的隐痛，但他后来能做的，也只能是不时在经济上接济一下这个苦命的女儿而已。

我们的父亲郑安飞是祖父长子，1952 年在上海同济大学建筑系毕业后，分配到东北工作。"文革"中，我们的父母亲曾饱受迫害，直到 20 世纪 70 年代末，才在上级组织的照顾下，全家人迁居北京。

叔父郑安腾是祖父次子，1948 年冬去台，以后杳无音讯。

1958 年冬，郑洞国先生与长孙郑建邦。这张照片是著名摄影家黄翔先生拍摄的。

1969 年，郑洞国先生与夫人顾贤娟合影。

继祖母顾氏于 1972 年在北京病故，当时我们的父母远在东北，祖父只能与小女儿安玉相依为命。

没有想到，几年后，一场突如其来的不幸向祖父袭来：1977 年，在北京外文印刷厂工作的小姑姑安玉，被厂内一个因求爱不成的男青工残忍杀害。案件很快便破获了，凶手被依法严惩。祖父晚年痛失爱女，精神上受到的打击让人无法想象，但他坚强地挺住了。只是经此一劫，老人原本健朗的身体大不如前了。后来组织上为照顾祖父生活，将我们的父母调到北京工作，才使他过上了含饴弄孙的幸福晚年生活。

1985 年，祖父被评为全国健康老人。

继 1987 年春重孙女琳琳降生后，1989 年夏重孙佳佳又呱呱坠地了。四代同堂的美满家庭生活，给晚年的祖父带来极大的欢愉。

20 世纪 70 年代，郑洞国先生，摄于北京西郊花园村寓所。

1989 年，郑洞国先生与长子郑安飞、儿媳焦俊保、重孙女琳琳在北京木樨地寓所合影。

　　1986 年 1 月 24 日，郑洞国先生八十三岁寿诞时，摄于北京木樨地寓所。此前不久，他刚刚被评为全国健康老人。

　　1986 年春节，郑洞国先生与亲家焦实斋先生（右），摄于北京木樨地寓所。

1986 年春，郑洞国先生摄于广州珠岛宾馆。

1986 年 10 月 1 日，郑洞国先生在北京
木樨地寓所附近晨练。

1987 年夏，郑洞国先生在江西庐山休养。

1987 年 11 月，郑洞国先生与长孙郑建邦，摄于广州黄埔军校旧址前。

1989 年 1 月，郑洞国先生八十六岁诞辰时与全家人合影。前右起：郑洞国、儿媳焦俊保、重孙女琳琳；后排右起：次孙媳穆继云、次孙郑耀邦、长子郑安飞、长孙郑建邦、长孙媳胡耀平。

将军童趣，天伦之乐——郑洞国先生与重孙女琳琳。

1989 年冬，郑洞国先生与重孙佳佳。

郑洞国先生晚年在北京木樨地寓所。

1990 年 5 月，郑洞国先生，摄于北京钓鱼台国宾馆。

第二十八章
身后哀荣

在郑洞国先生遗体告别仪式上，中共中央政治局常委宋平（左）代表中共中央向家属表示亲切慰问。

1991年 1 月 27 日，我们的祖父郑洞国将军，这位经历了东征、北伐和抗日战争无数战阵和硝烟的一代名将，走完了八十八年的漫漫人生之路，病逝于北京。

近半年前，祖父因脑血栓与心脏病并发，住进北京协和医院。他预感到自己的生命已走到了尽头，对守候在病榻前的长孙郑建邦说："我曾是军人，对生死已看得很淡。你们要好好生活，不要为我难过。我现在对国事、家事均无所憾，只可惜没有看到祖国统一。一旦国家实现了统一，国民革命就算彻底成功了！"

此后不久，祖父失去了语言能力，这番话成了他老人家留给我们的最后遗言！

1991 年 2 月 26 日，祖父郑洞国将军的遗体告别仪式在北京八宝山公墓礼堂隆重举行。灵堂里摆放着国家原主席李先念、全国政协原主席邓颖超、聂荣臻元帅等许多国家领导人和各机关单位及生前友好送的花圈。祖父安卧在鲜花翠柏丛中，接受中共中央政治局常委宋平、国防部长秦基伟、中共中央政治局委员丁关根、全国人大常委会副委员长雷洁琼、全国政协副主席洪学智、杨静仁、赵朴初等党和国家领导人，以及中共中央统战部、民革中央、中国和平统一促进会、黄埔军校同学会、各民主党派中央、全国工商联和祖父的生前友好千余人的最后告别。

严冬的北京，寒风凛冽。但那天八宝山公墓礼堂前，却是人山人海，人们排着长长的队伍，静静地等待着向这位正直、虔诚的著名爱国人士作最后的道别。连现场执勤的民警们都说，很久没有在这里看到这种景象了。

当日，新华社也向海内外发布长篇电讯，对祖父郑洞国将军的一生，给予了高度的评价。

祖父去世的噩耗，也震动了海峡彼岸的台湾和海外。祖父昔日的许多旧部袍泽，纷纷致电哀悼。曾在印缅战场跟随祖父与日寇浴血奋战的台湾政要蒋纬国将军等致电唁说：

> 郑公洞国将军逝世，噩耗惊传，无任哀悼。将军忠贞为国，功勋永留。国丧大老，痛失元良，天地同悲，谨此申奠！

抗日名将孙立人将军的公子孙安平，也由台湾撰联凭吊：

> 专儒将名逾五十年，小子何知，闻之于亲征于史；
> 去先君丧未三阅月，大星又坠，生而为杰殁为神。

远在美国的杜聿明将军长女杜致礼和夫婿、诺贝尔物理学奖获得者杨

1991 年 3 月 6 日，在台湾出席郑洞国将军追悼大会的部分人员合影。

振宁博士，也致电我们的父母表示慰问。

1991 年 3 月 6 日，祖父在台湾的故旧袍泽在台北市举行追悼大会，隔着海峡遥祭祖父的在天之灵。

碍于当时两岸关系的局限，当时的台湾当局对涉及祖国大陆的人和事多有禁忌。但人们在当局的默许下，自发地举办追悼祖父的祭奠仪式，连同不久前一些国民党军界袍泽在台湾，为另一位出身黄埔军校一期、后于1989 年在大陆病故的原国民党高级将领黄维将军举办的追悼会，成了岛内破天荒的事情。

祖父以自己一生对祖国的忠诚和高尚的风范，赢得了海峡两岸人们的广泛尊敬，这是永远值得我们后辈骄傲的！

在北京人民大会堂举行的纪念郑洞国同志诞辰 100 周年座谈会会场。

2003 年，是祖父郑洞国先生一百周岁冥诞。民革中央于 1 月 13 日，在北京人民大会堂隆重举行纪念郑洞国同志诞辰 100 周年座谈会。

纪念座谈会由全国政协副主席、民革中央常务副主席周铁农主持，全国人大常委会副委员长、民革中央主席何鲁丽，全国政协副主席、中共中央统战部部长刘延东，全国政协副主席孙孚凌及中共中央统战部、各民主党派中央、全国工商联等有关部门负责人，以及祖父的亲属、生前友好数百人出席了座谈会。

何鲁丽同志和刘延东同志分别代表民革中央和中共中央统战部发表了重要讲话。她们在讲话中高度评价了祖父作为我国著名的爱国民主人士、

在北京人民大会堂举行的纪念郑洞国同志诞辰 100 周年座谈会会场。

功勋卓著的抗日将领、民革卓越的领导人，毕生渴望光明和进步，追求民族振兴、国家富强的光荣业绩，号召人们学习他执着真诚、忠贞不渝的爱国情操和奋发进取、无私奉献的敬业精神，以及顾全大局、坦荡豁达的人品作风。

黄埔军校同学会副会长杨荫东、祖父的旧部田申、我们的母亲焦俊保，也在纪念座谈会上做了感人至深的发言。

祖父自幼寒苦，深感家乡农民子弟读书不易，遂于抗战期间，与几位友人共同在湖南石门县城创办了一所中学，取名九澧中学，并一度亲自兼任校长。戎马倥偬之中，他始终惦念着这所学校的建设和发展。抗战胜利后，祖父曾购买了一套线装《四部备要》，委托友人赠送给学校。

中华人民共和国成立后，在党和政府的关怀、支持下，这所已更名为石门县第一中学的学校发展很快，成为闻名湖南全省的重点中学，每年都有大批莘莘学子考入海内外各大学。祖父为此深感欣慰，晚年曾亲笔为该校题写校名。

2007 年，在本书作者之一郑建邦的倡议下，民革湖南省委会成立了"郑洞国教育基金"，积极资助石门一中那些家庭生活遇到暂时困难的优秀农家子弟。

这项基金成立伊始，立即得到社会各界的积极响应。2012 年 12 月 1 日，由民革中央、黄埔军校同学会、民革湖南省委、湖南黄埔军校同学会共同主办的"纪念郑洞国诞辰 110 周年座谈会暨郑洞国教育基金接受捐赠仪式"在湖南长沙隆重举行，全国人大常委会副委员长、民革中央主席周铁农同志亲自出席并讲话。座谈会上，民革党内外的朋友们对民革湖南省委开展的这项工作给予高度评价，并积极踊跃捐款。

由于民革湖南省委通过"郑洞国教育基金"认真扎实地开展教育捐助活动，成绩显著，受到湖南社会各界高度肯定。2016 年，湖南省民政厅正式批准"湖南郑洞国教育基金会"成立。是年 3 月 27 日，湖南郑洞国教育基金会在湖南长沙举行成立大会，全国人大常委会原副委员长、民革中央原主席周铁农同志再次专程出席并发表了热情洋溢的重要讲话。

随着湖南郑洞国教育基金会的不断成长、壮大，愈来愈多的将军乡梓的寒门学子们得到雪中送炭般的帮助。2018 年共有 121 名石门一中学生获得奖学金，每人每年 4000 元人民币。

考虑到石门一中的教师们长期为家乡教育事业的辛勤奉献，湖南郑洞国教育基金会还连续多年设立"优秀园丁奖"，每年奖励 10 位优秀教师，

2012 年 12 月 1 日，纪念郑洞国诞辰 110 周年座谈会暨郑洞国教育基金接受捐赠仪式在湖南长沙举行。

2016 年 3 月 27 日，湖南郑洞国教育基金会在长沙市正式成立，图为大会会场场景。

全国人大常委会原副委员长、民革中央原主席周铁农在湖南郑洞国教育基金会成立大会上发表讲话。

全国政协常委、民革中央副主席、郑洞国将军长孙郑建邦在湖南郑洞国教育基金会成立大会上致词。

每人 10000 元人民币。

此外，湖南郑洞国教育基金会还在省、市、县政府和社会各界的大力支持下，对坐落在石门县磨市镇南岳寺村郑洞国将军祖居原址上的"洞国学校"进行大规模的扶助，不仅将该校校舍修葺一新，并在校园里铺设了美观实用的塑胶操场，还捐助了不少电教设备。同时，基金会每年还为 40 位品学兼优的中小学生颁发奖学金，每人 1000 元人民币，另外奖励 8 位坚守乡村教学岗位的优秀教师，每人 4000 元人民币。

2017 年和 2018 年，位于夹山镇的夹山小学中品学兼优，但家庭生活困难的 20 名小学生，每人也分别获得 1000 元的奖学金。

　　2017 年 12 月 2 日，民革中央副主席郑建邦、湖南省政协副主席刘晓等代表湖南郑洞国教育基金会为石门一中师生颁奖后合影。

在湖南石门夹山举行的郑洞国先生骨灰安放仪式结束后，家人在墓前合影。前左起：长媳焦俊保、长孙媳胡耀平、侄孙郑怡庭（又名郑崇邦）；后排左起：长孙郑建邦、次孙郑耀邦。

祖父青年时期就离开湖南石门，在二十余年戎马生涯中，曾有几次回到家乡小住，但都为时很短。从 20 世纪 50 年代初起，他定居北京，由于种种原因也没有机会回到家乡。祖父晚年，家乡领导和父老乡亲多次热诚地邀请他回家乡看看，但限于老人家的健康状况，已经有些力不从心了。不过，祖父从未忘记那片曾养育他的土地，格外关注家乡的点滴建设和发展，并留下遗言，希望身后能落叶归根，长眠在故乡的土地上。

2006 年清明节，在全国政协、民革中央和民革湖南省委、中共常德市委统战部，以及中共石门县委、县人民政府的支持下，我们家人自行出资，将敬爱的祖父迁葬在石门夹山国家森林风景区内。

夹山距石门县城西北约四十华里。漫步山峦之间，放眼四顾，绿水青山，莺歌燕舞，还有一座相传是明末闯王李自成归隐地的巍峨禅寺，隐映在苍松古柏之间，颇有万千气象！

祖父终于回到了生前魂萦梦绕的故乡，回到了曾哺育他成长的家乡父老中间！令人感动的是，每年来祖父墓前祭拜、凭吊的人们络绎不绝，香火鼎盛。这让我们更加体会到家乡的美好，家乡父老的可亲！

目前，祖父郑洞国先生的陵墓，已被列为湖南省重点保护文物。

我们的祖父，在家乡的土地上得到永生！

2015 年9月3日，是中国人民抗日战争暨世界反法西斯战争胜利七十周年纪念日。中共中央总书记习近平同志在首都各界人民纪念中国人民抗日战争暨世界反法西斯战争胜利七十周年大会上，发表了重要讲话。习总书记在讲话中，深刻指出了中国人民以无畏的奋斗和巨大的牺牲，为取得世界反法西斯战争胜利做出了重要的贡献，并高度评价了中国抗日战争期间，国内正面战场和敌后战场相互配合，共同抗击并最终击败日本侵略者的重大意义和作用。习总书记的讲话，在海内外引起了广泛而巨大的反响。

本书作者之一郑建邦，作为抗日将领遗属，有幸出席了在北京举行的一系列纪念中国人民抗日战争暨世界反法西斯战争胜利七十周年活动，特别是在天安门广场举行的盛大阅兵式，极大地振奋了包括我们这些抗日军人后代在内的全体中国人民的信心和力量！

在此期间，郑建邦还代表已逝的祖父郑洞国将军，领取了中共中央、国务院、中央军委为抗战老战士、爱国人士和抗日将领代表颁发的中国人民抗日战争胜利七十周年纪念章。

十年前，我们也代表曾在抗日战争中浴血奋战的祖父郑洞国将军，领取了国家颁发的中国人民抗日战争胜利六十周年纪念章。

2005 年，中共中央、国务院、中央军委颁发给郑洞国将军亲属的中国人民抗日战争胜利 60 周年纪念章。

2015 年，中共中央、国务院、中央军委颁发给郑洞国将军亲属的中国人民抗日战争胜利 70 周年纪念章。

　　这两枚珍贵的纪念章，是祖国和人民对我们祖父郑洞国将军最崇高的褒奖，我们会永远珍视！

　　藉中国人民抗日战争胜利暨世界反法西斯战争胜利七十周年这一重要历史契机，位于北京卢沟桥附近的中国人民抗日战争纪念馆，也进行了大规模的改扩建工程，新增了许多教育国人和子孙后代的展览内容。祖父郑洞国将军作为中国著名抗日将领之一，其主要抗战业绩出现在馆内展览内容之中。中央电视台四套节目隆重推出介绍的十二位中国著名抗日将领，祖父郑洞国将军也名列其中。

　　所有这一切，使我们这些抗日军人的后代，在感受到无比光荣和欣慰的同时，更体会到肩上的责任。我们必须秉承、发扬先辈的爱国传统和精神，脚踏实地地奋斗，担负起振兴中华的神圣责任！

郑洞国将军年谱

郑建邦　胡耀平

1903年1月13日（清光绪二十九年十二月十五日），将军出生于湖南省常德市石门县南岳乡（今为磨市镇）的普通农民家庭。

1910年春，将军由父亲启蒙读书，后入乡间私塾，熟读"四书五经"。

1917年，转入石门县石门中学附属小学读书。是年冬，将军遵父母之命，与邻乡女子覃腊娥结婚。

1919年，将军升入石门中学读书。不久"五四"运动爆发，将军积极从事爱国宣传，并参加了清查、抵制日货的斗争。通过"五四"运动，将军深感国家残破、外侮日深，遂有从军之志，期以武力振兴国家。

1921年春，湖南督军赵恒惕开办湖南陆军讲武堂，澧州镇守使唐荣阳在石门设考场招生，将军欣然往试，旋被录取，即赶往长沙报到。不料适逢湘鄂两省军阀混战，湘军战败，全省糜烂，陆军讲武堂被迫停办，将军失望而归，重入石门中学读书。

1922年，将军从石门中学毕业后，在邻乡磨市小学任教。

1923年夏，将军为谋生计，考入长沙商业专门学校（今湖南大学前身）。

1924年春，广东革命政府开办陆军军官学校，将军闻讯与几位同伴辗转上海、香港，秘密赶往广州，考入黄埔军校第一期。将军初到广州时，军校报名期已过，他顶用黄鳌的名字考入军校（黄鳌同时报了两次名），不料二人双双考中，并分配在同一个分队，出操点名时两人常常同时应答，引起校方诧异。将军无奈之下，向校方道明原委，才将名字更正过来。

同年 10 月，将军参加了广东革命政府平定广州商团的战斗。

11 月，广东革命政府成立党军，辖教导第 1 团、教导第 2 团。黄埔军校第一期学生提前毕业，将军被派往教导第 1 团第 2 营第 4 连任党代表。

1925 年 2 月，广东革命政府发动第一次东征战役，将军参加奋勇队，冒着陈炯明部的枪林弹雨，率先攀上淡水城头，在后续部队支援下力克该城。淡水战斗结束后，将军奉命升任教导第 2 团第 3 营党代表，接替在战斗中牺牲了的党代表蔡光举。

3 月，党军与陈炯明悍将林虎部二万余人大战于棉湖，以寡击众，大败林虎部，随后乘虚袭占林虎巢穴五华、兴宁。第 3 营因英勇善战、功勋卓著，获"党军荣誉旗"。

初夏，盘踞在广州的滇桂联军杨希闵、刘震寰部公然发动叛乱，党军与各路友军迅速回师平叛。第 3 营奉命与粤军一部，强攻广州市郊龙眼洞、观音山、瘦狗岭、广九车站，彻底击溃叛军。

10 月，广东革命政府第二次兴师东征。已请假回乡探亲的将军闻讯迅速赶回广州，但因道路阻塞，直到 11 月才抵达前线，但此时第二次东征战役已基本结束，东征军政治部主任周恩来委派将军前往潮汕野战医院任党代表。

1926 年春，党军扩编，经周恩来亲自向东征军总司令蒋介石举荐，将军担任国民革命军第 1 军第 3 师第 8 团第 1 营营长。

7 月，国民革命军正式誓师北伐。

10 月，将军所在的东路军为策应北伐军主力在湘鄂赣战场作战，由广东进入福建向孙传芳部进攻。将军率部担任主攻，首战击败孙传芳部将周荫人，力克永定城。随后追歼窜至广东松口一带的周荫人部主力。

11 月，将军因功升任国民革命军第 1 军第 3 师第 8 团团长。

1927 年 1 月，北伐东路军继连克漳州、福州后，再经古田、建瓯、浦城、仙霞岭进入浙江，沿途敌军望风披靡，东路军不战而进占杭州。

3 月下旬，北伐东路军经泗安、广德、溧阳、句容进抵南京，与北伐中路军第 6 军程潜部会师。

3 月 24 日，英国兵舰以保护侨民为借口，猛烈炮击南京下关和栖霞山地区，造成大量中国军民的生命和财产损失，是为震惊中外的"下关惨案"。事变发生时，将军率部据守栖霞山阵地，当即下令官兵全力还击。

4 月 12 日，蒋介石下令"清共"，大肆捕杀共产党人，国共合作破裂。将军在痛苦和迷惘中选择了继续追随蒋介石。

5 月，将军因病改任北伐军总指挥部参议，参加龙潭战役。战役结束后，病情转剧，进入苏州更生医院治疗。

12 月下旬，将军病愈出院，在返回南京之前，前往上海参加了蒋介石与宋美龄的婚礼。

1928 年 2 月上旬，为联合制桂，此前被桂系排挤下野的蒋介石在汪精卫势力支持下复职。此时将军已经蚌埠辗转赶往徐海前线，被任命为徐州警备司令部参谋长，后改任第 9 军教导团团长。

8 月，"二期北伐"结束后，南京国民政府召开全国军事编遣会议，第 9 军教导团被编散。

冬，将军重任国民革命军第 1 军第 2 师第 5 旅第 10 团（即改编前的第 1 军第 3 师第 8 团）团长。

1929 年 2 月，桂系军队进攻长沙。3 月 25 日，南京国民政府正式下令讨桂，"蒋桂战争爆发"。将军所部在刘峙指挥下，由蚌埠沿长江北岸向西，经太湖、宿松、蕲春，直捣桂系盘踞的武汉三镇。

6 月，桂系军队大败，李宗仁通电下野，将军所部先后驻守平汉路之广水、花园等地。

10 月，西北军首领冯玉祥在阎锡山支持下通电反蒋，大军出潼关，攻入河南。南京国民政府下令应战，"蒋冯战争"爆发。将军所部随中央军大军开抵郑州西南之登封地区，并在临汝与冯部激战。

11月，西北军战败，狼狈退回潼关以西，"蒋冯战争"结束。

12月，唐生智在郑州举兵反蒋，将军所部奉命乘火车经平汉路开入河南作战。不久，中央军在驻马店、漯河一线将唐军击溃，将军率部重返广水、花园一带驻扎，随后移驻武汉。不久，西北军将领石友三在安徽发动反蒋战争，进逼浦口，南京震动。将军所部奉命急调南京，击溃石部后，循津浦路追击至蚌埠。同时，张发奎联合桂军余部进攻广东，何应钦指挥中央军配合粤军大败张桂联军，是为"粤桂战争"。

1930年3月中旬，阎锡山联合冯玉祥、李宗仁势力通电反蒋。

5月11日，南京国民政府下达总攻击令。将军所在第2师随中央军主力紧急由蚌埠开往徐州，沿陇海路及以北地区快速推进，与晋军主力在砀山以西遭遇，双方爆发激战，"中原大战"由此爆发。此后，双方一百余万军队循陇海、津浦两线及附近地区恶战数月，中原多省遭受空前浩劫，无数百姓流离失所。

9月下旬，晋军大败，一部狼狈逃回山西境内，其余皆被中央军、东北军追歼、收编。西北军随即也土崩瓦解，纷纷缴械投降。桂系军队遭到重创后，重新龟缩回广西。这次战争最终虽以中央军大胜，晋军、西北军及桂系军队惨败告终，但中央军也元气大伤，将军所在部队伤亡过半，更有一些部队已残破到不成建制。

中原大战结束后，将军随部队开至潼关休整，其间惊闻妻子覃氏因患伤寒症，已于8月在武汉去世，将军大恸不已。孰料稍后护送覃氏灵柩回石门安葬途中，将军之父郑公定琼先生又在湖南津市为土匪所害。数月间，接连两位亲人弃世，令将军几难从悲痛中自拔。

1931年7月19日，石友三发动叛乱，所部6万余众由豫南、冀北沿平汉路向东北军驻防的平津地区大举进攻，双方在望都、保定一线爆发激战。将军所在第2师等中央军各部，奉命沿平汉路北上，与东北军合力将石部击溃。

8月初，石友三部在滹沱河以南、深泽所属地区遭中央军、东北军全歼，石友三仅率残众数千人逃往山东。

8月中旬，讨伐石友三的战争刚刚结束，忽闻广东实力派陈济棠举兵反蒋，策动粤桂军队分三路进攻湖南。将军所在第2师等部中央军未及休整，星夜乘火车开抵湖南醴陵，积极备战。

就在一场大战一触即发之际，日本帝国主义悍然发动"九一八"事变，以武力侵占了我东北三省。迫于全国人民要求"停止内战，一致抗日"的强大舆论压力，宁粤被迫罢兵息争，蒋介石二度通电下野。但以林森为主席、孙科为行政院长的国民政府因财政和外交危机，维持不足一月便倒台，蒋介石与汪精卫再度合作上台。

"广东事变"和平解决后，将军调任南京国民政府警卫第1师第2旅第4团团长。两月后，又调回正在鄂豫皖苏区与红四方面军作战的第2师，任该师独立旅旅长。

1932年6月，蒋介石亲自指挥包括第2师在内的四十余万国民党军队"围剿"鄂豫皖苏区。

10月中旬，红四方面军因反"围剿"失利而被迫向川陕地区转移，第2师因长期作战，屡遭红军打击，奉命调赴潼关、洛阳一带休整。时将军已改任第2师第4旅旅长，率部驻扎洛阳。

1933年元月，日本法西斯军队悍然深入热河，进攻长城各口，"长城抗战"爆发。

3月初，将军所在中央军第17军（辖第2师、第25师、第83师）奉命开抵长城古北口前线，凭借简陋的阵地和低劣的装备，与兵力和火力均占优势的日军浴血鏖战两月余，予敌沉重打击，我军也蒙受重大伤亡。古北口战役是长城抗战中战事最激烈、持续时间最长、敌我伤亡最惨烈的一役，将军也由此成为最早参加抗战的中国军队将领之一。

5月下旬，古北口战役失利后，第17军各师奉命退驻北平休整。

是年秋，将军入南京中央军校高等教育班受训。

1934年春，将军奉命提前结业返回军中，率第4旅和第25师第75旅一道，开赴江西参加对中央苏区的第五次"围剿"，担任二线掩护任务。

10 月，中央红军失利后向湘黔方向战略转移，第 4 旅和第 75 旅尾追至湖南芷江，又奉调回到北平驻防。

初冬，经湖南石门同乡、国民党中央候补委员萧忠贞先生介绍，将军与年方 17 岁的江西籍少女陈碧莲结婚。

1935 年 6 月，南京国民政府继《塘沽协定》之后，又与日本签订了丧权辱国的《何梅协定》。据此，将军所在的第 17 军等中央军部队被迫撤出北平，第 2 师开赴徐州、蚌埠一带驻防。

秋，第 2 师师长黄杰调任税警总团团长，将军接任师长职务，率部在徐蚌地区修筑国防工事。

1936 年 12 月 12 日，张学良、杨虎城两将军为谋求"停止内战、团结抗日"，在西安发动兵谏，扣留了蒋介石，史称"西安事变"。事变发生后，何应钦将军下令讨伐，将军奉命率部进抵潼关。未几，事变和平解决，第 2 师撤回徐州。

1937 年初夏，将军前往庐山训练团受训。

7 月 7 日，"卢沟桥事变"发生，日本法西斯军队发动全面侵华战争。将军奉命提前从庐山返回部队，率第 2 师开赴河北保定布防。

9 月，先后占领平津地区的日军沿平绥路、津浦路、平汉路继续大举进攻。22 日，在平汉路方面作战的日本华北方面军第 1 军主力，在空军和地面强大炮火的掩护下猛攻保定城垣。将军率部在友军相继撤退、后方机关被敌抄袭的险恶情况下，以孤军与日军恶战两昼夜，城破后仍殊死巷战，直至 24 日中午，才在匆匆前来增援的友军第 47 师裴昌会部接应下冒死突围。因与后方音讯隔绝，当时国内众多报章发表了"第 2 师在保定覆没，郑洞国殉国"的消息，令家人着实虚惊了一场。

保定失守后，将军奉命率第 2 师转移至豫北林县山区游击，曾派突击队乔装日军夜袭日军安阳机场，给敌造成很大恐慌。以后又作为第一战区预备队参加漳河战役，战役失利后奉命退驻洛阳休整。

1938 年初，日军为迅速打通津浦线，攻略我战略重镇徐州，集结重兵沿津浦路南北两端大举进攻。在南线进攻受阻后，日军精锐的第 5、第 10

师团近六万兵力，分由津浦路北段和台潍公路南下，会攻徐州。

3月18日晚，将军率第52军（即原第17军）第2师主力赶至徐州，准备前往运河以北与所属中央军第20军团主力会合，在临城东西之线聚歼津浦路正面冒险轻进之日军第10师团濑谷旅团。但此时滕县已失，川军第122师师长王铭章将军以下两千余守军阵亡。将军虑及我军已来不及实施在运河以北歼敌的作战计划，且一旦日军越过运河，徐州势将难保，乃决断火速赶往运河南岸占领阵地，掩护友军集中，以确保徐州。

3月19日下午2时，第2师刚抵达运河南岸利国驿，即与突至运河北岸的日军第10师团爆发激战。危急间，将军命配属该师的重榴弹炮营和师属山炮营隔河猛轰日军阵地，杀伤大批敌人，日军不支，被迫以主力东移，沿台枣支线转攻台儿庄。利国驿一战，使第五战区赢得时间，得以调动兵力保卫徐州。

3月26日，已循运河南岸经台儿庄、兰陵镇集结于向城的第52军第2师奉命进攻枣庄，因友军配合不力，将军虽苦战两日突入市区，唯因日军重兵增援而迟迟难下。这时据守台儿庄的第2集团军孙连仲部连日苦战，情况已经万分危急。第20军团（辖第52军、第85军、第13军第110师）奉命放弃峄枣作战计划，以主力南下，对台枣支线之日军侧背展开攻击。敌我激战两日，伤亡惨重的日军被迫撤至台枣支线附近，该军团全线进逼，一度将台儿庄、峄城间的交通切断。

3月30日，将军率部猛攻峄城。激战中，将军左胸为日军弹片击中，弹片将偶然放置左胸口袋中的一枚银圆击弯，人却毫发无损，实为奇迹。

3月31日，为解救日军第10师团的困境，日军第5师团坂本旅团四千余人绕过临沂，突向向城、爱曲之我第20军团侧背发动攻击。根据敌情变化，该军团集中第85军全部、第52军第25师，掉头痛击日军坂本旅团。峄城日军趁机反扑，即遭依托北大窑一带山地顽强据守的第2师沉重打击，狼狈退回城内。随后，该部奉命转移至甘露寺以西，会同军团主力大败盘踞在杨楼、底阁一线的日军坂本旅团。

4月6日，第20军团乘胜再次进迫台枣支线，与据守台儿庄的第2集团军前后夹击，将日军第10师团濑谷旅团彻底击败，取得"台儿庄大捷"。是役，我军歼灭日军精锐一万余人，取得抗战以来的空前胜利。

台儿庄战役后，中国军队乘胜追击日军，将军以"精兵夜袭"的方式，一举夺取峄城外围险要制高点九山，随后会同友军猛攻峄城。

4月中旬，日军陆续增调三十余万兵力，从南北两个方向夹攻徐州，津浦路北段的中国军队陆续撤至邳县以北沿运河一线，被迫转入防御作战。将军率第2师担任燕子河、大刘庄一线防务，与日军鏖战二十余日，稳固地坚守了阵地。

5月上旬，第52军（辖第2师、第25师）奉命撤出徐州战场，开往归德整补。

在邳县以北地区作战期间，为便利后方交通，将军曾命令师属工兵连在碾庄圩以东的运河上铺设了一道浮桥。徐州失陷前，中国军队在运河东北地区作战的野战军主力十余个师，赖此桥脱离了战场。

5月下旬，将军率部作为我鲁西兵团预备队，参加了兰封战役。战役失利后，第2师撤至漯河整补。

6月初，日军迫近郑州和平汉线。蒋介石下令掘开花园口黄河大堤，以水代兵，暂时阻滞了日军的进攻。

6月10日前后，第52军经河南南阳、湖北随县和安陆，向鄂东转移，准备参加武汉会战。

8月，将军辞去第52军第2师师长一职，任第31集团军汤恩伯部参议，参加武汉会战。

武汉于10月中旬失守后，将军随第31集团军退驻湖南益阳休整。

11月12日，将军抵达长沙，经历了"长沙大火"事件，幸免于伤亡。

11月25日至28日，将军出席了蒋介石亲自主持召开的第一次南岳军事会议。会后，将军被任命为第98军（一说为第95军）军长。

12月下旬，将军应徐庭瑶、杜聿明两将军之邀，辞去第98军军长一职，就任当时中国第一支机械化部队——第5军所属荣誉第1师师长。未几，军长徐庭瑶调升第38集团军总司令，副军长杜聿明升任军长，将军亦升任该军副军长兼荣誉第 1 师师长。荣誉第 1 师系由抗战中伤愈官兵拨编而成的一支队伍，部队抗日意志坚决，作战经验丰富，但因老兵居多，纪律松弛，颇难统驭。将军到任后，在参谋长舒适存等协助下，严明军纪，锐意整训，不足一年便将该师训练成为作风优良、勇敢善战的抗日劲旅。

1939 年 11 月 15 日，日军为切断我西南国际交通线，出动两个半师团兵力在北部湾强行登陆，很快袭占西南重镇南宁。号称"钢军"的日军第 5 师团，派遣第 12 旅团占领了南宁以北八十华里处的昆仑关天险。

11 月下旬，为阻敌北犯，反攻南宁，第 5 军奉命星夜由湖南衡阳开赴广西，对日军展开迅猛反击。

12 月 18 日，第 5 军对盘踞在昆仑关天险的日军发动总攻。将军指挥荣誉师和戴安澜将军指挥的第 200 师共同担任战役主攻，经十余日血战，全歼日军第 12 旅团及台湾守备队一部，击毙敌旅团长中村正雄少将以下五千人，力克昆仑关天险，取得震惊中外的"昆仑关大捷"。战役中，将军亲临前线指挥作战，荣誉师先后完成了攻克昆仑关周围罗塘高地、界首高地、四四一高地等艰巨任务，该师第 3 团郑庭笈部，还一举击毙了敌旅团长中村正雄，可谓居功厥伟。

1940 年元月，第 5 军开赴广西柳州整补。

3 月，将军调升新编第 11 军军长（不久部队番号改为第 8 军），奉命开赴湖南衡阳整训。

5 月 31 日，日军以重兵强渡汉水南下，大举进攻我鄂西战略重镇宜昌。

6 月初，将军率第 8 军赶赴鄂西，编入郭忏将军指挥的江防军，担任长江一线防务。所部荣誉第 1 师则奉命渡江增援，但前线各军因作战失利，纷纷败退，荣誉师以孤军在鸦雀岭、土门垭等地苦战多日，为日军包围，不得不力战突围。

6 月 14 日，日军攻陷宜昌。我第六战区所属部队退守宜昌以西、以北地区及长江南岸一带，继续与敌相持。将军率第 8 军负责防守宜昌以西、宜都以北沿长江南岸一线。其间，因第六战区作战失利，江防军司令郭忏以下二十余将领被追究责任，将军亦因荣誉师弃守土门垭而被记过一次。

　　秋，日军分多路大举渡江进犯，第 8 军防地是敌人重点进攻目标之一，战斗极为激烈。由于我军阵地强固，官兵作战勇猛，日军虽付出重大伤亡，却难有所获。为扩大战果，将军命令各师派出突击队，几乎夜夜渡江袭扰敌人，破坏日军通讯设施和补给线，令敌人穷于应付。双方剧战十余日后，日军因伤亡过大，后援不继，狼狈退回江北。经此一战，日军再不敢轻举妄动，两军在这一线形成长期对峙状态。

　　1941 年 9 月中旬，日军集中四个师团重兵，再次进攻长沙，是为第二次长沙会战。为配合第九战区守卫长沙，第六战区主力主动向荆门、宜昌出击，并相机收复宜昌。将军则奉命率第 8 军以偏师渡江击敌，策应战区主力作战。

　　9 月底，第 8 军荣誉师乘夜色掩护由荆州偷渡长江，奇袭沙市，迫敌龟缩城内固守。将军则率军主力第 103 师、第 5 师渡江出击，一举攻占后港，随后佯攻沙洋，乘虚将汉宜公路彻底破坏，并截断了襄河水上交通，此举不仅消灭了大批日军，还使日军后方交通线彻底断绝了多日，有力地支援了战区主力围攻宜昌的战斗。

　　10 月中旬，由于第九战区作战失利，日军主力迅速撤出长沙，回援宜昌，迫使第六战区攻城行动功败垂成。此时第 8 军在江北停留已无意义，遂将日军沿江工事悉数破坏，才主动返回南岸。战后总结，战区对第 8 军的作战行动极表嘉奖，并撤销了原对将军的军纪处分。

　　1942 年夏，第 8 军奉命撤至后方休整，不料部队刚刚行至湘西北石门、临澧一带，即闻日军趁我军换防，大举渡江进袭，守军立足未稳，阵地被突破，导致整个宜都防线发生动摇。战区命令该军火速回援。将军立刻率全军掉头疾进，星夜驰援，到达宜都附近长江南岸后，马上投入战斗。经几日激战，始将日军全部驱逐至江北，恢复了原有阵地，随后便继续驻守此地。1943 年春该军奉调云南、加入中国远征军作战序列后，这一线江防再次被日军突破，铁蹄深入江南数百华里，敌我相持于湖南常德一带。

　　1943 年 2 月，将军奉召由鄂西前线返渝，接受蒋介石面谕，旋被任命为中国驻印军新 1 军军长。

3 月下旬，将军率军部人员飞赴印度就职。中国驻印军的前身是中国远征军余部。1942 年春中国远征军赴缅作战失利后，其第 5 军新 22 师、第 66 军新 38 师余部先后退入印度。经兵员补充后，在此基础上组建了中国驻印军，美军将领、中国战区参谋长史迪威任总指挥，下辖新 1 军（辖新 38 师、新 22 师），军长郑洞国。总指挥部另辖炮兵、战车、工兵、汽车、辎重、通讯兵等直属部队。反攻缅北战役开始后，国内又陆续增调新 30 师、第 14 师、第 50 师等部队到缅北战场，中国驻印军计有五个师，加上直属部队，总兵力达十万人左右。

鉴于盟国间错综复杂的关系，将军在驻印军的主要使命是，协调中方与盟方的关系，团结部属，鼓舞部队士气，确保缅北反攻战役的胜利。缅北反攻战役开始后，将军也经常根据总指挥史迪威将军、继任总指挥索尔登将军的指示，前往火线上视察、督战，并指挥作战。在整个战役最为艰苦、激烈的密支那围攻战期间，将军便是在几任美军前线指挥官遭撤换、战事久拖不决时奉命赶到前线指挥作战的。

10 月下旬，中国驻印军正式发起缅北反攻战役，在极其艰难困苦的情况下，历经近十个月的浴血奋战，相继取得了胡康谷地战役、孟拱谷地战役和密支那围攻战的重大胜利，不仅消灭了号称"亚热带丛林之王"的日军精锐第 18 师团，还使盟军援华军事物资不必再飞越驼峰，而经密支那上空往返，对国内抗战贡献殊大。

1944 年 8 月，中国驻印军整编为新 1 军（辖新 38 师、新 30 师，军长孙立人）、新 6 军（辖新 22 师、第 14 师、第 50 师，军长廖耀湘）。史迪威将军仍任总指挥（不久由另一美军将领索尔登继任），另成立副总指挥部，将军升任副总指挥。

11 月 15 日，中国驻印军攻克缅北战略重镇八莫，全歼日军原好三大佐以下两千余人。日军原拟在此固守至少三个月以上，却被我军仅以二十八天完全攻克。攻城期间，将军多次乘坐美军小型侦察机，前往八莫上空视察、督战。

12 月 1 日，由于国内战局吃紧，新 6 军主力新 22 师、第 14 师紧急空运回国，第 50 师转归新 1 军建制。

1945 年 1 月，中国驻印军继续攻击前进，连克南坎、芒友，与滇西中国远征军胜利会师，中印公路由此全线打通。

2 月，中国驻印军挥兵南下，再克贵街、新维。

3 月，中国驻印军攻克位于滇缅公路中心的军事重镇腊戍，继而西进，再克细包。30 日，与英军会师于曼德勒东北之乔梅。至此，中国驻印军反攻缅北战役胜利结束。

中国驻印军在整个缅北反攻战役期间，与美英盟军协力作战，战胜了极其恶劣的气候条件和异常险峻的地理环境，修筑了一条全长五百六十余公里的公路，并铺设了一条当时在世界上最长的输油管道，使抗战援华物资再度源源输入中国内地。同时，中国驻印军和滇西中国远征军，在盟军的支援下，歼灭了日军精锐的第 18 师团和第 56 师团，重创了日军第 2 师团、第 33 师团，并歼灭了日军第 49 师团、第 53 师团各一部，前后毙伤日军十余万人，为收复缅甸和配合盟军在太平洋战场作战，作出了重要贡献。而且，在中国抗日战争中，中国军队在国境线以外，与美英盟军直接进行战役上的协同作战，还是唯一的一次，并取得了最后的胜利。因此，中国驻印军反攻缅北战役，不仅是中国抗日战争的重要组成部分，也对取得世界反法西斯战争的胜利，起到了积极的作用。

4 月中旬，将军由八莫乘车，沿中印公路回国，准备出席中国国民党第六次代表大会。

5 月 5 日至 21 日，中国国民党第六次代表大会在重庆召开，将军当选为国民党中央候补执行委员。会后，将军返昆明待命。

6 月，新 1 军和驻印军各直属部队奉命陆续班师回国。新 1 军空运回国后，先集中南宁，拟出击广州湾，相继收复广州。先期回国的新 6 军则部署于湖南芷江，准备参加湘鄂等省的反攻作战。中国驻印军撤军工作结束后，中国驻印军总指挥部、副总指挥部随之撤销，将军继续留驻昆明待命。

8月15日，日本宣布战败投降，神州大地一片欢腾。将军奉召前往重庆，得知蒋介石欲委任他为侍从室侍卫长，乃以不善内卫事务为由婉辞，旋改任第三方面军副司令长官，前往柳州第三方面军司令部视事。

8月下旬，第三方面军奉命接收南京、上海。将军兼任京沪警备副司令，与第三方面军另一位副司令长官张雪中将军率新6军等部开入上海。上海市民万人空巷，欢迎活动盛况空前。

9月9日上午9时，中国战区日本军队投降仪式在南京举行。将军有幸出席并目睹了中国近代史上这庄严的一幕。

1946年3月，将军调任东北保安司令长官部副司令长官，并两度代理司令长官职务，由此卷入东北内战。

1947年8月，陈诚将军接替熊式辉将军就任东北行辕主任。他一到任，即撤销了东北保安司令长官部，独掌东北党政军大权，将军改任东北行辕副主任，实际上处于挂名境地。

1948年元月17日，卫立煌将军就任东北行辕副主任，兼任刚成立的东北"剿总"总司令。将军就任副总司令。

2月初，在东北战场上连吃败仗的陈诚将军于风声鹤唳中离开东北，卫立煌将军兼任东北行辕主任。

3月底，将军受命兼任国民党第1兵团司令官、吉林省主席，率该兵团所属新7军、第60军，困守已陷于东北解放军重围中的东北名城长春。

10月，东北解放军发动辽沈战役，一举攻克锦州。饥疲不堪的十万长春国民党守军外援不继，又突围无望，陷于绝境。在解放军的强大政治攻势下，守军一部起义，一部投诚，将军也被迫率兵团司令部人员放下武器。

10月下旬，将军经永吉前往哈尔滨解放区，开始了为期三个多月的学习生活。尽管精神十分苦闷，但将军结合中国人民解放战争的伟大进程，学习了一些马列主义和毛泽东主席的著作，思想开始有了明显的变化。

1949年元月底，将军移居辽宁抚顺，继续学习生活。通过这一时期的学习和思考，将军开始对自己半生走过的人生道路，进行了深刻的审思，意识到国民党政权在祖国大陆的失败，是历史的必然，在中国共产党的领导下，孙中山先生当年振兴中华的遗愿才能最终实现。

1950年8月，将军从抚顺回上海家中治病。途经北京时，将军在黄埔军校时的老师、时任政务院总理的周恩来同志特地在家中设宴款待，鼓励将军彻底转变政治立场，为新中国的建设服务。

8月下旬，将军住进上海公济医院，接受了为期一个多月的公费胃病治疗。病愈后，在上海家中静养。在上海养病期间，将军目睹了新中国建设蒸蒸日上的热烈景象，心情格外振奋，进一步确立了跟着共产党走社会主义道路的信念。

1951年冬，周恩来邀请将军去京，并再次在政务院会见、宴请了他。周总理对将军的思想进步，给予了热情的鼓励。

1952年5月下旬，将军由上海迁居北京，旋被任命为水利部参事。继夫人陈碧莲不愿北上生活，与将军离异。

1954年9月，在第一次全国人民代表大会上，经毛泽东主席亲自提议，将军被任命为国防委员会委员。不久，毛主席又亲自在中南海家中会见、宴请了将军，积极鼓励他彻底转变政治立场、努力改造世界观，积极为新中国的建设事业服务。

1954年春，将军与顾贤娟女士结婚。

12月，将军当选为全国政协委员，出席了二届全国政协一次会议。

1954年冬，长子郑安飞与将军老友焦实斋先生之女焦俊保结婚。将军与原配覃氏育有一女二子。长女凤云长期生活在湖南石门乡间务农。长子安飞于1952年上海同济大学毕业后，分配在东北工作。次子安腾1948年去台，以后杳无音讯。

1956年7月，幼女安玉生。

1957年1月，长孙建邦生。

1959年2月，次孙耀邦生。

4月，将军继续作为全国政协委员，出席了三届全国政协一次会议。

10月19日，周恩来总理在颐和园亲切会见张治中、邵力子和将军、杜聿明、宋希濂、王耀武、侯镜如等黄埔军校师生校友。

1964年底，将军继续作为全国政协委员，出席了四届全国政协一次会议。

1965年7月20日，将军出席了欢迎原"中华民国"代总统李宗仁先生由美国回国定居的仪式和宴会。

1972年2月21日，将军出席了周恩来总理在首都人民大会堂举行的欢迎美国总统尼克松先生访华的盛大宴会。

夏，继夫人顾贤娟女士病逝。

9月25日，将军出席了周恩来总理在首都人民大会堂举行的欢迎日本首相田中角荣访华的盛大宴会。

1973年夏，将军参加了全国政协组织的部分在京全国政协委员前往福建、广东等地参观视察的活动。

1977年夏，将军再次参加了全国政协组织的部分在京全国政协委员赴广东、湖南等地的参观视察活动。目睹粉碎"四人帮"后，举国欢腾，国家建设重新步入正轨，将军的心情十分喜悦。

9月，与将军晚年相依为命的幼女安玉不幸遇害。晚年丧失爱女，使将军身心遭受巨大创伤。经组织上悉心的关心和安排，长子安飞夫妇从东北调到北京工作，以就近照顾将军晚年生活。

1978年春，在五届全国政协一次会议上，将军当选为全国政协常务委员。

1979年10月，在中国国民党革命委员会（简称民革）五届一中全会上，将军当选为民革中央副主席。20世纪50年代中期，经张治中、邵力子两位师长和前辈的动员、介绍，将军加入了民革组织。

1983年6月，在六届全国政协一次会议上，将军再次当选为全国政协常务委员。

1983年12月，在民革第六次全国代表大会上，将军再次当选为民革中央副主席。

1984年6月，黄埔军校同学会在京成立，将军当选为副会长。在纪念黄埔军校成立六十周年大会上，将军发表题为《继承发扬黄埔精神，实现振兴中华宏图》的讲话，真诚希望台湾和海外校友，重温孙中山先生遗教，正视历史和现实，继承和发扬真正的黄埔精神，为推动统一祖国、振兴中华的千秋伟业而奋斗。

1987 年 11 月，代表民革中央出席第六届全国运动会开幕式。

12 月，在民革第七次全国代表大会上，将军继续当选为民革中央副主席。

1988 年春，在七届全国政协一次会议上，将军继续当选为全国政协常委。

1990 年 5 月，将军作为黄埔军校同学会负责人之一，在京接待了从台湾到祖国大陆参访的黄埔军校第一期同学邓文仪等，在两岸之间引起很大反响。将军晚年，不顾年迈体弱，积极为社会主义现代化建设和改革开放建言献策，并接待了大批台湾和海外的故旧袍泽，热诚宣传、阐释中国共产党的对台方针政策，勉力为祖国和平统一大业作出积极贡献。

1991 年 1 月 27 日凌晨，将军因病在北京逝世，享年 88 岁。

后　记

郑建邦　胡耀平

　　我们撰写的《铁血儒将郑洞国——中国抗日名将郑洞国图传》一书自去年由团结出版社出版发行后，受到广大读者朋友们的热情关注和厚爱，使出版社不得不在很短的时间内几次加印。同时，这部拙作还被中国传记文学学会评为第五届中国传记文学（长篇）优秀作品，中华读书报也将其列为2018年20种不可错过的历史和文学类作品。作为为本书倾注了大量心血的作者，我们真是十分高兴和欣慰。

　　受到读者朋友们和社会各界的鼓舞，我们决定在这部拙作的基础上，结合郑洞国将军本人于20世纪90年代初撰写出版的回忆录《我的戎马生涯》相关内容，并充分吸纳近一时期搜集到的一些重要史料，将传主一生各个历史阶段的主要经历都记录下来，努力形成一部更加完整而不留历史空白的人物传记，藉以能比较全面、客观、真实、生动地展示郑洞国将军作为一代黄埔抗日名将的多彩人生，并通过传主如此丰富的人生经历，从不同侧面为读者朋友们呈现那一时期我们祖国所经历的波澜壮阔的历史画面。这就是我们在这里奉献给广大读者朋友们的一部新的拙作——《郑洞国传》。

需要说明的是，我们通过多年的不懈努力，特别是在海内外朋友们的鼎力帮助下，陆续收集到几百帧与郑洞国将军有关的珍贵历史照片和历史档案资料，其中有些绝对是第一次面世，而且具有着比较重要的历史研究价值。我们在书中以 23 万余文字，叙述了传主的人生主要经历，并收录了四百余帧历史照片及历史档案资料，通过文字传记和图片结合的方式展示给读者，力图使全书显得生动直观，方便阅读，也想以此充分体现这部作品的真实客观性，为一些中国近现代历史研究者和爱好者提供些许帮助。

借此机会，我们要衷心感谢著名抗日将领曾泽生将军之孙女曾学锋女士、潘裕昆将军之外孙晏欢先生、宋哲元将军外孙唐德良先生、解放军出版社原社长朱冬生同志，以及台湾黄埔军校研究会会长丘智贤先生，四川的何一立、曹德骏同志，云南的马子砚、苏葓夫妇，以及民国史志研究者陈重阳同志等为本书提供了大量珍贵的历史照片和相关资料，也要诚挚感谢团结出版社和责任编辑梁光玉社长、何颖同志等为本书付出的辛勤劳动。

2019 年 8 月 6 日